성화는 꺼져도 올림픽 정신은 이어가야

2018 평창 동계올림픽대회와 동계패럴림픽대회 성공스토리

지은이 소개

저자 이희범은 서울대학교 공과대학 전자공학과를 졸업한 후 제12회 행정고시를 수석으로 합격하여 상공부(현 산업통상자원부)에서 차관보, 자원실장 등 주요 직책을 거치면서 산업자원부 차관으로 공직을 수행하였다. 그 후 한국생산성본부 회장, 서울산업대학교 총장을 거쳐 제8대 산업자원부 장관을 역임하였다. 이후 한국무역협회 회장, 한국경영자총협회 회장을 거쳐 2018 평창동계올림픽대회 조직위원장으로 봉사하였다. 민간기업인 STX중공업 회장, LG상사 대표이사 부회장, 경북문화재단 대표를 거쳐 현재 (주)부영 회장으로 재직하고 있다. 주요 저서로는 《유럽통합론》이 있다.

성화는 꺼져도 올림픽 정신은 이어가야
2018 평창 동계올림픽대회와 동계패럴림픽대회 성공스토리

1판 1쇄 인쇄 2024년 5월 24일
1판 1쇄 발행 2024년 5월 28일
1판 2쇄 발행 2024년 9월 12일

지은이 • 이희범
발행인 • 이성흠
편 집 • 손인문
펴낸곳 • 사람과삶

주   소 03303 서울특별시 은평구 진관4로 77, 703동 706호
전   화 010-9023-1177
전자우편 suhlee17@hanmail.net
출판등록 2021. 12. 21. 제2021-000258

ⓒ 2024, 이희범, 사람과삶, Printed in Korea

ISBN 979-11-982484-2-8

저자와 협의하에 인지는 생략합니다.
이 책은 저작권법에 의해 보호받는 저작물입니다.
낙장·파본은 교환해드립니다.
책값은 뒤표지에 있습니다.

성화는 꺼져도 올림픽 정신은 이어가야

2018 평창 동계올림픽대회와 동계패럴림픽대회 성공스토리

이 희 범 지음

사람과삶
LIFE

일러두기

- 2018 평창 동계올림픽대회 및 동계패럴림픽대회 조직위원회는 '조직위원회'로 표시하는 것을 원칙으로 하며, 맥락에 따라서는 '조직위'로 표시함
- 평창 동계올림픽과 평창 올림픽은 혼용하여 사용하지만, 한글 띄어쓰기 기준에 따라 '평창 동계올림픽'으로 표기함을 원칙으로 함
- '88 서울올림픽은 서울올림픽과 혼용하여 사용함
- 전문용어는 원어를 우리말로 번역하여 원어와 같이 사용하지만, 맥락에 따라서 우리말을 사용하는 것을 원칙으로 함(예: Bid File은 유치신청서, No Show는 예약부도, Open Question은 미결 문제 등)
- 외국 사람과 지명은 우리말과 원어를 같이 사용하지만, 반복적으로 사용할 때는 원어 표기를 생략함. 중국어 원어 표기는 간체자 사용을 원칙으로 함
- '글로벌 스폰서'는 '톱 스폰서'로 '로컬 스폰서'는 '국내 스폰서'로 혼용하여 사용함
- 인명의 직책과 연령은 올림픽과 패럴림픽 당시 (2018년)를 기준으로 함
- 본문에서 사용되는 〈표〉의 통계와 내용은 2024년 8월 31일을 기준으로 함

2018 평창, 동계올림픽대회 개최지로 결정 (2011. 7. 7. 남아프리카공화국 더반)

'2018 평창'이 발표되자 주먹을 쥐고 활짝웃는 이명박 대통령과 박용성 회장 등 올림픽유치위원회 위원들 (2011. 7. 7. 남아프리카공화국 더반)

이희범, 올림픽조직위원장으로 선출 (2016. 5. 16. 프레스센터)

린드버그 조정위원장과 함께 첫 내외신 기자회견 (2016. 5. 20. 프레스센터)

자원봉사자 모집행사 (2016. 6. 30. 프레스센터)

2018 평창동계올림픽 조직위원회 신청사 이전 (2016. 7. 1. 평창)

월정사 퇴우정념 스님 예방 (2016. 7. 3. 평창 월정사)

IOC 위원장 내외분, 평창동계올림픽 홍보 (2016. 8. 리우데자네이로)

리우 패럴림픽 성화봉송 주자로 참여 (2016. 9. 7. 리우데자네이로)

평창올림픽 G-500, 이제는 평창이다 (2016. 9. 27. 서울 한강시민공원)

한중일 체육장관회의 개최 (2016. 9. 평창)

풍산그룹 류진 회장, 김연아 올림픽 기념주화 발표 (2016. 11. 18. 서울)

문화올림픽을 위한 업무협약 (2017. 3. 17. 평창 알펜시아)

토마스 바흐 IOC 위원장 인천공항 도착 (2017. 5. 인천)

종합운영센터 개소 (2017. 5. 평창)

조수미(성악가), 홍보대사 위촉
(2017. 5. 22. 프레스센터)

하인스 워드(미식 축구선수), 홍보대사
위촉 (2017. 7. 2. 프레스센터)

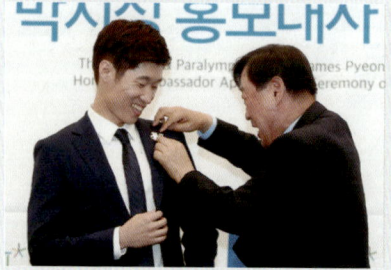

박지성(축구선수), 홍보대사 위촉
(2017. 8. 4. 프레스센터)

유동근, 전인화(배우), 홍보대사 위촉
(2017. 11. 6. 프레스센터)

IOC와 조정위원회 (2017. 8. 30. 평창 알펜시아)

송승환 감독과 올림픽 개폐회식 점검회의 (2017. 9. 서울)

올림픽 성화 채화식
(2017. 10. 24. 그리스 올림피아)

올림픽 성화 채화식
(2017. 10. 24. 그리스 올림피아)

그리스 파나티나이코 스타디움에 도착한
올림픽 성화 (2017. 10. 31.)

올림픽 성화 인수식 (2017. 10. 31.
그리스 파나티나이코 스타디움)

올림픽 성화 인수식 (2017. 10. 31. 그리스 파나테나이코 스타디움)

'88 서울올림픽에서도 성화를 채화한 카타리나 레후 대제사장
(2017. 10. 24. 그리스 올림피아)

멜라니에 트럼프, 미국 대통령 영부인 환영 (2017. 11. 7. 미 대사관저)

이희범 위원장, UN총회 연설
(2017. 11. 13. 뉴욕)

UN 사무총장과 올림픽 휴전결의안 협의
(2017. 11. 13. 뉴욕)

UN 총회, 193개국 만장일치로 휴전결의안 채택 (2017. 11. 13. 뉴욕)

IOC 집행위원회 (2017. 12. 5. 평창)

평창초등학교 학생들, 이희범 할아버지 함께 살아요 (2017. 12.)

아시아 모델협회와 자원봉사 협약 (2017. 12. 17. 장충체육관)

육군 제1야전사령부와 업무협약 (2017. 12. 18. 원주)

IOC 위원장, 조직위원장, 정희돈 체육기자 연맹 회장 (2018. 1. 평창)

한국을 39번 방문한 구닐라 린드버그 조정위원장 (2017. 12. 평창)

자크 로게 IOC 명예위원장 방한 (2018. 2. 평창)

IOC 위원장과 함께 성화봉송 (2018. 2. 9. 평창)

IOC 집행위원회 만찬 (2018. 2. 월정사)

평창동계올림픽 개회식 연설 (2018. 2. 9. 평창)

세계가 감탄한 2018 평창 동계올림픽 개회식 (2018. 2. 9. 평창)

IOC 위원장 내외분, 조직위원회 임직원과 작별인사 (2018. 2. 26.)

이희범, 올림픽 금장 수상
(2018. 2. 26. 평창)

IOC 위원장, 평창 올림픽 자원봉사자 격려
(2018. 2. 평창)

조직위 간부, 올림픽 훈장 수상
(2018. 2. 26. 평창)

조직위 임원, 패럴림픽 훈장 수상
(2018. 3. 평창)

토마스 바흐 IOC 위원장 추천사

February 22, 2024

 The reason why the Olympic Winter Games PyeongChang 2018 will always have a special place in my heart is that they captured the essence of the power of sport. PyeongChang brought the peace mission of the International Olympic Committee (IOC) and the Olympic Games to life in an unforgettable way.

 The purpose of the IOC has always been to promote peace through sport. When Pierre de Coubertin created the International Olympic Committee in 1894, he did so with full support of leading figures of the international peace movement at the time. Always the visionary, Coubertin said: "Should the institution of the Olympic Games prosper, they can become an important factor in securing universal peace."

 The Olympic Winter Games PyeongChang 2018, which captivated the world's attention, are an illustration of how we put this peace mission to action today. What began as a seemingly insurmountable situation of political tensions and even the treat of war ended with the unforgettable joint march of the athletes of the National Olympic Committees of the Republic of Korea and the Democratic Peoples' Republic of Korea at the Opening Ceremony. It ended with the unified women's ice hockey team showing the world the unifying power of sport. It ended with the Olympic Winter Games PyeongChang 2018 sending a powerful messages of peace from the Korean peninsular to the world.

 This moment of course did not happen by chance. It was the result of a long process of negotiations and high-level government engagement by the IOC that began in 2014 and lasted until four hours before the Opening Ceremony. With these powerful symbols and gestures, we have seen how the Olympic Games can open the way to dialogues and to moments of hope and inspiration.

We know that sport alone cannot create peace. But as we saw in PyeongChang, the Olympic Games can open the door to a more peaceful world.

The Olympic Winter Games PyeongChang 2018 opened up 'New Horizons' in more ways than anyone could have imagined. But let us not forget that the great success of PyeongChang 2018 was never a foregone conclusion. We could only open up 'New Horizons' thanks to the collective and concerted efforts of so many. One person stands out in this regard: President Lee Hee-beom.

When he took over as President of the PyeongChang 2018 Orgazising Committee, he had many challenges to overcome. What impresses me most about him was that despite the difficult circumstances and even during times of the highest political tensions, he rose to face these challenges in a most dynamic and efficient way. With his vision and with his unwavering determination, he was able to steady the ship and steer the Organising Committee through the rough waters.

The unforgettable moments of PyeongChang and the great legacy of these first-ever Olympic Winter Games in the Republic of Korea are also a testimony to the vision and leadership of Lee Hee-beom. For this, his great contribution to the success story of the Olympic Winter Games PyeongChang 2018, I will always be grateful to him.

In the pages that follow in this autobiography, the readers will get a fascinating first-hand account of how this most memorable chapter in Korea's sporting history was written. It is my hope that this book will serve as an inspiration and a reminder to all of us of the power of sport to bring all people together in peace.

Thomas Bach

2024년 2월 22일

2018 평창 동계올림픽이 늘 내 마음속에서 특별한 자리를 차지할 수 있는 이유는 스포츠가 가진 힘의 본질을 보여주었기 때문입니다. 평창은 국제올림픽위원회IOC의 평화에 대한 임무와 올림픽 경기가 삶에 주는 의미를 잊을 수 없는 방식으로 생생하게 전달했습니다.

IOC의 목적은 언제나 스포츠를 통해 평화를 증진하는 것입니다. 피에르 드 쿠베르탱은 1894년 IOC를 창설할 때, 당시 국제 평화 운동 주요 인사들의 전폭적인 지지를 받았습니다. 언제나 선구자인 쿠베르탱은 "올림픽 경기가 활발해지면, 그것은 세계평화를 확보하는 데 중요한 요소가 될 수 있다"라고 말했습니다.

전 세계의 이목을 사로잡은 2018 평창 동계올림픽은 오늘날 우리가 이 평화란 사명을 행동으로 보여준 대표적인 사례였습니다. 정치적 긴장은 물론이고 전쟁의 위험까지도 극복할 수 없을 것 같았던 상황은 개막식에서 대한민국 선수단과 북한 선수단의 잊을 수 없는 공동행진으로 마무리되었습니다. 남북한 여자아이스하키 단일팀은 스포츠의 통합정신을 전 세계에 보여주었습니다. 2018 평창 동계올림픽은 한반도에서 전 세계로 평화란 강력한 메시지를 보내는 것으로 마무리되었습니다.

물론 이러한 결과는 우연히 일어난 것이 아닙니다. 이는 2014년부터 시작되어 개막식이 열리는 4시간 전까지도 지속된 IOC의 참여하에 고위급 정부 간 협상의 결과였습니다. 이러한 강력한 심벌과 제스쳐를 통해 우리는 올림픽 경기가 어떻게 대화와 희망과 영감의 순간을 열어줄 수 있는지를 보았습니다.

우리는 스포츠만으로는 평화를 만들 수 없다는 것을 알고 있습니다. 그러나 평창에서 보았듯이 올림픽 경기는 더욱 평화로운 세상을 향한 문을 열 수 있습니다.

2018 평창 동계올림픽은 누구도 상상했던 것보다 더 많은 방식으로 "새로

운 지평New Horizen"을 열었습니다. 그러나 2018 평창의 대성공은 결코 미리 정해진 결론이 아니었음을 잊지 마십시오. 우리는 수많은 사람의 집단적이고 단결된 노력 덕분에 "새로운 지평"을 열 수 있었습니다. 이와 관련해 눈에 띄는 사람이 바로 이희범 위원장입니다.

2018 평창 동계올림픽 조직위원회 위원장을 맡으면서 그에게는 극복해야 할 많은 어려움이 있었습니다. 그에 대해 가장 인상 깊었던 점은 어려운 여건과 심지어 정치적 긴장이 높은 시기에도 가장 역동적이고 효율적인 방식으로 이러한 도전에 맞서 싸웠다는 것입니다. 그의 비전과 흔들리지 않는 결단력으로 거친 파도 속에서 배를 안정시키고 조직위원회를 운영할 수 있었습니다. 평창의 잊을 수 없는 순간들과 대한민국 최초의 동계올림픽이 남긴 위대한 유산은 이희범 조직위원장의 비전과 리더십을 보여주는 증거이기도 합니다. 저는 2018 평창 동계올림픽의 성공 신화에 크게 이바지하신 그에게 늘 감사의 마음을 전합니다.

이 비망록에서 독자들은 대한민국 스포츠 역사상 가장 기억에 남는 매력적이고 생생한 기록을 직접 접하게 될 것입니다. 이 책이 모든 독자에게 스포츠의 힘이 평화로 인도하는 영감과 길잡이가 되어 주길 바랍니다.

토마스 바흐

성화는 꺼져도 올림픽 정신은 이어가야

2018 평창 동계올림픽대회와 동계패럴림픽대회 성공스토리

차 례

토마스 바흐 IOC 위원장 추천사 • xx

프롤로그 / 성화는 꺼져도 올림픽 정신은 이어가야 ──── 1

제1장 / 세 번째 도전 만에 받은 올림픽 티켓 ──── 7
  스포츠 문외한이 맡은 올림픽 조직위원장 • 9
  반반으로 갈라진 응원과 염려 • 11
  찰떡궁합이 된 IOC 위원장 • 16
  올림픽 유치를 위한 피나는 노력 • 18
  대통령이 앞 장선 두 번째 도전의 길 • 24
  범국가적으로 추진한 2전 3기의 도전 • 28
  더반에 울려 퍼진 '2018 평창' • 32
  국회 동계특별위원회와 국무총리가 지휘하는 대회지원위원회 • 34
  올림픽 비견, 목표와 브랜드 • 37
  논쟁의 대상이 된 올림픽 마스코트 • 39

제2장 / 국정농단 사건과 표류하는 조직위원회 ─── 41

첫 번째 시련 • 43
새로 짠 재정계획 • 44
10분 예정이 1시간 10분 된 대통령 보고 • 46
연합군으로 구성된 대회 운영인력 • 49
한 명도 이탈 없는 조직위원회 본부 이전 • 52
개최도시와 조직위원회의 협력 • 54
올림픽 아젠다 2020과 분산 개최 논쟁 • 56
국정농단 사건과 표류하는 조직위원회 • 61
논란의 중심에 선 올림픽 개·폐회식장 • 63
내우외환과 올림픽 회의론 확산 • 67
위기를 기회로 만든 테스트 이벤트 • 69

제3장 / 흑자재정을 위한 피눈물 나는 노력 ─── 73

본격화되는 올림픽 준비 • 75
예산 절감과 수입 확대 노력 • 76
기념주화와 기념 지폐, 기념우표 • 80
올림픽 재원의 기본인 기업후원 • 82
평창 동계올림픽을 후원한 기업 • 85
따가운 시선 속에 이룬 공기업 후원 • 86
올림픽 참가자들을 위한 세금 면제 • 90
힘겨운 IOC와 재정협상 • 93
계약 로비로부터 자유 • 95
유치신청서와 개최도시협약서 • 97

제4장 / 국제무대 데뷔와 평창 동계올림픽 불참 도미노 — 101

한 달에 세 차례 지구 반대편인 리우 방문 · 103
한·중·일 올림픽 조직위원회 협력 · 106
북한의 미사일 발사와 불참 도미노 · 110
세계 최대 아이스하키 리그인 NHL의 불참선언 · 113
도핑과 러시아 선수의 출전금지 논란 · 115
마지막 순간까지 애태운 경기장 사용 협약 · 118
문화체육관광부, 강원도와 협력과 갈등 · 124
세계인을 감동하게 한 강원도민의 열정 · 128
조직위원회 흔들기와 공동 집행위원장 · 132

제5장 / 평화올림픽을 위한 노력 — 137

평화올림픽을 위한 조건 · 139
남북 공동입장과 단일팀 구상 · 141
평화올림픽의 전환점이 된 리마선언 · 143
북한 초청을 공식화한 프라하 선언 · 146
UN 총회의 휴전결의안 채택 · 148
북한의 참가 결정과 한반도 올림픽 선언문 · 149
스포츠와 남북관계 · 152
다시 원 위치된 남북 관계 · 158

제6장 / 저비용, 고감동의 평창 동계올림픽과 동계패럴림픽―161

올림픽 발상지에서 채화된 성화 • 163
101일간의 여정: 올림픽 붐을 일으킨 성화 봉송 • 166
혹한과 싸운 올림픽 개회식 • 169
세계를 놀라게 한 저비용, 고효율 개회식 • 176
기대 이상의 수작으로 평가받은 올림픽 개회식 • 186
개·폐회식에 참석한 이방카와 김여정 • 188
사상 최대의 기록을 세운 열정 17일 • 192
한국 선수들의 영광의 순간 • 197
입장권 매진사태와 만석 달성 • 201
한반도기와 독도 관련 논란 • 205
롱패딩과 올림픽 활성화에 일조한 올림픽 상품 • 208
허를 찔린 집단 설사 환자 발생 • 209
한반도 평화의 초석이 된 올림픽 폐회식 • 212
본격화된 동계 패럴림픽 카운트 다운 • 218
적은 비용으로 큰 감동을 준 평창 동계패럴림픽 개회식 • 220
새로운 기록을 양산한 평창 동계패럴림픽 • 224
패럴림픽의 가치를 높여준 동계패럴림픽 폐회식 • 228
567명이 펼친 567가지 '감동 드라마' • 232
하늘이 도와준 평창 동계올림픽과 동계패럴림픽 • 234

제7장 / '흠잡을 게 없는 것이 흠'이라는 평창 동계올림픽 — 237

세계인들이 반한 음식문화관 · 239
6천억 원 적자에서 흑자올림픽으로 · 241
날마다 문화가 있고 축제가 되는 문화올림픽 · 243
각계각층이 참여한 홍보대사 · 247
세계를 감동하게 한 최첨단 ICT 올림픽 · 249
지속가능한 환경올림픽 · 251
역사상 가장 안전한 올림픽 · 253
성공올림픽의 일등 공신인 자원봉사자 · 257
평창 올림픽 과정에서 에피소드 · 262
평창 동계올림픽에 대한 평가 · 265
세계인들의 눈에 비친 평창 동계올림픽 · 269

제8장 / 상처뿐인 영광 — 273

5월 폭우와 이재민 대책 · 275
수리되지 않는 사직서 · 277
미완성의 과제: 올림픽 주제가 · 279
올림픽 주역 빠진 평창 포상 · 282
국제사회가 인정한 평창 올림픽과 쇄도하는 강의 요청 · 286
넘치는 자리 제의 · 289
상처뿐인 영광 · 291
법적 소송에 휘말린 조직위원회 · 294
IOC 총회에서 마지막 보고 · 296
베이징 올림픽 조정위원과 동계올림픽 개최지 평가위원 · 299
위기의 순간들, 영광의 순간들 · 301

제9장 / 평창 동계올림픽이 남긴 유산 ── 305

평창 동계올림픽 조직위원회 해산 • 307
성공올림픽과 흰 코끼리 • 308
평창 동계올림픽이 남긴 유산 • 313
평창 동계올림픽 기념재단과 기념박물관 • 315
매우 닮은 듯, 매우 다른 두 올림픽 • 317
식어가는 올림픽 유치 열기 • 320
해외에서 배우는 교훈 • 323
우리나라 스포츠 외교의 실상과 허상 • 326

제10장 / 왜 올림픽인가? ── 329

올림픽이 타 국제 경기와 다른 특징 • 331
올림픽 운동을 이끄는 3대 축 • 334
올림픽과 반도핑 • 340
올림픽 4형제 • 342
청소년 올림픽 • 344
올림픽의 경제적 효과 • 345
올림픽 메달의 경제학 • 349
올림픽과 방송 • 352
스포츠와 정치 • 354
우리나라 올림픽의 역사 • 356
스칸디나비아반도에서 시작된 동계스포츠 • 358

에필로그 / 공직자, 경제인, 체육인, 문화인 그리고 기업인 — 361

참고문헌 · 375
부록 · 376
찾아보기 · 386

〈표〉

〈표 1-1〉 역대 동계올림픽 유치전 결과 • 34
〈표 2-1〉 단계별 재정계획 • 48
〈표 2-2〉 조직위원회 사무처 정원 변동 추이 • 49
〈표 3-1〉 평창 동계올림픽 국내외 스폰서 기업 • 89
〈표 4-1〉 북한의 미사일 발사 일지 • 111
〈표 5-1〉 토마스 바흐 IOC 위원장의 리마총회(17. 9. 14.) 연설문 중 일부 • 145
〈표 5-2〉 남북한 공동입장 및 단일팀 구성 사례 • 157
〈표 7-1〉 시·도의 날 운영현황과 공연단체 • 246
〈표 8-1〉 린드버그 조정위원장의 IOC 총회 발언 내용 (2018. 10. 8.) • 298
〈표 10-1〉 대륙별 및 국가별 IOC 위원 분포 • 337
〈표 10-2〉 역대 IOC 위원장 • 338

〈부록〉

❶ Executive Summary • 376
❷ 역대 하계올림픽 개최지 비교 • 380
❸ 역대 동계올림픽 개최지 비교 • 381
❹ 역대 올림픽 미국지역 방영권료 • 382
❺ 2018 평창동계올림픽 및 동계패럴림픽 성공의 주역들 • 383

프롤로그

성화는 꺼져도 올림픽 정신은 이어가야

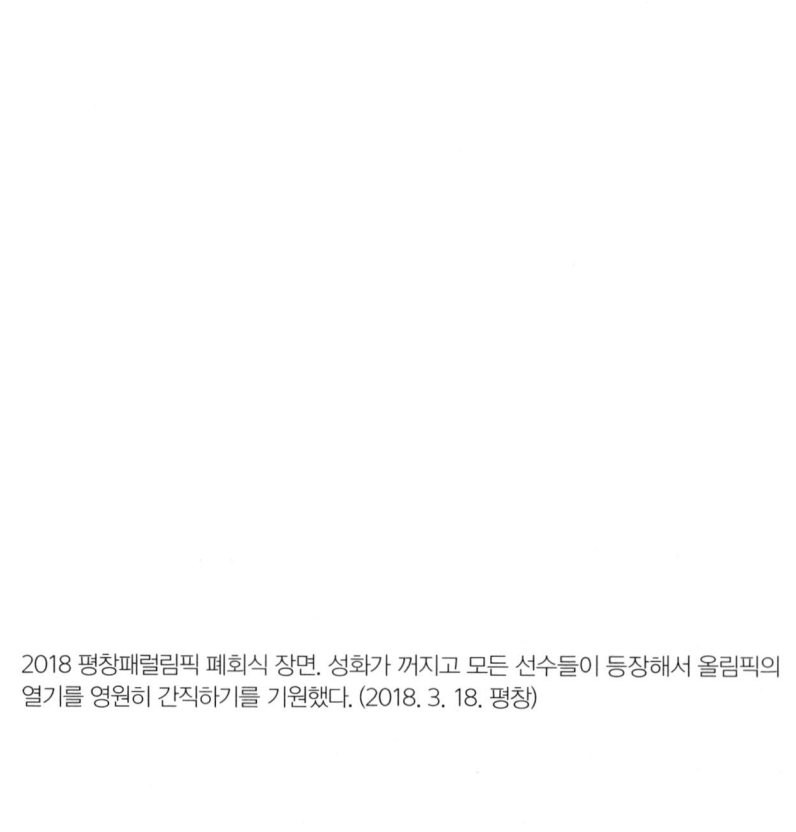

2018 평창패럴림픽 폐회식 장면. 성화가 꺼지고 모든 선수들이 등장해서 올림픽의 열기를 영원히 간직하기를 기원했다. (2018. 3. 18. 평창)

2018 평창 동계올림픽과 동계패럴림픽 성화가 꺼진 지 6년이 지났다. 지구촌 최대의 스포츠 축제인 올림픽은 도쿄와 베이징, 파리를 거쳐 2026 밀라노와 2028 로스앤젤레스로 이어진다. 1988 서울올림픽과 2002년 한·일 월드컵처럼 대한민국을 뜨겁게 달구고 국민을 하나로 뭉치게 한 것도 없다. 이에 평창 올림픽을 되돌아보면서 우리가 왜 올림픽을 유치하였고, 왜 스포츠에 열광하고 있는지를 음미하는 것도 미래 발전과 국민통합을 위해 도움이 될 듯하다.

나는 평창 동계올림픽 개막 634일을 앞둔 2016년 5월 조직위원장을 맡게 되었다. 스포츠 전문가도 아니며 기업 일에 전념하겠다고 자리를 고사하였으나, 정부는 일방적으로 발표하였다. 서울산업대학교 총장이나 산업자원부 장관, 한국무역협회 회장도 본의와는 상관없이 맡게 되었으나, 이번에도 예외가 아니었다. 권종오 SBS 스포츠부장은 "이희범 위원장 내정은 무효"라는 기사를 썼음에도 불구하고 절차는 일사천리로 진행되었다.

조직위원장으로 선임되었으나, 대한민국은 '타이태닉호'처럼 엄청난 암초를 향해 달리고 있었다. 그 암초는 스포츠와 올림픽이 진원지였다. 국내 유수의 기업 총수들은 스포츠재단에 출연했다는 이유로 검찰의 조사를 받게 되었고, 그 여파는 헌정사상 초유의 대통령 탄핵으로 이어졌다. 올림픽시설 전체가 로비의 대상인 것처럼 보도되면서 조직위원회는 비리의 온상으로 비쳤다.

조직위원회의 재정은 마른걸레를 쥐어짜도 3천억 원의 적자는 불가피한 것으로 나타났다. 돈이 돌아가지 않으니 공사는 중단되었고, 하도급대금과 월급을 받지 못한 사람들은 조직위원회 앞에서 시위하고 있었다. 뿐만아니라 북한은 핵무기 개발을 완료하고 미사일을 발사하였다. 세계 언론들은 다투어 한반도 위기론을 증폭시켜 '평창 불참' 움직임이 도미노 현상으로 확산되고 있었다.

그러나 평창 동계올림픽과 동계패럴림픽은 역대 동계스포츠 역사상 가장 성공한 대회로 기록되었다. 첫째, 소치와 밴쿠버 동계올림픽을 훨씬 넘는 92개국 2,891명의 선수가 참가하여 역대 최대 동계올림픽이 되었다. 25개 올림픽 신기록과 3개의 세계 신기록이 쏟아졌고, 26개국에서 31명의 정상급 인사들이 참석하였다.

둘째, 재정적으로 흑자올림픽을 실현하였다. 나와 조직위원회 임직원들은 '적자 올림픽=실패 올림픽'으로 규정하고, 피눈물 나는 노력을 했다. '울고 다니는 위원장'이란 닉 네임이 붙었으나, 1,196억 원을 청산단에 넘겨주었다. 고속철도가 평창과 강릉을 관통하여 강원도는 수도권과 1시간 생활권이 되었다.

셋째, 고품격 문화올림픽과 ICT올림픽을 달성하였다. 5G, IoT, AI, AR, VR, 로봇, 드론 등 우리나라가 자랑하는 최첨단 기술을 총동원하고, '날마다 문화가 있는 축제(Everyday Culture and Festival)'란 구호 아래 올림픽 기간 중, 1,200회, 패럴림픽 기간 중, 800회의 문화행사를 운영하였다. 세계인들은 매일 "원더풀!"을 외치면서 겨울 판타지를 즐겼다.

넷째, 남북 선수단은 한반도 깃발 아래 함께 입장하였고, 여자아이스하키는 단일팀을 구성하여 "우리는 하나다!"라는 구호를 외쳤다. 북한은 동계올림픽 역사상 가장 많은 46명의 선수와 임원, 229명의 응원단, 27명의 고위급지원단, 태권도 시범단, 140명의 관현악단이 참가하였다. 올림픽 이후 남북정상회담과 미·북 정상회의가 열리면서 한반도에는 '평화의 봄'이 오는 듯했다.

다섯째, 엄청난 흥행 속에서도 가장 안전한 올림픽이 되었다. 40여 일간의 올림픽과 패럴림픽 기간 중 외국인에 대해서는 단 한 건의 사고도 없는 역대 가장 안전한 올림픽이라는 대기록을 세웠다. 대부분 경기장은 만석으로 채워지면서 '입장권 구하기' 파동과 '롱패딩 구하기' 소동이 벌어졌다.

여섯째, 하늘이 도와준 올림픽과 패럴림픽이었다. 대관령의 2월은 영하 20℃가 넘는 추위에다 눈이 오기만 하면 50㎝도 다반사인데 올림픽 기간에는 눈 한 방울, 비 한 방울 내리지 않았다. 올림픽이 끝나자 오래 참아 주었다는 듯이 연이어 폭설이 내리더니, 패럴림픽이 끝나자 하루 종일 소낙비가 내렸다.

캐나다 토론토 스타Toronto Star는 "평창 동계올림픽의 문제를 꼽자면, 흠잡을 게 없는 게 문제"라고 극찬하였다. 깐깐하기로 소문난 토마스 바흐 IOC 위원장은 "평창에서 인상적인 기억은 하루 종일 말해도 부족하다"라고 했으며, 프란체스코 교황은 "남북한 대표단이 한반도기韓半島旗 아래서 단일팀을 결성한 것은 세계평화에 희망을 안겨 주는 일"이라고 칭찬하였다.

그러나 이 같은 기적은 그냥 저절로 얻어진 것이 아니다. 130여 기관에서 파견된 1,205명의 직원과 2만여 명의 자원봉사자, 군인과 경찰, 소방, 송승환 감독과 이문태 감독을 비롯한 올림픽과 패럴림픽 개·폐회식 참여자들은 추위와 싸우면서 애국심으로 열정을 태웠다. 강원도와 평창, 강릉, 정선 등 개최도시 주민들과 출향出鄕 인사들은 20여 년 동안 성공올림픽을 위해 한마음이 되었다. 올림픽을 유치할 때부터 후원에 이르기 까지 기업인들의 역할은 눈물겨웠다.

나는 원래 자서전이나 비망록 같은 기록을 남기는 것에 부정적이었다. 이러한 기록은 대개 '자신'이라는 안경으로 세상을 평가한다는 모순에 빠질 수 있기 때문이다. 평소 '공포의 노란 패드'라고 불리는 메모지에 기록은 했으나, 곧 찢어버리곤 했다. 그러나 올림픽이 끝나고 조직위원회 구성원들이 일자리를 찾아 헤매는 모습과 자원봉사자들에게 감사장을 주겠다는 약속도 지키지 못하고 헤어지면서, 어떤 방법으로라도 약속 불이행에 대해 사죄해야겠다는 마음에서 펜을 들었다.

평창 동계올림픽 이후 몇 권의 책이 나왔으나, 조직위원장으로서 평창 동계올림픽과 동계패럴림픽에 대한 평가와 반성에 대한 기록은 더 나은 발전을 위한 초석이 될 것으로 믿는다. 그러나 세월이 많이 흘러 부분적으로는 오류가 있을 것이며, 가급적 실명을 표기하다 보니 섭섭한 분들도 있으리라 믿는다. 또한, 내가 알고 있는 부분만 기록하다 보니, 코끼리 다리 만지듯 묘사되거나 빠진 부분도 있을 것이다. 모두가 성공올림픽의 주역이라는 큰 틀에서 혜량하여 주시길 바란다.

성공올림픽을 이끌고 이 책을 발간하도록 용기와 추천사를 써 주신 토마스 바흐Thomas Bach IOC 위원장, 성공올림픽을 위해 동고동락해준 여형구 사무총장과 김기홍 사무차장을 비롯한 조직위원회 임직원들, 그리고 영문 편집을 도와주신 윤강로 국제스포츠외교연구원장, 김자성 보좌관께 감사드린다. 아울러 흔쾌히 출판을 맡아준 이성흠 대표와 멋지게 편집해 준 손인문 선생께도 감사드린다.

2024. 4.
2018 평창동계올림픽대회 및 동계패럴림픽대회 조직위원장 이희범

제 1 장

세 번째 도전 만에 받은 올림픽 티켓

2018 동계올림픽대회 개최지로 평창을 선언하는 자크 로케 IOC 위원장
(2011. 7. 7. 남아프리카공화국 더반)

스포츠 문외한이 맡은 올림픽 조직위원장

2016년 5월 1일, 모처럼 한가한 일요일을 맞아 경기도 양평에 있는 친구가 운영하는 농장에서 일맥회 모임을 하고 있었다. 일맥회는 필자의 중학교 급우 가운데 12명이 20년째 부부 동반으로 만나는 모임이다. 점심을 먹고 있는데 이석준 국무총리실장이 휴대전화를 했다. 평창 동계올림픽 조직위원장을 맡아달라고 했다. 일단은 거절하면서 내일 아침 사무실로 찾아가겠다고 했다.

월요일 아침 LG 구본무 회장실에서 주간 회의가 끝나자 나는 하현회 지주사 부회장에게 어제 온 전화 얘기를 하고 곧장 국무총리실로 향했다. 이석준 실장에게 "나는 스포츠 전문가가 아니다. 현재 재판이 진행 중이며,[1] 나를 임명하면 박근혜 정부의 잘못한 인사 중 화룡점정이 될 것"이라고 하면서 고사하였다.

LG상사 대표이사 부회장에서 고문으로 한 단계 물러나 있기는 했으나, 여전히 할 일이 많았다. 하현회 부회장에게 "국무총리 실장을 설득하였으며 더 이상 걱정 안 해도 될 것"이라고 설명했다. 그러나 하 부회장은 이미 구본무 회장께 보고했는데, 구 회장은 "나라에서 호출하면 가야 하지 않겠나"라고 언급했다는 것이다. 나는 위원장이 된다는 생각을 잊고 있었다.

저녁을 먹고 있는데 하현회 부회장이 전화했다. "국무총리 실장이 전화했는데 곧 발표가 난다"라고 했다는 것이다. 휴대폰을 끊자 전화와 문자가 쏟아지기 시작했다. 언론은 '조양호 회장이 한진해운 문제를 해결하기 위해 위원장을 사임하였고 후임에 이희범 전 산업자원부 장관이

---

1 필자는 STX중공업 재직시 STX건설에 지급보증하는 이사회 안건에 서명했다는 이유로 배임죄로 기소되었으나, 1, 2심에 이어 2020년 12월 24일 대법원에서 무죄가 확정되었다.

내정되었다'라고 보도하기 시작했다.

　언론보도를 종합하면, 5월 2일, 월요일 아침, 김종덕 문화체육관광부 장관은 조양호 위원장과 조찬 약속을 하였으나 둘은 식사도 하지 않고 10분 만에 헤어졌다. 경향신문은 '장관은 위원장에게 "이만 물러나 주셔야겠습니다"라고 했다. 깜짝 놀란 조 위원장이 "이유가 뭡니까?"라고 물었지만, "저도 모릅니다"라는 대답만 돌아왔다'라고 보도하였다.[2] 조직위원회는 '조양호 위원장이 한진해운 경영 정상화에 전념하기 위해 위원장직을 그만두기로 했다'라고 발표했다.

　조양호 위원장의 사임에 대해 언론에서는 '김종 차관과 갈등설,' '미르재단에만 10억 원을 기부하고, K스포츠재단 기부를 거부한 뒤 해임되었다'라고 의혹을 제기하였다. 조 위원장은 "언론에 나온 게 90% 맞다"라고 하여 뉘앙스를 남겼다.[3] 같은 무렵 토마스 바흐Thomas Bach IOC 위원장은 청와대로 전화했다. 아마 "대회가 임박한 데 위원장을 또 바꾸면 어떻게 하느냐?"고 따지기 위한 전화였을 것이다. 당시 박근혜 대통령은 해외 출장 중이었다.

　선임 절차는 일사천리로 진행되었다. 5월 4일 집행위원회는 서면으로 개최되었고, 5월 12일 위원총회도 만장일치로 의결하였다. 강원도의회 동계특별위원회 오석봉 위원장은 밀실에서 일방적으로 선임되었다는 이유로 반대했으나, 윤세영 SBS 회장이 "이 위원장은 부인이 춘천 사람으로 반은 강원도 사람"이라고 설득하였다. 문화체육관광부도 오전에 접수한 승인서를 당일 오후 처리해 주었다.

2　김경호 선임기자, '이만 자리서 물러나 주셔야겠습니다. … 김종덕, 조양호 위원장 사퇴 강요' (경향신문, 2016. 11. 2.)
3　심언기 기자, '평창올림픽 조직위원장 사퇴 압박, 김종 차관과 갈등도 시인' (뉴스1코리아, 2016. 11. 3.).

반반으로 갈라진 응원과 염려

언론에 보도되자 많은 사람이 전화했다. "왜 성공가능성도 없는 자리를 맡느냐?" "인생의 마지막에 오점을 남기려느냐?" 등 염려와 걱정이 대부분이었다. "한번 도전해 봐라"라고 격려하는 분들도 있었으나 그리 많지는 않았다. 문화체육관광부는 나에게 먼저 IOC 본부가 있는 스위스 로잔을 다녀오라고 했다. IOC를 설득하는 것이 급선무였다.

나는 평창과 강릉 등 현장을 찾는 것이 우선이라고 생각했다. 월요일 아침 취임식 대신 서울사무소에서 간부들과 상견례를 하고 바로 평창으로 향했다. 화요일에는 강릉에 있는 건설 현장을 다니고 있는데, IOC 린드버그Gunilla Lindberg 조정위원장이 한국을 찾아왔다. 목요일까지 이틀 동안 심층 인터뷰를 하였다. 나에 대한 테스트였다. 한국무역협회 회장 시절 광주 하계유니버시아드대회 유치위원장을 할 때, 실사단장인 스테판 버그Stefan Bergh가 생각났다. 린드버그는 "스테판은 스웨덴 체육회 사무총장 후임자이며, 서울에 오기 전날 그와 저녁을 했다"라고 했다. 자연스럽게 린드버그와 대화는 순조롭게 진행되었다.

금요일 내외신 기자회견을 하도록 예정되어 있는데 린드버그 조정위원장도 동참하겠다고 했다. 사실 기자들은 내가 스포츠 문외한이라는 점을 집중적으로 지적할 텐데 린드버그가 동참하는 것은 모험이었다. 기자들은 "대회를 1년 9개월 앞두고 위원장이 또 교체되었다. 경기장 건설 등 업무가 산적하다. 더구나 이 위원장은 스포츠 분야 문외한이다" 등의 질문을 쏟아냈다.

린드버그는 "이틀 동안 그와 심층 대화를 했다. 이 위원장은 유능하고capable hands, 그의 에너지와 정열에 감명받았다greatly impressed by President Lee's energy and passion for the project"고 하면서 "평창 조직위원

회가 적임자의 손에 맡겨졌다. 나는 그를 믿는다I trust him"라고 했다. 그의 명쾌한 답변은 내외신 언론으로부터 나를 스포츠 문외한이라는 자리에서 벗어나게 했다.

나는 공직 생활을 하면서 자의보다는 타의로 자리를 맡아온 것이 대부분이었다. 상공부 사무관 시절부터 자리를 옮길 때나 과장, 국장, 차관보로 승진할 때에도 나의 뜻과 상관없이 상급자의 요청에 따라 일방적으로 이루어졌다. 차관으로 승진할 때는 장재식 장관이 여론을 종합하여 나를 단독으로 추천했다. 장재식 장관과는 평소 일면식도 없었다.

서울산업대학교 총장으로 선출될 때에도 교수들이 '총장후보추대위원회'를 만들어 총장 후보가 되어 주도록 간청하였다. 대학 총장 9개월 만에 산업자원부 장관으로 임명될 때도 당시 부안에서 원전폐기물부지 선정 문제로 소요가 일어나자 청와대에서 일방적으로 발표하였다. 한국무역협회 회장도 사실상 대통령의 지명으로 선출되었고, 한국경영자총협회(약칭 경총) 회장도 몇 차례 사양했으나 회장단 회의에서 일방적으로 선출하였다. 조직위원장도 운명이라고 생각했다.

나는 취임에 즈음하여 4가지 각오를 밝혔다. 첫째, 경제올림픽, 문화올림픽, ICT올림픽, 평화올림픽, 환경올림픽이 되도록 하겠다. 둘째, 차질 없는 대회 준비를 통해 역사에 길이 남는 성공한 올림픽을 만들겠다. 셋째, IOC 등 국제스포츠 기구들과 유대강화로 한국 스포츠의 위상을 높이겠다. 넷째, 지속가능한 유산을 남기는 올림픽을 만들겠다.

"대회까지는 634일 남았다. 모든 일을 현장 중심으로 속도감 있게 실행할 것이다. 경기장 건설 등 시간이 많지는 않으나, 노력하면 충분한 시간이 될 수 있다." "재정 면에서 어려움이 있으나 기업의 후원금 목표액을 9,400억 원으로 상향하겠다. 금년 중 목표액의 90%를 달성하도록 발로 뛰면서 모든 역량을 다하겠다"라고 다짐하였다.

언론은 조양호 회장이 한진해운 구조조정 문제로 그룹경영에 전념하기 위해 사퇴했으나 ▶개인적으로 평창 올림픽 공동유치위원장으로서 대회성공을 위해 봉사하였고, ▶2016년 2월 정선 알파인스키장에서 실시된, 테스트 이벤트Test Event를 잘 치르는 등 현안이 있을 때마다 앞장서 해결한 노력을 긍정적으로 평가하였다. 반면, 문화체육관광부 및 IOC와 불협화음, 조직위원회 장악력 문제, 국내 스폰서 유치실적 저조 등을 문제로 지적하였다.

조선일보는 '조양호 회장이 경영난에 빠진 그룹을 챙기겠다며 위원장에서 물러난 지 5시간 만에 구원투수로 기용되었다.' '그의 화려한 경력이 다시금 화제가 되고 있다. 장관 퇴임 후 경제 5단체 중 2곳의 수장을 거치고 대기업 CEO도 두 번이나 맡는 등 관계·재계·학계 요직을 두루 거쳤다. 민간 부문의 CEO를 맡은 기간이 8년 2개월이다.' '공직사회와 재계를 두루 거쳤으나 스포츠 분야에선 전문성이 부족하다.'

그에게는 '자리 운을 타고났다'라는 말이 따라다니지만 '운'이라는 건 결코 그냥 떨어진 게 아니다. 그가 시종일관 탄탄대로를 걸었던 것은 아니다. 그는 공직에 입문하고 11년 동안 사무관 생활을 했다. 행시 동기보다 과장 승진이 늦었으나, 그는 포기하거나 조급해하지 않았다. 주위에서 꼽는 그의 가장 큰 성공비결은 '성실함'이다. '성실함 외에도 집요함도 그의 필살기이다.' 그는 공무원 시절 과장은 늦게 달았지만, 토요일과 일요일에도 출근하며 누구보다 열심히 일했다.

'그는 사무관 시절부터 일벌레로 유명했다. … 그는 디테일에 강해 업무장악력이 뛰어나다는 평가를 받았다. 장관 시절 방폐장 문제를 해결하는 과정에서 1년 넘게 매주 토요일 오후 직원들과 세미나를 하며,

과거 실패 사례를 분석했다. 승부사 기질도 발휘했다. 2000년 산업자원부 자원정책실장 시절 한국전력 노조가 전면 파업을 선언하자 신변 위협에도 불구하고 노조원들의 집결지를 찾아가 사태 해결에 나서는 뚝심도 보였다.' '그가 공직을 떠난 뒤에도 늘 영입 1순위로 거론되었던 이유는 이런 점을 인정받았기 때문이다.' [4]

조선닷컴은 '2003년 12월 방사성폐기물 처분장 선정을 둘러싼 갈등이 극에 달했을 때, 당시 노무현 정부는 이희범을 구원투수로 산업자원부 장관으로 임명했다. 정찬용 전 청와대 인사수석은 "인사 때마다 말들이 많은데, 이희범 장관 임명은 가장 잘한 인사로 주변에서 많은 칭찬을 받았다"라고 전해 화제가 됐다.' '그는 장기간 풀지 못한 국책 과제에 대한 주민투표를 통하여 경주를 처분장 도시로 결정하여 인사권자의 선택이 틀리지 않았음을 보여줬다' [5] 고 보도했다.

'평창조직위원회 신임 위원장 내정은 무효'라고 기사를 쓴 권종오 SBS 스포츠부장은 '이희범 씨의 경력을 보면 한 사람이 했다고는 믿을 수 없을 만큼 화려하기 이를 데 없습니다. … 문제는 시간입니다. 올림픽 개막식이 1년 9개월밖에 남지 않았고, 그의 데뷔 무대라고 할 수 있는 리우 올림픽이 8월 초에 열리는 점을 고려하면 3개월 안에 조직위원회 주요 업무를 숙지해야 하는 숙제를 안고 있습니다. 최대 현안이자 고민인 현금 부족 사태를 하루빨리 해결해야 합니다. 그의 아킬레스건은 올림픽 초보자라는 한계입니다.'

'이희범 씨 앞에 놓인 숙제는 첩첩산중입니다. 한마디로 모든 면에서 초치기가 불가피한 상황입니다. 스피드 스케이팅 경기장도 공정률이

---

[4] 김승범 기자, '산자부 장관 퇴임 후 민간 CEO만 8년 2개월, 추진력·열정으로 평창동계올림픽 난관 타개' 조선일보 이코노미플러스 (2016. 6. 3.)
[5] 조선닷컴, '경제단체장과 대기업 회장 연속 맡는 이희범의 롱런비결,' 조선닷컴 (2013. 12.)

40%밖에 되지 않아 조만간 야간공사에 돌입할 예정입니다. 이처럼 지구촌 축제를 초치기로 할 수밖에 없는 현실은 3대 주체인 문화체육관광부, 조직위원회, 강원도가 자초한 일입니다. 이 위원장 부임을 계기로 더 이상 올림픽이 국민의 조롱거리나 걱정거리가 되지 않도록 해야 할 것입니다'라고 보도했다.

취임 후, 두 달이 지날 무렵 권종오 부장은 취재 파일을 통해 '평창 이희범 체제 합격점, 문제는 현금확보'라는 제목으로 보도하였다. 조직위원회 직원들이 본 이 위원장의 모습은 '옆집 아저씨처럼 소탈하다. 자신을 낮추는 소통의 달인'이라고 평가했다. 그는 1991년 SBS에 입사하여 스포츠 분야만 취재해 온 베테랑으로 민감한 기사를 자주 써 조직위원회의 경계 대상이었다. 나는 권종오 부장이 쓴 칼럼을 집으로 가져가 모두 정독하면서 지적내용을 반면교사로 삼았다.

또한, 한국일보는 '배계규 화백의 이 사람: 평창 올림픽 살린 구원투수 이희범'이란 칼럼에서 2016년 5월 이희범(69) LG상사 부회장이 평창 동계올림픽 조직위원장으로 취임하자 그의 주변에선 '왜 말년에 거기 가서 인생을 망치느냐?' '최순실 게이트'로 풍비박산이 나 있던 당시로서는 평생을 안정적이고 신망 높은 정·재계 관료로 살아온 그에게 도박이었다. 주변의 만류에도 한번 (올림픽을) 잘 치러보겠다고 큰소리쳤지만, 그는 가슴속에 사표를 품고 다녔다.

그렇게 불철주야 뛰어다니기를 2년, 지난달 25일 폐회식을 마친, 다음날 이 위원장은 눈을 뜨자마자 남몰래 눈물을 흘렸다. 2월 9일 개막해 17일간의 열전을 마치고 막을 내린 평창 올림픽에는 '역대 가장 성공한 올림픽'이란 수식어가 달렸다. … 정상적인 개회조차 불투명했던 평창 올림픽은 극적인 '역전 만루홈런'을 쳤다. '구원투수' 이희범은 패색이 짙었던 경기를 살렸다. 각본 없는 스포츠는 숱한 드라마를 연출했고, 3,000억 원의 적자가 예상되던 평창 올림픽은 이제 수백억 원의 흑자를 기대하고 있다.[6]

찰떡궁합이 된 IOC 위원장

조직위원장으로서 취임식도 없이 첫째 주는 평창과 강릉 등 현장을 점검하였고, 방한한 린드버그 IOC 조정위원장과 면담하는 데 보냈다. 둘째 주에는 세종시를 방문하여 문화체육관광부 실·국장들과 상견례를 하고 유일호 경제부총리를 만나 예산 문제를 협의하였다. 이어서 여의도 국회를 방문하여 3당 원내대표와 정책위원회 의장을 만나 지원을 요청했다.

셋째 주인 5월 31일에는 스위스 로잔을 방문했다. IOC 집행위원들과 상견례를 하고 평창올림픽 준비 상황을 보고하면서 협조를 요청하였다. 토마스 바흐 IOC 위원장이 저녁에 초대하였다. 1988 서울올림픽 당시 IOC 위원장이던 사마란치의 아들 사마란치Juan Antonio Samaranch Jr.는 "바흐 위원장이 만찬에 초대한 것은 매우 좋은 징조다. 그는 독일 병정으로 일벌레(workholic)이니 바로 업무 얘기를 해라"고 조언해 주었다.

나는 빼곡히 적은 메모지 한 장을 들고 만찬장으로 갔다. IOC 측에서 린드버그와 드 케퍼Christophe de Kepper 사무총장이, 조직위원회에서는 김재열 부위원장과 여형구 사무총장이 함께했다. 나는 "① 평창은 흑자올림픽이 되어야 한다. 재정문제 타개를 위해 조직위원회와 IOC 간 실무협의체를 구성하자. ② 평창 올림픽은 메달 수나 참가국에서 역대

---

6 배계규 화백의 이 사람, 평창올림픽 살린 '구원투수' 이희범 (한국일보, 2018. 3. 3.)

최대가 되어야 한다. ③ 한반도가 처한 특수성을 감안, 북한이 참가해야 한다. ④ 한·일·중으로 이어지는 올림픽을 동북아 협력과 평화의 계기로 삼아야 한다. 한·중·일 올림픽 조직위원회 협의체를 구성하고, IOC가 직접 협의체를 주관해 달라"고 요청하였다.

바흐 위원장은 "① IOC와 조직위원회는 한배를 타고, 같은 방향으로 노를 젓고 있다We are in the same boat, sailing same direction. ② 내가 마지막 위원장이 되어야 한다. ③ 장관과 한국무역협회장 등 경력을 잘 알고 있다. 마지막 봉사직으로 알고 최선을 다해 달라"고 요청하였다. 그는 식사 시간 내내 업무 얘기만 하는 나를 보고 "대단하다. 린드버그 위원장으로부터 보고받았는데 직접 만나보니 더욱 신뢰가 간다(I trust you)"라고 하였다.

나와 바흐 위원장 간의 신뢰는 올림픽 기간 중 난제를 푸는 데 결정적인 역할을 하였다. 2016년 12월 초 로잔에서 개최된 IOC 집행위원회에 올림픽 준비 상황을 보고하면서 나는 국내 정세로 기업후원 목표 달성이 어려우며 흑자올림픽도 어려울 수 있다고 토로했다. 바흐 위원장은 회의를 정회하고 나와 단독으로 만났다. 그는 우선 1천만 달러를 추가로 지원하겠다고 약속했다. 나는 1억 달러를 기대했으나 첫술에 배부를 수는 없다고 생각했다.

나와 바흐 위원장은 처음부터 평화올림픽을 위해서는 북한이 참가해야 한다는 데 의견을 같이하였다. 바흐 위원장은 "북한이 평창 올림픽에 참가할 수 있도록 쿼터 외 초청wild card 제도를 활용하겠다"라고 약속했으며, 참가를 주저하는 국가들을 향해 '플랜 B는 없다'는 점을 분명히 하였다. 바흐 위원장의 리마선언은 평창 올림픽에 북한이 참가하는 분수령이 되었다.

올림픽 진행 과정에서 수많은 난제는 실무협의에서 해결하였으나 실무협의에서 해결되지 못한 큰 이슈들은 이희범-바흐 위원장 회의에서 해결되었다. 전문 분야에 컨설턴트를 보내면서 예산에 편성되지 않은 경우와 예산 가이드라인을 넘을 때는 IOC가 부담하였다. 올림픽 개최 이후 평창에 수해가 났을 때, 예산으로 집행하기 어려운 부분은 IOC의 지원금으로 충당하였다.

바흐 위원장은 올림픽 개회를 앞두고 열린 IOC 집행위원회 만찬 연설에서 '삼행시'로 나에 대한 찬사를 표현하였다. "이희범 위원장은 ▶예의범절이 바른 공손한 사람(polite man)입니다. … 평창 올림픽 유치 당시 경쟁 도시였던 뮌헨을 언급하지 않았기 때문입니다. ▶활력이 넘치는 사람(dynamic man)입니다. … 조직위원장이 되면서 그분 특유의 활력을 불어넣어 평창 올림픽 준비과정에 박차를 가했기 때문입니다. 또한, ▶신뢰할 수 있는 사람(reliable man)입니다. … 로잔에서 마지막 위원장이 되겠다는 약속을 지켰기 때문입니다"라고 뼈있는 연설을 했다.

조직위원회의 한 간부는 이희범 위원장은 활동적Vivid-Lee이고, 인상적이며Impressive-Lee, 정확하다Precise-Lee는 의미의 'Vividly, Impressively, 그리고 Precisely'라는 삼행시를 지어 주었다. 이 자리에는 토마스 바흐 IOC 위원장 부부를 비롯하여 IOC 집행위원, 린드버그 조정위원장, IOC 사무총장과 주최측인 최문순 강원도지사와 심재국 평창군수, 최명희 강릉시장, 전정환 정선군수 등이 참석하였다. 최문순 지사는 IOC 위원장에게 '명예 감자'란 직위를 부여하였다.

올림픽 유치를 위한 피나는 노력

2011년 7월 7일 오전 0시 18분, 남아프리카공화국 더반 제123차 IOC 총회장 연단에 선 자크 로게Jacques Rogge IOC 위원장이 'PyeongChang 2018'이라고 외치자 현지에서 유치를 지휘하던 이명박 대통령은 물론, 밤새워 기다리던 수많은 국민은 얼싸안고 환호와 눈물로 범벅이 되었다. 세 번의 도전 끝에 이뤄낸 쾌거였다. 우리나라는 1988년 서울올림픽 이후 30년 만에 동계올림픽을 유치했다.

1996년 3월 최각규 초대 민선 강원도지사는 동계올림픽 유치가 강원도 발전에 전기가 될 것으로 판단하여 김진선 행정부지사를 일본 나가노에 파견하였다. 파견단은 동계올림픽 개최 가능성이 충분하다고 결론을 내렸으나, IMF 외환위기로 올림픽 유치는 뒷전으로 밀려났다. 1998년 3월 강원 남부 폐광지역 번영협의회는 2010년 동계올림픽 유치 활동 전개 방침을 결정하였으나, 여론이 성숙한 것은 1999년 2월 동계아시안게임 개최 이후였다.

평창군 도암면 번영회는 '동계 아시안 게임을 2010 동계올림픽으로'라는 슬로건을 내걸고 올림픽 유치 활동에 들어갔다. 1998년 7월 민선 2기 김진선 지사는 1999년 1월 30일부터 7일간 21개국 799명의 선수와 임원이 참가한 제4회 동계아시안경기대회 폐막식에서 '2010 동계올림픽' 유치를 대외적으로 천명하였다. 강원도는 1999년 12월 동계올림픽 유치위원회를 발족하였다.

한편, 2000년 8월 3일 전라북도 무주는 국무총리실에 2010 동계올림픽 유치신청서Bid File를 제출하였다. 무주는 1992년부터 동계올림픽을 추진해 왔으며, 1997년 동계유니버시아드를 개최하면서 김대중 정부에서 힘이 실리는 분위기였다. 문화체육관광부도 1998년 11월 '2010 동계올림픽'을 적극 유치키로 함에 따라 유종근 지사를 중심으로 올림픽 유치위원회를 결성하였다.

국무총리실은 무주를 선정하기 위한 국제행사심의위원회를 준비하고 있었다. 강원도 김태겸 행정부지사가 평소 친분이 있던 이성열 전라북도 부지사와 통화 중 다음날 국제행사심사위원회를 개최한다는 사실을 알게 되었다.[7] 강원도는 비상이 걸렸다. 강원도는 심의회 개최 연기를 요청하면서 2000년 10월 24일 정부 및 대한체육회KOC에 올림픽 유치 신청서를 공식 제출하였다.

양 지역의 경쟁이 치열해지자 정부는 대한체육회에 결정 권한을 넘겼다. 강원도는 724명으로 유치위원회를 결성하고 산업연구원에 올림픽 유치의 경제효과 분석을 의뢰하였다. 2001년 3월 강원도민들을 대상으로 여론조사를 실시한 결과, 98%가 동계올림픽 유치에 찬성했으며, 92.4%가 지역발전에 기여할 것으로 응답하였다.

대한체육회는 양 지역의 유치 제안서를 접수한 후, 2001년 9월 스포츠 전문가 13명으로 평가위원회를 구성하여 현지를 실사하고, 11월 KOC 위원 74명 중 70명이 참석한 가운데 임시총회를 개최하였다. 임시총회는 개최지 결정을 위해 열띠게 토론하였으나, 투표 없이 양 지역 공동 개최 방안을 발표하였다. 이에 앞서 한국갤럽이 실시한, 여론조사는 강원도가 75.4%, 전북이 24.3%였다.

대한체육회는 보도자료를 통해 ▶전라북도는 국제스키연맹 공문상 올림픽 경기를 치르기 위한 남자 활강경기장 시설기준 미달이 지적되었고, ▶강원도는 서울과 분산 개최를 제시했으나 서울지역 경기장 시설 미비와 서울시의 투자 의지가 없는 점에 따라 양 지역 모두 투자재원 염출 가능성이 의문시되어 만장일치로 분산 개최키로 했다고 발표하였다.

유종근 지사는 "생각지 못한 결과였으나 받아들이겠다"라고 하였지

---

7 김진선 (2019), 《평창실록, 동계올림픽 20년 스토리》, 이새, 40쪽.

만, 김진선 지사는 "도민들의 의사를 물어 수용 여부를 결정하겠다"라고 유보적인 입장이었다. 강원도의회 동계특별위원회는 대한체육회를 방문하여 후보 도시 재선정을 요구했고, 강원도민들은 여의도에서 공동 개최를 반대하는 규탄대회를 열었다. 문화체육관광부도 올림픽 헌장에서는 하나의 도시만 개최도시가 될 수 있다는 점을 지적하였다.

2002년 1월 대한체육회 임시총회는 강원도 43, 전북 24로 '강원도를 주 개최지로 하고 일부종목의 전북 분산 개최'로 결정하였다. 강원도에는 8개 종목 46개 세부 종목(주로 스키)을 배분하고, 전라북도에는 7종목 32개 세부 종목(주로 빙상)을 개최하는 것으로 결정했다. 2002년 1월 국무조정실 국제행사심사위원회는 다음의 조건으로 의결하였다. 2002년 1월 대한체육회는 평창을 주 개최도시로 IOC에 2010 동계올림픽 유치신청서를 제출하였다.

▶2010년 동계올림픽대회 개최와 관련한 국고지원은 경기장 건설비의 30%에 한하며, 운영비에 대해서는 국고지원을 하지 않는다.

▶중봉 지역에 설치 예정인 활강경기장 건설에서 환경문제가 발생하지 않도록 사전에 면밀한 검토와 대책 수립 (환경단체와 협의 포함)

▶경기장 시설의 사후관리 및 활용방안 강구

2002년 2월 김진선 지사는 동계올림픽이 열린 솔트레이크시티에서 기자회견을 통해 "공동 개최는 전례가 없고, 경쟁력이 떨어진다"라고 지적하면서 재심의를 요청하였다. 김세웅 무주군수는 춘천을 방문하여 분산 개최 방식은 경쟁력이 떨어진다는 인식 아래, "2010년은 강원도가 단독으로 유치를 추진하고, 실패할 경우, 2014년 대회는 전북이 단독으로 신청"하는 방안을 제시했다.

대한빙상경기연맹 등 동계종목 4개 경기단체도 정부 및 대한체육회에 경기장 집중화를 건의하였다. 2002년 5월 대한체육회 임시총회는 '2010년은 강원도에 단독 개최권을 주고, 2014년은 IOC 공식 시설기준 충족을 전제로 전라북도에 우선권을 준다'라는 조정안을 마련하였다. 무주는 서울지방법원에 제출한 대한체육회 임시총회 결정 효력정지 가처분 신청이 기각되자 분산 개최안을 수용하였다.

이에 앞서 2002년 5월 강원도와 전라북도는 '▶2010년 동계올림픽 유치신청은 국제경쟁력 등을 고려하여 강원도(평창)가 단독 제출하는 것으로 전북이 양보하기로 한다. ▶전라북도는 2014년 동계올림픽 유치신청에 있어 단독 제출에 관한 우선권을 갖는다. 단, 상기 권리는 전라북도가 국제올림픽위원회의 공식 시설기준을 충족하는 것을 전제로 한다'라고 합의하였다.

후보지가 결정되자 2002년 7월 김대중 대통령은 "동계올림픽이 반드시 유치되도록 노력하라"고 지시했고, 국회는 '동계올림픽 유치지지 결의안'을 채택하였다. 평창은 사라예보, 잘츠부르크, 밴쿠버, 하얼빈, 베른, 안도라 등과 함께 치열한 유치전을 전개하였다. 2002년 8월 IOC는 오스트리아 잘츠부르크, 캐나다 밴쿠버, 평창과 독일 베른을 후보 도시로 결정하였다. 이후 베른은 주민들의 반대로 포기하였다.

2002년 11월 정부는 유치지원위원회(위원장: 김석수 국무총리)와 유치위원회(위원장: 공로명, 집행위원장: 김진선)를 발족하고 알파인 경기장(중봉) 국제경기연맹 동의서 확보, 원주~강릉 간 철도 건설 등 23개 사업의 정부보증을 결정하였다. 2003년 1월에는 'Yes, PyeongChang'이란 슬로건으로 드림 프로그램 운영, 동계스포츠 박물관 건립, 올림픽지원특별법 제정 등 199개 항목이 수록된 유치신청서를 제출하였다.

2003년 2월 노르웨이 IOC 위원인 하이버그Gerhard Heiberg를 단장으로 19명의 평가위원이 참석한 가운데 현지실사를 실시하였다. 강원도는 인천공항에서 서울을 거쳐 평창까지 오는 영동고속도로 광고판을 모두 평창으로 바꾸었다. 숙소에는 IOC 위원들의 취향에 맞는 비누와 화장품을 비치하고, IOC 평가단 개인별 사진첩을 만들어 실사단을 감동하게 하였다.

IOC 평가위원들은 기자회견에서 "정부의 강력한 의지와 국민 전체의 유치 열망을 확인했다. 평창이 동계올림픽을 훌륭하게 치러 낼 가능성이 있다는 점에 모두 동의한다. 안전·환경·문화프로그램이 모두 긍정적이다. 수송계획은 좋으나 철도, 도로 건설에 상당한 투자가 요구된다. 경기장 시설은 좋으나, 경기장 간 거리가 문제다"라고 평가하였다.

2003년 7월 체코 프라하에서 열린 제115차 IOC 총회에는 고건 국무총리를 대표로 공로명 유치위원장 등 정부 대표단, 시민, 언론 관계자 등이 참가하여 유치전을 벌였다. 삼성전자는 프라하에서 프라하 필하모닉오케스트라와 조수미가 함께한 '오픈에어 콘서트'와 가족마라톤 행사를 주최하였고, IOC가 주관하는 올림픽 축제를 단독으로 후원하였다.

평창은 총 111명 중 51표를 획득하여 밴쿠버 40표, 잘츠부르크 16표를 누르고 1위를 하였으나, 과반에 미치지 못해 결선투표를 하였다. 2차 투표에서 평창은 53표를 얻었으나 56표를 얻은 밴쿠버에 개최권을 내주었다. 평창의 지명도가 낮은 탓도 있으나, 2008 베이징 하계올림픽에 이어 동계올림픽마저 아시아권에 줄 수 없다는 유럽 국가들의 암묵적 담합도 영향을 미쳤다.

평창이 지역구인 김용학 국회의원은 "김운용 IOC 부위원장의 방해 때문이었다"라고 주장했으며, 김운용 위원은 "내년 총선을 의식한 사리

사욕 때문"이라고 반발하였다. 그는 자크 로게와 대결한 IOC 위원장 선거에서 떨어진 후 IOC 부위원장 선거에 나서기 위해 평창 유치를 방해했거나, 그로 인해 경쟁국들의 표가 이탈했다는 오해를 받았다.

김운용 회장은 1971년부터 20년간 대한태권도협회 회장을 역임하면서 국기원을 설립하였고, 1973년 세계태권도연맹WTF을 창설하여 태권도를 올림픽 종목으로 채택하는데 공헌하였다. 1986년부터 IOC 위원으로 활동하면서, 국제경기연맹총연합회GAISF 회장을 역임하였다. 1992년에는 IOC 부위원장으로 선출되었고, 1993년부터 2003년까지 대한체육회 회장을 역임하였다. 2015년 대한체육회 '스포츠영웅 명예의 전당'에, 2016년 태권도진흥재단의 '태권도를 빛낸 사람들'에 헌액되었다.

대통령이 앞장선 두 번째 도전의 길

평창이 처음 동계올림픽에 도전할 때, 많은 IOC 위원은 "한국에도 눈이 옵니까?"라고 물을 정도로 한국과 평창의 인지도는 낮았다. 그러나 불과 3표 차이로 탈락하자 평창은 자신감을 가지게 되었다. 평창이 제시한 동계스포츠의 확산과 비전, 남북 평화와 인류애 등 올림픽 무브먼트가 IOC와 국제 스포츠계의 폭넓은 지지와 공감을 얻었다.

강현욱 전라북도지사는 '2014년 올림픽 유치는 전북이 우선권을 갖는다'라는 합의를 근거로 2014년 동계올림픽 유치를 선점하였다. 무주는 2003년 7월 '2014 동계올림픽 유치를 위한 군민결의대회 및 추진위원회 발대식'을 개최하였다. 일부 인사는 혈서를 쓰고 삭발했다. 김세웅 군수의 진두지휘로 무주에서 춘천까지 1,000리 길 도보 행진을 시작했다. 행진 14일 만인 7월 22일 춘천에 도착한 무주군민들은 강원도청 앞 광장에서 농성을 벌였다.

전라북도가 본격적인 유치 활동에 나섰으나 이연택 대한체육회장은 여러 부작용을 고려해 국내 후보 도시 선정을 서두르지 않겠다고 했다. 노무현 대통령도 "정부는 정치적으로 이 문제를 조정하지 않고 경기시설의 기술적 요소, 유치 가능성과 정치·경제적 효과 등을 고려해 결정한다"라고 강조하였다.

강원도는 2003년 10월 '강원도국제스포츠위원회'를 설치하고 '평창 동계올림픽 유치 범도민후원회'를 발족하였다. 2004년 5월 강원도는 서울대학교 스포츠산업연구센터에 연구용역을 의뢰한 결과, 평창 올림픽은 생산 유발 11조 5,166억 원, 부가가치 5조 1,366억 원, 고용 유발 14만 3,900여 명으로 분석되었다. 또한, 평창 올림픽은 한반도 평화와 공동번영의 기회를 제공하고, 국가브랜드 제고 및 선진사회 기반 조성의 계기가 될 것으로 분석되었다.

2004년 4월 대한체육회는 공정한 국내 후보 도시 선정을 위해 국제관계특별위원회를 설치하고 국제스키연맹FIS에 시설기준 충족 여부에 대한 실사를 요청하였다. 전라북도는 시설기준 충족을 위해 무주 덕유산 기존 코스 외에 무주·장수군과 경남 거창·함안군에 걸쳐 위치한 남덕유산 코스를 추가하였으나 백두대간을 훼손한다는 환경단체의 반대에 직면하였다.

2004년 12월 대한스키협회는 국제스키연맹FIS 검증 결과, 무주와 남덕유산 스키코스는 올림픽 시설로 '부적합'하다는 보고서를 대한체육회에 제출하였다. 전라북도는 FIS 실사보고서에 대해 강하게 반발하였으나 대한체육회 임시총회는 찬성 36, 반대 3, 무효 3으로 2014년 후보지로 평창을 확정하였다. 무주군은 2004년 12월 세계태권도공원 후보지로 선정되었다.

후보지가 결정되자 강원도는 2005년 3월 한승수 전 국무총리를 위원장으로 유치위원회를 설치하였다. 노무현 대통령은 공관장회의에서 동계올림픽 유치 성공을 위한 각별한 노력을 당부했다. 정부는 국무총리를 위원장으로 '2014 동계올림픽유치지원위원회'를 설치하였다. 국회도 '2014 평창동계올림픽유치특별위원회(위원장: 유재건)'를 구성하였다.

당시 한국은 이건희, 박용성, 김운용 등 세 명의 IOC 위원이 있었다. 그러나 박용성 회장은 중앙대학교 역점사업과 관련하여 유죄판결을 받아 IOC 위원자격이 정지되었다. 노무현 정부 취임 4주년을 맞아 박 회장이 특별사면·복권되자 IOC도 그를 복권하는 조치를 했다.

평창, 잘츠부르크, 소치, 알마티(카자흐스탄), 하카(스페인), 소피아(불가리아), 보로조미(그루지아) 등 7개 도시가 신청하였으나 2006년 6월 IOC 집행위원회는 평창, 잘츠부르크, 소치를 후보 도시로 선정하였다. 평창은 '새로운 꿈 New Dreams'을 슬로건으로 정하고, 2006년 9월 본선 유치 경쟁력 강화방안으로 모든 경기장 시설을 평창을 중심으로 30분 이내에 배치하는 '경기장 집중화 계획'을 발표하였다. 이에 따라 원주시와 횡성군이 개최도시에서 제외되었다.

강원도는 2010년 올림픽 유치과정에서 2004년부터 2011년까지 매년 2백만~3백만 달러씩 총 2천만 달러를 투입, 매년 500~700명의 청소년을 초청하여 동계스포츠 체험과 훈련을 통해 올림픽 무브먼트에 이바지하는 '스포츠를 통한 세계평화 조성' 프로젝트를 제시하였다. 2004년 실시한 드림 프로젝트에는 싱가포르, 남아프리카공화국, 케냐 등 22개국 108명이 참가하여 많은 찬사를 받았다.

2007년 1월 유치위원회는 IOC에 234개 항목에 대한 후보 도시 파일을 제출하였다. 2007년 2월 IOC가 현지실사를 위해 평창을 방문하는 날, 강원도에는 함박눈이 내렸다. 베이징에서 개최된 남북한과 미국·중국·러시아·일본 등이 참석한 6자 회담에서는 북한의 핵시설 폐쇄와 불능화를 포함하는 북한의 '조기 핵 폐기 조치' 협상(2·13 합의)도 타결되었다. 실사단이 방문하는 기간 강원도에는 32개국 135명이 참가하는 드림프로그램이 진행되고 있었다. 평창은 실사단이 방문하는 날, 5천 명이 거리로 나와 서명하는 이벤트를 하였다.

IOC 평가위원회는 평창의 장점으로 높은 비드 파일의 질과 프리젠테이션 수준, 30분 이내 이동할 수 있는 콤팩트한 경기장 배치, 대통령과 정부의 적극적인 지원, 지역주민의 강력한 지지를 들었다. 실사단장인 일본의 이가야伊賀屋千春 IOC 부위원장은 "2010년보다 발전된 계획과 시스템 구축에 대해 만족감을 표시하고 유치를 향한 강원도의 열정과 감동을 느낄 수 있었다"라고 소회를 밝혔다.

IOC 평가위원단은 "▶성공적인 대회 개최를 위해 한국 동계스포츠 선수들의 경기력 향상이 매우 중요하므로 현재의 수준과 앞으로의 육성계획을 제시해 줄 것과 ▶대회 운영비 적자가 발생할 경우, 적자분에 대해 중앙 또는 도 정부가 보증했지만, 재정 부담을 요하는 사항은 국회와 도의회의 동의가 있어야 하므로 이 점에 대한 추가적인 보증을 요청한다"라고 지적하였다.

러시아는 푸틴Vladimir Putin 대통령이 전면에 나섰다. 푸틴은 국제경기연맹 회장들을 크렘린궁으로 초대하고 바이애슬론 경기가 열리는 해발 1,500m의 팔라나를 방문하여 어린 꿈나무와 스키를 함께 타면서 평창과 차별화를 시도하였다. 실사단장은 "경기장이 없는 게 큰 걱정"이라고 우려했으나 푸틴은 과테말라에 아이스링크를 설치하고 5대의 비행기를 몰고 와서 물량 공세를 폈다. IOC가 배포한 도시별 평점은 잘츠부르크가 8.3, 평창은 8.1, 소치는 7.1이었다.

2007년 7월 4일 과테말라에서 열린 제119차 IOC 총회에는 노무현 대통령과 한승수 유치위원장을 포함한 257명의 유치단, 평창군 서포터즈, 취재진이 참가하였다. 대통령은 IOC 위원을 일일이 찾아다니며 막판 득표에 총력을 기울렸다. 러시아는 '동양의 한 여인이 소치개최를 반대하는 유인물을 뿌리고 다닌다'라는 AP통신을 인용하여 IOC 윤리위원회에 제소하면서 평창을 경계하였다.

1차 투표에서 평창은 36표로 소치 34표, 잘츠부르크 25표를 제치고 1위를 차지했으나, 과반에 미달하였다. 결선투표에서 평창은 47표, 소치는 51표를 획득하여 4표 차이로 쓰라린 패배를 하였다. 잘츠부르크를 지지하던 유럽 IOC 위원들이 소치로 돌아섰다. 반면, 아시아권에서는 도쿄와 카타르 도하가 2016년 하계올림픽 유치를 희망하였고, 중국 지린성吉林省과 카자흐스탄 알마티가 2018년 동계올림픽 유치를 희망하여 표가 분산되었다.

2007년 9월 '2014 평창동계올림픽유치위원회' 해산총회는 유치 실패의 원인으로 ① 강대국 러시아의 정치적 영향력과 푸틴 대통령이 앞장선 적극적인 공세로 인한 표심 이탈, ② 아시아 국가들의 주요 국제대회 독식에 대한 부정적 여론, ③ 한국의 국제스포츠 외교력 및 정보력 미흡, ④ 동계스포츠 경기력 및 저변 취약 등을 꼽았다.

범국가적으로 추진한 2전 3기의 도전

두 번의 실패 후, 동계올림픽에 대한 회의론, 담당자들의 책임론, 유치과정에 얽힌 의혹과 좌절감도 표출되었으나 재도전 문제는 강원도를 넘어 전국적인 이슈가 되었다. 2014년 7월 강원일보가 실시 한, 여론조사에서 도민의 71.3%가 재도전을 지지했고, SBS는 국민의 87.7%, 강원도민의 77.3%가 재도전을 지지한다고 발표하였다. 2007년 9월 김진선 지사는 세 번째 도전을 선언하였다.

2008년 산업연구원은 2018 평창 동계올림픽 유치 타당성 조사 결과, 총생산 유발 20조 4,973억 원, 부가가치 8조 7,546억 원, 고용 유발 23만 명이 될 것으로 전망하였다. 아울러 한국의 위상 제고, 남북한 화해 협력 및 평화 증진에 기여, 국내 경제 활성화, 최첨단 산업 세계시장 주도, 스포츠 외교력 강화 및 동계종목 다변화 촉진, 국민통합 및 자긍심 고양 등에 기여할 것으로 분석하였다.

한편, 허남식 부산시장은 2008년 연두 기자회견에서 부산은 2020년 하계올림픽 유치를 위한 100만인 서명을 마쳤다며 정부승인을 강력하게 요구했다. 부산은 1997년 동아시아경기대회와 2002년 아시안게임, 2005년 APEC 정상회의 개최를 기반으로 2020년 하계올림픽 유치를 선언하고, 강원도만 12년간 국제대회 유치권을 독점하는 것은 형평에 어긋난다고 주장했다.

2008년 6월 강원도는 의회의 동의를 거쳐 대한체육회에 국내 후보지로 선정해 주도록 신청서를 제출하였다. 7월 부산은 '2020년 하계올림픽 부산 유치를 위한 영남권 5개 시도지사 공동건의서'를 정부에 제출하고, 2009년 4월 '서울프레스센터'에서 '2020년 하계올림픽 유치신청 선언'을 했다. 부산과 강원도가 대결 양상을 보이자 새로 출범한 이명박 정부는 곤란한 입장이 되었다.

독일 뮌헨은 2007년 12월 이미 국내 후보 도시로 선정되었고, 프랑스 안시도 국내 절차를 완료하여 본격적인 유치 활동을 전개하고 있었다. 늦어도 2009년 10월까지 IOC에 유치신청서를 제출해야 하므로 3월까지는 국내 절차를 완료해야 한다. 대한체육회도 4월 중 국내 후보지를 선정할 계획이었으나 부산시는 7월 말까지 국내 후보지 선정을 늦추어 달라고 요청하였다.

대한체육회KOC는 시간이 촉박함을 인지하고 2009년 4월 16명의 자체 평가위원회를 구성하여 현지실사를 하였다. 부산시의 입장이 강경하자 대한체육회 상임위원회는 부산과 평창에 대해 각각 프리젠테이션을 실시하였는데, 26명 중 찬성 18, 반대 8로 평창을 후보 도시로 선정하였다. 이어서 대한체육회 위원총회의 무기명 비밀투표 결과 찬성 30, 반대 13으로 평창을 동계올림픽 후보지로 결정하였다.

대한체육회가 평창을 후보 도시로 선정하자 문화체육관광부와 국토교통부는 현장 실사를 거쳐 타당성 검토보고서를 제출하였고, 기획재정부도 경기장 시설 및 교통망 등에 대한 현장 확인을 하였다. 2010년 6월 국무총리실 국제행사심사위원회는 대회시설에 대한 과잉투자를 방지하고 사후 활용도를 제고하는 방안 강구, 흑자 발생 등의 이슈에 대해 계획수립부터 확실히 하도록 요구했다.

2009년 9월 한승수 국무총리와 77명의 유치위원이 참석한 가운데 김진선 도지사와 조양호 회장을 공동위원장으로 하는 '2018 평창 동계올림픽 유치위원회' 창립총회를 개최하였다. 강원도는 김진선 도지사 단독 체제를 희망했으나 경제계 인사가 필요하고 지사의 독선을 방지한다는 차원에서 공동위원장 체제로 출범했다.

IOC는 평창과 독일의 뮌헨, 프랑스 안시를 후보 도시로 결정하였다. 평창은 'New Horizon'을 슬로건으로 본격적으로 유치 활동을 벌였으며, 2004년부터 7년 동안 전 세계 42개국 806명을 대상으로 드림프로그램도 착실히 추진하였다. 드림프로그램 참가자 중 8개국 12명은 올림픽 등 국제대회에도 출전하는 성과를 보여주었다.

뮌헨은 차기 IOC 위원장이 유력한 토마스 바흐를 유치위원장으로 선임하였다. 뮌헨은 주민의 75.5%, 독일 국민의 68%에 이르는 지지를 바탕으로 막강한 글로벌기업의 지원과 전설적인 동계올림픽 피겨스케이팅 2관왕 겸 스타 카타리나 비트 등을 앞세워 유치전에 선두를 달리고 있었다. 프랑스 안시도 국민의 88%, 지역주민의 83% 지지를 바탕으로 1976년 몬트리올 육상 금메달리스트로서 IOC 국제위원장을 지낸 기 드뤼Guy Drut와 사르코지Nicolas Sarkozy 대통령의 지원을 받고 있었다.

국내에서는 평창이 '잘될 거다'라고 기대하고 있었으나, IOC는 한국에 대해 '눈도 잘 내리지 않는 나라에서 동계올림픽을 할 수 있겠느냐?' '말이 통하지 않는다' '팀워크가 되지 않는다'라는 부정적인 편견을 가지고 있었다. 더구나, 평창은 국내 절차가 지연되면서 늦게 유치전에 가세하였고, IOC 내부에서 표를 모을 수 있는 거물급 인사가 없었다.

2009년 12월 말 정부는 이건희 IOC 위원의 특별사면과 복권을 시행하여, 유치 활동에 돌파구를 마련하였다. 2010년 2월 밴쿠버 동계올림픽에서 김연아 선수를 필두로 금메달 6개, 은메달 6개, 동메달 2개를 획득하고 쇼트트랙에만 머물렀던 동계스포츠의 지평을 스피드 스케이팅과 피겨스케이팅으로 넓히면서 종합 5위를 달성하여 평창은 반전 분위기를 탔다.

2011년 2월 구닐라 린드버그와 14명의 IOC 평가위원단이 평창에 도착하는 날은 100년 만에 폭설이 내렸다. 악천후 속에서도 이명박 대통령과 김황식 국무총리가 평가단을 방문하여 정부의 의지를 전달하였으며, 1,200여 명의 주민들은 태극기와 오륜기를 흔들며 평가단을 맞이하였다. 강원도민들은 범도민후원회(회장: 윤세영 SBS 회장)를 구성하고, 동사모(동계스포츠를 사랑하는 모임)는 유치기원 활동을 전개하였다.

동계올림픽 사상 처음으로 IOC 본부 호텔에서 30분 이내에 경기장이 위치하고 선수촌에서는 90%가 10분 내 도착할 수 있다. 실사단이 강릉 빙상장에 도착하자 불이 밝혀지고 2,018명의 강원대학교 합창단이 '나는 꿈이 있어요I have a dream'를 합창하자 실사단은 "어메이징!" "원더풀!"을 외쳤다. 국내 언론들도 정부의 전폭적 지지, 준비된 평창, 동계스포츠 스타 출동 등을 연일 크게 보도하였다.

정부지원 및 여론, 기본 인프라, 경기시설, 올림픽 선수, 환경조건, 숙박, 수송, 안전·보안, 스포츠대회 개최 경험, 재정, 유산 등 11개 분야에 대한 IOC 실사단의 평가는 뮌헨이 최고점 8.8, 최저점 7.7로 1위였으며, 평창은 최고점 8.7, 최저점 7.6으로 뮌헨과 비슷했다. 안시는 최고점 7.7, 최저점 6.1로 가장 낮았다. 3개 도시의 종합점수는 평창이 62.62로 뮌헨의 62.49보다 높았다. 안시는 51.44로 3위였다.

더반에 울려 퍼진 '2018 평창'

2011년 7월 6일 남아프리카공화국 더반에서 열린 제123차 IOC 총회에는 이명박 대통령과 정병국 문화체육관광부 장관, 최문순 강원도지사를 포함하여 100여 명의 정부 대표단, 74명의 일반 참관단, 미디어 67명, 강원도, 대한체육회, 이건희 회장 등 재계 인사와 유치지원단 39명 등 280명으로 구성된 매머드 대표단이 참가하였다. 이명박 대통령은 물론 조양호 위원장도 영어로 스피치를 했다.

아리랑TV 앵커 출신인 나승연 대변인은 유창한 영어로 사회를 하였고, 조양호 유치위원장은 경쟁 도시에 대한 칭찬과 약간의 유머를 섞어 청사진을 제시하였다. 이어 이명박 대통령은 국가 차원에서 성공에 대해 약속했고, 김진선 특임대사는 평창이 약속한 인프라 건설과 드림프로그램을 소개하였다. 김연아 선수는 본인의 감성적 이야기를 통해 완벽하게 분위기를 반전하였다. 문대성 IOC 선수위원은 선수로서 올림픽의 이성적 측면을 강조하였다. 박용성 대한체육회장도 유머를 섞어 발표하여 분위기를 반전시켰다.

공공기관에서도 평창 올림픽을 유치하기 위해 다양한 형태로 응원하였다. 서울특별시는 해외 프레스투어 참가자 1,293명에게 다이렉트 메시지Direct Message를 보내고 자매도시인 파리, 로마, 워싱턴, 상파울루 등 총 23개 도시에 평창 올림픽 유치에 동참해 달라고 서한을 발송하였다. TV 인기 프로그램인 '무한도전'은 서울, 평창, 뉴욕에서 동계올림픽 유치 기원 국민대합창을 동시에 진행하였다.

오후 3시 30분에 시작한 IOC 총회는 뮌헨과 안시, 평창의 보고와 IOC 실사단 보고를 거쳐 한국시간으로 7월 6일 자정부터 7일 새벽 0시 30분까지 피를 말리는 투표가 진행되었다. 1차 투표에서 총 95표 중 평창은 63표를 얻어 뮌헨 25표, 안시 7표에 비해 압도적인 차이로 대회 유치에 성공하였다.

2011년 7월 7일 새벽 0시 18분, 자크 로게 IOC 위원장이 '2018 평창'이라고 발표하자 모두 껴안고 춤을 추었다. 이명박 대통령은 물론 조양호 유치위원장, 박용성 대한체육회장, 김진선 특임대사, 김연아 홍보대사 모두 하나같이 감격의 눈물을 흘렸다. 이건희 회장의 눈물은 더욱 진하게 보였다.

평창의 성공요인은 무엇보다도 강원도민의 열정이었다. 실사단 방문 시에는 시민단체와 주민대표, 학생들까지 추위를 무릅쓰고 거리를 메우며 열띤 성원을 하였고, 멀리 남아프리카공화국 더반까지 가서 올림픽 유치를 지원하였다. 강원도는 2004년 3월부터 알펜시아 관광리조트 시설을 선제적으로 건설하고, 드림프로그램을 통해 IOC와 약속을 이행하였다. 10여 년간 92%에 달하는 국민의 한결같은 유치 열망과 지지는 경쟁 도시를 압도하였다.

〈표 1-1〉 역대 동계올림픽 유치전 결과

총회 개최지	표결	1위	2위	3위	유효투표
프라하(2003)	1차	평창 51	밴쿠버 40	잘츠부르크 16	107
	2차	밴쿠버 56	평창 53	-	109
과테말라2007)	1차	평창 36	소치 34	잘츠부르크 25	95
	2차	소치 51	평창 47	-	98
더반(2011)	1차	평창 63	뮌헨 25	안시 7	95

또한, 정권교체에도 불구하고 역대 대통령을 중심으로 정부, 국회, 유치위원회, 재계, 대한체육회 등 전방위적인 유치 활동이 큰 힘이 되었다. 유치위원회는 미국의 스포츠 컨설팅 회사인 헬리오스 파트너즈(대표: 테렌스 번스Terrence Burns)를 채용하였다. 번스는 2014년 소치 올림픽 유치를 성공시켜 우리에겐 눈엣가시 같은 존재였으나, 조양호 회장은 '어제의 적이 오늘의 동지가 될 수 있다'라는 생각으로 반대론자들을 설득하였다. 번스의 아버지는 6.25 참전용사였다.

국회 동계특별위원회와 국무총리가 지휘하는 대회지원위원회

평창이 제23회 동계올림픽 개최지로 확정되자 2011년 10월 19일 '2018 평창동계올림픽조직위원회'가 동계올림픽유치위원회를 대체하여 설립되었다. 창립총회는 김진선 전 강원도지사를 위원장으로 선출하고 부위원장으로 문화체육관광부장관, 강원도지사, 대한체육회장, 대한장애인체육회장, 대한체육회 부회장 겸 대한빙상경기연맹회장, 평창조직위원회 사무총장 등 6명을 선출하였다.

2018 평창 동계올림픽대회 및 동계패럴림픽대회 지원 등에 관한 특별법(특별법) 5조에 따라 조직위원회는 의결기구, 자문기구, 사무처로 구성되었다. 최고 의결기구인 위원총회는 위원장, 부위원장, 집행위원 및 위원으로 구성되며, 위원 및 임원의 선임과 해임, 조직위 해산 및 정관 제·개정, 차입금 및 기본 재산의 취득, 처분과 관리에 관한 주요 사항, 주요 사업계획 승인 등의 업무를 심의·의결한다.

집행위원회는 위원장과 8명의 부위원장, 문화체육관광부 체육국장 등 13명의 위원으로 구성된다. 집행위원회는 ▶총회에 부의 할 사항과 총회에서 위임받은 사항, ▶사업계획, 예산 및 결산에 관한 사항, ▶주요 사업계획 운영에 관한 사항, ▶정관변경 및 규정 제·개정 등을 심의·의결한다. 초기에는 조직위원장이 집행위원장을 겸하였으나, 2017년 9월 조직위원장과 강원도지사가 공동으로 집행위원장을 맡았다.

조직위원회는 김황식 국무총리와 박희태 국회의장, 이건희 회장, 한승수 전 국무총리, 손경식 대한상공회의소 회장, 허창수 전국경제연합회 회장, 사공일 한국무역협회 회장, 윤세영 SBS 회장, 조양호 한진그룹 회장 등 9명을 고문으로 위촉하고 체육계 원로로 구성되는 40명의 자문위원회와 문화행사, 홍보, 경기, 의무, 정보기술, 수송, 장애인올림픽 등 10개의 전문위원회를 두었다.

집행위원회는 당연직 위원으로 정·관계 27명, 체육계 22명, 언론계 8명, 문화·예술·종교계 7명, 관련 단체 22명 등 84명, 선출직 위원으로 김연아, 전이경 선수 등 32명으로 구성되었다. 또한, 출범부터 대회 개최까지 준비단계(2011.10~2012. 초), 1단계(2012년), 2단계(2013~2014), 3단계(2015~2016), 4단계(2017~2018)로 조직구성 방향을 설정하였다.

2012년 1월 특별법이 국회를 통과함에 따라 기존의 국제경기대회지원특별위원회를 평창동계올림픽 및 국제경기대회지원특별위원회로 개편하였다. 정부는 국무총리를 위원장으로 대회지원위원회를 설치하였고 강원도, 개최도시, 유관단체도 지원조직을 운영하였다.

2012년 9월 동계특별위원회(약칭 동계특위)는 새누리당 9명, 민주통합당 8명, 비교섭 1명 등 총 18명으로 제1차 회의를 개최하였다. 2016년부터 동계특위 위원장을 맡은 황영철(홍천·철원·화천·양구·인제) 의원은 3차례 특위를 연장하면서 공기업의 재정지원 촉구 결의안을 만드는 데 앞장섰다. 초기 동계특위는 법안과 예산안 심의권도 가지고 있었으나 문화체육관광위원회로 이관하였다. 평창출신 염동열 국회의원과 강릉의 권성동 국회 법제사법위원회 위원장은 법안과 예산확보 등에 앞장섰다.

대회지원위원회는 국무총리를 위원장으로 관계부처 장관과 조직위원장, 대한체육회장, 장애인체육회장 등이 위원으로 참석하여 대회 준비와 관련하여 범정부 차원의 지원방안을 협의하였다. 교육부는 중·고등학생들이 올림픽에 참가할 수 있도록 교부금을 지원하였고, 국방부는 군인력 동원에 적극적이었으며, 행정안전부는 시도와 지방공기업들이 올림픽에 적극 참가토록 하였다.

강원도는 올림픽운영국, 도의회는 올림픽지원특별위원회, 평창과 강릉, 정선은 올림픽추진지원단, 시·군의회는 올림픽지원특별위원회를 설치하여 성공적인 대회를 위한 인프라 구축, 교통망 확충, 주민참여, 홍보 및 붐 조성 등의 업무를 수행하였다. 조직위 사무총장과 강원도 부지사 및 개최도시 시장과 군수는 별도로 실무협의회를 운영하였다.

올림픽 비전, 목표와 브랜드

평창 동계올림픽 및 동계패럴림픽의 비전은 '새로운 지평New Horizon'이다. 아시아에서 동계스포츠의 새로운 무대를 만들고, 성장 가능성을 확인해 젊은 세대와 함께하는 올림픽을 개최하며, 선수와 관중들의 뜨거운 열정을 연결해 한국과 아시아의 새로운 지평을 여는 것이다.

2012년 5월 엠블럼, 마스코트, 슬로건, 공식 주제가 등 대회 상징물 개발 기본계획을 수립하였다. 엠블럼의 'ㅍ'에는 하늘과 땅, 사람들이 한데 어울린 모두에게 열려 있는 축제의 한마당을 의미하며, 천·지·인 사상에 바탕을 두었다. 위와 아래의 가운데 두 선이 떨어져 있는 것은 '열린 공간'이라는 의미를 담은 것이다. 'ㅊ'은 눈과 얼음, 동계스포츠 스타를 형상화했다. 패럴림픽 엠블럼은 '인종과 지역, 장애를 뛰어넘는 평화와 희망의 세상'을 표현하였다.

올림픽 엠블럼은 제일기획이 5개월여 작업 끝에 2013년 5월 알펜시아에서 개발 선포식을 하였다. 당초 국민을 대상으로 디자인을 공모하였으나, 마땅한 작품이 나오지 않자 전문업체를 대상으로 공개입찰을 통해 엠블럼 디자인 10점을 추렸다. 그 가운데 하종주 디자이너의 작품이 독특성과 모티브로 이목을 끌었고, IOC는 50여 일간 코만도 서치(특공대가 투입되듯 검증한다는 뜻)를 통해 확정하였다. IOC는 엠블럼은 대회 5년 전, 마스코트는 3~4년 전에 발표하도록 규정하고 있다.

일부에서는 "수수깡 이어 붙인 것 같다." "서울올림픽과 비교해 약해 보인다"라는 평가도 있었다. 그러나, 린드버그 IOC 조정위원장은 "독창적이고 기억에 남는 아주 좋아하는 디자인"이라며, "엠블럼에 올림픽의 가치인 우정과 우수함, 존경의 의미를 담고 있는 것으로 보인다"라고 평했다. 엠블럼에 자국 문자를 응용한 것은 2008 베이징 올림픽에서 '京'

이 시초이다.

올림픽 슬로건은 '하나된 열정Passion Connected'으로 2015년 5월 올림픽 개막 1,000일 전(G-1000) 행사에서 발표되었다. 이 슬로건은 모두 하나 된 열정으로 동계스포츠에 대한 전 세계인의 공감을 연결하고, 언제 어디서나 모든 세대가 참여할 수 있으며, 동계스포츠의 지속적인 확산을 열어 간다는 뜻을 담았다.

조직위원회는 올림픽의 비전, 가치 등이 반영된 슬로건 개발을 위해 2015년 1월 인터브랜드와 계약을 체결하고 국내외 카피라이터와 전문가들로 구성된 자문단의 검토를 거쳐 '하나된 열정Passion Connected'으로 확정하였다. 2010년 밴쿠버와 경쟁할 당시에는 'Games of Purity & Peace for All'이었고, 2014년 소치와 경쟁할 당시에는 'New Dreams@PyeongChang'이었다.

2014년 소치는 'Hot, Cool, Yours,' 2022년 베이징은 '함께 미래를 향하여Together for a Shared Future(一起向 未來),' 2026년 밀라노는 '같이 꿈꾸다Dreaming Together'였다. 하계올림픽도 'One World One Dream(2008, 베이징),' 'A New World(2016, 리우),' 'United by Emotion(2020, 도쿄),' '함께 나누자Venez partager: Made for Sharing(2024, 파리)'이었다. 서울올림픽에서는 '화합과 전진Harmony & Progress'이었으나 '세계는 서울로, 서울은 세계로'가 널리 사용되었다. 2004 아테네 올림픽의 'Welcome Home'이 호평을 받았다.

동계올림픽은 낮은 기온의 영향으로 경기장에서는 어사화를 쓴 수호랑을 시상품으로 수여하며(베뉴 세리머니), 시상식은 별도로 메달플라자에서 열린다(빅토리 세리머니). 시상대는 한옥 기와지붕과 단청에 흰 눈이 내려앉은 모습을 형상화하였다. 시상 요원들이 입는 시상복도 태극기의 청색과 홍색을 차용해 한복을 모티브로 제작하여 네티즌들이 호의적인 반응을 보였다.

논쟁의 대상이 된 올림픽 마스코트

올림픽 마스코트는 주로 올림픽 경기가 열리는 지역의 자연환경이나 유산을 반영한 캐릭터이다. 마스코트는 원래 프랑스 프로방스 지방에서 '마녀'란 뜻의 'Masco'에서 유래되었으며, 19세기 말 'Mascotte'는 '상서로움과 행운'을 가져다주는 동물이나 물건을 지칭하였다.

1968년 프랑스 그레노블 동계올림픽에서 스키타는 사람을 표현한 '슈스'로 처음 등장하였다. 이때는 비공식적으로 사용되었으나 1972년 제20회 뮌헨올림픽에서 'Waldi'라 불리는 짧은 다리에 긴 몸통을 가진 독일 지방의 사냥개로 공식화되었다. 동계올림픽은 1968년 그레노블대회에서 처음으로 등장하였다. 2010년 밴쿠버 동계올림픽에서 패럴림픽 마스코트도 함께 사용되었다.

1980 모스크바 올림픽에서는 북극의 애기곰이 '미샤'라는 애칭으로, 1984 로스앤젤레스 올림픽은 대통령 휘장에 등장하는 독수리가 '샘'으로, 1988년 서울올림픽에서는 아기 호랑이 '호돌이'라는 애칭으로 등장하였다. 마스코트로는 동물이나 사람이 자주 등장하나 2024 파리 올림픽에서는 1789년 프랑스 대혁명시대 시민군이 썼던 프리기아 모자로 자유를 상징하는 프리주phryge, 2026년 이탈리아 밀라노-코르티나 담페초 동계올림픽은 두 도시 이름을 딴, '밀로'와 '티나'인데 기다랗고 호리호리한 북방제비족 남매이다.

2014년 6월 마스코트 아이디어를 공모하자 모두 220점이 응모하였다. 조직위원회는 교수 및 전문가로 브랜드전문위원회를 구성하여 2015

년 8월 백호, 까치, 반달가슴곰을 후보로 선정하였다. 국민 선호도 조사에서는 백호가 1위를 차지하였으나 특정 운송업체 로고와 유사성, 서울올림픽에서 기사용 등의 문제가 제기되었다.

2016년 3월 조직위원회는 선호도 조사에서 2위였던 진돗개로 결정하였다. IOC는 한국의 식용문화를 이유로 반대하였다. 영국 의회는 청원 캠페인을 진행하였고 이탈리아 의회도 개 식용문화를 거론하였다. 2016년 4월 김종덕 장관과 조양호 위원장은 IOC를 방문하였다. 두 사람은 토마스 바흐 위원장과 자리를 함께했으나, IOC 위원장은 회의 도중 자리를 뜬 후 돌아오지 않았다.

필자가 위원장으로 취임한 이후인 2016년 5월 올림픽은 수호랑, 패럴림픽은 반다비로 결정하였다. 수호랑은 선수와 참가자, 올림픽 가족을 보호한다는 의미와 정선아리랑, '너랑 나랑'의 접미어를 합성한 것이다. 반다비는 민족 신화이면서 강원도 대표 동물인 반달가슴곰으로 의지와 인내, 용기를 상징한다. 영어의 표기로 수호랑은 중국의 '*suorang*, 所然'과 비슷하다는 지적에 따라 '*soohorang*'으로 하였다. 마스코트는 2016년 7월 횡계초등학교에서 일반인에게 공개되었다.

ICT 기술과 결합해 '사랑,' '기쁨' 등의 감정을 표현하는 메신저용 이모티콘은 온라인에서 인기를 독차지했다. 2020년 5월 IOC 올림픽 채널이 진행한 마스코트 토너먼트에서 수호랑과 반다비는 파죽지세로 결승에 올라 2020 도쿄 올림픽의 미라이토와 소메어티를 83:17로 따돌리고 역대 최고의 마스코트로 등극하였다. 조직위원회는 슬로건, 마스코트, 엠블럼 등 20건을 상표권으로, 메달과 성화봉 등 3건은 디자인권으로, 대회 룩 등 166건은 저작권으로 등록하였다.

제 2 장

국정농단 사건과 표류하는 조직위원회

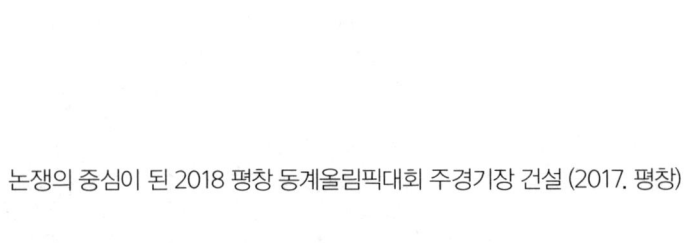
논쟁의 중심이 된 2018 평창 동계올림픽대회 주경기장 건설 (2017. 평창)

첫 번째 시련

조직위원장 취임 후 업무 파악과 국내외 체육계 인사들과 얼굴 익히기로 정신없이 바삐 움직이고 있던 무렵, 대한항공에서는 조직위원회로 파견 나온 직원들에 대해 '본사로 복귀하겠느냐?'라는 의견을 조사하고 있었다. 48명의 파견직원 중 45명이 6월 1일부터 복귀하겠다고 응답하였다. 조양호 위원장이 취임하자 대한항공은 인재를 선발하여 인사, 국제, 의전, 마케팅, 식음 등 핵심 부서에 배치하였다. 이들 입장은 회장이 복귀한 터의 조직위원회에 남아 있을 이유가 없어진 것이다.

　나는 조양호 회장을 찾아갔다. "대한항공 직원들이 일시에 복귀하면 조직위원회가 마비된다. 이미 일부 언론은 '이희범 위원장 체제 최대 위기'라고 대한항공 직원들의 복귀를 기사화할 준비를 하고 있다. 대한항공은 올림픽을 유치하면서 인력파견을 후원키로 하였는데 인력을 철수하면 그만큼 현금으로 지원하여야 한다"라고 설명하였다.

　국토교통부 차관을 지낸 여형구 사무총장도 조 회장을 찾아가 "파견된 직원들이 크게 동요하고 있다. 회장님께서 복귀하셨더라도 파견직원들은 올림픽이 끝날 때까지 한 사람도 빠지지 말고 남아 성공올림픽을 위해 최선을 다해 달라. 그래야 조직이 안정되고 국민도 그동안 헌신하신 회장님의 진정성에 감동하실 겁니다"라고 부탁하였다.

　조양호 회장은 조직위원회 간부들과 대한항공 파견자 전원을 인천 하얏트호텔로 소집하였다. 6월 12일 일요일, 미루었던 조직위원장 이임식을 거행하였다. 나는 "조양호 회장은 올림픽 유치의 핵심 공로자로서 명예위원장으로 모시겠다"라고 인사말을 하였다. 조 회장은 "대한항공 직원들은 올림픽이 끝날 때까지 조직위원회에서 봉사하라. 올림픽이 성공적으로 끝나면 1주일간 유급휴가를 주겠다. 비즈니스 항공권 2매도 보너스로 주겠다"라고 약속하였다.

조양호 회장의 명에 따라 대한항공에서 파견된 직원은 전원 잔류하기로 하였다. 대변인 역할을 한 박낸시는 회장을 따라 복귀하였으나, 얼마 후 조직위원회로 돌아왔다. 그는 캐나다 태생의 한국인으로 외신대변인이 되어 유창한 영어로 국내외 언론인들의 인기를 독차지하였다. 토마스 바흐 위원장은 그를 IOC로 스카우트하였다.

새로 짠 재정계획

조직위원회는 출범부터 올림픽이 끝날 때까지 소요되는 수입과 지출을 담은 대회재정계획을 수립하였다. 2014년 1월에 작성된 1차 재정계획은 유치신청서Bid File 이후 변화된 여건을 담았고, 2015년 3월에 작성된 2차 재정계획은 소치 올림픽 이후 변화된 여건을 반영하였다. 2015년 11월에 작성된 3차 재정계획도 부분적인 수정은 있었으나, 수입과 지출 총액은 2010년 12월 올림픽 유치과정에서 작성한 유치신청서와 비슷한 2조 2천억 원 수준으로 억제하였다.

3차 재정계획 수립 시 각 부서의 소요 제기액은 3조 5천억 원이었으나, 양입제출의 원칙을 적용하여 지출은 수입의 범위 내로 통제하였다. 지출을 과도하게 줄임으로써 공사대금도 제때 지급하지 못하여 공기에 차질이 생기고 심지어 직원들 출장비도 지급하지 못하는 사태가 발생하였다. 도급업체들은 임금을 지급할 수 없다고 아우성치었다.

조직위원장으로 취임한 직후 재정계획이 비현실적이라는 점을 지적하였다. '2010년 12월에 작성된 예상 견적 자료 대비 지출에서 6,000억 원이 증가하였고, 수입에서 2,000억 원이 감소하여 8,000억 원이 부족한데 양입제출의 원칙을 무리하게 적용하면 현실적으로 공사가 진척되지 못하고 공사 기간을 맞추지 못하면 올림픽을 치를 수 없다'라는 점을 강조하였다.

지출이 증가하게 된 요인은, 첫째, 애초 국가 또는 강원도가 수행키로 한 국제방송센터 건립비(945억 원)와 개·폐회식장 건설비 중 강원도 부담분(327억 원)이 조직위원회로 이관되었다. 선수촌과 미디어촌은 LH가 건설하는 아파트를 사용키로 함에 따라 민간 분양 지연 손실금, 148억 원을 보전해야 한다. 유치신청서 제출 당시에는 금메달 수가 98개였으나 빅에어 경기가 추가되어 102개로 늘어나는 등 사업 규모도 커졌다.

유치신청 당시 예상하지 못했던 수요와 IOC 및 국제경기연맹의 요구로 늘어난 사업도 많았다. 개·폐회식장 건설비도 유치신청서 대비 327억 원 늘어났다. IOC의 권고에 따라 개·폐회식 비용도 368억 원이 늘었고, 테스트 이벤트Test Event 비용도 신규로 반영하였다. 임시가설물 overlay 공사와 정보통신사업이 구체화되면서 817억 원이 늘어났다.

수입면에서 유치신청서에는 입장권 수입을 3,042억 원으로 예상하였으나 가격책정 결과 1,656억 원으로 줄었다. 강원도가 지원키로 한 보조금도 파견 공무원 인건비로 대체함에 따라 1,000억 원 정도 결손이 발생하였다. IOC와 재정협상 결과 지원금도 4.4억 달러에서 4억 달러로 확정되었고, IOC의 요구에 따라, 눈 부족 대책비도 추가하였다.

감사원은 2016년 3월 28일부터 19일간 31명을 투입하여 실시한 특정감사에서 ▶기념주화 제작·판매 등 13개 사업의 사업비를 1,944억 원 적게 반영하였고, ▶IOC 지원금 수입은 부가가치세를 포함 과다 산정하는 등 3차 재정계획은 최소 2,244억 원의 사업비 부족이 예상된다고 지적하였다. 건설관리 등 5개 사업은 담당 부서의 요구 5,512억 원 대비 3,353억 원을 감액하여 2,159억 원만 반영하였기 때문에 추가 적자 발생 가능성이 있다고 지적하였다.

또한, 감사원은 개·폐회식장은 대림산업이 4각형으로 기본설계를 완료한 후 5각형으로 변경하여 설계비용(18억 원)이 비효율적으로 사용되었고, 기간도 5개월 낭비되어 설계 기간 및 공기 단축이 필요하다고 지적했다. 감사원은 불필요한 지출을 최대한 억제하고 자체 수입을 늘리는 등 부족이 예상되는 사업비 확보 방안을 마련하도록 지시하였다.

조직위원장으로 취임한 직후인 2016년 6월 초에 작성한 4차 재정계획은 지출 2조 8천억 원, 수입 2조 4천억 원으로 책정하였다. 수입은 기업의 스폰서 금액을 8,500억 원에서 9,400억 원으로 늘리고, IOC 지원금 2억 달러, 방송중계료 할당금 4억 달러, 입장권 판매 1,950억 원, 스포츠토토 발매 1,500억 원, 기념주화 및 기념지폐, 기념상품 판매 등으로 최대한 늘렸다.

지출은 ▶정부와 공동으로 활용가능한 물품이나 장비(경찰청 보안장비, 선수촌 병원장비 등)는 해당 기관 예산에 반영 후 임대사용, ▶강릉·평창 등 개최지 인력과 물자를 최대한 활용, 교통비·숙박비 절약, ▶대회 운영에 필수적인 인력과 물품에 대해 실소요액만 반영하고, 행사·공연 또는 형식적·예비적 소요의 과다 반영 금지 등으로 절감하였으나, 4,200억 원의 적자는 불가피하였다.

10분 예정이 1시간 10분 된 대통령 보고

조직위원장으로 취임한 후, 가장 시급한 일은 균형예산을 달성하기 위한 재원 조달 문제였다. 현실적 여건을 고려하여 4차 재정계획을 수립하였으나 정부의 지원 없이는 4,000억 원이 넘는 적자를 메꿀 방법도 없었다. 대통령께 보고하고 공론화해야 한다고 생각했다. 박근혜 대통령에 대한 보고는 6월 15일로 잡혔다.

6월 6일 로잔에서 개최된 IOC 집행위원회 참석 후 휴일인데도 불구하고 사무실로 직행하여 보고서를 다듬었다. 대통령 보고는 개·폐회식 행사에 한정하고 보고 시간은 5분이라고 하였다. 나는 '그렇게 틀을 짜서 보고하려면 차라리 안 하겠다'라고 버티었다. 10분으로 늘어난 보고 시간은 토론을 포함하여 1시간 10분 동안 이어졌다. '적자를 메우기 위해 체육진흥투표권(스포츠 토토) 발행과 공기업 후원이 절실하다'라는 등 문제점과 해결방안이 제시되었다.

JTBC는 '평창조직위원회, 정부에 6,000억 원 증액 요청'이라고 보도하였고, 이데일리는 사설에서 '올림픽은 돈 먹는 하마인가?'라고 하였다. 조선일보는 '조직위원회와 강원도는 IOC가 재정 부담을 덜어준다는 취지에서 썰매종목(봅슬레이, 루지, 스켈레톤)을 외국과 분산 개최하는 방안을 권고했을 때나 국내에서 분산 개최하자는 여론도 번번이 묵살했다. 경비 절감을 걷어찰 때는 언제고, 이제 와 무슨 염치로 예산을 더 달라는 건가?'라는 사설을 게재하였다.

조직위원회는 지출 소요가 늘어나는 것은 사실이나 정부 재정이나 국민의 부담이 늘어나는 것이 아니라고 해명자료를 발표하였다. 조직위원회는 '민간기업과 같이 공공기관에 대해서도 올림픽 마크와 휘장을 사용하는 대가로 후원금을 유치하며, 늘어나는 지출 소요 가운데 3,000억 원은 자구노력으로 해결하겠다'라고 약속하였다.

2010년 12월 정부는 유치신청서에서 '2018 동계올림픽 개최도시로 선정되면 조직위원회에서 발생할 수 있는 적자를 대한민국 국회와 강원도 의회의 동의를 받아 보전할 것을 보증하며, 여기에는 대회 전체 또는 일부가 취소될 경우, IOC가 제3자에게 지급해야 할지도 모르는 보상금,

지원금 환불과 관련된 약속을 포함한다'라는 윤증현 기획재정부 장관과 이광재 강원도지사 명의의 보증서를 IOC에 제출하였다.

> **7.1.1 보증서**
>
> 본인은 대한민국의 기획재정부 장관과 강원도 지방정부의 도지사로서 평창이 2018년 동계올림픽 및 장애인동계올림픽 개최도시로 선정되면 2018 평창동계올림픽조직위원회에서 발생할 수 있는 적자를 대한민국 국회와 강원도 지방의회의 동의를 받아 보전할 것을 보증하며, 여기에는 대회 전체 또는 일부가 취소될 경우 IOC가 제3자에 지불해야 할지도 모르는 보상금이 될 IOC 선금 및 기타 지원금 환불과 관련된 약속도 포함됨을 확인합니다.
>
> 2010년 12월   일

문화체육관광부는 적자가 나도 (사후에) 기획재정부가 메꿔줄 것이므로 '미리 예산 문제를 거론할 필요가 없다'라는 입장이었다. 나는 "적자가 나면 올림픽이 돌아가지 않는 것은 물론, 국민과 언론은 바로 '실패 올림픽'으로 규정한다. 그러면 국회 차원의 국정조사가 있게 될 것이다." "국정조사가 생기면 조직위원회만 문제 되는 것이 아니라 문화체육관광부와 관련 당사자 모두 증인이 된다"라고 강조하였다.

내가 조직위원장으로 취임할 당시에 조직위원회는 1,000억 원의 마이너스 통장을 만들어 적자운영을 하고 있었으나, 공사가 일정을 맞추지 못하는 사태도 빈번하였다. 4차 재정계획이 수립되었으나, 문화체육관광부와 기획재정부는 10개월 후인 2017년 4월 최종 승인해 주었다. 이때는 대통령의 탄핵으로 정부 기능이 사실상 정지되어 있었다.

〈표 2-1〉 단계별 재정계획

(단위: 억 원)

구분	유치신청서 (2010.12)	제1차 (2014.1)	제2차 (2015.3)	제3차 (2015.11)	제4차 재정계획	
					조직위안('16.6)	확정안('17.4)
수입	2조 1,959	2조 540	2조 2,703	2조 2,731	2조 4,022	2조 4,952
지출	2조 1,959	2조 540	2조 2,703	2조 2,731	2조 8,261	2조 7,929

연합군으로 구성된 대회 운영인력

2012년 2월 '평창 동계올림픽 및 패럴림픽대회 조직위원회'가 김진선 위원장과 118명의 정원으로 출범하였다. 2014년 7월 정창수 국토교통부 차관이 2대 위원장으로 내정되었으나 SBS 권종오 기자는 취재 파일에서 스포츠 문외한, 위원장 격의 문제, 인천공항공사 사장 재임 중 강원도지사 출마를 위해 경선에 참여했다는 이유로 불가론을 제기하였다.[1]

조직위원장은 조양호 회장으로 바뀌었다. 2013년 9월에는 본격적으로 추진하게 될 경기시설 및 기반 시설 건설에 필요한 현장 중심의 2단계 조직개편으로 정원은 298명으로 확대되었다. 2014년 3월에는 3명의 부위원장과 1명의 실장 체제로 개편되었다. 2015년 10월 3단계 조직개편에서 정원은 876명으로 확대되었고, 사무총장과 3명의 상근 부위원장, 사무차장직이 신설되었다.

⟨표 2-2⟩ 조직위원회 사무처 정원 변동 추이

(단위: 명)

단계별	정원	부위원장	실·차장	국장급	부장급	팀장	직원
1단계 (2012.2.)	118	1	2	6	23	29	57
2단계 (2014.3.)	298	3	1	10	38	66	180
3단계 (2015.10.)	876	4	1	21	54	180	616
4단계 (2017.3.)	1,198	2	3	26	55	214	898
대회 중(2018.2.)	1,205	3	4	25	57	222	894
대회 후(2018.4.)	510	1	1	23	57	428	
대회 후(2018.12.)	65	1	1	3	6	54	

2016년 5월 이희범 조직위원장이 취임하였다. 2017년 3월 4단계 조직개편으로 1,198명의 정원에 사무총장과 국제부위원장, 3명의 사무차장, 26명의 국장, 55명의 부장, 214명의 팀장으로 개편되었다. 2018년 2

---

1 권종오, "정창수가 누구" 뿔난 평창조직위원회, SBS 취재파일(2014. 7. 24.)

월 피크 때의 인력은 1,205명으로 기획홍보, 대회운영, 국제 등 3명의 부위원장, 4명의 사무차장, 25명의 국장(급), 57명의 부장, 222명의 팀장으로 개편되었다.

조직위원회에는 모두 130여 기관에서 인력이 파견되었다. 강원도와 문화체육관광부가 주류를 이루는 가운데 청와대(경호처)와 국가정보원, 기획재정부, 행정안전부, 산업통상자원부 등 중앙부처와 전국 지방자치단체에서 파견된 공무원은 580명(중앙부처 210명, 지방공무원 370명)이었다. 대한항공·삼성전자·대한체육회·대한장애인체육회·한전·KT 등 기업에서 파견된 인력은 60명, 민간 전문가는 513명이었다.

공직자의 경우 2년 단위로 순환근무를 하여 업무에 익숙해지면 본부로 전출된 경우가 허다했다. 퇴직이 임박한 사람을 보내는 일도 있었다. 대회를 몇 개월 앞두고 강원도는 김상표 시설차장을 정년으로 교체하겠다고 했으나, 나는 반대했다. 그는 올림픽시설을 건설하는 핵심 인물이었다. 2014년 소치 올림픽에는 모두 200여 명이 옵저버로 파견되었으나, 이들 가운데 평창대회 끝까지 근무한 인력은 3~4명에 불과했다.

IOC는 조직위원회 인력이 올림픽 대회를 마칠 때까지 근무할 수 있도록 정부가 보장해 달라고 요청했다. 조직위원회는 파견된 공무원에 대해 근무성적 평가에서 배려해 달라고 요청했으나, 산업자원부의 경우 C등급을 주었다. 서울올림픽은 전두환 정부의 강력한 지원과 서울에 소재한다는 장점이 있었으나, 평창의 경우 지방 근무에다 승진과 보직 관리에도 차별대우를 받는다고 생각했다.

가장 큰 애로는 구성원들 간 결속력과 소통의 문제였다. 나는 'real time communication'과 'No, but'이 아닌 'Yes, but'의 긍정적 사고를 강조했다. 부서 간 장벽을 허물기 위해 '전 직원 한마음대회' 행사를 개최하였다. 부위원장과 차장에게 전결권을 확대하고 부서별 책임을 강조하였다. 대면 결재 대신 전자결재로 바꾸어 보고를 위해 수 시간씩 기다리던 폐해를 없앴다.

스위스 로잔에 소재하는 IOC와 교신해야 하는 업무 특성상 문자메시지는 주말이나 심야에도 할 수 있도록 하였다. 나는 "이 배는 2018년 3월 18일까지 쉼 없이 항해한다. 행사 시에는 주말이나 휴일도 없이 근무하지만, 폐회식 이후 특별휴가를 보장한다. 승선 규칙을 지킬 수 없는 사람들은 즉시 배에서 내려 주기를 바란다." 유럽통합 시 '순항 중인 여객선에 탑승한 승객은 기존의 승선 규칙을 준수해야 한다acquis communautaire'라는 원칙을 적용하였다.

2017년 2월 테스트 이벤트에서 숙박국은 크로스컨트리, 노르딕 복합, 스키점프에 참가하는 1,034명의 선수를 낙산콘도에 배정하였다. 경기국은 수송의 문제점을 들어 강릉원주대 기숙사를 주장하였다. 숙박국은 낙산이 원주대보다 2,200만 원 저렴하다고 주장했으나 재정국은 원주대가 560만 원 저렴하다고 주장하였다. 투숙예정 인원도 크로스컨트리의 경우 경기국은 559명, 숙박국은 393명으로 달랐다.

2016년 12월에는 근무 성적 평가 결과, 12명의 공무원을 소속 부처로 돌려보냈다. 현직 국장급 한 명도 포함되었다. 2017년 7월에도 비슷한 인원을 원대 복귀시키자 공직자들은 긴장하기 시작했다. 민간 전문가들은 대부분 조직위원회에서 직접 선발하였기 때문에 스포츠 분야 베테랑veteran들이었다. 다만, 이들은 대회가 임박할수록 대회 이후 취업 문제로 불안해하였다. 조직위원회는 켈리Kelly라는 취업전문업체를 고용하여 이력서 작성이나 면접교육을 시행하였다.

2015년 4월 정부는 '비정상의 정상화 추진계획'에 따라 부정청탁금지, 입찰담합 금지 등을 100대 핵심과제로 선정하였다. 국무총리실 부패척결추진단은 1조 원 이상 국책사업 중 '사전검증이 필요한 관리강화 대상사업' 중 하나로 올림픽 지원사업을 선정하였다. 이에 따라 문화체육관광부 2차관 직속으로 '2018 평창올림픽 사업검증팀'을 설치하였다. 검증팀은 현직 부장검사를 단장으로 감사원, 법무부, 문화체육관광부, 국토교통부, 조달청 등에서 파견된 8명으로 구성하였다.

검증팀은 조직위원회와 문화체육관광부 소관 올림픽 관련 사업을 모니터링하고 국무총리실에 보고하는 기능을 수행하였다. 감사원은 과장급 1명과 3명의 감사관을 파견하여 사업발주, 사업자 선정, 계약체결 등 주요 사업단계별로 일상 감사를 수행하였다. 조직위원회로서는 매일 감시받는데 불편한 점도 있었으나, 중요 정책 결정 시 사전에 감사관실의 의견을 청취하고 예산집행과 관련하여 애매한 경우 감사관과 검사의 조언을 받아 매우 든든한 버팀목이 되었다.

2017년 9월 인사혁신처는 제60회 행정고시 합격생 330명을 파견해 주었다. 월급도 국비로 지원할 뿐만 아니라 최고의 엘리트들을 활용할 수 있다는 점에서 대단한 혜택이었다. 이 중 38%(124명)가 여성이며, 평균 연령은 만 28세였다. 이들은 인사, 재정 등 행정업무뿐만 아니라 현장에 배치되어 제설, 관중관리, 사이니지 등 추위와 열악한 여건 속에서도 궂은일을 도맡아 했다.

한 명도 이탈 없는 조직위원회 본부 이전

위원장으로 취임할 당시 조직위원회는 6개의 사무실에 분산 근무하고 있었다. 조양호 위원장을 비롯한 일부는 서소문에 소재한 대한항공 본사에서, 사무총장 등 간부들은 을지로 입구 미래에셋 빌딩에 입주해 있었다. 건설 요원들과 정보통신, 숙박국 직원들은 평창과 강릉으로 나누어 근무하고 있었다. 결재하는 것은 물론 건물 임대료 부담도 컸다.

2016년 7월 1일 조직위원회 본부를 강원도 평창으로 이전하였다. 대관령면 횡계리에 위치한 건물은 LG의 후원으로 총 157억 원이 투입되었다. 연면적 10만 408㎡에 지상 3층으로 된 철골 모듈러 방식의 건물은 700명이 근무할 수 있는 사무공간과 회의실, 종합상황실을 갖추었다.

조직위원회 차원에서는 비용이 절감되나 개인적으로는 숙소를 강원도로 옮겨야 하는 부담이 생겼다. 공직자의 경우 세종시로 이전시 사례에 따라 월 90만 원을 더 주었다. 민간인 전문가의 경우 이미 강원도로 이주한 사람은 월 30만 원씩 주거수당을 지급하였으나, 공무원과 형평성의 문제로 집단행동 움직임까지 보이고 있었다.

전문직들은 월급을 더 받으니 보조금을 덜 주어도 된다는 셈법이었으나, 소속된 기관이나 신분에 따라 차이가 컸다. 전문직들은 이미 간 사람들이나 새로 가는 사람 포함해서 수당을 50만 원으로 인상하였다. 비록 비용은 더 들었으나 집단행동도 중단되었다. 대관령 숙소 임대료는 초기에는 방 하나에 월 30만 원 수준이었으나 조직위원회가 옮기자 50만 원으로 오르기 시작했다.

조직위원회가 평창으로 이전하면서 가장 우려했던 직원들의 이탈자는 한 명도 없었다. 나는 언론에 이것이야말로 1면 톱기사 감이라고 자랑했으나 보도한 언론은 한 곳도 없었다. 2014년 소치의 경우 올림픽 개최 6개월 전 본부를 모스크바에서 소치로 옮겼으나 25%가 이탈하였다. 조직위원회는 3개월마다 모스크바행 항공권과 월 300달러가 넘는 인센티브를 지급했으나 이탈을 막을 수 없었다.

가족들과 떨어져 생활하는 직원들은 아침부터 저녁까지 밖에서 사 먹어야 한다. 식당에서 막국수는 8,000원, 황태해장국은 1만 원이었다. 조직위원회는 아워홈과 계약하여 구내식당을 운영하면서 아침은 3,500원, 점심과 저녁은 4,500원으로 결정했다. 대관령 소재 식당 대표들은 '구내식당 철폐하라'는 플래카드를 걸고 항의하였으나 조직위원회는 평창 음식 불매운동을 벌이겠다고 대응하였다.

기존의 서울사무소는 모두 해약하고 잠실 올림픽선수촌 부근에 저렴한 빌딩을 임차하여 임시사무소로 정했다. 서울사무소에는 언론을 상대하는 대변인실 일부를 제외하고, 지정된 좌석이 없이 누구든지 컴퓨터 앞에서 필요한 업무를 보거나 회의를 할 수 있는 소규모 사무실, Small Office Home Office: SOHO 개념으로 운영하였다.

개최도시와 조직위원회의 협력

2016년 7월 1일 강원도로 이사 온 첫날은 평창군청을, 둘째 날은 강릉시청을, 3일째는 월정사 정념 주지 스님을 찾아가 신고하였다. 다음 주에는 대관령 면장을 포함하여 이장, 부녀회장, 노인회장, 체육회장, 음식점 대표 등 각계각층의 대표자들을 조직위원회에 모시고 회의하였다.

"올림픽을 유치한 지 5년이 넘었고 이제 1년 반을 남기고 있다. 평창엔 식당도 입식이 아닌 좌식이며, 영어나 중국어 메뉴판도 없다. 화장실도 대부분 재래식이다. 이런 상태로 올림픽을 치르면 나라 망신시키기 딱 알맞다"라고 지적했다. 나는 나가노 올림픽 당시 주민들이 선수나 관중들에게 어묵 국물과 김밥을 제공하면서 얼린 손과 마음을 녹인 사례를 들어 주민들의 봉사정신이 성공올림픽의 요체임을 강조하였다.

조직위원회 여형구 사무총장은 평창군 및 강릉시 올림픽 담당관, 강원도 부지사가 참석하는 협의체를 구성하였다. 협의체는 각 지역마다 돌아가며 8차례 회의를 통해 현장 방문과 함께 이슈를 공유하면서 개최도시 환경정비, 문화행사, 숙박, 교통, 서비스 개선 등 111건의 안건을 발굴·처리하였다. 나는 평창·강릉·정선을 순회하면서 지역주민들에게도 협조와 홍보가 필요한 사항을 설명하였다.

강원도는 숙박대책협의회를 구성하여 외국어 안내판 등 서비스 개선, 민박·펜션 침대 등 개선, 온라인 예약제 시행과 가격안정협의회를 운영하였다. 552개 음식점에 대해 다국어 메뉴판, 위생품 제공, 입석형 의자와 개방형 주방, 화장실 개선, 친절교육과 위생점검을 하였다. 대회 기간에는 관광공사와 함께 숙박·관광·교통·대회 정보 등을 종합적으로 안내하는 '1330 올림픽콜센터'를 24시간 운영하였다. 영어 13명, 중국어 8명, 일본어 7명으로 구성된 28명의 상담사는 4만 582건을 처리하며 '올림픽 알리미' 역할을 했다.

강원도는 도시경관 조성을 위해 불량간판 1,226개소(강릉 613, 평창 613)를 개선하고, 알펜시아 공원에 올림픽 상징 조형물을 설치하였다. 한글·영어·중국어·일본어 등 4개 언어로 관광 안내 표시판을 설치하고 7곳에 관광안내소를 신설하였다. '투어 강원 앱'을 구축하여 프랑스어와 러시아어를 추가한 6개 언어로 된 종합관광지정보를 제공하였다. 평창군은 올림픽 특구사업 정비를 하였으나 예산이 조기에 배정되지 못하였고 시간 부족으로 어려움이 많았다.

대관령면에만 20여 개의 보신탕집이 영업하고 있었다. 이탈리아와 영국 의회가 올림픽 보이콧을 주장하고 국제동물애호가협회PETA는 개들이 잡혀가는 사진을 보내면서 항의하였다. 나는 주말마다 관내를 다니면서 보신탕집 사진을 찍어 강원도, 문화체육관광부, 청와대에 보내고 개선을 촉구하였다. 강원도는 보상금을 지급하면서 간판 개선작업을 했으나, 일부 업소는 친절하게 '보신탕집이 영양탕집으로 바뀌었습니다'라고 안내문을 게시하기도 했다.

1만 5천 명의 외신 기자들은 대개 올림픽 개막 1주일 전부터 입국하는데 개회식까지는 특종이 없으니, 주로 뒷골목을 다니며 나쁜 소재를 취재한다. 리우 올림픽에서는 '공사가 한창 진행 중이다,' '선수촌 변기에 시멘트를 넣어 변기가 막힌다'라는 등의 뉴스가 세계로 타전되면서 이미지를 망친 사례이다. 평창에서 나쁜 뉴스는 한 건도 없었다.

올림픽 아젠다 2020과 분산 개최 논쟁

토마스 바흐는 2013년 9월 부에노스아이레스에서 개최된 제125차 IOC 총회에서 위원장에 당선되자 IOC 개혁방안 Olympic Agenda 2020을 추진하였다. 아젠다 2020은 2014년 12월 모나코 총회에서 채택되었는데, 올림픽 개최지 선정 과정의 투명성 확보, 분산 개최 가능성을 통한 올림픽 개최국의 비용 절감, IOC 조직과 위원 선출방식의 다양화 등에 크게 이바지하였다.

40여 개 항목으로 구성된 아젠다 2020은 ▶올림픽 개최비용을 줄이기 위해 기존시설 활용과 유치절차 간소화, ▶개최도시 또는 개최국을 벗어난 지역에서 전체 또는 세부종목의 경기허용, ▶유치과정에서 IOC 평가위원 방문과 로잔에서 개최되는 후보도시 브리핑 시 출장비의 일부를 IOC가 부담, ▶하계는 10,500명의 선수, 5,000명의 등록코치, 310개 세부종목, 동계는 2,900명의 선수, 2,000명의 등록코치, 100개 세부종목 이내로 제한 등을 포함하였다.

또한, ▶양성평등 강화를 위해 여성 참가 비율 50% 달성, ▶정직한 선수들을 보호하기 위해 2,000만 달러, 교육프로그램 개발을 위해 1,000만 달러, 반도핑 지원 프로젝트로 1,000만 달러의 기금 조성, ▶IOC의 투명성 강화와 윤리위원장과 위원을 총회에서 선출하는 등 윤리위원회 독립성 강화, ▶IOC 위원의 임기를 70세로 하되 1회에 한정해 4년간 연장할 수 있도록 하였다.

아젠다 2020은 올림픽의 비대화를 방지하고 '1개국 1도시 개최 원칙'을 벗어나 분산 개최를 허용함으로써 개최 비용을 줄이는데 주안점을 두었다. 2014년 9월 바흐 위원장은 방한 시 슬라이딩 경기장의 임시 조립식 공법을 언급하였다. 10월 방콕 ANOC 총회에서는 평창 동계올림픽을 위해 신규로 건설되는 경기장 중 사후 활용 계획이 수립되지 않은 슬라이딩 경기장 또는 알파인 스키 경기장은 이웃 국가인 일본의 기존 경기장 사용을 제안하였다.

2014년 12월 바흐Thomas Bach 위원장은 기자회견에서 "비용 절감을 위해 평창 동계올림픽과 2년 뒤에 있을 도쿄 올림픽의 한·일 분산 개최를 허용할 생각"이라고 밝혔다. 평창 동계올림픽도 일부를 국내외에서 개최하고 대신 도쿄 2020에서 조정과 카누 등 일부를 한국의 충주에서 개최하자는 아이디어였다. 국제빙상연맹은 NHL 선수를 부르기 위해 아이스하키 경기를 서울에서 개최하는 방안도 제안하였다.

최문순 도지사는 분산개최를 반대하면서도 "북한과 분산 개최는 고려할 수 있다"라고 하였다. 2014년 12월 아이스하키 원주 유치 범시민 대책위원회는 강릉에 건설되는 아이스하키 경기장의 재배치를 촉구하였다. 2년 전 원주시민 11만 명이 서명하여 경기장의 재배치를 요구했지만, 도지사는 IOC와 약속을 이유로 불가능하다고 했으나 이제 원주 재배치를 적극 추진해 달라고 촉구했다. 이들은 경기장 재배치 시 2천억 원의 직접비용이 절감되고 기존 숙박시설 활용으로 1천 4백억 원, 탄소가스 1천억 원의 절감 효과를 가져올 수 있다고 주장하였다.

최명희 강릉시장은 "IOC가 분산 개최를 허용해 여건이 변했다. 기술적으로 2017년 테스트 이벤트까지 경기장 건설이 가능하다면 원주 분산에 대해 논의할 의향이 있다"라고 거들었다. 원창묵 원주시장은 "행정절차를 겨울에 완료할 경우, 공사 기간을 맞출 수 있다"라고 주장하였다. 강원도는 "원주시가 고려한 부지는 국방부 소유 또는 자연녹지 등으로 소유권 확보 및 행정절차를 마무리하는데 1년 이상 소요되어 불가능하다"라고 반박하였다.

당시에는 12개 경기장을 짓고 있었다. 알펜시아, 용평, 보광, 정선에 소재한 설상경기장 7곳 중 5개는 기존 시설을 보완하고 슬라이딩 경기장은 알펜시아에, 알파인 경기장은 정선 가리왕산에 신설하였다. 빙상경기장 5개는 강릉지역에 건설하는데 컬링장을 제외한 4개는 신설하였다. IOC와 국제경기연맹은 조직위원회와 건설 주체인 강원도에 주 단위로 건설공정을 점검하고 있었다.

2014년 12월 아젠다 2020이 확정될 당시 슬라이딩 경기장과 정선 알파인 경기장은 이미 10%가 넘는 공정률을 보이고 있었다. 조직위원회는 ▶공사 중단 시 약 200억 원의 매몰 비용이 발생할 수 있고, ▶일본의 경기장을 이용하는 것도 국민 정서에 부합하지 않으며, ▶개·폐회식을 강릉에서 하는 방안에 대해서도 평창 주민들은 격렬하게 반대하였다. 일본도 일부 경기를 한국에서 개최하는 데 반대하였다.

한겨레신문과 조선일보는 분산 개최를 지지하였다. 2014년 12월 JTBC는 긴급 여론조사 결과 '일본과 분산 개최에는 반대가 절반이 넘지만, 국내 분산개최에는 찬성이 절반을 넘었다'라고 보도했다. 논쟁 속에 2014년 12월 15일 박근혜 대통령은 수석비서관 회의에서 "평창 동계 올림픽 분산 개최는 의미가 없다. IOC에 분명한 설득 논리로 대응하라"고 못을 박았다.

언론은 '해외분산, 남북 분산 개최, 국내 및 강원도 내 분산 개최' 등 소위 분산 3종 세트를 연일 보도하자 조직위원회는 해명과 수습하느라 정신이 없었다. 조직위원회는 '바흐 위원장의 제안을 수용할 수 없다'라는 입장을 IOC에 전달하였다. 인천 아시안게임이 적자로 결론이 난데다 IOC 위원장의 분산개최 발제는 경기장 배치를 재검토할 수 있는 절호의 기회였으나 실현되지 못했다.

2015년 1월 '문화연대,' '녹색연합,' '산과자연의친구,' '우이령사람들' 등은 조직위원회 앞에서 분산 개최를 촉구하는 시위를 벌이고, '책임있는 사회적 논의를 회피할 경우, 올림픽 반납 운동도 주저하지 않겠다'라고 했다. 강원평화경제연구소는 '지금껏 가리왕산 환경파괴와 아이스하키장 강릉-원주, 횡성 분산 개최는 IOC 결정 사항이라고 했으나, IOC가 분산 개최 허용 방안을 내 놓았다'라고 하면서 '개·폐회식장도 춘천이나 강릉의 기존 운동장을 활용하라'고 주장했다.

2015년 3월 '평창 동계올림픽 분산 개최를 촉구하는 시민모임'은 분산 개최를 하면, 1조 437억 원을 절감할 수 있다고 발표하였다. 2015년 3월 한겨레는 아이스하키와 피겨, 쇼트트랙을 올림픽 공원과 목동 아이스링크로, 알파인 활강을 무주리조트에서 분산 개최한다면, 3,720억 원을 절감할 수 있다고 발표하였다. 나라살림연구소는 2015년 서울특별시 예산 26조 원의 절반에 달하는 13조 원이 투입되는 올림픽이 지나친 편익 중심의 사고라고 비난했다.

분산 개최에 대해 정부와 조직위원회가 반대 입장을 밝힘에 따라,

2015년 1월 강릉에서 열린 제4차 프로젝트 리뷰 회의에서 린드버그 조정위원장은 "평창 동계올림픽은 분산 개최를 하지 않고, 처음 예정지에서 치르기로 했다"라고 못 박았다. 2015년 3월 이완구 국무총리는 "분산 개최가 없다는 문화체육관광부와 조직위원회, 강원도의 입장을 확인한 만큼 이제부터 한마음이 되어 성공올림픽을 위해 범국가적인 관심과 지원을 다 하자"라고 하여 분산 개최 논란은 마무리되었다.

그러나, 2016년 12월 조선일보는 스노보드 빅에어 경기만이라도 서울 광화문 또는 잠실에서 하는 방안을 제시하였다. 동아일보도 가세했다. 빅에어 경기는 50m 높이의 인공 슬로프를 미끄러져 내려오다가 점프하는 스노보드 종목으로 점프, 회전, 착지, 비거리 등의 기술을 겨루는 도심에서 즐기는 경기로서 평창 동계올림픽에서 신설되었다. 나는 IOC, 문화체육관광부 및 언론과도 물밑 접촉을 하면서 공론화를 시도하였다. IOC 위원장도 분산 개최를 지지하였다.

이러한 시도는 2017년 추석을 전후하여 완전히 중단되었다. 조선일보 김동석 스포츠부장은 '올림픽 불꽃 피울 마지막 기회 어떻게 사라졌나'라는 칼럼에서 '해외 분까지 포함해 이미 팔려나간 입장권을 취소하고 환불하는 문제, 빅에어와 다른 종목에 겹치기 출전을 하는 선수들의 이동과 숙소문제 등이 해결되지 못한 탓이다'라고 하였다.[2] 2015년 12월 IOC 집행위원회는 알펜시아 스키점프대에서 경기하도록 확정하였고, 2016년 11월에는 테스트 경기도 완료하였다. 올림픽 입장권도 팔기 시작하여 분산 개최를 실행하기에는 너무 늦었다.

분산 개최를 할 경우, 올림픽 사이트가 광역화됨으로써 운영상 어려움은 불가피하였을 것이다. 그러나 처음부터 일부 경기장은 원주나 춘

---

2 김동석 스포츠부장, '올림픽 불꽃 피울 마지막 기회, 어떻게 사라졌나.' (조선일보, 2017. 10. 23.)

천 또는 서울에 건설하였다면, 사후관리 부담은 훨씬 적었을 것이다. 아젠다 2020이 발표된 즉시 시민단체와 전문가들이 지혜를 모으고 일부라도 분산 개최를 수용했으면, 사후관리와 국가경제의 효율성 면에서도 좋았을 것이라는 아쉬움이 남는다.

IOC는 2018년 2월 6일 평창에서 개최된 제132차 총회에서 올림픽 개최비용 절감을 위해 '새로운 표준New Norm'을 채택하였다. 새로운 표준은 모두 118개 항목으로 구성되는데 ▶개최국과 개최도시가 부담하던 비용을 IOC, 국제경기연맹, 올림픽 스폰서 등이 함께 분담하며, ▶올림픽 기간 중 대중교통 이용 확대, ▶경기장 신설보다 기존 경기장 활용 및 다목적 경기장으로 전환, ▶선수촌 규모를 줄이고 대학 기숙사를 미디어 빌리지로 활용, ▶올림픽 방송 등 직전 올림픽 조직위가 구축한 시스템 재활용 등을 포함하고 있다.

IOC는 '새로운 표준'으로 하계는 약 10억 달러, 동계는 5억 달러를 절감할 수 있다고 주장했다. IOC는 올림픽 유치 후 개최까지 7년간 기존 올림픽조직위원회의 비용을 조사했더니, 118개의 제안 중 80건이 실제 비용 절감으로 이어졌으며, 2020 도쿄 올림픽부터 올림픽 개최과정을 더욱 간소화하겠다고 강조하였다. IOC 두비Christoph Dubi 국장은 IOC, 도쿄 조직위원회, 도쿄 도정부, 일본 정부 등 4자가 공조한 결과, 약 22억 달러(약 2조 4천억 원)를 절감했다고 밝혔다.

국정농단 사건과 표류하는 조직위원회

2016년 7월 TV조선은 '청와대 안종범 수석이 미르재단에 불법으로 500억 원의 모금을 마련했다'라고 보도한 데 이어 9월 20일 한겨레신문은 '재벌들이 출연해 만든 미르재단과 K스포츠재단에 최순실이 관여했다'라고 보도했다. 10월 19일 JTBC는 고영태의 증언을 통해 '최순실이 박근혜 대통령의 연설문을 손질하였다'라고 보도하자 이원종 대통령 실장은 "봉건시대에도 있을 수 없는 일이며 개탄스럽다"라고 일축하였다.

10월 24일 JTBC는 태블릿 PC를 근거로 '최순실이 44개의 대통령 연설문을 발표 전에 받았으며, 극도의 보안 속에 진행된 독일 드레스덴 연설문(2014. 3. 28.)도 포함되어 있다'라고 보도했다. 최순실(개명 최서원)은 태블릿은 자기 것이 아니라고 주장했으나, 대학생들은 대통령 퇴진을 요구하는 시국선언을 발표했다. 이원종 대통령 실장과 우병우 민정수석, 이재만 총무비서관, 정호성 부속실장, 안봉근 국정홍보비서관 등 소위 문고리 3인방의 사표가 수리되었다.

10월 30일 최순실이 독일에서 귀국하여 검찰조사를 받으면서 게이트로 비화되었다. 12월 9일 국회는 234:56으로 대통령 탄핵소추안을 가결하고, 2017년 3월 10일 헌법재판소는 재판관 8명 전원이 탄핵을 인용하였다. 2018년 4월 1심 법원은 박근혜 전 대통령에게 징역 24년, 벌금 180억 원을 선고하였고, 8월 서울고등법원은 징역 25년 벌금 200억 원을 선고하였다. 박 대통령은 2021년 12월 사면되었다.

리우 올림픽이 끝나자 세계의 이목은 평창으로 쏠렸으나 국내에서는 게이트로 소용돌이쳤다. '최순실, 3천억 원대 올림픽 공사 추진, 대통령 회의에서도 언급(11. 1. 머니투데이),' '검찰 수사도 평창 개·폐회식, 성화 봉송은 삼성, 롯데에(11. 9. 노컷뉴스),' '개·폐회식장도 차은택 밥그릇? 200억 공연행사 추진(11. 9. 한국일보),' '개·폐회식 대행사 선정 의혹, 정부 실세 개입(YTN, 11. 22.),' '1,000억대 평창 후원금 쓴 곳 아무도 모른다(국민일보, 11. 23.).'

언론은 모든 것을 게이트와 연결하여 오보와 과장된 보도를 양산했다. 13조 원의 올림픽 예산 중 11조 원은 국토교통부와 강원도가 시행하는 고속도로와 고속철 등 인프라 건설 예산이었으나, 일부 언론은 13조 원 전체가 로비 대상이라고 보도하였다. 조직위원회는 매일 보도 해명자료를 내느라 영일이 없었다.

나는 공무원 시절부터 명함에 휴대전화 번호를 넣고 다녔으나, 일을 할 수 없을 정도로 전화가 쏟아졌다. 한 스포츠 기자는 대뜸 "최순실 잘 아세요?"라고 물었다. 나는 "그렇게 한가한 사람이 아니니 전화 끊으세요"라고 하자 다음날 '최순실 게이트를 집중적으로 보도하면서, 위원장은 일방적으로 전화를 끊었다'라고 보도하여 묘한 뉘앙스를 남겼다. 언론사 체육부장과 만찬을 하면서 "올림픽은 해야 하지 않겠느냐"라고 호소하였으나 바다에 물 붓기와 같았다.

성백유 대변인이 MBC와 교섭하여 분위기 전환을 위한 인터뷰를 했다. 50여 분에 걸쳐 '조직위원회 계약은 게이트와 관련이 없다'라고 설명했으나 결과는 처음부터 게이트로 일관한 후, 끝부분에 "조직위 전체가 흔들리고 있다"라고 나의 멘트를 담았다. 조선일보 강호철 체육부장은 칼럼에서 '평창조직위원회는 음모의 대상일 뿐 비리의 온상은 아니었다'라고 썼으나 분위기는 반전되지 못했다.

논란의 중심에 선 올림픽 개·폐회식장

최순실 게이트가 조직위원회로 확산된 것은 개·폐회식장과 관련이 있었다. 개·폐회식장은 대회 기간에 성화가 타오르는 올림픽의 상징이다. 하계올림픽은 육상과 마라톤 등 인기종목의 경기가 개·폐회식장에서 열리는 데 비해, 동계올림픽은 개회식과 폐회식 행사 외에는 경기가 열리지 않아 상징성과 함께 낭비성을 동시에 가지고 있다.

2011년 7월 올림픽 유치 당시에는 2009년에 건설된 알펜시아 스키 점프장의 관람석을 1만 석에서 5만 석으로 확대하여 개·폐회식을 계획하였다. 그러나 2012년 5월 IOC는 ▶스키점프장은 협소하여 관중의 동선이 혼잡하고, ▶행사장 임시 가설물overlay 설치 및 해체에 따른 점프종목 선수의 훈련 문제, ▶혹한과 폭설시 관람석 상단 지붕 시설 필요 등의 이유로 위치 변경을 요청하였다.

2012년 7월 조직위원회는 제4차 위원총회를 개최하고 개·폐회식장은 스키점프장에서 고원훈련장으로 변경키로 하였다. 그러나, 문화체육관광부는 2014년 6월, 예산 절감 차원에서 강릉종합운동장으로 바꾸도록 요청하였다. 문화체육관광부는 인구 6,000명에 불과한 횡계 고원지대에 개·폐회식장을 건설하는 것은 낭비이며, 사후 활용을 위해서도 강릉종합운동장을 리모델링하여 써야 한다고 주장했다.

문화체육관광부는 강릉종합운동장 기존석 뒤에 임시석을 설치하면 517억 원의 예산을 절감할 수 있다고 주장했다. '대신 평창에는 한국체육대학교 분교와 동계 국가대표 훈련지로 쓰겠다'라는 입장이었다. 이에 대해 강원도는 '절대 불가'의 뜻을 고수하였다. 평창 주민들은 '강릉으로 이전하면 올림픽을 반납하겠다'라며 반발하였다.

조직위원회는 강릉으로 이전 시 '200억 원의 예산 절감이 가능하나 4만 명의 관람석 설치가 어려우며 공간 축소로 수입이 감소하고 행사에 지장을 초래할 것'이라고 반대하였다. 1984년 6월 준공된 강릉종합운동장은 부지 39,330㎡(11,897평)에 경기장 면적 14,547㎡ (4,400평)으로 22,333석의 관중석을 가지고 있다. 2015년 전국체전이 개최되었으나 정밀안전진단에서 C등급을 받았다.

평창의 일부 주민들은 IOC 실사단이 강릉을 방문하는 동안 인분을 투척하면서 격렬히 반대했다. 2014년 7월 김종덕 문화체육관광부 장관의 현장 방문 시 공간의 제약성이 확인됨에 따라, 강릉 이전 계획은 백지화되었다. 2014년 12월 국무총리가 주재한 대회지원위원회는 개·폐회식장을 대관령에 설치하기로 확정하였으나 사업계획 확정이 지연됨으로써 행사 진행에도 막대한 차질을 초래하였다.

2014년 12월 대회지원위원회는 조직위원회가 설계, 강원도가 시공을 담당토록 역할을 분담하였으나 강원도 건설심의위원회는 일괄입찰 방식으로 결정하여 조직위원회가 수행키로 하였다. 2015년 5월 조직위원회는 시공자 선정을 위해 조달청에 개·폐회식장을 포함한 올림픽 플라자 총공사비 940억 원으로 일괄입찰 발주를 의뢰하였으나 공사비 부족과 절대 공기의 압박으로 2회에 걸쳐 유찰되었다.

조직위원회는 수의계약을 전제로 현대산업개발(1,245억 원), 대림산업(1,194억 원), 성지건설(1,068억 원) 등에 견적을 요청한 결과 200~300억 원의 예산이 부족한 것으로 확인되었다. 포스코건설, GS건설, 한화건설, 태영건설 등은 견적 제출 자체도 하지 않았다. 조양호 위원장은 대림산업을 설득하여 2015년 8월 기본설계에 착수하고 업무협약을 체결하였다. 그러나 조양호 회장은 대림의 이해욱 부회장과 고교 동문이라는 이유로 오해를 샀다.

김종덕 장관 취임 후 개·폐회식장을 원형이냐, 사각형이냐, 5각형이냐를 놓고 논쟁이 벌어졌다. 2015년 9월 대림산업은 타 대회 사례 및 재활용이 쉬운 공법적용 등 경제성을 고려한 결과 직사각 형태로 기본설계를 완료하였다. 2015년 10월 문화체육관광부와 감독단, 조직위원회 연석회의는 연출전용 공연장 개념인 오각형의 대안을 마련하였다. GL이벤트는 오각형, 스위스 뉴슬리는 원형을 제시하였다. 2016년 1월 문화체육관광부는 기존 4각형을 5각형으로 변경하였다.

2015년 11월 말 대림산업과 양해각서MOU를 체결하고 터파기 공사에 착수했으나 청와대는 스위스 뉴슬리사가 반값에 할 수 있다고 하면서 재검토를 요청했다. 여형구 사무총장은 GL이벤트, 아레나, 뉴슬리 등 참여를 희망하는 외국계 회사를 불러 공사 계획, 공기, 비용의 적정성에 대해 심층 토론을 하였다. 회의 결과, 뉴슬리는 8각형 구도로 전기·토목 공사를 제외하고 6,100만 달러(약 700억 원, 기계·전기·토목을 포함하면 약 900억 원)를 제시하였다. 대림에 비해 턱없이 비싼 가격이었다.

여형구 사무총장은 뉴슬리가 배제된 이유에 대한 보고서를 직접 작성하여, 관계기관에 전달하였다. 같은 달 조직위원회에 대한 감사원 특별감사가 시작됐다. 당시 감사위원들은 뉴슬리가 입찰에서 떨어진 경위 및 사업비와 기한 내 완공 가능성을 집중 점검하였다. 박근혜 대통령도 이즈음 조직위원장 교체로 결심이 선 것으로 보인다.[3]

내가 조직위원장으로 취임한 후, 대림산업과 정식계약을 체결하였다. 대림은 조직위원회가 제시한 금액으로는 150억 원 정도 적자가 난다고 계약을 꺼렸으나, 성공올림픽을 위해 기부금을 낸다는 차원에서 공사를 해주도록 요청하였다. 대림은 세계적인 기업답게 돌관작업을 펴며 공사 기간을 맞추어 주었다. 언론은 'LED 조명사업 및 동계스포츠영재센터 관련 사업 등이 먹잇감,' '강릉 빙상센터의 사후활용 계획 변경이 동계스포츠 영재센터 소유전환을 위한 것'이라고 보도했으나, 대부분 과장되었거나 조직위원회와는 관련이 없는 사안이었다.

---

3 전성훈 기자, '조양호 조직위원장 돌연 사퇴 전말은.' (연합뉴스, 2017. 1. 17.)

내우외환과 올림픽 회의론 확산

2015년 10월 SBS 권종오 기자는 '평창조직위원회는 사면초가에 빠져 있습니다.' '정선 알파인경기장은 늑장 공사로 인해 한 달 전부터 부랴부랴 야간공사에 돌입하였다. 건설 인부들은 새벽 2시까지 근무하고 있는데 상황에 따라 24시간 공사를 해야 한다.' 로컬 스폰서 유치도 만족스럽지 않은 데다가 유치 금액의 90%가 현물이어서 대한체육회에 주어야 할 돈도 제대로 지급하지 못해 원망을 듣고 있다'라고 보도하였다.

온 나라가 뇌물사건으로 덮이고 올림픽은 표류하고 있었다. 삼성그룹 이재용 부회장을 비롯하여 롯데, SK, KT 등 많은 기업이 스포츠재단에 출연했다는 이유로 검찰 조사를 받았다. 올림픽에 참가하는 기업들이 홍보관을 만들어야 하는데 눈치만 보고 있었다. 더구나 2016년 9월부터 발효한 청탁금지법(소위 김영란법)에 따라 언론과 식사도 할 수 없었다. 7월부터 조직위 사무실을 평창으로 옮긴 터라 중앙 언론 기자들에게 버스를 대줄 수 있는지도 불분명하였다. 핑계 김에 홍보는 아예 접었다.

대회가 1년 앞으로 다가왔는데 기업들의 후원은 끊어졌고, 국민의 시선은 차가 왔다. 스포츠경향은 '꼬리를 문 악재, 싸늘한 민심 … 울고 싶은 평창조직위'라는 제목으로 '최순실 게이트'로 조직위원회에 쏠리는 국민의 곱지 않은 시선을 집중 조명하면서 '지난해 6월 취임 이후 막중한 책임감으로 올림픽 성공을 위해 온 몸을 던지고 있는 이희범 위원장으로선 억울하기도 한 현실이다'라고 보도하였다.[4]

2017년 1월 평창 고려궁호텔에서 신년 기자회견을 했다. 1시간 가까이 진행된 간담회는 대부분 최순실 게이트에 관한 질문이었다. 나는 "조직위원회가 타깃은 되었는지 모르지만, 잘못된 계약은 없다." "조직위원

---

[4] 김경호 선임기자, '꼬리 문 악재· 싸늘한 민심 … 울고 싶은 평창 조직위.' (스포츠경향, 2017. 1. 17.)

회의 계약은 대부분 조달청을 통해서 공개경쟁 입찰로 이루어지고 있다. 대한민국 공무원들이 그렇게 허술하지 않다. 계약 중 잘못된 것이 있다면 알려 달라. 즉시 사임하겠다. 의혹만 가지고 모두를 비리의 온상으로 몰지 마라"고 호소했다.

언론은 "이희범 위원장의 한탄 … 대한민국을 버릴 수 없지 않느냐"(스포츠조선)라고 보도했다. 일부 언론은 나의 부임 과정에 대해서도 곱지 않은 시선이었으나, 나는 "전임자가 어떤 과정을 통해 사퇴했는지는 모른다. 나도 고사하다가 받아들였다"라고 음모론을 일축하였다. "평창 동계올림픽 이후 2020 도쿄 하계올림픽과 2022 베이징 동계올림픽이 잇따라 열린다. 대한민국의 자존심이 걸린 만큼 그 어느 때보다 훌륭하게 치러야 한다"라고 호소하였다.

평창 동계올림픽을 100여 일 앞둔 2017년 10월 머니투데이는 '▶사드 배치 이후 중국 관광객의 급감, ▶국민의 올림픽에 대한 무관심, ▶북한 핵실험과 전쟁 위험, ▶무분별한 투자와 사후계획 부족으로 부채올림픽이 될 공산이 크다' 등을 이유로 '흥행이나 경제효과 등 거의 모든 면에서 이번 평창 동계올림픽은 국민의 기대와 소망에 못 미치는 대회로 전락할 우려가 크다. 지금이라도 되돌릴 수 있다면, 평창 동계올림픽 개최는 차라리 반납하는 게 현명한 선택이라고 목소리를 내는 국민도 있다'라고 보도하였다.[5]

서울올림픽과 월드컵이 국민의 대대적인 관심과 참여 속에 준비된 것과 달리 평창 동계올림픽은 국민적 관심도 높지 않았다. 대회 10개월 전인 2017년 4월 문화체육관광부가 일반 국민 1,000명을 대상으로 실시한, 여론조사에서 관심이 있다는 응답자는 12.1%에 지나지 않았으

---

5 최성근 이코노미스트, '평창 동계올림픽, 지금이라도 반납할 수는 없을까?' (머니투데이, 2017. 10. 31.)

며, 약간 관심이 있다는 응답자를 포함하더라도 35.6%에 불과하였다. 7월의 조사에서도 올림픽 기간 평창을 방문해 직접 경기를 관람하겠다는 응답자는 7.9%에 그쳤다.

2011년 올림픽 유치 당시만 해도 정부는 강력한 지원을 약속했고, 당시 7, 8월 두 달간 평창군의 땅값 상승률은 전국 평균보다 4배나 높았다. 그러나 게이트와 북한의 미사일 위협으로 정부는 물론 강원도와 평창에서도 우려의 목소리가 높아졌다. 2017년 1월 조윤선 문화체육관광부 장관이 구속되고 체육 관련 핵심 간부들도 전보되거나 검찰 조사를 받고 있었다. 국제사회에서도 리우 올림픽의 재판으로 비치고 있었다.

위기를 기회로 만든 테스트 이벤트

테스트 이벤트Test Event는 올림픽과 패럴림픽 개최 전 경기시설과 대회 운영 능력을 사전 점검하는 국제대회이다. 국제경기연맹으로서는 매년 개최하는 세계 선수권대회의 일부이며, 선수들의 입장에서는 경쟁 선수들과 기량을 비교하면서 올림픽 경기장에서 사전에 적응하는 훈련이다. 조직위원회로서는 경기장을 점검하고 운영 능력을 시험하는 절호의 기회이다.

2016년 2월 정선 FIS 알파인 남자 월드컵대회를 시작으로 2017년 4월까지 스노보드, 쇼트트랙, 알파인스키 등 올림픽 종목 20개, 휠체어 컬링, 아이스하키 등 패럴림픽 종목 5회 등 모두 25개의 테스트 이벤트를 개최하였다. 테스트 이벤트는 45개국 5,955명의 선수단과 방송 및 기자단 4,500여 명이 참가하였고, 조직위원회는 운영인력 9,070명, 자원봉사자 2,380명을 투입하였다. 미국 NBC는 총 100시간을 중계하였다.

가리왕산 경기장은 환경훼손 논란과 약한 지반으로 건설이 늦어지면서 알파인 남자 월드컵대회는 취소 위기에 놓였다. 설상가상으로 곤돌라 조정실 하부 구조물이 뒤틀리면서 오스트리아의 도펠마이어 Doppelmayr도 재시공이 불가피하다고 했다. 공학도 출신의 여형구 사무총장은 공법을 변경하여 철야 작업을 진두지휘하였고, 조양호 위원장도 도펠마이어 대표와 담판을 벌렸다. 가리왕산 경기가 고비를 넘기자 린드버그 조정위원장은 "100점 만점에 100점"이라고 호평해주었으나, 문화체육관광부는 10점 만점에 4.3점이라고 보도자료를 냈다.

2016년 2월 보광휘닉스에서 개최된 프리스타일 스키와 스노보드에도 34개국 568명의 선수가 참가하였다. 2016년 11월 알펜시아의 임시 가설된 점프대에서 개최된 스노보드 빅에어 경기는 23개국 151명의 선수와 임원이 참가했으나 엘리베이터가 멈추는 사고가 발생했다. 컬링장은 1998년에 준공된 강릉 빙상경기장을 개조하였으나, 구조상 철근이 없이 콘크리트를 타설하여 인장력이 부족한 상태에서 균열이 생기고 평활도가 한쪽으로 경사진 것으로 지적되었다.

테스트 이벤트 기간에는 세계컬링연맹WCF에서 제시한 실리콘으로 균열을 보수하고 평활도는 물 수평 등을 통해 임시대책을 마련하였다. 테스트 이벤트 후 조직위원회와 강원도는 하자보수 명령, 바닥 철거, 전문가 자문을 거쳐 단열재 설치(50㎜), 누름몰탈 타설(30㎜), 제빙관 설치, 수축 균열 방지용 단열재 설치, 제빙콘크리트 타설, 바닥면 도장보수 등을 실시하였다.

봅슬레이, 루지, 스켈레톤 등 3개 경기가 열리는 슬라이딩 센터는 밴쿠버 올림픽 당시 선수가 사망하는 사고가 발생하여 더욱 엄격하였다. 국제봅슬레이연맹은 압축기, 스프링클러, 안전밸브, 배관 등 모두 45가지를 테스트 이벤트 전까지 시정하지 않으면 대회를 제3국으로 옮기겠다고 협박하였다. 한국일보는 슬라이딩센터의 안전성 문제를 1면 머리기사로 보도하였다. 국회 손혜원 의원은 안전성을 지적한 존슨보고서 Johnson Controls를 특정하여 요구하였고, 감사관실은 자료 유출 여부를 조사하여 조직위원회는 사면초가에 쌓였다.

기본적으로 경기장 건설은 강원도가 담당하였으나 운영은 조직위원회 소관이었으므로 시설보완도 조직위원회가 나서지 않을 수 없었다. 강원도와 조직위원회는 비상 수단을 동원하여 39건을 즉시 시정하고 6건은 올림픽 전까지 완료하겠다고 약속하였다. 5개의 냉각 펌프는 모두 독일제로 교체하였다. 국제대회 경험 부족으로 인력관리, 수송·숙박·등록·관중 서비스 등 운영상 문제점도 노출되었다.

2017년 4월 강릉에서 개최된 여자아이스하키는 북한에서 22명의 선수와 10명의 임원이 참가하여, 북한참가의 가능성을 보여주었다. 북한팀은 한국과의 대전에서 3:0으로 패배하였으나 승패를 떠나 '빙판 위의 작은 통일'이라는 큰 감동을 선사했다. 북한은 영국에 이겨 강릉 경기장에는 북한 인공기가 게양되고 북한 국가가 울려 퍼졌다.

남북한이 경기하는 동안, 7,000여 관중이 모였고, '6·15 남북실천연대'는 600여 명의 단원이 모여 열띤 응원을 해주었다. 북한팀은 10일간 강릉에서 체류하는 동안 한 건의 사고도 없어 안전올림픽에 대한 가능성을 높여주었다. 세계 랭킹 25위인 북한팀은 참가국 중 6위를 하여 자력으로 평창 동계올림픽 참가 자격 획득에는 실패하였으나, 단일팀을 만드는 계기가 되었다.

테스트 이벤트는 조직위원회 운영인력에 대한 교육, 개최도시·경찰·소방 등 관련기관과 공조 체계 확립의 가능성을 보여주었다. 쇼트트랙과 피겨스케팅의 경우, 입장권을 1만 원~3만 원으로 유료로 판매하였으나 1만 2천석 아이스아레나는 91%의 입장권이 판매되었다. 일본의 하뉴 유즈류羽生結弦 선수가 출전하자, 5천여 명의 일본 관광객들이 단체로 참가하여 새로운 가능성을 보여주었다.

테스트 이벤트가 끝나자 IOC와 국제경기연맹IF, 해외 언론은 찬사를 보냈다. 선수들은 '눈과 얼음의 질은 최고'라고 평가했고, 국제경기연맹도 '대회운영이 완벽하다.'라고 찬사를 보냈다. 얀 다이케마Jan Dijkema 국제빙상연맹ISU 회장은 "솔직히 대회 전에 우려를 많이 했다. 하지만, 이번 대회는 성공적으로 치렀다"라고 평가했다.

테스트 이벤트 기간에 관중은 20만 명을 넘었고, 수입은 방송권과 입장권 판매로 533억 원, 지출은 당초 부서에서 요구한 1,116억 원보다 훨씬 절감한 352억 원으로 흑자를 기록하였다. 테스트 이벤트가 성공적으로 마무리되자, 국내 언론도 '평창=게이트'라는 인식에서 벗어나는 계기가 되었다. 다만, 경기장의 눈이 녹아 제설량 부족과 비인기 종목에 대한 관심의 부족, 숙박 및 관중 편의시설 부족, 자원봉사자 교육 미흡 등은 개선과제로 남았다.

테스트 이벤트가 끝나자 나는 조직위원회 간부들과 아침부터 밤늦게까지 잘못된 점과 잘된 점을 분석하고 잘못된 점에 대해서는 개선방안을 찾았다. 국민의 관심을 제고하기 위해 온·오프라인 홍보를 강화하고 국민이 직접 대회에 참가할 수 있는 프로그램 개발과 TV 연예프로그램을 통한 올림픽 붐 조성에 박차를 가하기로 다짐했다.

제 3 장

흑자재정을 위한 피눈물 나는 노력

대한민국 역사상 처음 발행된 2천원권 지폐 (2017. 11. 17. 한국은행)

본격화되는 올림픽 준비

2017년 4월 테스트 이벤트Test Evenet가 마무리되자 올림픽을 향한 카운트다운이 시작되었다. 종합상황실이 가동되고 조직도 CCC (Communications, Command, Control) 체계로 개편되었다. C3는 대회 기간 중 통합적 운영과 현장 중심의 의사결정을 위한 조직구조로써 모든 일은 IOC 매뉴얼에 따라 자체 작동-리허설-시뮬레이션-현장 진입-현장 입주 등 일련의 숨이 막히는 현장 적응 과정을 통해 각자 그리고 통합적으로 개막일 D-day을 향해 움직였다.

IOC 및 국제경기연맹 전문가들은 조직위원회 각 부서에 배치되어 프로젝트 리뷰, 테크니컬 리뷰 등을 통해 경험을 공유하면서 일일이 간섭하기 시작했다. 나를 포함한 지휘부는 분기별로 열리는 조정위원회 Coordination Commission와 집행위원회를 통해 큼직한 이슈에 대한 해결방안을 도출했다. 바흐Thomas Bach 위원장은 이전 대회를 모방하지 말고 평창의 독창성을 강조했다.

모든 조직은 프로젝트에서 운영 중심으로, 기능별 팀장Functional Area: FA에서 장소중심으로 개편되었다. 각 장소에는 책임자EGM를 두고 역할을 강화하였다. 지휘명령 체계도 평시에는 직원-팀장-부장-차장-부위원장-위원장 등 복잡한 단계를 거쳤으나, 대회가 임박하면서 장소책임자EGM가 현장에서 선先처리, 후後보고 형식으로 바뀌었다. 현장책임자EGM는 신속한 이슈 해결을 위해 기능별 상황실Functional Coordination Center: FCC 및 종합상황실로 보고한다. 기능별 상황실은 대회기간 중 문제 해결을 위한 전초기지 및 베이스캠프 역할을 한다.

종합상황실Main Operation Center: MOC은 대회 운영에 필요한 정보를 모니터링하고 긴급하고 중요한 의사결정을 지원하며, 대회의 전반적인 관리·통제 기능을 수행한다. 종합상황실에는 44대의 비디오 모니터를 두고 기상, 베뉴 현황, 수송, 입출국, 숙박, 선수촌, 관람객 현황, 경기장 CCTV 영상 등을 표출하여 적시에 이슈를 파악하고 IOC, 개최도시 및 유관기관과 소통한다.

MOC는 소통Communication, 조정Coordination, 보고Reporting, 의사결정Decision-making 등의 권한을 갖는데 대회 기간에는 3교대로 24시간 근무하였다. 상황실장은 기획사무차장이, 부실장은 대회조정관이 담당했다. 안전분야는 국가정보원, 국방부, 경찰 등이 합동 근무하였고, 요인 보호를 위해 청와대 경호처도 별도로 상황실을 운영하였다.

올림픽 기간에는 매일 아침 7시부터 경기국은 국제경기연맹, 시설국은 IOC 및 국제경기연맹, 홍보팀은 IOC 및 중계방송팀 등 각각의 카운터 파트들과 전날의 경기진행 상황을 점검하고 당일 운영계획을 협의한다. 8시부터는 IOC 위원장 주재로 나를 포함한 조직위원회, 경기연맹, 선수 위원 등이 일일 조정회의를 한다. 경기 초반에는 수송문제, 노로바이러스 대책 등이 논의되었으나 조직위원회가 선제적으로 대응하자 2월 14일 이후에는 조직위원회에 일임하였다.

예산 절감과 수입 확대 노력

올림픽과 관련한 예산은 약 14조 2천억 원인데 두 가지로 구분된다. 첫째, 정부가 직접 조달하고 집행하는 투자이다. 주로 도로와 철도 등 대회 간접시설과 경기장, 선수촌, 미디어촌 등 대회 필수시설인 인프라 건설비용이다.

대회 간접시설을 위한 투자는 9조 원(64%)으로 국비와 지방비, 일부 민자로 충당되었다. ▶서울~강릉 간 경강선 고속철도 건설(4.3조 원),

▶곤지암과 원주를 잇는 제2 영동고속도로 및 동홍천~양양 고속도로 (2.4조 원 및 민자 1.2조 원), ▶국도 6호선(둔내~간평) 및 국도 59호선(마평~나전) 등 강원도 내 국도 확장 공사로 민자 2.4조 원이 투자되었다.

대회 필수시설(2.5조 원, 17.5%) 중 경기장 건설은 국비와 지방비가 75:25, 경기장 진입도로 건설은 국비와 지방비가 70:30으로 매칭되었다. ▶12개 경기장 및 올림픽 플라자(1조 원), ▶경기장 진입도로 17개소 개보수(5,300억 원), ▶선수촌·방송센터 등 부대시설(9,300억 원)이다. 평창과 강릉의 선수촌과 강릉 미디어촌은 LH공사가 건설하여 경기 후 민간에 매각되었다.

둘째, 대회 운영과 관련된 예산으로 조직위원회가 조달하고 집행한다. 조직위원회가 집행하는 예산은 4차 재정계획을 기준으로 2조 7,929억 원이었다. 수입은 민간기업 후원이 전체의 1/3을 차지하고 IOC로부터 받는 글로벌 스폰서와 방송중계료 지원금 6.4억 달러, 그 밖에 입장권 판매, 스포츠토토 지원금, 기념주화와 상품 판매의 로열티, 정부 지원 등으로 구성되었다.

정부 지원은 조직위원회에 파견된 공무원에 대한 인건비(소속 부처에서 지급), 보안장비, 패럴림픽 국제신호 제작 등 공적 성격이 강한 사업으로 전체 예산의 16.4%를 차지하였다. 2014년 인천 아시안게임과 2015년 광주 U대회에서는 정부가 대회운영비의 30%를 지원하였고, 세계군인체육대회는 50%를 지원하였으나, 평창 동계올림픽은 기업후원과 IOC 지원이 전체 예산의 60%를 차지하였으며, 원칙적으로 정부의 운영비 지원은 없다.

지출은 정보통신 시설(34%)이 가장 큰 몫이며, 개·폐회식장 건설 및 개·폐회식 행사비(5.7%), 기관 운영 및 자원봉사(13.8%), IOC와 대한체육회 등에 지급하는 로얄티(7.9%), 수송 및 숙박(6.9%) 등으로 구성되었다. 지출을 억제하기 위해 우선 조직위원회 정원을 최대한 축소 운영하였다. 4차 재정계획에서는 조직위원회 정원을 1,400명으로 승인받았으나 대회 기간에도 1,205명을 유지하였다.

1억 원이 넘는 지출은 재정심사위원회를 열어 통제하였다. 재정심사위원회는 매주 금요일에 개최하는데 내가 위원장이 되고 사무총장과 부위원장, 차장 및 재정국장과 관련 국장 및 해당 사업 전문가가 참석하였다. 사업 부서에서 제출한 예산안은 재정국이 1차로 심사한 후 이견이 있는 경우, 재정위원회 안건으로 상정되는데 사업부서와 재정국 간에 열띤 토의를 거쳐 예산을 확정한다. 기획재정부에서 파견된 전형식 재정국장은 꼼꼼하고 치밀하면서도 대인관계가 원만하였다.

재정심사위원회는 2017년 한 해에만 모두 283건을 심사하여 689억 원을 절감하였다. 처음 구매하려던 눈 위를 달리는 스노켓은 후원사인 봄바르디에로부터 임차하여 80억 원을 절감하였고, 경기 운영에 드는 발전기와 UPS는 영국 아그레코Aggreko의 독점견제를 위해 한진중공업과 경쟁 입찰함으로써 57억 원을 절감하였다. 패럴림픽 알파인 경기를 용평에서 정선으로 변경하여 19억 원을 절감하였다. 예산이 확정된 후에도 조달청을 통한 공개 경쟁입찰로 다시 실행예산을 줄였는데 2017년에만 454억 원이 절감되었다.

대회에 필요한 장비와 물자는 직접 구매를 지양하고 임차사용을 원칙으로 하였다. 보안 검색은 경찰청 장비를 활용하고 의료 장비도 국립병원의 지원을 받아 사용하며, 모듈러 숙소는 사용 후 국방부에 매각하기로 하였다. 자원봉사자와 운전자를 가급적 평창과 강릉지역 출신으로 채용하여 숙박 수요를 줄이고, 서울대학교 평창 캠퍼스와 인근 대학

기숙사를 활용하였다.

수입 면에서 기업후원 확대를 위해 ▶소규모 물자 후원을 신규로 개발하고, ▶IOC와 협상을 통해 후원 항목을 추가 발굴하며, ▶기업의 기부 프로그램 개발을 통해 참여기업을 늘리는 데 주력하였다. 그러나 정부 교체기에다 많은 기업이 수사받고 있어서 기업후원은 쉽지 않았다. 한국경영자총협회(약칭 경총)의 김영배 부회장은 "돈 냈다고 뺨 때리는데 누가 돈 내겠느냐?"라고 사회현상을 표현하였다.

아름다운 기부는 줄을 이었다. 2017년 초 익명의 독지가가 3,000만 원을 보내왔다. 추적해 보니 포스코 권오준 회장의 친형인 권오성 회장이었다. 그는 설날 형제들이 모인 자리에서 '신문을 보니 이희범 위원장이 고전을 하고 있더라'라고 하면서 익명으로 송금하였다. 나는 그의 공적을 기려 언론에 실명을 공개했으나, 그는 언론사에 찾아가 보도하지 말아 달라고 요청하였다.

2017년 초 재일본 민단 이사회에 참석하여 평창 동계올림픽을 설명하고 협조를 요청하였다. 민단은 1억 엔을 기증하였고, 재일동포 기업인은 별도로 1억 엔을 기증하였다. 미국 워싱턴에 사는 폴라 박은 평창을 찾아와 1만 달러를 기증하였다. 정선중학교 학생들은 고사리손으로 24만 원을 모아 전달하였다. 서울대학교 사범대학부속고등학교 여자 동창들의 모임인 선녀회 회원들은 500만 원을 모아 기부하였고, 변주선 대림성모병원 행정원장은 별도로 300만 원을 패럴림픽에 기증하면서 전 직원들에게 떡을 선물하였다.

기념주화와 기념 지폐, 기념우표

2016년 5월 조직위원회는 올림픽특별법을 개정하여 한국은행에 기념은행권 발행을 요청할 수 있는 근거를 마련하였다. 한국은행은 금융통화운영위원회 의결을 거쳐 기념주화 21종과 기념은행권 3종을 발행하였다. 1차로 금화 3만 원화(296만 원)와 2만 원화(152만 원) 2종, 은화 5천 원화(6만 2천 원) 8종, 황동화 1천 원화(2만 2천 원) 1종 등 11종의 기념주화 29만 개를 발행한 데 이어 2차로 금화 2종, 은화 7종, 황동화 1종 등 총 10종 36만 개를 발행하였다.

이와 함께 역사상 처음으로 2천 원권 지폐 230만 매를 발행하였다. 기념은행권 앞면에는 경기연맹 간 형평을 고려하여 동계올림픽 7개 연맹 소속의 한 종목씩 넣는 것을 원칙으로 하였지만, 우리나라가 최초로 참가한 스피드스케이팅을 주 소재로 활용했다. 뒷면은 단원 김홍도의 '송하맹호도'를 소재로 대한민국의 문화적 상징성을 표현했다. 2천 원권 지폐는 낱장형, 연결형(2장), 전지형(16장) 등 3종류로 발행하였는데 낱장형은 8천 원에 판매하였다.

기념주화는 전국 시중은행을 통해 예약판매를 실시하였고, 미국·중국 등 11개국에도 수출하였다. 기념 지폐는 중국·일본 등 6개국에 수출하였다. 한국은행은 1, 2차분 21종과 기념 은행권을 망라한 기념 화폐 특별세트 888종을 한정판으로 출시하였는데 1주일 만에 완판되었다. 888세트는 '88 서울올림픽의 영광이 2018 평창 동계올림픽까지 연결된다는 의미를 담았다. 기념 화폐를 통해 770억 원의 매출을 달성하였는데, 조직위원회는 기념주화 판매액의 19.6%인 116억 원, 기념 은행권 판매액의 31.1%인 56.6억 원의 수익을 확보하였다.

조직위원회는 2016년 4월 미래창조과학부에 기념우표 발행을 요청하였다. 우정사업본부는 우표발행심의위원회의 의결을 거쳐 네 차례 올림픽과 패럴림픽 기념우표 600여만 매를 발행하여 1억 9천 4백만 원의 매출을 달성하였다. 조직위원회는 우표 및 우표첩 판매액의 85%인 1억 6천 5백만 원의 수익을 확보하였다.

2017년 11월 대회 100일 전에는 올림픽과 패럴림픽 마스코트의 경기종목 응용동작과 성화봉, 메달 이미지 등을 활용해 20종의 우표를 발행했으며, 패럴림픽 개막 50일 전인 2018년 1월 패럴림픽 기념우표 10종을 발행하였다. 올림픽 개막일에는 기념우표와 함께 우표첩을 발행하였고, 올림픽 폐막 이후에는 영광의 메달리스트 우표 28종 196만 장을 발행했는데 모두 완판되었다.

조직위원회는 KB국민은행에 1,000억 원 한도의 마이너스 통장을 개설해 자금을 운용하였다. 마이너스 통장은 이자율이 꽤 높았다. 조직위원회는 입찰을 통해 1%대의 이자율을 제시한 한국산업은행으로 변경하였다. 2013년 9월에는 주거래 은행을 Tier 1 (500억 원)으로 공개 모집했으나, 기업은행이 340억 원, KB국민은행은 198억 원을 제시하여 유찰되었다. 2015년에는 4개 시중은행과 접촉했으나 KB국민은행만 130억 원을 제시하여 결렬되었다.

2016년 크리스마스 무렵, 수협은 60억 원을 제시하였다. 금액도 적을 뿐만 아니라 주거래 은행으로는 규모도 작았다. 김기홍 기획사무차장은 전병극 문화체육관광부 체육국장(문체부 제1차관 역임)과 함께 김정태 하나금융그룹 회장을 만나 협조를 요청하였다. 2017년 2월 초 입찰 결과 KEB하나은행이 111억 원에 낙찰되었다. 500억 원을 목표로 했던 후원액이 1/5로 떨어진 것은 주거래은행 선정도 늦었지만, 올림픽에 대한 기대도 낮아졌음을 의미한다. 신한은행의 인천아시안게임 후원액은

150억 원이었다.

조직위원회는 마이너스 대출한도를 3,000억으로 상향조정 하였으나, 2017년 8월에는 한 푼의 이자라도 줄이기 위해 보유하고 있는 현금으로 대출 잔액을 전부 갚아버렸다. 현금의 시재가 아슬아슬한 순간도 있었으나, 이후 마이너스 통장은 쓰지 않았다.

올림픽 재원의 기본인 기업후원

2018년 3월 조직위원회는 기업의 후원금과 기부금은 IOC 스폰서 할당금(2,546억 원)을 제외하고 목표액 9,400억 원의 145%인 1조 3,653억 원이라고 발표하였다. 그중 현금이 약 60%, 현물이 40%를 차지하였다. 후원금은 2006년 토리노 4,780억 원, 2010 밴쿠버 8,250억 원, 2014 소치의 1조 1,640억 원보다 많았다.

기업후원액은 2차 재정계획에서 8,530억 원으로 책정했으나, 3차 재정계획에서 8,700억 원으로 수정했고, 내가 취임한 후 4차 재정계획에서 9,400억 원으로 다시 조정하였다. 대회 1년 전인 2016년 12월 조선일보는 '위기의 평창 동계올림픽' 시리즈를 연재하였다. '올림픽 예산 2조 8천억 원 중 4천억 원은 조달계획이 막연한 가운데 대통령 탄핵정국으로 올림픽 열기는 온데간데없다'라고 지적했다.

올림픽 후원은 IOC와 체결하는 글로벌 스폰서Top Partner와 평창 조직위원회와 체결하는 로컬 스폰서Local Partner가 있다. 글로벌 스폰서는 2020년 말까지, 로컬 스폰서는 2018년 말까지 올림픽 상징물인 엠블럼, 마스코트, 명칭 등 올림픽 지적재산을 독점적으로 사용할 수 있으며, 그 대가로 올림픽 운영에 필요한 금전, 물자, 기술서비스 등을 제공한다.

글로벌 스폰서는 올림픽 기간 중 전 세계에서 독점권을 가지며, 로컬 스폰서는 국내에서 독점권을 갖는다. 후원한 기업이 독점권을 갖기 때문에 후발기업은 참여할 수 있는 분야도 제한적이다. 예컨대, 코카콜라가 글로벌 스폰서로 참여하기 때문에 국내 음료 회사는 참여할 수 없으며, 비자카드가 후원사이므로 올림픽 장소 안에서는 다른 카드를 쓸 수가 없다. 담배·카지노 등 사행산업, 주류(맥주와 와인은 제외) 등 올림픽 정신에 어긋나는 상품도 후원에 참여할 수 없다.

IOC와 계약하는 글로벌 스폰서는 금액을 공개하지 않지만, 대개 기업당 1,000억~2,000억 원으로 추정된다. IOC는 평창 동계올림픽 기간에 14개 기업과 후원계약을 체결하였다. 국내에서는 삼성전자가 유일하며, GE, 코카콜라, 도요타, 비자, 파나소닉 등 분야별로 1개씩 참가하였다. 인텔과 알리바바는 평창 동계올림픽에서 처음으로 후원사가 되었으며, 맥도날드는 평창을 마지막으로 후원기업에서 탈퇴하였다.

국내 로컬 스폰서는 후원 금액에 따라 3개 등급으로 나누는데 ▶공식 파트너(Tier 1)는 500억 원 이상, ▶공식 스폰서(Tier 2)는 150억 원 이상, ▶공식 서포터즈(Tier 3)는 25억 원 이상으로 하였다. 내가 위원장으로 취임하면서 Tier 3b를 신설하여 중소·중견기업에 대해서는 하한선을 철폐하였다.

앰부시 마케팅Ambush Marketing은 공식 스폰서 또는 파트너가 아닌 경쟁업체나 관련 기업이 제반 법규를 피해 자사의 브랜드나 제품과 연결하여 마케팅 효과를 높이는 행위를 말한다. 예컨대, 오륜이나 올림픽 명칭을 사용하지 않고 올림픽을 연상시키는 광고 및 홍보, 올림픽 경기장 또는 행사장 근처에서 홍보, 버스 등 공공 이용 수단에 부착하는 광고 등은 엄격히 규제된다.

2020 도쿄 올림픽에서 1그룹은 1.3억 달러(1,450억 원) 이상, 2그룹은 5,000만 달러(550억 원) 이상, 3그룹은 전 분야를 대상으로 하는 것과 대조를 보였다. 일본은 요미우리, 아사히, 니케이, 마이니치 등 언론사를 포함하여 71개 사社가 후원사로 참여하면서 18억 달러 목표를 훨씬 초과한 33억 달러(약 4조 537억 원)에 달했다. 이는 사상 최대 규모이자, 이전 올림픽 후원액의 3배에 달한다.[1] 일본은 아베 총리 집무실에 스폰서 유치 현황판을 걸어놓고 기업의 후원을 독려하고 있었으나, 국내에서는 쉽게 나서려는 부서가 없었다.

　　조직위원회는 목표 달성을 위해 모든 노력을 집중하였다. 나와 여형구 사무총장, 김기홍 기획사무차장, 엄찬왕 마케팅국장 등 조직위원회 간부들은 국내 30대 그룹의 총수를 포함하여 대한상공회의소, 한국무역협회, 중견기업연합회, 중소기업중앙회, 여성기업협회 등을 다니며 후원의 필요성을 강조하였다. 경제단체에는 조찬 강의를 하면서 올림픽의 특성과 기업의 참여를 강조하였다.

　　2011년 8월 조직위원회는 대한체육회KOC 및 대한장애인체육회KPC와도 공동마케팅협약JMPA을 체결하였다. '조직위원회는 2020년까지 스폰서십과 라이선스 상품 판매 등으로 창출되는 모든 수익의 9.28%를 대한체육회에 지급하며, 그 금액은 최소 6,328만 달러 이상일 것임을 이해한다.' '패럴림픽에 관련된 마케팅 수입의 12%를 대한장애인체육회에 지급하며, 금액은 최소 65억 원 이상일 것임을 이해한다'라고 합의하였다. 또한, 조직위는 2013년 1월 IOC와 체결한 마케팅협정에 따라 후원액의 7.5%를 IOC에 지급하도록 하였다.

---

[1] 이재은·윤민혁 기자, '도쿄올림픽 연기에 돈 낸 기업들 울상 … 삼성·LG 수천억, 일 기업들 4조 원 후원' (조선Biz, 2020. 3. 25.)

마케팅협약에 따라서 올림픽 기간 중 기업들의 후원은 조직위원회로 일원화하여 혼란을 방지하였으나, 조직위원회는 대한체육회에 790억 원이 넘는 돈을 지급해야 한다. 조직위원장으로 취임할 당시만 해도 3,000억 원의 적자가 예상되어 성화봉, 체육복 등 현물을 포함하여 548억 원을 우선 지급하고 나머지는 올림픽 이후 정산하기로 했다. 올림픽이 흑자로 결론 나자, 현금(160억 원)과 주사무소, 스포츠 장비 등 현물로 지급하였다.

평창 동계올림픽을 후원한 기업

삼성전자, 현대차, SK, LG, 롯데, 포스코, KT, 대한항공, 노스페이스 등 11개 사社는 공식 파트너, 삼성생명, 삼성화재, 신세계푸드, 한화, 네이버 등 13개 사는 공식 스폰서, 삼일회계법인, 법무법인 태평양, 에스오일, 오뚜기 등 25개 사는 공식공급사로 참여하였다. 이외에도 대관령 한우, 횡성한우, 철원오대쌀 등 33개 사가 공식 서포터로 참여하여 국내 스폰서는 역대 최대인 82개 사(패럴림픽은 42개 사)가 참여하였다.

삼성전자는 '88 서울올림픽을 시작으로 동·하계 올림픽 후원기업으로 참여하였는데, 1997년 IOC와 글로벌 스폰서 계약을 체결하였다. 평창에서는 별도로 1,000억 원 상당의 후원 계약을 체결하였고 올림픽 성화 봉송에도 참여하여 1,500명의 성화 주자를 선발하였다. 삼성은 강릉과 평창, 선수촌, 메인프레스센터 등 9곳에 홍보관을 설치하였다.

삼성전자가 휴대폰, 개인용 컴퓨터, TV 등 가전제품에서 독점권을 갖게 되면서, LG와 SK 등은 삼성과 경쟁하는 상품을 홍보할 수 없게 되었다. LG는 서브원(건설)과 HS Ad(홍보)를 후원사로, 나머지 기업은 자발적 기부 형태로 참여하였다. SK는 현금뿐만 아니라 의전차량 운영을 위한 정유 지원을 하였다. 포스코는 철강부문 공식 파트너로서 강원개발공사가 맡았던 국제방송센터를 건설하고, 미디어 레지던스·관동하키센터 등 주요 시설물 건설을 지원하였다.

현대자동차는 공식 파트너로서 선수단 수송차량과 의전차량, 대회 운영 차량 4,000여 대를 지원하였다. 현대는 봅슬레이를 후원하고 올림픽 기간에 '현대차 파빌리온'을 운영하였다. 일본의 도요타가 IOC와 글로벌 스폰서 계약을 체결하자 문제가 되었다. 법적으로는 도요타가 평창에서도 독점권을 갖게 되어 현대차는 참여할 수 없다. IOC 측은 요인들이 도요타 차를 타야 한다고 주장했으나, IOC 위원장 외 나머지 위원들은 현대차를 타기로 타협하였다.

KT는 세계 최초로 5세대(5G) 네트워크 기술이 적용된 대회 통신망 및 방송 중계망을 운영하였다. 세계적인 아웃도어 브랜드인 노스페이스의 국내 유통 및 제조업체인 영원무역은 올림픽과 패럴림픽 스포츠 의류 공식 파트너로서 조직위원회 직원과 자원봉사자의 의류 총 36만 2천 점을 후원으로 공급하였다.

대한항공은 항공권을 현물로 지원하는 외에 48명의 정예 인력을 파견하여 대회 운영에서 중요한 역할을 하였다. GS는 기부금을 지원하였다. 회사 측 실무자들은 50억 원을 기부하는 것으로 보고하였으나, 전국경제인연합회 회장을 겸하고 있는 허창수 회장은 "이희범 위원장이 요구하는 금액은 얼마냐?"고 묻고 "130억 원"이라고 하자 "이희범 위원장이 울고 다니더라. 요구대로 금액을 모두 지급하라"고 지시하였다.

따가운 시선 속에 이룬 공기업 후원

올림픽은 범국가적 역량이 집중되는 행사로 전기, 가스, 철도, 도로 등 공공기관의 역할도 중요하다. 산업자원부에서 파견 나온 엄찬왕 국장과 올림픽 마케팅 전문가인 오지윤 매니저는 한전, 강원랜드 등 올림픽과 직접 관련되는 공공기관을 일일이 찾아다니며 ▶올림픽 후원 또는 자발적 기부, ▶입장권 및 라이선스 상품 구매, ▶조직위원회 사무처 인력 및 대회 단기인력 파견지원 등을 호소하였다. 그러나 공기업들은 대통령의 탄핵에 이어 대통령 선거 정국이 되자 움직이지 않았다.

먼저, 국회가 움직이기 시작했다. 2016년 12월 국회는 '2018 평창동계올림픽대회 성공개최를 위한 정부지원 촉구 결의안'과 '2018 평창동계올림픽 성공개최를 위한 공공기관 등 후원지원 촉구 및 권유 결의안'을 채택하였다. 정부에 대해서는 공공기관이 후원으로 인한 불이익을 받지 않고 가점부여 등 제도적인 지원을 강화할 것을 촉구하였다. 국회는 의장 명의로 두 결의안을 각 부처 및 공공기관에 송부하였다. 정세균 국회의장은 내 후임 산업자원부 장관이었다.

경영평가도 걸림돌이었다. 공기업들이 후원하면, 그만큼 이익이 줄어들어 평가상 불이익을 받을 수 있다. 기획재정부에 공공기관 경영평가 편람상 후원에 따른 불이익을 방지하기 위해 인센티브 조항을 넣어달라고 요청했다. 2017년 2월 기획재정부는 공공기관 세부평가 매뉴얼 '사회공헌' 항목에 평창 동계올림픽에 후원하는 경우 5점을 반영하였다. 그래도 공기업은 움직이지 않았다.

일부 공기업은 후원 참여는 목적외 사업(출연)에 해당하여 배임죄를 우려하였다. 조직위원회는 변호사의 의견을 바탕으로 '▶조직위원회 후원은 올림픽법에 재정적 지원에 관한 근거가 있고, ▶국회의 결의와 정부의 경영평가편람상 가점을 부여할 수 있도록 하였으며, ▶조직위원회 후원은 무상기부나 증여가 아니고, 후원에 상응하는 각종 권리를 향유하는 상업적 계약이고, ▶후원계약을 통해 일정한 권리를 취득하는 점에서 배임죄가 성립되지 않는다'라고 해석하였다.

기관마다 다른 조건을 내걸기도 했다. 강원랜드는 올림픽특별법을 개정하여 사행성감독위원회가 매년 책정하는 매출총량 적용을 유예하여 달라고 요청하였다. 염동열 의원을 통해 의원입법으로 추진하였으나, 타 사행산업과 형평성 문제로 처리되지 못했다. 강원랜드는 2018년 1월 말 225억 원을 후원하였다.

전력공급을 책임지고 있는 한전은 변전소 건설 등 조직위원회가 발주하는 공사에 참여하고 있었다. 한전과는 2017년 초부터 후원 협약을 진행하였으나, 조환익 사장은 후원에 참여해야 하는 당위성을 인정하면서도 공기업으로서 첫 번째 후원 계약을 하는 데 부담을 느끼고 있었다. 뉴욕증시 상장사로서 이사들을 설득해야 하는 어려움도 토로하였다. 결국 800억 원으로 합의하였다. 조환익 사장은 나와 30여 년간 함께 공직 생활을 했으며, 내가 장관 시절 산업자원부 차관이었다.

매일경제는 '한전이 자회사를 동원하여 800억 원을 후원하는 것은 나쁜 선례를 만들 수 있다. 사실상 반강제로 준조세를 내도록 하는 것은 본질적으로 미르재단·K스포츠재단 사태와 마찬가지다'라고 보도했다. 한국경제도 '최순실 사태로 후원금 끊긴 평창 올림픽 … 결국 공기업 압박'이라는 제목으로 '정부가 나서 공기업 압박에 들어갔다'라고 보도했다.

나는 매일경제와 한국경제 편집국장을 만나 조직위원회 예산은 기업의 스폰서와 IOC 지원 등으로 구성되는 특징을 설명하고, 공기업의 후원은 기획재정부의 공기업 매뉴얼에도 지원의 근거를 열어놓고 있다는 점을 설명하자, 기자가 한쪽 의견만 듣고 쓴 것으로, 잘못을 인정하였다. 매일경제 장대환 회장은 평창에서 비즈니스 포럼을 주재하면서 기업들이 동참하도록 앞장섰다.

한국경제는 논설위원 칼럼에서 '결국 … 기업 돈 뜯어 평창 올림픽 치르겠다고? … 검찰과 특검이 휘두른 뇌물죄가 민간에게만 적용되고 공기업은 예외라는 법이라도 있나?'라고 하였다. 이어 '공기업도 뇌물이다. 올림픽을 못 하면 못 하는 거다'라고 했다. 나는 언론사 부장들과 식사하면서 올림픽은 지원법이 있고, 모든 국가가 기업의 후원을 받고 있다는 점을 강조했다.

〈표 3-1〉 평창 동계올림픽 국내외 스폰서 기업

글로벌 파트너 (13)	• Alibaba, Atos, Bridgestone, Coca-Cola, Dow Chemical • GE, Intel, Omega, Panasonic, P&G, 삼성, 도요타, Visa
공식 파트너 (11)	• KT, 영원아웃도어, 대한항공, 삼성전자, 현대-기아차, • SK, LG, 롯데, 포스코, 한국전력, 맥도날드
공식 스폰서 (13)	• 삼성생명, 삼성화재, EF, 쌍용정보통신, 네이버, 한화, 신세계 • 아그레코, CJ, KEB하나은행, LH공사, 수력원자력, 강원랜드
공식 공급사 (25)	• 삼일회계법인, 파고다교육, 삼성증권, 삼성물산, • 법무법인 태평양, 봄바르디에, 대동공업, 한샘, 에스오일, • 한진, 한진관광, 화웨이, 현대백화점, 서울텐트, 대원렌탈, • KIMG, 한국공항공사, 인천국제공항공사, 코레일, • 한국남동발전, 한국중부발전, 한국서부발전, 한국남부발전, • 한국동서발전, 테크노짐
공식 서포터 (33)	• 인터파크, 안램, 동영산업, 한글과컴퓨터, 더존비즈온, • 스마트플래닛, LS, 오뚜기, 대관령한우, 면사랑, 철원오대쌀 • 극동메탈휀스, 인플루엔셜, 소문사, 켈리서비스, 매일유업, • 황성한우, 젯셋스포츠, 디와이, 에어비앤비, 강원인삼농협, • 강원감자농협법인, 한반도농협, 정선사과, 솔레윈, ILUKA, • 한전KPS, 한국전력기술, 한전원자력연료, 한전KDN, • 바우어파인트, 한국조폐공사, 국민체육진흥공단
기부사 (28)	• GS, 두산, 풍산, 오메가, 한국관광공사, 한국감정원, • 한국국토정보공사, 한국수자원공사, 주택도시보증공사, • 한국산업기술진흥원, 은행연합회, 저축은행중앙회, • 한국자산관리공사, 유진그룹, 금융투자협회, GKL, • 그랜드코리아레저, 여신금융협회, 하남도시공사, • 한국지질자원연구원, 울산항만공사, 여수광양항만공사, • 부산항만공사, 인천항만공사, 한국건강보험공단, 한국마사회 • 한국도로공사, 한국가스공사

최종구 금융위원장은 강릉 출신으로 올림픽에 대한 애정이 컸다. 우리은행, 하나은행 등 은행장들과 은행연합회 이사회를 평창에서 개최하고 200억 원 기증식을 하였다. 금융투자협회, 손해보험협회, 생명보험협회, 여신금융협회, 저축은행중앙회 등도 후원을 이어갔다. 한번 분위기를 타자 도로공사, 주택토지공사, 인천공항공사, 한국공항공사, 한국철도공사, 마사회 등 공기업들도 후원에 줄을 섰다. 공기업의 후원과 기부액은 모두 1,325억 원에 이르렀다. 최종구 위원장은 2024 강원동계청소년올림픽 조직위원장을 맡아 성공대회를 이끌었다.

올림픽 참가자들을 위한 세금 면제

IOC와 체결한 개최도시협약서는 '개최도시 및 조직위원회는 대회와 관련하여 발생한 수입 가운데 IOC 및 IOC가 직·간접으로 소유하거나 관리하는 제3자에게 지급해야 할 금액과 관련된 원천과세, 관세, 부가세 또는 기타 간접세, 현재나 미래의 모든 직접세 및 간접세를 포함하는 모든 세금을 부담한다'라고 규정하였다. 여기에는 올림픽 스폰서, 주관 방송사, 하도급자, 기타 상업적 파트너를 포함하였다.

이에 따라 IOC는 ▶수익적 기관을 포함한 모든 기관에 대해 법인세 면제, ▶모든 기관에 대한 고정사업장 특례 인정, ▶모든 참가자에 대한 개인소득세 면제, ▶올림픽 참가자의 한국 내 매입에 대한 모든 부가세 면제 등을 요구하였다. 면제 대상에는 IOC는 물론, 각국의 올림픽 위원회NOC, 국제경기연맹IF, 중계권을 가진 방송사RHB, 톱 스폰사 등을 망라하였다.

법인세와 소득세 등 직접세는 국내 비거주자(183일 미만 거주자) 조항을 활용하여 해결하였으나, 부가가치세는 좀 복잡했다. 2015년 8월 박근혜 대통령은 토마스 바흐 IOC 위원장을 면담하면서 "올림픽 후원기업에 대해서는 부가세 면제도 적극 검토하겠다"라고 약속하였으나, 관계부처 차관회의는 조세주권과 상호주의를 주장하는 기획재정부의 논리에 따라 뒤집었다. 특히, 조세협정이 체결되지 않은 나라에 일방적으로 세금을 면제하는 것은 타 국제대회에서 선례가 될 수 있다는 주장이 앞섰다.

IOC는 개최도시 협약에 어긋나는 것이라고 강하게 반발하였다. 조직위원회는 참여자들이 납부하는 부가세를 조직위원회가 현금으로 환급해 주겠다고 타협안을 제시하였으나, IOC는 조직위원회에 지급하기로 한, 톱 스폰서 지원액 2억 달러 중 1억 달러를 부가세 문제가 정리될 때까지 지급을 유보하겠다고 하였다. 조직위원회 입장에서는 참가자가 낸 부가세를 즉시 현금으로 환급해 주면서, IOC로부터 받을 돈은 상당기간 유예되어 이중으로 자금압박을 받게 되었다.

2016년 5월 조직위원장 취임 직후, 김기홍 기획사무차장과 함께 세종시로 가서 유일호 부총리와 세제실장 등을 면담하고 조직위원회가 약 2천억 원 상당의 자금압박을 받게 된다고 호소하였다. 담당과를 찾아갔다. 과장과 사무관, 주무관까지 자리에 앉아 1시간이 넘도록 토의했다. "조세주권과 상호주의 원칙은 이해한다. 그러나 개최도시협약서는 정부가 국제사회에 한 약속이다. 여수 엑스포에서도 상호주의를 배제한 선례가 있다"라고 설득했다.

나는 마지막으로 호소했다. "지금 시중에는 세월호 사건 이후 관피아에 대한 원성이 높다. 모피아도 그중 하나다. 나도 공직자 출신으로 조직위원장이 되었다. 만약 내가 성공하지 못하면, 세상은 거봐라. 공무원 출신은 아무것도 못 한다. 이렇게 되면 여러분들도 퇴직 후 아무것도 못 하게 된다. 나의 성공이야말로 여러분들의 일자리와도 직결된다."

밖에는 억수로 비가 내리고 있었다. 나는 소낙비를 무릅쓰고 평창에서 4시간이나 달려왔다. 한 시간 이상 감성과 이성에 호소하자, 주무관부터 움직이기 시작했다. "대부분 기업은 상호주의를 적용하면 풀린다. 방송사와 스위스에 소재한 오메가만 풀면 된다." 담당 사무관은 "한시적으로 상호주의 적용을 배제하고 방송사는 물품에 예외를 두자"는 아이디어를 제시했다. 얼마 후 청와대 교육문화비서관은 "부가세 문제를 풀기로 했다"라고 전화했다.

방송사와 글로벌 스폰서를 포함하는 부가세법 개정안은 정기국회에서 처리되었다. 2016년 12월 로잔에서 만난 라나 하다드Lana Haddad IOC 재정국장은 나의 얼굴에 양 뺨을 비비며 "불가능을 가능으로 만들었다You made impossible possible"라고 찬사를 보냈다. 바흐 위원장을 포함하여 모든 IOC 위원도 나의 추진력을 믿는 계기가 되었다.

외국 파트너에 대한 부가세 문제를 해결하자, 국내 스폰서들도 형평 문제를 들고나왔다. 평창 출신 염동열 국회의원은 2016년 10월 국내기업이 공급한 재화와 용역에 대해 부가가치세 영세율을 적용하는 조세특례제한법 개정안을 제출하였다. 그러나 조직위원회 자체가 부가세 면제기관이기 때문에 국내 스폰서에게 부가세를 면제하는 것은 조세체계상 근본적인 문제가 발생하고, 기 공급분에 대한 소급 처리 문제 등으로 보류되었다.

2017년 4월 유일호 부총리가 평창을 방문하였다. 기획재정부는 부가세 문제를 제기한 성기학 영원무역 대표를 간담회에 초청토록 하였다. 성기학 회장은 해외출장을 연기하고 토론자로 참석하여 부총리가 선물을 줄 것으로 기대하였다. 그러나 부총리는 국회 결정 사항이라고 답변을 회피하였다. 부총리의 대학 선배인 성기학 회장은 "그러면 왜 나를 불렀느냐?"고 항의하였다.

이에 앞서 2017년 1월 대한상공회의소는 ▶올림픽 후원은 사회 기여가 주된 목적인데 선의에 불이익을 부과하는 격이며, ▶국가사업 후원에 대해 정책적 고려 없이 조세 논리만 내세워 부담 지우는 것은 부적절하며, ▶일본, 영국 등 타 올림픽 개최국은 현물 후원시 부가세 부담이 없음을 들어 후원기업의 부가세 부담을 조속히 해결하도록 대정부 건의서를 제출하였다.

정부의 결정이 늦어지자 기업들은 스폰서 계약을 미루거나 약속한 후원도 집행을 미루었다. 조직위원회는 사업 진도가 나가지 못하고 현금흐름도 경색되기 시작했다. 다시 기획재정부를 찾았으나 고위 간부들은 모두 국회에 출석하여 만날 수도 없었다. 문자와 전화로 어려움을 호소하였다. 조직위원회 여형구 사무총장과 김기홍 기획차장도 행정고시 동기나 인맥을 동원하여 기획재정부를 설득하였다.

기획재정부는 국내 스폰서에 부가세를 면제하면, 조직위원회를 과세사업자로 바꾸겠다고 했다. 조직위원회는 그러한 경우 세액만큼 재정지원을 해달라고 요구했다. 원주 출신 심기준 국회의원은 국내 후원기업에 대해서는 공급가액의 109분의 9를 곱하여 계산한 매입세액으로 공제하는 법안을 발의하였다. 즉, 국가적 행사에 사회공헌의 의미로 참여하는 올림픽 후원사들은 부가세 10%를 납부한 후 8.3%를 환급받는 것으로 처리되었다.

힘겨운 IOC와 재정협상

제4차 재정계획에서 4천억 원이 넘는 적자를 메꾸기 위해서는 IOC로부터 지원을 확대하는 것도 큰 과제였다. 나와 바흐 위원장이 협조가 잘 된다는 소문이 퍼지자 IOC 실무자들도 적극적인 자세를 보이기 시작했다. 그러나 IOC 라나 하다드 재정국장은 냉철하였다. 문제를 풀기 위해서는 고도의 협상력을 가진 인물이 필요했다. 제네바 대사를 지낸 최석영 법무법인 광장의 고문을 만났다. 그는 강릉 출신으로 고향에서 열리는 올림픽을 위해 백의종군하겠다고 했다.

나는 최석영 대사를 IOC와 재정협상 수석대표로 위촉하였다. IOC가 긴장하였다. UN 대사를 지낸 분을 협상 대표로 임명한 것은 UN의 영향력을 활용하거나 반기문 전 사무총장을 통해 IOC에 압력을 넣을 것으로 이해하였다. 바흐 위원장과는 조직위원회-IOC 간에 재정협의 팀을 만들기로 하였으나, 라나 국장은 최 대사와 면담을 피하고 있었다. 2016년 말로 예정된 협의팀 회의도 연말이라는 이유로 꺼렸다.

2016년 크리스마스 무렵 라나 국장이 동경에 온다는 얘기를 듣고 나는 최석영 대사와 삼일회계법인에서 파견 나온 김수진 CFO를 동경으로 보냈다. 사전 약속도 없이 이들이 나타나자 라나 국장은 당황하였다. 나는 이들에게 협상보다는 식사와 와인을 한잔하면서 원만하게 인간관계를 형성하도록 주문하였다.

2016년 말 국회에서 외국 스폰서와 방송사에 대한 부가세 면제법안이 통과하자 라나 국장도 조금씩 변하기 시작했다. IOC는 글로벌 스폰서 중에서 2천 5백만 달러(총 2.25억 달러), 방송중계료 지원금도 7백만 달러(총 4.07억 달러)를 추가해 주었다. 이것은 2010년 밴쿠버에 지원한 1.5억 달러, 2014년 소치에 지원한 1.6억 달러보다는 많은 금액이었다. IOC는 조직위원회 예산에 편성되지 않은 컨설턴트 고용과 IOC와 조정회의 식사 대금도 부담하는 경우가 많았다.

조직위원회는 강릉 올림픽파크에 홍보관을 건설하는 스폰서들에게 올림픽 이후 원상 복구비 외에 도로파손 등에 따른 복구비를 달라고 했으나 입주업체는 IOC와 계약상 복구비는 조직위원회가 부담해야 한다고 버티었다. 조직위원회는 감사에 지적될 것을 우려하여 입주업체가 부담해야 한다고 주장하여 공사가 진척되지 못했으나, 결국 IOC가 지원해 주었다. IOC는 북측에 방송 송출비용을 부담하였으며, 북한 아이스하키 선수단에 대한 장비 지원도 부담하였다.

바흐 위원장은 2016년 방한 시 IOC 차원에서 8억 5천만 달러를 지원하겠다고 공언하였으나 OBS의 지출을 감안하면, 실제 IOC 부담액은 8.75억 달러를 넘었다. IOC의 지원은 흑자재정을 이룩하는 데 큰 역할을 하였다. 바흐 위원장은 나의 제의에 따라 최종 잉여금 중 20% 배당도 면제해 주었고, 평창 수재민을 위해 15만 달러의 의연금을 별도로 지원하기도 했다.

계약 로비로부터 자유

또 하나의 어려움은 계약과정에서 로비를 차단하는 일이었다. 조직위원회는 130여 기관에서 파견된 연합군으로 구성되어 능력은 천차만별이었다. 조양호 회장은 건당 5억 원 이상 계약은 직접 결재하였다. 주요 부서에는 대한항공 직원들을 배치하여 계약 전에 점검토록 하였다. 나는 믿을 만한 심복도 없었다. 그렇다고 무작정 의심할 수도 없었다.

조직위원장에 취임한 직후, 개·폐회식 행사를 위한 기획사를 선정해야 한다. 예정가격이 640억 원이 넘을 정도로 큰 규모였다. 나라장터를 통해 공개경쟁 입찰을 한다는 서류가 올라왔으나, 자신이 없었다. 여형구 사무총장은 제일기획 출신의 직원들이 참여하고 있는 점을 감안하여 객관성을 확보하기 위해 조달청에 위탁하자고 제안하였다.

직원들은 조달청에 위탁하는 것은 시간이 오래 걸리고 수수료도 비싸다고 반대하였다. 마침 산업자원부에서 함께 근무했던 정양호 조달청장이 부임했다. 그는 20% 감면조항이 있다고 했다. 나는 그 정도로는 직원들을 설득할 수 없다고 하자, 다음날 수수료 면제조항을 찾아냈다. 모든 계약은 조달청에 위탁하도록 지시하였다.

기획사 입찰에는 제일기획과 롯데 계열의 대홍기획이 참가하였다. 다음날 언론은 '제일기획이 제일기획을 선정했다'라고 보도하였다. 제일기획의 김재열 대표이사가 조직위원회 국제부위원장이었고 개·폐회식 행사를 담당하는 오장환 의식부장은 제일기획 출신이었다. 감사원에서 파견된 감사팀은 자체 감사를 시행하였고, 국회는 즉각 자료를 제출토록 요청했다.

자체 감사 결과, 의식행사부는 조달청과 업무협의를 하면서 대행사의 제작·운영 능력을 정확히 판단할 수 있는 전문가가 필요하다는 이유로 조직위원회에서 100명의 전문가 풀Pool을 추천하였다. 조달청은 내부 결재 과정에서 공정성 문제가 제기되자 조달청 자체 풀에서 무작위로 6명을 선정하고 조직위원회가 추천한 풀에서 3명을 선정하였다. 평가 결과, 9명 중 8명이 제일기획을 1순위로 하였다.

내가 조직위원장에 취임한 후부터는 중요 계약은 조달청으로 넘겼다. 특히, 관중석·텐트·전기공사 등 대규모 시설은 일괄 발주 시 규모가 큰 외국업체가 독차지할 가능성을 염려하였다. 조직위원회는 관중석 등 임시시설은 공구별, 설비별로 분리 발주하여 한 업체가 독식할 수 없도록 하였다. 구체적으로 관중석·텐트·캐빈 등의 입찰은 공사와 시설임대 분야로 나누고 건축·토목·기계·전기 등 공사는 8개, 텐트·캐빈·그랜드

스탠드·펜스 등 시설은 4개로 분리하여 조달청에서 공개경쟁 입찰을 통해 발주함으로써 단위 입찰액을 100억 원 미만으로 하였다.

조직위원회의 계약은 발주 전에 재정심의회와 감사원의 일상 감사를 통한 내부통제를 거친 후, 조달청에 의뢰하여 공개경쟁 입찰을 원칙으로 하였다. 후원공급 계약과 해외 전문가 자문용역 등 IOC가 요청하는 경우에만 수의계약으로 하였다. 청탁과 비리는 차단되고 국내 중소기업들의 참여를 높일 수 있었으나, 자금 사정이 열악한 일부 기업은 공사 기간을 맞추는 데 어려움이 있었다. 조달청에 위탁하여 계약한 것은 총 96건이며, 금액은 3,611억 원에 이르렀다.

유치신청서와 개최도시협약서

IOC와 맺은 계약은 ▶유치전 경쟁단계에서 신청도시가 IOC에 제출하는 유치신청서Bid File와 ▶개최도시로 확정된 후 IOC와 개최도시, 조직위원회 및 개최국 올림픽위원회NOC 간에 체결하는 개최도시협약서 Host City Contract: HCC가 있다. 유치신청서에는 올림픽 유치를 위해 참여자에 대한 지원과 조세감면, 주최국으로서 각종 장려금incentive과 약속을 담고 있다.

올림픽 유치를 위한 과열 경쟁으로 유치신청서Bid File에서도 불평등 조항이 많았으나 개최도시협약서는 IOC가 일방적으로 작성한 문서로서 더 많은 불평등 조항이 있었다. 대표적으로 글로벌 스폰서와 계약 및 조세와 관련된 사항이다. IOC는 글로벌 스폰서와 방송중계료 수입 중 일부를 조직위원회에 지급한다.

반대로 조직위원회는 글로벌 스폰서로부터 구매하는 물품은 수의계약으로 하고, 방송사가 국내에서 조달하는 물품은 모든 세금을 면제토록 하였다. 조직위원회는 12개의 글로벌 스폰서와 모두 2.2억 달러의 계약을 실행하였다.

조직위원회는 GE로부터 무無정전 전원장치UPS 618대를 구매하기로 하였다. GE는 IOC의 공식 스폰서라는 이유로 국내기업의 견적가격보다 59% 비싸게 책정하였다. 조직위원회는 최적가격best price 조건에 부합하지 않은 일부 제품은 가격을 인하해 달라고 요구하였다. GE는 조직위원회와 IOC 간 마케팅플랜협약MPA에 따라 무조건 수의계약을 해야 한다고 주장했다. IOC는 GE 제품을 구매하지 않을 경우, IOC가 조직위원회에 지급할 금액 중에서 그만큼 삭감하겠다고 위협하였다.

조직위원회는 국내 가격보다 비싼 값으로 구매할 경우, 감사원과 국내 여론으로부터 책임을 지게 된다고 버티었다. 조직위원회는 산업자원부에 GE가 공급하는 품목이 IOC와 체결한 독점 품목에 해당하는지를 질의하는 한편, 대한항공에서 파견된 유종석 전무를 통해 GE 본사에도 협조를 요청했다.

며칠 후, 유 전무는 메모 한 장을 보내왔다. '지난주 GE Korea 사장과 통화하면서 GE가 소탐대실하고 있다는 점을 지적했습니다. GE 측은 조치가 지나쳤다는 점을 인정하고 개선안을 내주 중 제시할 예정'이라고 밝혔다. 서울대학교 공과대학 기계과를 나온 유종석 전무는 항공기 엔진을 구매하는 전문가로 GE 본사에서도 알아주는 인재였다.

며칠 후, GE 본사 사장과 한국 지사장이 사무실로 찾아왔다. 나는 글로벌 기업이 '갑질'을 통해 조직위원회를 압박하는 것은 온당치 않다고 지적하면서 협조를 요청했다. GE는 애초 요구액 213억 원을 147억 원으로 수정하여 계약을 체결하였다. 그러나 강릉에 설치한 MRI 기계는 GE와 가격협상이 이루어지지 않아 결국 입찰을 통해 타 업체로 바꾸었다.

조직위원회는 자원봉사자 모집, 등록관리용 소프트웨어(ODS, OMS) 개발, IT 보안, 베뉴 IT 등 시스템 통합서비스 및 데이터센터 서비스 추진을 위해 AtoS와 총사업비 859억 원에 계약하였다. AtoS는 IOC와 정보기술협약을 체결한 글로벌 스폰서이나 조직위원회와 계약한 2,229개 사업이 일정표대로 진행되지 않음에 따라 사업비 지급을 보류하였다. IOC는 조직위원회에 지급할 금액으로 상계하겠다고 위협했으나, 조직위원회는 사업 진도에 따라 8차로 나누어 정산하였다.

해외 전문가 활용도 쟁점 중의 하나였다. 올림픽은 선수들이 최고의 기량을 발휘할 수 있도록 경기장 시설이나 운영이 최고이어야 하므로 IOC나 국제경기연맹의 추천을 받아 해외 컨설턴트를 활용하였다. 조직위원회가 용역계약을 체결한 해외 컨설턴트는 총 207명으로 계약 금액은 약 108억 원(경기 분야 125명 63억 원, 비경기 분야 82명 45억 원)이었다.

경기 분야는 인력관리, 장소운영, 의전, 언어서비스 및 방송을 담당했고, 비경기 분야는 경기장 조성, 제설 및 설질 유지 관리, 제빙 및 정빙, 스포츠 프리젠테이션 기획, 경기운영 전문가 양성 등을 담당했다. 경기 분야는 국제경기연맹, 비경기 분야는 IOC의 추천을 받아 채용하였다. 경기 분야(평균 824달러/일)에 비해 비경기 분야(평균 1,282달러/일) 단가가 상당히 높았다.

조직위원회는 해외 전문가의 활용은 불가피한 최소 분야로 한정하였다. 구체적으로 국내 전문가 활용이 곤란하며, 조직위원회가 오너십을 보유한 분야에 한정하였다. 전문가도 관련 부서가 공동으로 활용하는 방안을 마련하고 조직위원회 게시판에 컨설팅 관련 품의, 계약서, 컨설팅 결과보고서를 공유토록 하였다.

또한, 컨설팅 대가 지급 기준을 개정하여 자격에 따른 기준을 일원화(3등급→단일 등급)하고, 기간에 따라 체감 지급하였다. 스노우캣 드라이버 등 시장가격이 형성되어 있는 경우에는 시장가격으로 지급하고 시장가격이 없는 경우에는 조직위원회 지급기준을 준수토록 하였다. 이에 따라 A등급의 경우 일당 1,000~1,200달러에서 850~900달러로 하향 조정되었다. 또한, IOC가 요청할 때는 IOC가 비용을 전부 또는 일부를 부담토록 하였다.

캐나다 밴쿠버에 소재하는 Contemporary International은 25개 장소의 관중 흐름 관리, 유실물 체계 구축, 교육 및 훈련을 위한 컨설팅 대가로 678만 달러 (77억 원, 전문가 14명 상주)에서 1,539만 달러 (175억 원, 전문가 32명 상주)를 요구하였다. 하루에 10만 명 이상 움직이는 경기장에서 사고방지를 위한 관중 흐름을 관리하는 것은 매우 중요한 일이긴 하지만, 비용이 너무 많았다. Contemporary International은 1996년 애틀랜타 올림픽부터 2014년 소치는 물론 2016년 리우에서도 컨설팅하였으나 평창에서는 자체 교육으로 대체하였다.

조직위원회는 2차례에 걸쳐 IOC와 협상을 통해 개최도시협약을 개정하였다. IOC도 아젠다 2020을 통해 개최도시 비용 절감을 추진하고 있었다. ▶평창에서 개최하는 집행위원회 등 행사 비용은 IOC가 부담하고, ▶대회 기간에 IOC가 쓰는 사무실 비용, ▶IOC 참가자 입장권 비용 등은 IOC가 부담함으로써 약 46억 원 상당의 비용을 절감하는 등 2차에 걸쳐 개최도시협약서를 개정하였다.

제 4 장

국제무대 데뷔와 평창 동계올림픽 불참 도미노

IOC 집행위원회 (2017. 12. 5. 평창)

한 달에 세 차례 지구 반대편인 리우 방문

2016년 8월 재정계획을 마무리하자 리우로 향했다. 뉴욕에서는 경유 시간을 이용하여 반기문 유엔 사무총장 숙소를 찾았다. 산업자원부 장관 시절 외교부 장관으로 함께 일했기 때문에 반가이 맞아 주었다. 평화올림픽을 위해서는 북한의 참가가 필요하다는 데 의견을 같이하였다. 반 총장은 바흐Bach, Thomas 위원장과도 많은 대화를 나누었는데 IOC는 내가 취임한 후 만족하는 분위기라고 전해 주었다.

상파울루 도착은 1시간 이상 지연되었다. 자원봉사자가 국내선으로 안내해 주었으나, 영어가 통하지 않았다. 브라질 항공사 카운터에 갔으나 좌석이 없다고 했다. 출발은 40분이나 남았는데 탑승이 거부되었다. 다시 국제선 청사로 가니 다음 비행기는 몇 시간을 기다려야 한다고 했다. 대한항공의 도움으로 다른 항공편을 수배하여 리우에 도착하니 오후 5시가 넘었다. 서울에서 출발한 지 42시간이 지나서 리우에 도착했다. 오후 4시로 예정한 IOC 보고도 늦을 수밖에 없었다.

호텔 방은 트윈베드였다. 프런트에서는 IOC에서 그렇게 배정했다고 책임을 미루었다. 물을 달라고 했으나, 반응이 없었다. 그날 저녁 IOC 위원장 주최로 리셉션이 열렸으나 먹을 것이 없었다. 와인 한잔 마시려고 해도 줄이 길어 30분은 기다려야 했다. 아침부터 식사도 잘하지 못한 터라 자정이 되어 상파울루에서 왔다는 한국음식점을 찾아 된장찌개를 맛있게 먹었다.

차기 대회 조직위원장인 나에게 IOC가 특별히 배정한 차량의 운전기사는 영어를 하지 못했다. 나에게 배정된 자원봉사자는 오후에 나타났다. 기차를 놓쳤다는 것이다. 결국 자원봉사자와 운전기사를 교체했다. 리우는 해변가 휴양지로 아름다웠으나, 지카 바이러스와 치안 불안으로 근무 시간 외에는 외출을 금지하여 삼바 춤과 거리 축제도 사라지고 고요의 나라가 되었다.

사실 리우는 겨울철로 접어들었기 때문에 지카 바이러스는 소문만큼 심각하지 않았다. 올림픽 기간에는 병에 걸렸다는 사람도 없었다. 그러나 야간에 해변을 거닐던 관광객이 강도에게 털렸다는 소문이 돈 후 민심은 흉흉해지고 외출은 아예 생각조차 할 수 없었다. 초기 대응을 잘못한 정부와 언론의 과잉 보도가 빚은 해프닝이었다.

'새로운 세상New World'이라는 슬로건으로 마라카낭 스타디움에서 개최된 개회식은 '환경보호를 통해 이념과 종교, 피부색을 초월하는 인류의 공존'을 주제로 4시간가량 진행되었다. 리우에서는 남수단·시리아·콩고·에티오피아 등 국가의 내전으로 나라를 잃은 10명의 선수가 '난민올림픽 대표팀ROT'으로 처음 참가하였다. 경기침체로 개회식 예산은 런던 올림픽의 1/4 수준으로 줄어들었으나, 조명효과와 다양한 춤과 노래로 포장하면서 언론은 저비용·고감동 개회식이라고 칭찬하였다.

5만여 명의 자원봉사자들은 2년에 걸쳐 교육했으나, 첫날 25%가 안 나타났다. 폐회식 무렵에는 무려 45%가 나타나지 않았다(예약부도No Show). 토마스 바흐 IOC 위원장은 매일 아침에 실시하는 리우 조직위원회와 상황점검회의에서 "군대를 동원하세요. 군대를!!"라고 호통을 쳤다. 나는 대회 기간 중 선수촌과 경기장 구석구석을 다니며 배울 것과 배워서는 안 될 점을 빼곡히 메모하였다.

개회식만 참석한 후 다시 평창으로 돌아왔다. 17일간을 비울 수도 없었지만, 국회 동계올림픽특별위원회가 평창에서 열린다고 했다. 조직위원장 취임 후 처음 열리는 특별위원회에 빠질 수 없었다. 돌아오는 길은 스페인 마드리드를 경유했는데도 38시간 걸렸다. 대관령 면사무소에서 열린 특별위원회는 TV로 중계되고 언론도 다수 참석했다. 강원도는 부지사가 참석하고 문화체육관광부도 실장이 대리로 참석하였다.

1주일 후 나는 다시 리우로 향했다. 폐회식 날은 태풍에 버금가는 바람이 불었다. 행사를 주관하는 이탈리아 기획사 발리치Marco Balich 대표는 나를 컨트롤 타워로 안내해 주었다. 폐회식은 30분 전까지 취소하는 쪽으로 기울었다가 마지막 순간 바람이 멎으면서 겨우 치러졌다. 일본은 아베安倍晋三 수상이 슈퍼마리오 복장으로 깜짝 등장하여 차기 개최지를 홍보하였다.

올림픽 기간 중인 8월 17일 새벽 브라질 경찰은 IOC 위원들이 묵는 숙소를 급습하여 아일랜드 출신 히키Patrick Hickey 위원을 체포하였다. 암표상과 밀거래하여 입장권을 판매했다는 혐의였다. IOC는 아일랜드와 라트비아, 슬로베니아의 입장권판매 업체인 THG와 Carton사에 대해 입장권판매 승인을 철회하였다.

열흘 만에 다시 리우를 찾았다. 9월 8일부터 열리는 패럴림픽 개회식과 성화 주자로 참여하기 위해서였다. 한 달여 만에 세 번째로 지구 반대편을 찾은 것이다. 패럴림픽은 12일간 개최되었으나, 올림픽 기간 중 기력을 다하여 맥 빠진 느낌이었다. 상품도 판매되지 않은 것들을 모아 대부분 할인판매 하였으나, 살 물건이 없었다. 전체적으로 흥행이 잘 되지 않았다.

'기다려 봐, 해결해 줄게.' '곧 된다니까, 서두르지 마.' 대개는 빈말이었다. 약속한 뒤에도 바뀐 것은 없다. 묻고 항의하고 따져도 똑같은 답변이 나온다. 입만 아프다. 그냥 있는 대로, 그저 되는 대로…. 2016 리우에서 경험한 일면이다. 2년 전에도 그랬다. 2014 브라질 월드컵을 앞두고 국제축구연맹은 '이렇게 인프라가 형편없었던 대회가 없었다. … 오죽

하면 토마스 바흐 위원장이 "앞으로 열릴 올림픽은 개발도상국 개최를 다시 검토하겠다"라고 했을까.' 1 남장현 스포츠동아 기자의 리우 올림픽 결산은 남의 얘기로 들리지 않았다.

한·중·일 올림픽 조직위원회 협력

평창 올림픽을 통해 ▶남북관계를 개선하여 한반도의 평화를 달성하고, ▶더 나아가 한국과 중국, 일본과의 협력관계를 도출하여 동북아의 평화를 달성하는 것이 또 하나의 임무라고 생각했다. 2016년 6월 취임 직후 로잔에서 바흐 위원장과 모리 요시로森喜朗 도쿄 올림픽 조직위원장을 만나 한·중·일 올림픽 조직위원장 협의체 구성을 제안하였다. 바흐 위원장에게는 한·중·일 조직위원장 협의체 첫 번째 회의를 IOC가 주관해 달라고 요청했다.

일본과는 과거사 문제와 일본 측이 일방적으로 주장하는 독도 문제로 갈등은 심각한 상태였다. 일본 관광객이 발길을 돌리고 일본에서 폭발적인 인기를 누리던 한류도 시들어져 가고 있었다. 가장 큰 교역국인 중국도 고고도 미사일 방어체계THAAD 문제로 한국으로 오는 관광객을 규제하고 한국 기업에 대한 보복 조치를 확대하고 있었다. 평창에 이어 2020 도쿄, 2022 베이징으로 연결되는 올림픽은 동북아 협력을 위한 절호의 기회라고 생각했다.

나의 제의에 따라 첫 번째 한·중·일 협력회의가 2016년 6월 바흐 위원장 주재로 조직위원회 대표, IOC 조정위원장 및 IOC 사무국이 참석한 가운데 컨퍼런스콜로 개최되었다. 참석자들은 ▶대회 운영의 경험과

---

1 남장현 기자, '불안한 치안·보건과 열악한 인프라는 물론 노트북 하나 수리 못 받는 불편한 서비스에 텅 빈 관중석, 말 안 통하는 자원봉사자까지 개·폐막식 말고는 사실상 실패로 끝난 리우,' (페이스북 트위터, 리우, 2016. 8.)

전문성 공유, ▶마케팅, 조달 및 대회시설의 재활용, ▶대회별 입장권판매, 성화봉송, 문화 및 관광프로그램 공동개발 등에 합의하였다. 3국은 협력 회의를 정례화하기로 하였다.

조직위원회는 전 직원을 대상으로 아이디어를 공모하여 공동 문화행사, 공동 홍보대사 위촉 등 18건의 협력사업을 발굴하였다. 우리가 제안한 협력사업은 3국 조직위원회 협력 회의에서 다음 사항을 공동 사업으로 추진키로 확정하였다.

- 성화 봉송과 3국 공동 문화행사 추진
- 조직위원회 호스피탈리티 하우스 공동 운영
- 올림픽 무브먼트 증진: 티케팅 분야
- 임시 가설물overlay 공사 및 물자, 조달
- 공동 홍보대사 위촉과 올림픽 휴전 등

2016년 9월 제1회 한·중·일 체육장관 회의가 평창에서 개최되었다. 조윤선 문화체육관광부 장관과 류평劉鵬 중국 체육총국장, 마쓰노 히로가즈松野博一 일본 문부과학성 대신은 스포츠 교류와 협력이 서로에 대한 이해와 신뢰를 확대하는 첩경이라는데 인식을 같이하고 미래지향적 관계 구축을 위한 '평창선언'을 채택하였다. 이 자리에는 토마스 바흐 IOC 위원장도 참석하였다. 나는 류평 장관과 폭탄주를 마시며 한·중 간 협력 문제를 논의했으나, 그는 귀국 후 장관직에서 물러났다.

2016년 10월 베이징에서 개최된 동계스포츠박람회에 참석하여 기조연설을 통해 3국 협력사업을 설명하였다. 2008 베이징 하계올림픽 기획사 강호양 대표를 면담하여 장이모우張藝謀 총감독을 평창조직위원회 고문으로 위촉하여 개·폐회식 관련 자문을 해주도록 요청하고, 배우 성룽成龙과 장쯔이章子怡를 홍보대사로 위촉하여 중화권에 평창 올림픽을 홍보하도록 제안하였다.

강호양은 2014년에 방한하여 장쯔이와 성룡을 평창조직위원회 홍보대사로 위촉하자고 제의한 바 있으나, 우리 측에서 반응이 없었다고 하면서 최근에는 사드 문제로 중국 정부와 상의해야 한다고 답변하였다. 한·중 관계가 더욱 악화되면서 홍보대사 위촉은 실현되지 못했다. 대신 2002 솔트레이크 쇼트트랙 은메달리스트이자 IOC 위원인 양양楊揚 선수가 평창에서 성화 주자로 참석하였다.

2017년 3월 로잔에서 개최된 IOC 집행위원회를 계기로 외교부에서 파견된 박윤준 국제국장은 아키 무라사토村里敏彰 도쿄조직위원회 수석국장, 화이강 구오郭扶剛 베이징 조직위원회 행정국장, 피에르 듀크리 Pierre Ducrey IOC 국장과 회동하여 세부 실천 방안에 합의하고 보도자료를 발표하였다.

- 평창 동계올림픽 경험 전수를 위한 직원 교류
- 일본어, 중국어 동시통역사 평창 파견
- 평창 동계올림픽 일어·중국어 자원봉사자를 일본 및 중국에 파견 교육
- 평창 동계올림픽 플라자 내 공동 홍보관 설치
- 한·중·일 공동 문화교육 프로그램 개발
- 성화봉송이 개최되는 지자체에 일본·중국 자매결연 도시 공연단 파견

2017년 10월 평창을 방문한 장이모우 감독과도 폭탄주를 마시며 평창 동계올림픽 고문이 되어 줄 것을 다시 요청하였다. 2017년 12월에는 베이징에서 한·중 정상이 임석한 가운데 베이징 조직위원회와 포괄적 협력 방안에 관한 양해각서를 체결하였다. 정상회의에 앞서 양국 조직

위원회 간부들은 차 이치蔡奇 위원장 초청 만찬에서 러브 샷을 하면서, 다음과 같이 양국의 협력을 다짐하였다.

◆ **지식 전수 및 인력교류 적극 추진**
- 평창대회 시 베이징 조직위원회 참관인 및 인력파견
- 2018년 6월 베이징 디브리핑 회의 등을 통한 지식 전수 및 협력
- 평창조직위원회 전문위원, 자문위원 베이징 조직위원회 파견
- 경기장 건설에 대해 지식 전수 및 경험 교류

◆ **의식행사 및 문화 교류 방면의 협력 강화**
- 평창대회 폐회식에 중국 주도 문화공연 프로그램 진행
- 대회 기간 중 자국 및 연계 홍보관을 통한 전시·홍보 활동 지원
- 평창 대회 임시시설물 재활용 방안 공동 모색

2017년 초 평창에서 열린 테스트 이벤트 기간에는 베이징 조직위원회에서 100여 명의 직원이 파견되어 경기 운영 전반에 대해 연수하는 기회를 제공하였다. 올림픽 기간에는 도쿄 조직위원회에서 239명, 베이징 조직위원회에서 156명이 평창에 상주하며 대회 운영과 경기장 시설 등을 시찰하였다. 도쿄 조직위원회는 일본올림픽위원회JOC와 공동으로 강릉 올림픽파크 내에 '도쿄 2020 홍보관'을 설치하였다.

조직위원회는 2018년 6월 초 북경에서 IOC와 베이징 조직위원회 공동주관으로 개최된 '평창 수행보고debriefing' 행사에 40여 명의 직원을 파견하여 평창의 성공 요인에 대해 브리핑했다. 2020 도쿄 조직위원회

는 올림픽 기간 중 평창조직위원회에서 근무한 전문가 5명을 채용하였으며, 베이징 조직위원회는 13명을 채용하였다. 분야도 국제업무, 경기, 등록, NOC 서비스, IT 등 다양했다. 나와 김재열 부위원장은 2022 베이징 올림픽대회 조정위원으로서 평창의 경험을 전수하였다.

그러나 3국 간의 정치적 갈등이 올림픽에도 영향을 미쳐서 우리가 제안한 ▶한·중·일 공동 홍보관 설치, ▶체육·문화계 등 각국 저명인사의 교차 홍보대사로 임명, ▶체육·문화계가 앞장선 입장권 구매 등은 실현되지 못했다. 평창 동계올림픽에서 단체 입장권 구매는 중국이 1만 3천 매, 일본도 2만 3천 매에 그쳤다. 정치가 스포츠에 미치는 영향을 단적으로 증명하였다.

북한의 미사일 발사와 불참 도미노

2017년 1월 북한 김정은 위원장은 신년사에서 "미국 본토 전역이 우리 핵 타격 사정권 안에 있으며 핵 단추가 내 사무실 책상 위에 항상 놓여 있다"라고 하였다. 미국 트럼프Donald John Trump 대통령은 트위터를 통해 "나는 더 크고 강력한 핵 버튼이 있다"라고 맞받아치면서 북한과 일전을 불사하겠다는 태도를 보였다.

북한은 2006년 10월부터 2017년 9월까지 함경북도 길주군 풍계리에서 모두 6차례의 핵실험을 실시하였다. 마지막 핵실험의 폭발력은 140kt로 히로시마와 나가사키에 투하된 원자폭탄의 16kt, 20kt보다 훨씬 큰 폭발력을 가진 것으로 추정되었다. 북한은 1998년 사거리 2,500㎞인 대포동 1호를 발사하면서 중장거리 미사일 보유 기술을 과시했다.

북한은 문재인 정부 출범 후에도 열 한차례에 걸쳐 탄도미사일을 발사했다. 2017년 5월 14일 처음 발사한 화성-14형은 700km를 비행하였다. 8월 29일 순안비행장에서 발사한 화성-12형은 약 3,700여km를 비행한 뒤 태평양에 낙하하였다. 김정은 위원장은 "핵 개발의 전 공정이 과학적으로 다 진행되었고, 운반 타격 수단들도 과학적으로 진행되어 핵무기 병기화 완결이 검증되었다"라고 선언했다. 화성-14형과 15형은 대륙간탄도미사일ICBM급에 해당한다.

〈표 4-1〉 북한의 미사일 발사 일지

○ 2017. 5. 14.	신형 중장거리탄도미사일 화성12형(KN-17) 시험발사, 700여km 비행
○ 2017. 5. 21.	중거리 탄도미사일IRBM 북극성 2형(KN-15) 발사, 500여km 비행
○ 2017. 5. 27.	함경남도 선덕 일대 지대공 유도미사일 KN-06 발사
○ 2017. 5. 29.	스커드 ER급 지대함 탄도미사일 발사, 450여km 비행
○ 2017. 6. 8.	지대함 순항 미사일 발사
○ 2017. 7. 4.	대륙간 탄도미사일ICBM 화성-14 시험발사, 930여km 비행
○ 2017. 7. 28.	화성-14형(KN-14) 추가 발사, 1,000여km 비행
○ 2017. 8. 26.	단거리 탄도미사일 발사, 250여km 비행
○ 2017. 8. 29.	평양 순안비행장에서 화성-12형(KN-17) 발사, 2,700여km 비행
○ 2017. 9. 15.	평양 순안비행장에서 이동식 발사차량을 통해 화성-12형(KN-17) 발사, 일본 본토 넘어 약 3,700여km 비행 뒤 태평양 해상 낙하
○ 2017. 11. 29.	ICBM급 탄도미사일 발사, 고도 약 4,500여km, 비행거리 약 960km

북한의 미사일 발사가 이어지자 적지 않은 국가들은 평창의 안전 문제를 거론하며 불참 가능성을 내비쳤다. 로라 프레셀Laura Flessel 프랑스 체육부 장관은 라디오 방송에 출연하여 "프랑스 선수들의 안전에 각별히 신경을 쓰고 있다"라고 발언하자 국내 언론은 프랑스의 불참 가능성으로 보도하였다. 2017년 5월 22일 평창에서 개최된 세계체육기자연맹 총회에는 애초 275명이 등록하였으나, 실제 200명만 참가하였는데, 주된 이유는 한반도 안전 문제에 대한 우려였다.

2017년 5월 바흐 위원장은 나에게 전화하여 "유럽 언론들은 한국에서 곧 전쟁이 터질 것같이 매우 심각하게 보도하고 있다"라고 우려하였다. 나는 유럽아이스하키대회 참관차 파리, 프랑크푸르트, 런던 등을 방문하면서 유럽 각국의 체육회 회장들을 연쇄적으로 접촉하고 현지 언론과 인터뷰를 통해 한반도 상황을 설명하면서 안전올림픽이 되도록 최선을 다하겠다고 약속하였다. 르네 파젤Rene Fasel 국제아이스하키연맹 IHF 회장과는 남북단일팀을 구성하는데 의견을 함께했다.

2017년 8월 북한은 미군기지가 있는 괌에 대한 탄도미사일 포위사격 계획을 공개하며 전쟁도 불사한다고 위험수위를 높였다. 미국은 해군 전함과 잠수함을 한반도로 이전하고 F-35B 전투기와 B-1B 폭격기를 파견하였으며, 북한은 화력 훈련으로 대응하여 한반도는 일촉즉발의 위기상태로 진입하였다. 시중엔 한국에 거주하는 미국인에 대한 소개령이 내려졌다는 뜬소문이 돌기도 했다.

해외 언론은 다투어 한반도 위기 상황을 확대 보도하였다. 더 오스트레일리언The Australian은 '강원도 산악지역에서 자동차로 한 시간 정도면 비무장지대DMZ에 닿을 수 있어 미국과 영국, 호주 정부는 자국 선수단 안전 문제를 고려하여 마지막 수단으로 불참까지 고려할지도 모른다'라고 보도했다. 프란체스코Francis, Jorge Mario Bergoglio 교황도 "미국과 북한 모두 상대방을 자극하는 행동을 중단해야 한다"라고 경고했다. 2017년 10월 헤일리Nikki Haley UN주재 미국 대사는 "미국의 평창 올림픽 참가 여부는 미결 문제Open Question"라고 언급하였다.

외국 언론들의 인터뷰 요청도 쇄도하였다. 나는 기자들에게 역으로 질문하였다. "평창에 오기 전에 한국이 불안하다고 생각했느냐?"는 질문에 기자들은 "그렇다"라고 대답했다. 나는 "평창은 휴전선에서 100마일 미만인데 지금도 불안하다고 생각하느냐?"라는 질문에는 "아니요"라고 답변하였다. 나는 그것을 기사로 쓰라고 권유하였다. '88 올림픽 직전에도 북한의 KAL기 폭파사건이 있었고, 2002년 월드컵 당시에도 연평해전이 있었으나, 성공적으로 대회를 치렀다는 점을 강조했다.

세계 최대 아이스하키 리그인 NHL의 불참선언

2017년 4월 북미아이스하키리그National Hockey League: NHL 구단주 베트만Gary Bettman은 평창 올림픽에 불참하겠다고 선언하였다. 아이스하키는 하계올림픽에서 축구와 같이 동계올림픽의 꽃으로 인기 면에서 최고일뿐만 아니라 미국과 유럽에서는 입장권 판매액의 40%가 넘을 정도로 중요하다.

NHL이 불참을 선언한 것은 복잡한 이해관계에서 출발한다. 미국은 매년 9월 하순부터 이듬해 6월까지 북미 아이스하키 리그전을 하는데 올림픽이 열리는 기간에는 경기를 중단하였다. 그 대가로 IOC는 NHL 선수들이 처음 참가한 1998년 나가노 때부터 2014년 소치에 이르기까지 5회 연속 선수들의 교통, 보험, 숙박비용을 부담해 왔다. 바흐 위원장은 타 경기연맹과 형평에 어긋난다며 지원을 중단한 것이 발단이었다.

NHL의 노사문제도 복잡하였다. 집행부는 평창 참가 조건으로 2022년에 만료되는 단체협약을 3년 연장하자고 제의했으나, 노조가 반대하자 2017~2018 정규시즌 일정을 일방적으로 발표하여 협상의 여지를 없애 버렸다. NHL은 연봉 상한 제도인 샐러리 캡과 최대 계약기간을 9년으로 제한하고 있어 선수들에게 불리하였다. NHL의 스타플레이어는 물론 하부리그 소속이라도 계약된 선수는 평창 올림픽에 참가할 수 없도록 빗장을 걸어 잠갔다.

2016년 11월 국제아이스하키연맹IIHF 대표와 NHL 노조위원장은 평창을 방문하였다. 이들은 강릉 아이스하키장 등 시설을 둘러본 후 저녁을 함께하였다. NHL 노조위원장은 나와 폭탄주를 나누며 "경기장 시설은 훌륭하다. 집행부에 참가를 건의하겠다"라고 덕담을 나누었다. 이에 앞서 NHL 집행부는 평창 조직위원회에 '서울 하얏트 호텔 300실을 블록으로 예약해 달라.' '500석 입장권을 무료로 달라'고 물밑 교섭을 하고 있었다.

NHL이 불참 선언을 하자 가장 당황스러운 것은 조직위원회였다. 밴쿠버 올림픽에서는 154만 매의 입장권 중 아이스하키는 64만 매로 41.5%, 소치에서는 30%를 차지했다. 미국 NBC와 IOC, 국제아이스하키연맹도 마찬가지였다. NBC는 방송중계료로 1조 원을 투자하였는데 NHL이 오지 않으면 미국 내 시청자를 잃게 된다. NBC는 NHL이 불참하면 올림픽 기간 중 미국 내 경기를 중계하지 않겠다고 배수진을 쳤다.

NHL 선수노조도 성명을 내고 '적은 돈 때문에 아이스하키를 전 세계에 알리는 기회를 포기하는 것'이라고 반발하였다. IOC도 '비용을 대겠다는 데도 불참 결정을 내린 것은 유감스럽다.' 'NHL 선수 없이도 평창 아이스하키는 아주 흥미진진할 것'이라고 가세했다. 국제아이스하키연맹은 'NHL의 베이징 참가 여부도 재고하겠다'라고 협박하였다.

미국과 캐나다를 포함하는 북미 프로아이스하키 리그인 NHL은 MLB(야구), NFL(풋볼), NBA(농구)와 함께 미국 내 4대 스포츠 리그로 자리하고 있다. 1917년 캐나다 몬트리올 원더러즈, 몬트리올 캐나디언즈, 오타와 세네터즈, 퀘벡 불독스 등 4개 팀으로 출범하였으나, 1924년 보스턴 브루인스가 가입하여 31개 팀이 되었다.

2017년 12월 초 러시아 아이스하키리그KHL도 '평창에 불참을 검토하겠다'라고 발표하였다. IOC는 러시아가 국가 주도로 선수들에게 약물을 복용했다는 이유로 자국기를 들고 입장하지 못하도록 결정하자 드미트리 체르니셴코Dmitry Chernyshenko KHL 회장은 불참 카드를 꺼내 들었다. KHL은 러시아, 동유럽, 북아시아 국가들이 참가하는 유라시아리그로서 2008년 9월에 개막하였다. KHL에는 모두 28개 팀이 참가하고 있는데 러시아 외에 핀란드, 크로아티아, 라트비아, 벨라루스, 카자흐스탄, 우크라이나 등 대부분 동유럽 국가가 참가하고 있다.

미국에 이어 러시아와 동유럽 아이스하키팀이 참가하지 않는다면 흥행에 막대한 지장을 초래하게 된다. 조직위원회는 IOC, 국제아이스하키연맹 및 NBC와 함께 NHL을 설득하기 위해 백방으로 노력하였다. 르네 파젤 국제아이스하키연맹 회장은 미국 아이스하키 스타 선수들의 평창 출전을 담보하기 위해 종전까지 IOC가 지급하던 선수들 여행경비 및 보험료 등 약 2,000만 달러 (약 225억 원)을 지급하겠다고 제의하였다.

KHL은 푸틴Vladimir Putin 대통령이 러시아 선수들의 개별참가를 허용하자 대회 스케줄을 바꾸면서 평창에 참가하였다. 반면, 세계 랭킹 1위인 캐나다는 국가대표 앤트리 25명 중 15명이, 미국은 7명이 NHL 소속으로서 평창에 참가하지 못했다. 러시아는 캐나다와 미국을 꺾고 금메달을 목에 걸었으나, 캐나다는 독일에도 밀려 동메달에 그쳤고 미국은 7위란 불명예를 감수했다. NHL은 2022년 베이징 올림픽에도 불참하였고, 미국은 8강전에서 탈락하는 수모를 겪었다.

도핑과 러시아 선수의 출전금지 논란

NHL 불참 선언과 한반도 정세로 어수선한 가운데 러시아 선수단의 참가 여부가 새로운 이슈로 부상하였다. 2017년 12월 올림픽 개최 60일을 채 남기지 않은 시점에서 IOC는 러시아에 대해 출전을 금지한다고 발표하였다. 국내 언론은 1면 머리기사로 '러시아 못 온다. 평창의 한숨'이라고 보도하였다.

러시아의 조직적인 반도핑 행위는 우연히 세상에 노출되었다. 미국의 아마추어 사이클 선수이자 영화 제작자인 브라이언 포겔Bryan Fogel은 러시아 도핑 시스템을 담은 다큐멘터리 '이카루스Icarus'를 제작하였다. 포겔은 사이클 선수 랜스 암스트롱Lance Armstrong이 500번의 약물검사에서 한 번도 적발되지 않았던 점을 보고 반도핑 시스템이 제대로 작동되지 않는다는 점을 고발하는 것이 목적이었다.

포겔은 러시아반도핑기구 연구소장을 역임한 그리고리 로드첸코프Grigory Rodchenkov의 도움을 받아 반도핑연구소 현장을 촬영하였다. 2014년 12월 다큐멘터리가 독일의 공영방송인 ARD에서 방영되자 IOC와 세계반도핑기구WADA는 발칵 뒤집어졌다. 로드첸코프 박사는 2015년 11월 미국으로 망명한 후 러시아가 국가 주도로 도핑을 조작했다고 폭로하였다. 이에 앞서 2014년 11월 러시아반도핑기구RUSADA 검사관 비탈리 스테파노프Vitaly Stepanov와 그의 아내이자 러시아 육상선수인 율리야 스테파노바Yuliya Stepanova는 국가 대표에게 금지약물을 투여하고 샘플을 조작 은폐하였다고 폭로하였다.

이들의 증언에 따르면, 러시아 체육계의 금지약물 복용은 국가 단위에서 자행된 조직적 범죄였다. 선수들은 10대 때부터 코치들로부터 약물을 사용할 것을 적극적으로 권유받으며, 각종 약물 사용법을 가르쳤다. 세계반도핑기구는 조사결과 2012 런던, 2014 소치 올림픽에서도 조직적으로 금지약물 복용과 소변검사용 샘플 바꿔치기 등 계획적인 도핑 회피가 이루어진 것으로 확인되었다.

IOC는 캐나다 법학 교수인 리차드 맥라렌Richard McLaren을 위원장으로 조사를 하였다. 2016년 7월 맥라렌 보고서는 '2011년부터 2015년까지 1,000여 명의 선수가 조직적으로 금지약물을 복용했으며, 러시아 관리들이 샘플을 깨끗한 샘물로 바꿔치기했다'라고 발표하였다. 2016년 리우 올림픽에서는 전 종목 출전을 금지해야 한다는 여론이 높았으나, IOC는 종목별 경기연맹에 결정을 위임하였고, 육상연맹의 건의에 따라 육상선수만 출전을 금지하였다.

바흐Thomas Bach 위원장은 푸틴의 푸들이라는 비난을 받았다. IOC는 데니스 오스발트Dennis Oswald 위원과 사무엘 슈미드Samuel Schmid 전 스위스 대통령이 이끄는 2개의 위원회를 꾸려 맥라렌 보고서를 검증했다. 오스발트 보고서에 따라, 2017년 12월 IOC는 러시아의 크로스컨트리, 봅슬레이, 바이애슬론 등의 선수 25명을 올림픽에서 영구 퇴출하고 그들이 딴 메달 11개(금 4개 포함)를 박탈하였다.

2017년 12월 슈미트 보고서가 러시아 정부의 조직적인 개입이라고 밝히자 IOC는 러시아의 평창 동계올림픽 참가를 불허하였다. 다만, 개인 자격으로 참가를 허용하면서 OAR(Olympic Athletes of Russia)로 표기하고 국기 게양이나 국가 연주 등은 금지하였다. IOC는 러시아 올림픽 위원장의 자격을 정지시키고 나고르니크Yuri Nagorniko 체육부 차관과 무트코Bittali Mutko 부총리는 영구 제명하였다. 소치 올림픽 3관왕 '쇼트트랙 황제' 빅토르 안(안현수)도 출전이 좌절되었다.

푸틴 대통령은 IOC가 발표한 다음 날, "우리 선수들이 원하면, 개인 자격으로 대회에 참가하는 것을 막지 않을 것"이라고 언급하였다. IOC는 '러시아가 모든 제재안을 성실히 수행한다면, 평창 동계올림픽 폐회식에서 징계를 전부 또는 일부 해제할 수 있다'라고 명시하여 러시아와 관계를 유지하려고 노력하였다. 러시아는 IOC의 징계 배경에 미국과 유럽 국가들의 압력이 자리하고 있다는 음모론을 제기하기도 했다.

국내 언론은 '러시아 전면 출전금지'라는 제목으로 대대적으로 보도하였다. 마침 로잔에서 개최되는 IOC 집행위원회에 참석 중인 나는 밤새 국내 언론과 인터뷰를 통해 언론 제목이 잘못되었음을 지적하였다. IOC는 평창 동계올림픽이 끝난 2018년 2월 28일 러시아의 징계를 해제하였다. 러시아는 평창 동계올림픽에 소치의 225명보다 적은 177명이 참가하였고 17개의 메달(금 2, 은 6, 동 9)을 획득하여 13위에 머물렀다. 소치에서는 33개의 메달을 획득하였으나, 도핑 스캔들로 11개가 박탈되어 22개의 메달(금 9, 은 5, 동 8)로 4위를 하였다.

IOC와는 달리 IPC는 러시아 패럴림픽위원회의 자격을 정지하였다. 이에 따라 리우에서 평창에 이르기까지 러시아는 종목과 관계없이 출전할 수 없었다. 러시아 선수들은 평창 패럴림픽에 중립국 선수단 Neutral Paralympic Athletes: NPA으로 참가하였다.

마지막 순간까지 애태운 경기장 사용 협약

평창 동계올림픽 개최일은 다가오는데 강원개발공사 소유의 알펜시아는 물론, 통일교 재단이 소유하고 있는 용평리조트, 중앙일보 재단이 소유하고 있는 보광 휘닉스 스노경기장에 대한 장소venue 사용 협약은 이루어지지 않았다. 협약이 체결되지 못하자 공사를 위한 차량이나 인력도 출입할 수 없었다.

IOC는 회의 때마다 중요 이슈로 거론하였다. 문화체육관광부나 청와대는 초기에는 조직위원회가 강원도와 불필요한 싸움을 하고 있다고 오해했으나, 시간이 지나면서 간섭하지 않기로 했다. 돈 문제가 첨예하게 걸려 있어 쉽게 양보할 수도 없는 처지였다. 조직위원회는 경기장사용협약 대신 법적 구속력이 적은 경기장 사용 합의서를 체결하여 우선 공사를 시작하고 협약은 합리적이고 객관적인 절차에 따라 회계법인의 실사를 거쳐 체결하자고 제안하였다.

2010년 12월 유치신청서 Bid File를 제출하면서 당시 이광재 강원도지사는 '올림픽 개최에 사용되는 모든 공공기관 소유의 경기장 및 비경기장 시설은 무료로 조직위원회에 제공될 것이다'라는 보증서를 제출하였다. 이에 따라 조직위원회는 강원개발공사에 알펜시아 무상사용 협약을 요구하였다.

그러나 강원개발공사는 장소를 제공하는 대가로 151억 원을 지급하라고 요청하였다. 조직위원회는 ▶강원도가 무상 제공하기로 한 시설에는 공사 소유 경기장 및 비경기장도 포함되어 있고, ▶강원도는 공사의 100% 출자지분과 관리감독권(실질적 지배권)을 가지고 있으므로, 강원개발공사는 조직위원회에 비용을 청구할 것이 아니라 강원도와 공사 간에 해결할 사항이라고 주장했다.

강원개발공사는 법무법인 대륙아주의 의견을 들어 공공기관이 아니므로 무상 제공 의무가 없다고 주장하였다. 조직위원화는 법무법인 태평양의 의견에 따라 강원개발공사는 법령상 '넓은 의미의 공공기관'으로 유치신청서의 공공부문에도 해당한다고 맞대응했다. 강원개발공사는 '도지사는 필요한 경우, 공사의 재산을 무상으로 사용할 수 있다'라는 조례가 삭제(2015. 10.)되어 무상 사용할 수 없다고 했으나, 조직위원회는 이사회 의결을 거치면 무상 사용할 수 있다고 주장했다.

강원개발공사는 플래카드를 내걸고 조직위원회 직원의 출입을 막았다. 강원도 의회도 무상 사용은 위법이라고 주장하면서 조직위원회를 항의 방문하겠다고 했다. 강원개발공사는 '법률상 공공기관이 아니며, 무상 제공할 의무가 없다는 법률해석이 나왔다'라고 보도자료를 배포하였다. 조직위원회는 강원도가 유치신청 시 무상 제공하겠다고 약속한 유치신청서를 공개하였다.

도종환 문화체육관광부 장관과 최문순 강원도지사, 이희범 조직위원장이 참석하는 조정회의에서 최문순 도지사는 강원개발공사에 보상할 금액을 60억 원으로 낮추고 각각 1/3씩 부담하자고 제의했다. 나는 "책정된 예산도 없을 뿐만 아니라 근거 없는 예산을 집행할 수 없다"라고 항변했다.

장소 사용 협약이 지연되어 공사가 진척되지 못하자 2017년 11월 16일 조직위원회는 우선 강원도 및 강원개발공사와 잠정 합의서를 체결하였다. ▶11월 30일까지 협약과 별개로 비용 문제를 협의하고, 협의가 결렬될 경우, 재판을 통해 해결한다. ▶비용 부담 주체가 정해지면 지급 금액은 당사자가 합의하여 선정한 회계법인의 산정 결과에 따르며, 비용 지급 방법 및 기한은 협의하여 결정한다. ▶합의서 체결 즉시, 조직위원회는 대회 준비에 필요한 공사 실시 등 장소 사용권을 갖는다.

장소 사용 협약이 잠정 합의되어 공사를 진행하였으나, 대회 종료일까지도 비용 문제는 해결되지 못했다. 강원개발공사는 법원에 제소한다고 했으나, 조직위원회는 반대했다. 2018년 2월 조직위원회와 강원개발공사는 알펜시아 사용료는 법원 조정으로 해결하기로 합의하였고, 강원개발공사는 서울중앙지방법원에 조정신청을 하였다. 회계법인도 (임원이 조직위원회에 근무하는) 삼일, (조직위원회 외부 감사인을 맡은) 삼정, (조직위원회와 용역 관계를 맺은) 안진은 제외하자고 주장하여 한영회계법인으로 결정하였다.

사용료는 산정방식에 따라 크게 차이가 났다. 강원개발공사는 임대료 방식을 주장하여 111억, 영업손실 방식으로는 70억 원을 주장한 데 비해 조직위원회는 영업손실 방식으로 25.5억 원을 주장하였다. 조정위원인 법무법인 동인의 박용규 변호사 주관으로 몇 차례 회의했으나, 이견異見이 좁혀지지 않았다. 강원도는 세 기관이 각각 25억 원씩 부담하자고 제의하였으나, 강원개발공사는 조직위원회와 강원도가 각각 37.5억 원씩 부담해야 한다고 주장했다.

강원개발공사는 대회 기간 중 주主언론센터MPC로 사용한 알펜시아 홀의 시설 훼손, 잔디 파손 등 40여 항목의 원상 복구와 손실보상, 국제방송센터IBC 부지사용료 등을 추가로 요구하였다. 조직위원회는 방송센터는 애초 유치신청서와 달리 조직위원회가 건설하였으므로 처분권을 갖는다는 전제로 24.6억 원을 제시하였다. 강원개발공사의 입장이 강경하고 국제방송센터 부지 사용범위가 넓어짐에 따라 조직위원회는 프레스센터 시설 복구비와 방송센터 부지사용료 등을 포함하여 강원도, 강원개발공사, 조직위원회가 각각 30억 원씩 부담할 수 있다고 수정·제안하였다.

강원개발공사는 국립중앙도서관이 국제방송센터 건물을 서고로 사용할 경우, 문화체육관광부가 2019년 말까지 부지를 사들인다는 확약을 해 주도록 요청하였다. 조직위원회와 강원개발공사는 조정기일을 넘기면서 끈질긴 협상을 한 끝에 2018년 7월 다음 도표와 같은 조건으로 조직위원회, 강원도, 강원개발공사가 각각 30억 원씩 부담하기로 합의하였다.

> ① IBC 건물에 대한 지상권과 처분권(사후 활용)은 조직위원회에 있음
> ② 강원개발공사는 IBC/MPC 관련 비용 청구를 하지 않을 것
> ③ 대회 기간 사용한 시설 훼손 복구나 손실보상(오션 700 앞 보도블럭, MPC 잔디 교체 등)을 요구하지 않을 것
> ④ 대회종료 후, 조직위원회 또는 정부가 2019년 12월 말까지 IBC 부지를 사용하는 것에 대한 대가를 포함하고 있음

이 밖에도 스노보드 등 9개 종목이 열리는 휘닉스 경기장도 사정은 복잡하였다. 이 경기장은 애초 보광그룹 소속으로 유치신청에서 올림픽 경기장으로 사용한다는 승낙서를 제출하였다. 삼일회계법인의 실사 결과, 올림픽 기간 중 일반고객을 받을 수 없는 데 대한 손실과 사용료는 최고 190억 원에서 최저 150억 원, 기본 166억 원으로 산정되었다.

2015년 3월 사용료 문제로 경기장 사용이 불투명해지자 이완구 국무총리는 조속 타결하라고 지시하였다. 조양호 조직위원장과 홍석규 보광그룹 회장, 문화체육관광부 체육국장은 밤샘 협상을 통해 166억 원을 기준으로 감가상각비(22억 원)와 사용기간 영업이익(45억 원)은 차감하여 99억 원으로 합의하였다. 문화체육관광부는 저리의 관광진흥기금 300억 원을 지원하기로 하였다. 이완구 국무총리는 대회지원위원회에서 합의 내용을 발표하였으나, 합의사항은 문서로는 만들어지지 않았다.

2016년 1월 보광 측의 유동성 문제로 경영진이 교체되자 원점에서 재협상을 요구하였다. 조직위원회는 '합의사항은 이미 언론에 공개되었으며, 감사원 감사도 받았다'라고 하면서 애초 합의를 준수해 주도록 요청했다. 조직위원회는 '경기장 건설(692억 원) 및 진입도로 건설(562억 원) 등 올림픽 효과를 고려해야 한다'라고 주장했다.

휘닉스 측은 올림픽 기간 중 회원들이 스키장 이용을 하지 못하여

회원권 반환 요구 가능성과 영업이익 감소 등으로 190억 원을 기점으로 다시 협상해야 한다고 주장했다. 조직위원회는 ▶올림픽 유치 시 휘닉스 측도 올림픽시설에 활용하겠다고 약속했고, 주주들에게도 사전 공지 하였으며, ▶올림픽 명칭 사용과 4차선 도로 개통, ▶경기장으로 사용하지 않는 슬로프의 일반영업 허용 등 대안을 제시하면서 비금전적 지원으로 보상하겠다고 하였다.

2017년 11월 양측은 조직위원회가 지급할 총비용은 최저 99억(애초 합의한 금액)에서 최고 167억 원(휘닉스 측 주장)을 넘지 않는 범위 내에서 협의토록 합의하였다. 또한, ▶경기장 사용료는 대회종료 후 일부 영업 등에 따른 경제적 환산 금액을 경기장 사용료에서 차감하여 최종적으로 확정한다. ▶부대 영업장의 매출과 손익을 대회종료 후 공동 선정한 회계법인이 산정하고, 조직위원회와 경기장 소유주는 이익 또는 손실액에 비례하여 분담키로 하였다.

조직위원회는 휘닉스와 공동으로 발주한 한영회계법인의 경기장 사용료 산정 결과에 따라, 138억 4,350만 원을 지급하기로 하고, 올림픽 개최 하루 전인 2018년 2월 8일 경기장 사용계약을 체결하였다. 조직위원회는 전기료, 세미나 사용료 등 5.7억 원을 별도로 지급하였다. 이는 애초 합의한 99억 원 외에 저리의 관광진흥기금을 사용하지 않은 것을 고려하면, 비슷한 결과였다.

알파인 경기가 열리는 용평스키장의 경우 양측이 공동 발주한 회계 법인의 용역 결과에 따라 경기장 사용료를 지급하기로 합의하였다. 조직위원회는 원가보상 방식을 적용하여 37억 원을 제시하였으나 용평 측은 주주들의 배임 문제 제기를 고려하여 매출 보상 방식을 주장하면서 93억 원을 요구하였다.

2017년 11월 8일 체결한 합의서는 ▶11월 30일까지 경기장 사용료 산정을 위한 회계법인을 선정하고, ▶경기장 사용료는 91억 원(VAT 별도)을 넘지 않지만, 제설 관련 전력비용 등 추가 비용은 별도로 정산한다. ▶합의서 체결 시 조직위원회와 경기장 소유주가 각각 제시하였던 금액을 평균한 값의 50%(32억 원)를 우선 지급하고 최종 정산은 대회종료 후 사전 합의한 방식으로 회계법인의 용역 결과에 따라 확정한다.

조직위원회는 2018년 1월 23일 올림픽을 보름 앞두고 32억 원의 선급금을 지급하면서 경기장 사용 협약을 체결하였다. 2018년 6월 최종 사용료는 정상영업 예상 매출액에 실제 매출액과 회피 가능 비용 등을 차감하여 56.6억 원으로 확정하였다. 그 밖에 전기료, 코스 조성 제설 전기료, 클린베뉴 디블랜딩 사용료 등 8.5억 원을 추가로 지급하였다.

문화체육관광부, 강원도와 협력과 갈등

첫 번째 갈등은 개·폐회식장 위치였다. 강원도와 조직위원회는 IOC 규정상 개·폐회식장은 개최도시에 건설해야 한다고 주장했으나, 문화체육관광부는 예산 절감을 이유로 강릉종합운동장을 리모델링해 사용하도록 요청하였다. 고속철 역사도 유치 당시에는 횡계에 짓기로 하였으나, 안전상의 이유로 진부로 옮기자 주민들은 반대하였다.

미국의 NBC 등 80여 방송사가 입주할 방송센터IBC도 갈등의 요인이 되었다. 2010년 12월 유치신청서에서 강원개발공사는 김상갑 사장 명의로 '평창이 올림픽 개최도시로 선정되면 … 총사업비의 100%에 해당하는 450억 원을 투자하여 60,000㎡ 규모의 방송센터와 메인프레스센터IBC/MPC를 건설할 것을 보증하며 … 조직위원회가 독점적으로 사용할 권리를 부여한다'라는 보증서를 제출하였다. 그러나 강원도는

2012년 3월 '강원개발공사가 심각한 유동성 위기를 겪고 있어 대규모 사업 시행이 불가능한 상황이므로 사업 시행 주체를 조직위원회로 변경해 달라'고 요청하였다.

2013년 3월 강원도는 국비 확보를 목표로 방송센터IBC를 예비타당성 대상 사업으로 신청하였다. 조직위원회는 예비타당성 조사요구서를 기획재정부에 신청하였으나, 방송센터는 민자(강원개발공사) 사업으로 국비를 지원받는 예비타당성 대상이 아니라고 반려하였다. 2013년 10월 조직위원회는 KT가 계획하고 있던 인터넷 데이터센터를 방송센터로 활용하는 방안을 추진하였으나, KT는 회장이 바뀌면서 데이터센터 건설을 포기하였다.

2014년 5월 조직위원회는 2차 재정계획에서 방송센터 건축비 472억 원을 반영하였다. 2015년 3차 재정계획에서는 500억 원으로 증액하였다. 조직위원회는 방송센터 건설 일정이 촉박해지자, 2015년 9월 강원개발공사에 토지 무상사용을 요구하는 공문을 보냈다. 강원개발공사는 경영 여건 등의 이유로 유상사용을 주장하다가 조직위원회가 온실 및 제설창고 등을 이전·설치하고, 2016년 2월까지 방송센터 철거 확약서를 제출하는 조건으로 무상사용을 승인하였다.

2017년 7월 강원개발공사 사장이 교체되면서 '토지 사용 승낙의 효력이 상실되어 해당 토지의 진·출입로를 차단할 예정'이라는 공문을 조직위원회에 보내고, 방송센터 건물 출입을 막고 경고문을 설치하였다. 조직위원회는 사전 협의 없이 일방적으로 출입을 막는 데 항의하였으나, 상부의 지시라고만 답변할 뿐 진전이 없었다. 잦은 담당자의 이동, 조직위원회와 강원도, 강원개발공사의 소통 부족이 빚은 해프닝이었다.

방송센터는 특성상 전기·통신·기계 비용이 전체 공사비의 48%를 차지하여 987억 원이 소요되었다. 내가 취임한 이후 수립한 4차 재정계획에서 방송센터는 포스코와 KT의 기증사업으로 건립하기로 하였다. 강원개발공사는 올림픽 이후에도 원상 복구와 온실 및 제설창고 이전을 요구하였다. 방송센터는 대회 후 철거하는 것으로 예정되어 있었으나, 국가문헌보존관으로 사용키로 하였다.

패럴림픽 운영비 지원도 논쟁거리가 되었다. 유치신청서에는 패럴림픽 운영비는 조직위원회, 정부 및 강원도가 공동부담하기로 하였다. 애초 패럴림픽 지원액은 345억 원으로 정부와 강원도가 172.5억 원씩 부담키로 하였으나, 4차 재정계획에서 누락된 운영인력 숙박비, 성화봉송비용 등을 고려하여 1,531억 원으로 대폭 증액되면서 정부와 강원도는 각각 145억 원씩 추가로 부담키로 하였다.

강원도는 알펜시아 장소사용료 문제가 해결되지 않은 상태에서 도의회를 설득하기 어렵다는 입장이었다. 정부는 패럴림픽 운영비 부담은 유치신청서의 보증사항이므로 강원도 예산에 반드시 포함해야 한다고 주장했다. 기획재정부는 강원도가 매칭 자금을 지원하지 않을 경우, 정부예산 집행도 못 하게 하여 패럴림픽 운영이 불가능하게 되었다. 강원도는 2018년 6월 지방선거 이후 추경을 통해 패럴림픽 운영비 119억 원을 지원하였다.

평창 동계올림픽의 가장 큰 애로는 숙박과 수송문제였다. 숙박은 IOC 및 선수와 임원들에게 제공하는 '올림픽 참가자client 숙박'과 올림픽을 움직이는 인력 및 자원봉사자 등에 제공하는 '운영인력 숙박', 그리고 올림픽 경기를 관람하는 사람들을 위한 '관중숙박'으로 나눈다. 이 중 참가자와 운영인력 숙박은 조직위원회가 직접 담당하는데, 대회 기간 중 참가자 숙박 27만 2천 명, 운영인력 73만 4천 명으로 하루 평균 3

만 명에 대한 가용 숙박시설을 확보하였다.

　조직위원회는 올림픽 플라자를 기준으로 1시간 이내의 거리에 있는 77개 숙박시설 2만 3,509실을 참가자 숙박시설로 확보하고, 2만 9천 명의 운영인력 숙박을 위해 콘도, 리조트, 학교 기숙사, 유스호스텔 등 84개 시설 8,279실을 확보하였다. 미디어를 위해 강릉에는 한국주택토지공사가 새로 지은 아파트 등 6,021실을 개조하여 3성급 호텔 수준으로 운영했으며, 별도로 대관령에 300실의 원룸을 보도기관 숙소media residence로 운영했다.

　관중숙박은 올림픽 기간 중 각 경기장이 만석인 경우, 10만 4천 명의 60%가 숙박한다는 가정하에 2인 1실 기준 3만 실을 확보해야 한다. 개최도시 인근 지역의 숙박시설은 총 4만 3천 실로 수적으로는 충분하나 정보 부족과 시설 및 서비스의 국제수준화가 관건이었다.

　대회가 임박하자 해외 예약 인터넷 사이트에서 강릉 쪽 모텔은 1박에 90만 원, 평창 펜션은 200만 원을 요구한다는 기사가 게재되고 있었다. 정부는 속초항에 크루즈선을 대기시켜 4,500실을 숙박 시설화하는 방안과 속초·동해·원주와 강릉·평창을 잇는 무료 셔틀버스 운영을 추진하였다. 이만희 숙박국장은 원주시 부시장 등 강원도에서 요직을 거친 베테랑이었다.

　원거리에 숙박하다 보니 수송도 문제가 되었다. 조직위원회가 동원하는 차량은 승용차와 버스 등을 합해 모두 4,958대였다. 개인차량에 대한 주차료도 엄청났다. 올림픽 기간 중 모든 시설에 주차할 수 있는 주차권은 4,715달러(약 531만 원)로 소치에 비해 100만 원이나 더 비쌌다. 인터넷 사용료도 비싸다는 IOC와 언론의 지적에 따라 100Mbps에 2만 1,700달러(약 2,434만 원)로 30%를 인하하였다.

일본과 중국 여행사들은 경기장 입장료와 숙박과 항공료 등을 포함한 패키지 요금을 비싸게 책정하여 판매가 저조한 요인이 되었다. 국내에서도 강릉에서 스피드스케이팅과 피겨스케이팅 경기를 보는 1박 2일 관광상품이 동남아 4박 5일 여행 가격과 맞먹는 109만 원 수준이었다. 조직위원회는 강원도에 택시의 지역 제한을 풀어 달라고 요청했으나 이해관계가 복잡하여 실현되지 못했다.

세계인을 감동하게 한 강원도민의 열정

평창 동계올림픽의 유치부터 폐막까지 성공을 이끈 주역은 역시 강원도와 개최도시 주민들이었다. 강원도는 1998년부터 올림픽유치위원회를 구성하여 여론을 결집하였다. 2005년에는 강원도 각급 기관 및 출향인사 1,375명으로 구성된 2014 평창동계올림픽유치범도민후원회(회장: 윤세영 강원도민회장)을 구성하였고, 2009년에는 1,822명으로 늘려 올림픽 유치를 지원하였다.

강원도는 2018 평창 동계올림픽 성공개최를 위한 붐 조성과 글로벌 시민의식을 바탕으로 '세계 속의 강원도 만들자'라는 비전 아래 '문화도민, 세계로! 미래로!'라는 표어slogan를 채택하였다. 협의회는 '시민의식', '손님맞이', '도민통합'의 3대 분야, 12개 운동과제를 설정하고 '문화도민 캠페인'을 추진하였다. 문화도민운동은 강원도민에 의한 최초의 시민의식 함양 운동이었다.

2012년 7월 알펜시아 리조트에서 발기인, 회원, 도내 자치단체장, 사회단체 등이 참석한 가운데 강원도 문화도민운동협의회(회장: 김기남)를 설립하였다. 협의회는 18개 시군에 지회를 설치하여 올림픽 정신을 시군에 확산시키는 노력을 하였다. 협의회는 지역주민의 참여를 넓히기 위해 싱크탱크인 '세계로 미래로 포럼'을 창설하고 문화도민 양성을 위해 시민대학을 설치하였다.

2016년에는 '당신이 먼저예요You First'라는 슬로건으로 '바꿔봐요. 당신의 마음을! 웃어봐요. 당신의 눈부터! 말해봐요. 당신의 이야기를!'이라는 실천 과제를 채택하였다. 협의회는 강원일보와 공동으로 '미·인 캠페인 (미소짓고 인사하기)'과 '당신이 문화도민입니다' '굿매너 문화도민, 안아주세요' '웃어라 강원도, 웃어라 문화시민' 등 먼저 인사하고 질서를 지키는 친절한 강원도민 만들기 위한 캠페인 활동도 하였다.

1964년 도쿄 올림픽에서는 '오아시스おあしす 운동(おはようございます, ありがとうございます, しつれいします, すみません)'을 펼쳤고, 1998년 월드컵에서 프랑스는 '봉주르Bonjour 캠페인'을 벌렸다. 2006년 월드컵에서 독일은 '친구를 만들 시간Zeit, Freunde zu finden'이라는 슬로건으로 전국적인 환대 캠페인을 벌였고, 2012년 런던올림픽에서 '그레이트 브리튼 Great Britain' 캠페인을 벌였다.

협의회 고창영 사무총장은 나에게 연하장을 보내면서 '아프지 마십시오. 국민의 명령입니다. 강원도민이 응원합니다.' '아프지 마시고 성공 올림픽 만드시고…'라고 격려하였다. 나는 평창초등학교에서 일일교사로 '성공올림픽을 위해 해야 할 일'에 대해 강의하였다. 학생들은 나의 모습을 그림으로 그려 '이희범 할아버지, 평창에서 같이 살아요'란 제목으로 12장의 달력을 만들었다.

고창영 총장은 '올림픽이 되겠어? 전쟁 날까 봐, 올림픽 때 무서워서 안 온다며? 개·폐회식장에 지붕도 없어서 얼어 죽겠는데 누가 오겠어? 하루 이틀도 아니고 대회 기간 내내 자원봉사 갈 사람이 있을까? 입장권, 그 비싼 걸, 누가 사? 등 … 온갖 회의론을 극복하기 위해 협의회 직원들은 새벽 5시부터 다음 날 새벽 2시까지 18개 시·군협의회 회원들과 쪽잠을 자면서 사명감으로 일했다'라고 회고하였다.

강원도 교육청은 '스포츠를 통한 세계평화 조성'이라는 올림픽 무브먼트에 이바지하고자, 2004년부터 눈이 오지 않는 80개국 1,900명의 청소년에게 동계스포츠 훈련 기회를 제공하는 '드림프로그램'을 운영하였다. 강원도는 매년 2백만~3백만 달러씩, 총 2천만 달러를 투자하여 동남아와 아프리카 지역 청소년, 잠재 선수 등을 매년 500~700명 초청하여 2주 동안 스포츠 강습, 평화행진Peace Tour 등을 실시하여 IOC로부터 찬사를 받았다.

2017년 7월 강원도 교육청은 전 세계 60개국 중·고등학생 1,000여 명을 초청하여 세계시민교육을 하였다. 시민교육은 세계 유일의 분단국이자 분단도인 강원도의 특성을 살리고자 노벨평화상 수상자 초청 평화토론회, DMZ 평화체험 마당 등 평화를 주제로 구성되었다. 세계시민교육은 인류의 보편적 가치인 세계 평화, 인권, 문화 다양성 등에 대해 폭넓게 이해하고 실천하는 책임 있는 시민을 양성하는 교육으로 올림픽 정신과도 부합하였다.

강원도는 방문하는 선수, 관광객 등에게 대회 관련 정보·관광지·교통안내 및 통역서비스를 제공하기 위해 2,232명(올림픽 1,538명, 페럴림픽 694명)의 자원봉사자를 선발하여 올림픽 개최지 143개소에서 봉사활동을 벌였다. 또한, 강원도는 '도민 모두가 올림픽의 주역'이라는 주인의식 속에 1만 7,074명의 응원서포터즈를 운영하였다. 도내 10만여 명의 학생과 교직원은 상당수가 자원봉사와 서포터로 활동하면서 숨은 조력자 역할을 하였다.

160만 출향도민들의 모임인 강원도민중앙회(회장: 전순표)는 유치부터 올림픽이 끝날 때까지 성공올림픽의 후원자 역할을 하였다. 강원도민회는 18개 시·군민회와 전국 지역 도민회장단을 주축으로 올림픽 지원단을 구성하여 강원도와 1억 원 규모의 입장권 구매협약을 체결하고, 수원·대전·대구·울산 지역에서 올림픽 성공개최를 기원하는 릴레이 콘서트를 개최하였다.

강원도민후원회(회장: 윤세영 SBS 회장)는 2009년 9월 국내외 홍보 및 붐 조성과 유치 활동을 지원하기 위해 도내 인사 2,018명으로 출범하였다. 후원회는 출향 단체별 홍보물 및 현수막 설치, 유치열기 확산을 위한 캠페인, IOC 실사 시 환영·환송 행사, 시도별 유치 결의대회 등을 주관하였다. 윤세영 회장은 "평창 올림픽이 성공대회로 마무리된 데에는 이희범 위원장의 역할이 컸습니다. 이희범 위원장이 임명되었다는 뉴스를 듣고 '아, 그 사람이면 됐다'라고 안도했던 기억이 납니다"라고 회고하였다.[2] 윤세영 회장은 올림픽 이념과 가치 확산에 이바지한 공로로 IOC로부터 올림픽 훈장을 받았다.

'동계스포츠를 사랑하는 사람들의 모임(약칭 동사모)'은 강원도민과 더불어 두 번의 쓰라린 실패를 함께 경험한 대표적인 민간단체이다. 2009년 성우리조트에서 개최된 스노보드세계선수권대회를 계기로 본격적인 지원활동을 벌였다. 동사모는 올림픽 유치단계에서 2,018km 유치 기원 산행, 마라톤 대회, 국제걷기대회 등 행사를 하였고 대회 기간에는 경기장에서 활발한 응원을 펼쳤다.

평창군은 2001년 권혁승 군수를 중심으로 285명으로 구성된 '평창군 동계올림픽유치위원회'를 발족하여 유치기원 음악회, 백두대간 횃불

---

2 윤세영 태영그룹·SBS 미디어그룹 창업회장, '흙수저 출신 촌놈의 '乙정신'이 나를 일궜다.' (서울대총동창신문, 2021. 2. 15.)

기도회, 범도민 이어달리기, 한마음 걷기대회 등 다양한 행사를 하였다. 2009년 12월에는 250명으로 구성된 '2018 올림픽유치위원회'를 발족하여 한마음 행군, 드림콘서트, 국민대합창, 평창아카데미 등을 운영하였다. 2011년 6월 남아프리카공화국 더반 IOC 총회에는 전세기를 동원, 군민 서포터즈를 파견하였다.

미주한인회는 이병만 회장을 중심으로 평창 동계올림픽 성공개최를 위한 후원회를 결성하고 모금활동과 모국방문을 추진하였다. 이병만 회장은 '내가 또 미련하게 무슨 대단한 애국자라고, 올림픽이 잘 돼야 한다.' '… 나라가 하는 일이 잘돼야 한다.' '… 나의 사업도 바쁜데 돌아보지 않고, 집식구들 눈치 보고. … 고국을 떠난 지가 5번이나 강산을 넘어가려 하는데 아직도 한국이란 나라에 미련을 가지려는지'라며, 모금과 봉사활동의 어려움을 하소연했다.

오대산에 있는 월정사(주지: 퇴우 정념)는 올림픽 기간 중 리투아니아, 라트비아, 노르웨이 등 외국 정상과 각국 선수단의 방문지로 인기를 끌었다. 정념 스님은 IOC 위원장 내외와 집행위원들을 초청하여 불교식으로 만찬을 베풀었는데, 바흐 위원장은 "이렇게 맛있는 음식은 처음"이라고 찬사를 아끼지 않았다. 월정사는 명상센터를 건립하여, 올림픽 기간에 IOC 위원에게 한국문화 체험을 하려고 했으나, 정부예산이 시기를 맞추지 못했다.

조직위원회 흔들기와 공동 집행위원장

세 번째 도전 만에 유치한 올림픽 조직위원회는 김진선 위원장(2011. 10.~2014. 7.), 조양호 위원장(2014. 7.~2016. 5.), 이희범 위원장(2016. 5.~2019. 3.)으로 이어졌다. 사무총장도 세 번이나 바뀌었다. 초기에는 2002

월드컵 사무총장을 지낸 문동후 총장 아래 3명의 부위원장 체제로 출범하였으나, 2014년 4월 곽영진 전 문화체육관광부 차관으로 교체되었다. 2015년 10월 국토교통부 차관 출신의 여형구 사무총장과 3명의 사무차장이 임명되었다.

2016년 6월 국제부위원장이 신설되었다. 김재열 부위원장은 이건희 회장의 둘째 사위로서 올림픽 유치의 일등 공신이다. 그는 IOC 위원들과는 이름First name을 부르고 악수 대신 포옹을 할 정도로 스포츠 외교의 마당발이다. 그는 대한빙상경기연맹 회장을 거쳐 2022년 6월 국제빙상연맹ISU 회장에 당선되었고, IOC 위원으로 선출되었다. 부위원장의 활약은 국제스포츠 사회에 문외한인 나에게 큰 힘이 되었다.

2017년 5월 정부가 바뀌면서 나는 물론 김재열 부위원장과 여형구 사무총장을 이런저런 이유로 흔들기 시작했다. 나는 가슴에 사표를 품고 다녔다. 하루에도 수없이 사표를 내야겠다고 생각했으나, 국가 대사를 팽개치고 조직을 떠나는 것은 공인의 자세가 아니라고 마음을 다잡았다.

2017년 7월 대회 200일을 앞두고 평창에서 대대적인 행사가 열렸다. 행사 후 사표를 내기로 마음을 먹었다. 문재인 대통령은 축사를 하면서 "이희범 위원장을 중심으로 성공올림픽 이루기를 바란다"라고 하였다. 옆자리에 있던 김기홍 기획사무차장은 "위원장님 축하합니다. 재신임받으셨네요"라고 말을 건넸다. 그 뒤로는 사표 얘기를 할 수가 없었다.

그러나 조직위원장 교체설은 끊이지 않았다. 홍석현 중앙일보 회장이 내정되었다는 설과 이해찬 전 국무총리가 온다는 설도 돌았다. 보좌관이라는 분은 조직위원회에 전화하여 "우리 영감이 위원장으로 가는데 나는 어디로 가면 되느냐?"라고 전화했다는 소문도 돌았다. 당시 여당 실세 국회의원은 원외 지구당 위원장과 함께 평창을 방문하여 "이희범 위원장을 자르려고 했으나, 시간이 없어 못 자른다"라고 했다.

나는 김재열 부위원장과 여형구 사무총장은 한꺼번에 해임하든지, 아니면 흔들지 말아 달라고 요청했다. 정부는 위원장을 바꾸는 대신 나와 최문순 강원도지사의 공동 조직위원장 체제를 검토하였다. 조직위원회는 즉각 반발하였다. 올림픽은 ▶대통령이 유치를 주도하였고, 국무총리가 위원장, 각 부처 장관이 위원인 대회지원위원회를 두고 있는 범국가적 행사이고, ▶지난 20년간 올림픽에서 공동위원장 체제는 전무하며, ▶2002 월드컵대회에서도 공동위원장 체제를 운영한 결과 갈등만 초래하였다. 정부는 공동위원장 대신, 나와 최문순 강원도지사의 공동 집행위원장 체제로 바꾸었다.

대신, 홍보가 부족하다는 이유로 홍보부위원장을 신설하였다. 정부는 홍보부위원장이 인사와 예산을 책임지는 사무총장을 겸직하여 사실상 조직위원회를 운영하겠다고 하였으나, 나는 반대했다. 결과적으로 기존의 여형구 사무총장은 대회운영부위원장 겸 사무총장으로, 기획홍보부위원장, 국제부위원장 등 3명의 부위원장과 그 아래 4명의 사무차장을 두어 상위 직급만 대폭 늘어났다. 홍보부위원장으로 제일기획 출신의 김주호 부위원장이 선임되었다.

총감독에 대한 논란도 이어졌다. 2015년 7월 조직위원회는 송승환 PMC 프로덕션 회장을 개·폐회식 총감독으로 선임했다. 애초 공모절차를 진행했으나, 적격자가 없어 문화·예술, 학계 등 전문가로 구성된 '총감독 선정자문위원회'를 통해 공모에 참여하지 않은 후보들까지 검증하였다. 선정위원회는 문학평론가인 유종호 위원장과 콘스탄틴 언스트(러시아, 소치 올림픽), 돈 미쳐(미국, 영화감독), 데이비드 애트킨(호주, 시드니 올림픽), 김수연(서강대) 등으로 구성되었다.

송승환 총감독은 연출력뿐만 아니라 관객과 방송에 대한 이해, 인적 네트워크, 조직관리 등에서 균형적 능력을 갖춘 인물로 평가되었다. 그는 1965년 아역배우로 데뷔한 이후 150편이 넘는 연극과 영화에 출연했으며, '난타'로 세계적인 기획자가 되었다. 총연출 겸 개회식은 셰익스피어 희곡을 한국화한 '한여름밤의 꿈'으로 영국 최고 극장 무대에 오른 양정웅을, 그리고 '오! 당신이 잠든 사이,' '형제는 용감했다'의 장유정을 폐회식 감독으로 선임하였다.

송승환은 평창 동계올림픽을 1년 앞둔 2017년 2월 기자와의 만남에서 '공모 신청도 안 했는데 총감독이 된 게 이상하다'라는 질문에서부터 휘문고 출신이라는 이유로 '차은택 라인'이라는 오해도 받았다. 개회식 500여 일을 앞두고 드라마에 출연하여 총감독 일에 집중하지 않는다는 비판도 받았다.

김종덕 장관은 '향연'으로 명성을 날린 정구호 씨를 총연출자로 추진하였다. 그는 서울컬렉션 등 몇 작품을 동시에 맡고 있어서 회의에도 참석하지 못할 정도로 바쁜 일정을 소화하고 있었다. 언론은 '평창 올림픽 개·폐회식 총연출 사퇴 파문—불신과 불통의 결과'로 보도했다. 조윤선 장관은 박명성을 총감독으로 선임하는 방안을 거론하였다. 대회가 임박함에 따라 교체보다 전문가를 자문위원으로 추가하여 아이디어를 보강하였다.

우리는 '흔히들 한국적인 것이 곧 세계적인 것이라고 한다. 동의하지 않는다. 한국적 요소가 세계적으로 사랑받으려면 특정한 글로벌 감각이 가미되어야 한다.' (송승환) '개회식에서 강조할 한국적 요소는 평화다. 동서가 냉전을 뚫고 화합한 '88 올림픽 이래, 꼭 30년 만에 열리는 축제이다. 우린 메시지로 승부한다.' (양정웅) '폐회식은 개회식에 비해 좀 더 자유롭고 미래지향적이며 흥겹다. 한국이 경쟁력을 가질 수 있는 4차 산업혁명의 방향성을 제시하고 싶다.' (장유정)

'지난해 말까지 총연출이 두 번이나 바뀌는 등(박칼린→정구호→양정웅) 잡음도 많았다. 국정농단 세력과 연루됐다는 설도 있었고'라는 질문에 대해 송 감독은 '연출만 바뀌었나? 대통령도 바뀌었다. 스트레스가 없었다면, 거짓말이다. 억울한 일도 많았고'라고 화답하면서 '개·폐막식은 수억 명이 보는 TV쇼이기도 하다. 2006년 토리노 올림픽이 좋았다. 런던 올림픽에서 제임스 본드가 여왕과 헬리콥터를 타고 오거나 미스터 빈이 등장하는 장면은 위트있고, 스토리텔링 면에서 훌륭했다.'[3] 이들의 평창 동계올림픽 이야기는 끝이 없었다.

---

[3] 오신혜 기자, '매경이 만난 사람, 평창올림픽 쇼 개·폐회식 책임진 송승환·양정웅·장유정.' (매일경제, 2017. 6. 27.)

제 5 장

평화올림픽을 위한 노력

올림픽 휴전 결의안을 채택한 제72차 유엔총회 (2017. 11. 13. 뉴욕 유엔본부)

평화올림픽을 위한 조건

평창 동계올림픽은 김대중 정부에서 출발하여 노무현 정부, 이명박 정부, 박근혜 정부에 이르기까지 대통령이 앞장선 국정과제였다. 특히, 남북으로 나뉘어져 있는 강원도에서 올림픽이 개최되는 점을 생각하면, 평화올림픽은 최우선 아젠다였다. 2017년 4월 문재인 대통령 후보는 춘천에서 ▶북한 선수단 참가를 위한 IOC와 협의, ▶북한 선수단의 금강산 육로 이용, ▶북한 동계스포츠 인프라 활용방안 협의, ▶북한 응원단 속초항 입항, ▶금강산 온정각 일대에서 올림픽 전야제 개최 노력 등 평화올림픽을 위한 5대 구상을 발표하였다.

2017년 6월 문재인 대통령은 무주에서 개최된 세계태권도선수권대회에서 북한 선수단의 평창 동계올림픽 참가와 남북단일팀 구성을 제안하였다. 2017년 7월 24일 평창에서 열린 'G-200 평창을 준비하는 사람들'에서 "▶평창 올림픽은 새 정부 출범 후 처음으로 치르는 대규모 국제행사로 반드시 성공시킬 책무가 정부에게도 있다. ▶평창 올림픽은 환경·ICT·문화·평화올림픽에 더하여 치유올림픽이 되어야 한다. ▶기업, 특히 공기업들이 올림픽을 위해 조금 더 마음을 열고 더 많이 후원해 주길 부탁한다"라고 밝혔다.

그러나 북한은 7월 4일과 28일 대륙간탄도급 미사일을 발사하였다. 미국 트럼프Donald Trump 대통령의 '화염과 분노' 발언에 이어 북한은 괌에 대한 사격 위협으로 한반도는 안보 위기 국면으로 치달았다. 북한은 9월 3일 제6차 핵실험을 감행하고, 9월 12일 유엔안보리가 대북제재 결의 2375호를 채택하자, 일본 너머 태평양 상공으로 화성-12형 중거리 미사일을 발사했다. 트럼프 대통령은 유엔 연설에서 "북한을 완전히 파괴하겠다totally destroy"라고 위협하였다.

나는 2017년 1월 삿포로 동계아시안게임에서 언론 인터뷰를 통해 "평화를 사랑하는 모든 국가와 선수들은 평창 올림픽에 참가할 권리도 있고 의무도 있다. 북한도 예외가 아니다"라고 강조했다. 인터뷰는 일본 신문은 물론 주요 외신에도 크게 보도되었다. 2017년 5월 영국 BBC 방송과 인터뷰에서 북한 선수단이 평창 올림픽에 참가하면 금강산을 통한 육로 이동을 보장한다는 정부 방침을 설명하였는데, BBC는 이를 "매우 신선한 제안"이라고 보도하였다.

북한도 올림픽 참가를 위해 지역 예선에 열심히 참가하고 있었다. 2017년 1월 삿포로 아시안게임에는 쇼트트랙 5명, 피겨스케이팅 2명의 선수가 참가하여 피겨 페어 부문에서 동메달을 획득하였다. 그러나 이들은 3월 헬싱키 피겨선수권대회에서 15위를 하여 올림픽 참가 자격 획득에 실패하였다. 2017년 4월 강릉에서 개최된 세계여자아이스하키선수권대회에는 22명의 선수와 10여 명의 임원들이 참가하였으나 6위를 하여 역시 참가 자격 획득에 실패하였다.

9월 29일 북한은 독일 오베르스트도르프에서 열린 2017 국제빙상연맹ISU 네벨호른 트로피대회에서 렴대욱(18), 김주식(25) 조가 피겨 페어 부문에서 6위를 기록하여 처음으로 평창행 출전권을 확보했으나, 10월 말까지 등록하지 않아 올림픽 참가자격을 상실하였다. 북한은 쇼트트랙 남자부 김은혁과 최은성이 독일에서 열린 세계선수권대회에 참가했으나, 2차전에서 탈락하였다. IOC는 예선경기에 참여한 북한 선수들에게 항공료와 체재비를 지원하였다.

2017년 6월 30일 무주에서 개최된 세계태권도대회에 참석한 장웅 IOC 위원을 단독으로 만나 ▶평창에 가급적 많은 선수단이 참가해 줄 것, ▶북측 선수단과 응원단이 금강산 육로 또는 해로로 입국 시 최대한 지원할 것임, ▶북측 선수단의 참가 확대를 위해 훈련장(춘천 스케이트장) 제공 및 우리 측 선수단의 마식령 스키장 사용, ▶북측 선수단 외 응원단 및 고위 참관단을 파견해 줄 것, ▶이를 논의하기 위해 남북 체육당국자 회담 개최 등을 제의하였다.

그는 나의 제의를 경청하였으나, 모두 10개 항으로 된 우리 측 제안을 문서로 받을 상황은 아니라고 거절하였다. 북측이 올림픽에 참가하려면 등록해야 하는데 등록 신청서를 북측 당국에 전달해 달라고 했으나, 그것도 거절하였다. 2017년 9월 리마에서 열린 IOC 총회에서 장웅을 다시 만나 북측 참가에 대해 진전이 있는지 문의했으나 6월 이후 정치·군사적 상황이 악화되면서 내부적으로 평창 참가에 대해 논의할 분위기가 아니었다고 답변했다.

장웅은 1995년부터 IOC 위원을 하였으나, 2018년 정년퇴임 후 명예위원으로 위촉되었다. 그는 주로 오스트리아에 거주하고, 그의 아들 장혁도 국가올림픽연합회ANOC 직원으로 로잔에 거주하여 사고 자체가 매우 서구적이었다. 당시 남북 간 공식적인 대화채널이 없어 우리 정부도 그를 창구로 하였으나, 결정적인 부분에서는 그도 돌아섰다. 언론 보도에 따르면, 김진표 국회의원(21대 국회의장)과 최문순 도지사도 북측 인사를 만나 평창 올림픽 참가를 권유하고 있었다.

남북 공동입장과 단일팀 구상

여자아이스하키 단일팀을 만들어 보자는 생각은 르네 파젤Rene Fasel 국제아이스하키연맹 회장이 원조였다. 2016년 12월 스위스 로잔에서 개최된 IOC 집행위원회에서 만난 파젤은 한국 대표팀은 세계 랭킹 22위, 북한은 25위이므로 단일팀 구성 시 시너지 효과가 있다고 주장했다. 그는 2년 전 평양도 방문하여 당시 북한 체육장관과도 단일팀 구성에 관해 의견을 나누었다고 했다.

국제아이스하키연맹IIHF은 2010년 밴쿠버 동계올림픽부터 올림픽 개최국이라도 일정 수준의 전력을 갖추지 않으면 아이스하키 자동출전권을 주지 않기로 했다. 더구나 IOC는 아젠다 2020에서 올림픽의 비대화를 방지하기 위해 출전 인원도 되도록 제한하고 있다. 그러나 동계올림픽에서 아이스하키는 올림픽 성패를 좌우하는 하이라이트이므로 개최국의 자동출전권을 주어야 한다고 주장했다. 여자아이스하키팀은 개최국으로서 출전권을 받았으나, 북한이 참가하는 방안은 단일팀 구성이 유일하였다.

2017년 5월 파리에서 개최된 아이스하키유럽컵대회에서 파젤 회장을 다시 만났다. 한반도 정세를 풀기 위해서는 북한의 참가와 특히, 남북 여자아이스하키 단일팀 구성을 적극 추진키로 하였다. 2017년 9월 페루 리마에서 개최된 IOC 총회에서 남북단일팀 구성을 논의하기 위해 파젤-이희범-장웅 3자 회동을 제안했다. 장웅은 언론에 노출될 것을 꺼려서 3자 회동 자체를 거절하였다. 파젤 회장은 한국 정부가 수용한다면, 10월경 본인이 방북하여 단일팀 구성을 논의하겠다고 했으나, UN 제재 등으로 실현되지 못하였다.

2017년 11월 프라하에서 개최된 ANOC 총회에서 파젤 회장은 장웅 위원에게 여자아이스하키 단일팀 구성을 다시 제안한 데 이어, 나도 김일국 북한 체육장관에게 단일팀 구성 방안을 제안하였다. 나는 북측 관련 인사 면담을 위한 해외 출장 전후 국가정보원, 통일부, 문화체육관광부 등 관계기관과 정보를 공유하였다.

리우 올림픽이 끝나자 세계의 이목은 평창으로 집중되었다. 바흐

Thomas Bach 위원장은 2016년 9월 G-500 행사를 위해 방한하였다. 바흐 위원장은 평창에서 한·중·일 체육장관과 만찬을 하고, 다음날에는 경기장 시설을 둘러본 후 서울에서 황교안 국무총리와 정세균 국회의장을 만났다. 정세균 의장은 상임위원장을 대동하고 국회 로텐더 홀까지 마중을 나와 의전을 해 주었으며, "이희범 위원장은 산업자원부 장관 선배인데 일을 아주 잘한다"라고 덕담해 주었다.

평화올림픽의 전환점이 된 리마 선언

2017년 9월 11일, 페루 리마에서 열린 IOC 총회에 앞서 나는 바흐 위원장을 단독으로 면담하였다. "북한이 계속해서 미사일을 발사하고 미국 트럼프 대통령이 북한을 공격하겠다고 공개적으로 발언하여 일부 국가에서 올림픽 불참 움직임이 있다. 특단의 조치가 필요하다"라고 강조했다. 같은 무렵 페루 정부는 리마 주재 북한 대사에게 5일 내 리마를 떠나라고 조치하였다.

바흐 위원장도 공감하였다. 그는 IOC 총회 연설에서 "▶한반도 정세에 대해 우려하고 있으나, 회의적인 시각은 없다(전쟁 가능성은 없다). ▶평창 올림픽에 대한 대안plan B는 없다. ▶북한이 자력으로 참가할 수 있도록 IOC 차원에서 모든 지원을 할 것이며, 자력으로 참가하기 어려우면, 별도 쿼타wild card를 적용하겠다"라는 견해를 천명하였다. 리마 IOC 총회에 북한의 장웅 IOC 위원은 아들과 함께 참석하였다.

바흐 위원장은 "최근 트럼프 대통령과 시진핑 주석, 아베 수상 등과 면담하였으며, 평창 올림픽을 지원해 주도록 요청하였다. 최근 한반도 정세에 대해 일부 IOC 위원과 국가올림픽위원회NOC에서 우려를 표명하고 있으나, 전쟁 가능성은 없다. IOC 위원들은 각국이 출전 거부 등

더 이상의 부정적 움직임을 방지하기 위해 특별한 노력이 필요하다"라고 강조하였다.

바흐 위원장은 우리 정부에 대해서도 "▶11월 13일 UN 휴전결의안이 만장일치로 채택될 수 있도록 특별한 노력을 해 달라. ▶대통령의 UN 연설에서는 한반도 정치상황과 올림픽 참가를 분리하여 발표하는 것이 좋겠다"고 제안하였다. 또한 "10월 24일 그리스 성화 채화 시 차기 올림픽 개최국인 일본, 중국, 프랑스, 미국 NOC 회장을 초청하여 북한에 대해 긍정적인 메시지를 전달하겠다"고 약속하였다.

바흐 위원장은 IOC 총회 연설에서 "현 (한반도) 상황에 대해 우려하고 있는 각국 올림픽위원회NOC 및 정부와도 접촉하고 있으나, 평창 올림픽에 대해 회의적인 시각을 가졌던 적은 없습니다. 올림픽은 희망과 평화의 상징입니다. 이러한 노력의 일환으로 11월 UN 총회에서 휴전결의안을 채택하고자 준비하고 있습니다. 이 결의안은 평화에 대한 국제사회의 중요한 약속이 될 것이며, 그렇게 되어야만 합니다. 바로 이것이 저희가 플랜 B에 대해 언급하지 않는 이유입니다"라고 천명하였다.

바흐 위원장은 "북한 선수들이 (자력으로) 올림픽 출전 자격을 획득할 수 있도록 IOC 차원에서 모든 지원을 할 것이다. 만약 북한이 자력 참가를 하지 못하게 되더라도 IOC는 국제경기연맹과 함께 북한 참가에 대한 해결책을 찾을 준비가 되어 있다"라고 선언하여 북한을 참가시키겠다는 의지를 공개적으로 밝혔다. 바흐 위원장은 별도로 장웅 위원을 면담하고 "IOC는 북한이 평창 올림픽에 참가할 수 있도록 최대한 지원할 계획이며, 북한이 지역 예선에 참가할 경우, IOC가 모든 경비를 지원하겠다"는 견해를 전달하였다.

하계올림픽은 자력으로 올림픽 참가 자격 획득이 어려운 아프리카 등 국가의 선수를 초청하는 제도가 있으나 동계는 원칙적으로 초청제도가 없다. 개최국 프레미엄도 없다. 그러나 IOC는 북한에 대해 특별한 카드를 내걸었다. 장웅 IOC 위원도 "정치와 스포츠는 분리되어야 한다"고 강조함으로써 북한의 참가 가능성을 보였다. 이날의 연설은 평창 올림픽에 대한 각국의 우려를 불식하고 북한의 참가를 유인하는 중대한 분수령이 되었다.

〈표 5-1〉 토마스 바흐 IOC 위원장의 리마총회 (17. 9. 14.) 연설문 중 일부

○ 모두 잘 아시다시피, 정치적으로 어려운 상황 속에서 평창 동계올림픽이 열리게 됩니다. 저희는 현 상황을 면밀히 주시하고 있으며, 현 상황에 대해 우려하고 있는 NOC들과 각국 정부들과 접촉하고 있습니다. 그러나 저희가 직면한 그 어떤 상황 속에서도 평창 동계올림픽에 대해 회의적인 시각을 가졌던 적은 단 한 번도 없습니다. …

○ 저희의 입장은 분명합니다. 올림픽대회는 그 어떤 형태의 정치적인 긴장 상태도 넘어섭니다. 올림픽대회는 정치적 책략의 도구가 되어서는 안 되는 것입니다. 올림픽은 대화의 장으로 여겨져야 합니다. 올림픽은 희망과 평화의 상징입니다. 이것이 저희가 더욱 널리 알리고 싶은 메시지입니다.

○ 이러한 노력의 일환으로, UN 회원국들은 11월 유엔총회에서 올림픽 휴전결의안을 채택하고자 준비하고 있습니다. 이 결의안은 평화에 대한 국제사회의 중요한 약속이 될 것이며, 그렇게 되어야만 합니다. 바로 이것이 저희가 플랜 B에 대해 언급하지 않는 이유입니다.

○ 현시점에서 동계올림픽에 대해 다른 시나리오를 거론한다면 잘못된 메시지가 전달될 것입니다. 이는 평화에 대한 우리의 믿음과 상반된 메시지가 될 것입니다. 다른 시나리오에 대한 구상은 한반도에 평화를 정착시키고자 외교적 해결책을 위해 일하고 있는 사람들의 노력을 약화하는 일이 될 것입니다. …

○ 우리는 북한DPRK 선수들의 참가에 대해 문을 열어놓고 있습니다. 출전 자격과 관련하여 북한 선수들에게 지원해 줄 수 있다고 제안했습니다. 올림픽 출전 자격 확보의 기회를 놓친다고 하더라도, 북한 NOC가 원한다면, IOC와 국제스포츠 연맹은 북한 선수의 올림픽 참가에 대한 해결책을 찾을 준비가 되어 있습니다. 저희는 평창 동계올림픽대회 조직위원회와 긴밀히 협력하고 있으며, 2018 평창 동계올림픽대회의 성공을 기대하고 있습니다.

북한 초청을 공식화한 프라하 선언

2017년 11월 1일, 그리스 올림피아에서 채화된 성화는 대한항공 전세기편으로 인천공항에 도착했다. 나는 유정복 시장이 주최하는 환영 행사에 참석한 후 집에도 들리지 않고 곧바로 체코 프라하로 향했다. 프라하에서는 제22회 국가올림픽연합회ANOC 총회가 개최되고 있었다. ANOC 총회에는 IOC 위원, 206개 회원국 올림픽위원장, 국제경기연맹 회장, 언론인 등 1,300여 명이 참석하였다.

프라하에 도착하자마자 바흐 위원장과 셰이크 아마드Sheikh Ahmad ANOC 회장, 앤드류 파슨스Andrew Parsons IPC 회장을 연이어 면담하고 김일국 북한 체육장관에게 평창 올림픽 참가를 위한 강력한 메시지를 전달해 주도록 부탁하였다. 아마드 회장과 면담에서 평창 올림픽은 가장 안전한 평화올림픽이 될 것이며, 역대 최대 규모의 겨울 축제가 되도록 ANOC이 나서달라고 부탁하였다. 아마드 회장도 "회원국의 참여를 독려해 최대 규모의 겨울축제가 되도록 하겠다"라고 말했다.

앤드류 파슨스 국제패럴림픽위원회 위원장과 면담에서는 김문철 북한 장애인체육회장에게 보내는 나의 서한을 전달하면서 평창 패럴림픽에 북측이 선수단을 파견해 주도록 요청하였다. 파슨스 위원장도 "북한의 평창 올림픽 참가를 위해 노력하겠으며, 예선 대회에서 출전 자격을 획득하지 못하더라도 무조건 참가 자격을 부여하겠다"라고 약속하였다.

나는 ANOC 총회 연설을 통해 "평창은 올림픽대회 97일을 남긴 현재, 모든 경기장 건설은 물론 선수촌과 미디어촌, 고속도로 등 인프라 건설을 완료하였으며, 세계를 맞을 준비가 다 되어 있다(PyeongChang is ready to welcome the world). 평창 동계올림픽은 참가국, 메달 수, 참가선수단 등 규모 면에서 동계올림픽 역사상 최대 규모의 축제가 될 것"이라고 강조했다.

또한, "평창 동계올림픽은 가장 안전한 대회로 치러질 것이며, 대회 기간 중 매일 한국문화의 진수를 보여주는 문화올림픽, 세계 최첨단 기술을 선보이는 IT올림픽이 될 것이다. 평창 올림픽은 평화와 화합(Peace and Harmony)을 위한 인류의 축제가 될 것이며, 북한을 포함한 모든 나라의 참가를 환영한다"고 강조하였다. 이 자리에는 북한의 장웅 IOC 위원과 김일국 체육장관 겸 올림픽위원장도 참석하고 있었다.

총회 개막에 앞서 11월 4일 아침, 김일국 장관이 식당에 도착했다는 전갈을 받고 나도 식당으로 향했다. 사전에 약속도 없이 불쑥 나타났으나, 김일국 장관은 바쁜데 왜 왔느냐고 하면서도 내가 옆자리에 앉는 것을 적극 말리지는 않았다. 나는 북한 대표단이 아침 식사를 하는 동안 옆자리에 앉아 우리의 입장을 일방적으로 쏟아냈다.

북한이 ① 피겨스케이팅은 물론 크로스컨트리, 알파인스키 등 가급적 많은 종목에서 선수와 임원이 참가해 줄 것, ② 남북 선수들이 마식령에서 공동 훈련하고 북측 선수들이 춘천 등에서 남북 교차 훈련, ③ 여자아이스하키 단일팀 구성, ④ 개회식 동시 입장 및 공동응원단 구성, ⑤ 남북이 참여하는 올림픽 개막식 전야제 금강산 개최(온정각 등), ⑥ 남북 올림픽위원회NOC 간 체육회담 등을 제안하고 이를 문서로 전달하였다.

김일국 장관은 내 말을 경청했을 뿐만 아니라 문서도 받았다. 옆에 있는 보위부 직원은 나에게 그만 일어서라고 독촉하였다. 잠시 후, 그는 내가 전달한 문서를 가지고 방으로 향했다. 처음으로 북측에 우리 정부의 뜻을 담은 공식 문서가 전달되었으며, 북한이 평창 동계올림픽에 참가하는 또 하나의 분수령이 되었다.

11월 4일 바흐 위원장은 ANOC 총회 연설에서 "한반도에서 정치적 긴장 상태를 무시할 수는 없다. 그러나, 각국의 지도자들과 협의한 결과 의심되는 상황은 없다. 올림픽은 정치를 넘어서는 것이다. 모든 국가는 평등하며, 모든 국가의 참가를 환영한다. 올림픽 경기는 대화를 이룩하는 교량 역할을 하게 될 것이다"라고 강조하였다. 바흐 위원장은 '북한의 초청을 전제로 북한을 방문할 수 있다'라는 입장도 피력하였다.

　총회가 끝난 후 스위스, 독일, 오스트리아, 이탈리아, 스웨덴, 핀란드, 폴란드, 네덜란드 등 체육회장을 연달아 면담하고 참가선수들에 대한 안전대책을 설명하면서 평창에 참가토록 요청하였다. 얼마 전, 프랑스와 오스트리아 체육장관이 선수들의 안전 문제를 걱정한 것과는 달리 모두가 한결같이 평창 올림픽에 참가하겠다는 의사를 재확인하였다.

UN 총회의 휴전결의안 채택

올림픽 휴전은 올림픽과 패럴림픽 개최 7일 전·후까지 대회에 참가하는 선수와 관중들의 안전한 통행을 보장하기 위해 모든 전쟁행위를 중단하는 것이다. 이는 스파르타 및 피사와 '에케케이리아ekecheiria' 휴전협정에 기원을 두고 있다. 1993년 10월 유엔총회에서 처음으로 휴전결의안이 채택된 뒤 1994년 릴리함메르 동계올림픽부터 관례로 굳어졌다.

　유엔은 2017년 11월 13일 제72차 총회에서 '올림픽 이상과 스포츠를 통한 평화롭고 더 나은 세계건설'이란 제목으로 휴전결의안을 채택하였다. 결의안은 157개국이 공동 제안하고 북한을 포함하여 193개 회원국 만장일치로 채택되었다. 결의안은 ▶올림픽 개최 7일 전부터 패럴림픽 종료 7일 후까지 일체의 적대행위 중단, ▶스포츠를 통한 평화, 개발, 인권 증진, ▶평창대회를 통한 한반도 및 동북아에서 평화 분위기 조성

기대 등을 포함하고 있다.

휴전결의안은 한반도의 특수성을 반영해 올림픽에 참가하는 선수와 관계자 등 모든 인사들의 안전한 통행과 참여, 접근을 보장할 것을 촉구하고 있다. 아울러 평창 올림픽이 2020 도쿄, 2022 베이징으로 이어지는 아시아 올림픽의 시작이라는 점을 강조하면서 '스포츠 및 기타 분야에서 한·중·일간 새로운 협력partnership의 가능성을 제시한다'라고 강조하였다.

미로슬라브 라이착Miroslav Lajčák 총회 의장은 "모든 나라가 평창 올림픽에 참가하자"라고 제안하면서 휴전결의안의 중요성을 강조했다. 나는 UN 총회에서 연설을 통해 "평창 올림픽이 한반도 및 동북아의 평화를 넘어 전 세계의 평화 조성에 기여할 것"이며, "대회 전후 모든 적대행위 중단을 골자로 한 이번 휴전결의안 채택은 평화올림픽을 실현하자는 약속을 전 세계가 다 함께 결의한 점에서 매우 중요한 의미가 있다"라고 강조했다.

김연아 홍보대사는 지원 발언을 통해 "올림픽을 두 차례나 경험한 선수로서 스포츠는 국가 간 장벽을 허물고 평화를 촉진할 힘이 있다고 믿는다"라고 했다. 6월 동계올림픽을 주제로 한 시청각 발표에서 우승한 대구 현풍고등학교 학생 3명이 청소년 대표로 참석하였다. 결의안은 바흐 위원장의 제안에 따라 당사국은 물론 선수와 임원이 경유하는 국가도 신변 보호 의무를 규정하였다.

북한의 참가 결정과 한반도 올림픽 선언문

12월 6일 IOC 집행위원회에 참석하기 위해 로잔을 다시 방문하였다. 바흐 위원장은 본부 귀빈식당에서 나를 오찬에 초대하였다. 바흐 위원장은 "김일국 체육장관을 단장으로 북한 고위대표단이 중요 메시지를 지참하고 곧 IOC를 방문할 예정이다. 이에 앞서 북측은 국제빙상연맹을 접촉하여 자격을 획득한 피겨스케이팅 선수의 등록 마감일을 문의하였다"라고 하였다. 북한은 2017년 11월 29일 이후 미사일 발사도 숨 고르기를 하고 있었다.

김정은 위원장은 2018년 1월 1일 신년사에서 "겨울철 올림픽에 대해 말한다면, 그것은 민족의 위상을 과시하는 좋은 계기가 될 것이며, 우리는 대회가 성과적으로 개최되기를 진심으로 바랍니다. 이러한 견지에서 우리는 대표단 파견을 포함하여 필요한 조처를 할 용의가 있으며, 이를 위해 북남 당국이 시급히 만날 수도 있습니다. 한 핏줄을 나눈 겨레로서 동족의 경사를 같이 기뻐하고 서로 도와주는 것은 응당한 일입니다"라고 하였다.

2017년 신년사에서 "수소폭탄 시험과 핵탄두 폭발시험이 성공적으로 진행되었으며 … 대륙간탄도미사일 업무가 마지막 단계로 접어들어 평양에서 이를 발사할 날이 머지않았다. … 발사 거리가 미국 본토까지 달한다"라고 한 것과 대조를 이루었다. '핵·경제 병진'에서 '경제 총력'으로 바뀐 것이다.

남북 관계는 급진전 되었다. 2018년 1월 3일 판문점 연락 채널이 복원되고, 4일 한·미 군사훈련 연기를 발표하였다. 1월 5일 북측은 남북고위급회담을 수락하였다. 1월 9일 판문점 평화의 집에서 열린 남북 고위급 회담(단장: 조명균 통일부 장관, 북측: 리선권 조국평화통일위원회 위원장)에서는 평창 올림픽에 고위급 대표단과 함께 민족올림픽위원회대표단, 선수단, 응원단, 예술단, 참관단, 태권도 시범단, 기자단을 파견키로 하였다. 김기홍 기획사무차장은 남북 고위급 회담과 실무회담 대표로 참가하였다. 이에 앞서 조직위원회는 2017년 6월 김기홍 기획사무차장을 단장으로 평화올림픽 추진을 위한 대책위원회task force; TF를 구성하여, 북측이 참가할 경우에 대비하여 사전 준비를 철저히 하고 있었다.

1월 15일 예술단 파견을 위한 실무접촉에서 북측은 140여 명의 예술단을 파견하기로 하였다. 1월 17일 실무회담에서는 ▶북측 선수단 참가종목과 규모, 개회식 공동입장, 여자아이스하키 단일팀 구성 등은 IOC와 협의키로 하고, ▶응원단 230명, 태권도 시범단 30명 파견, ▶동계패럴림픽에 150명 규모로 대표단, 선수단, 응원단, 예술단, 기자단 파견, ▶올림픽 개막전 금강산에서 합동 문화행사, 마식령 스키장에서 남북 선수들의 공동 훈련 등에 합의하였다.

북한의 올림픽 참가 계획이 확정되자 IOC는 로잔에서 남북 체육당국자 회의를 개최하였다. 2018년 1월 19~20일간 개최된 회의에는 우리 측에서 도종환 문화체육관광부 장관, 이기흥 대한체육회장, 유승민 IOC 위원, 이희범 조직위원장이 참석하였고 북측에서 김일국 체육장관 겸 올림픽위원장과 장웅 IOC 위원이 참석하였다.

첫날은 북한과 IOC, 우리 측과 IOC가 각각 양자 회의를 하고, 서로 입장을 탐색하는 데 주력하였다. 20일에는 남북한과 IOC가 함께 참석하는 전체 회의가 열렸다. 북측에서는 피겨스케이팅(2명), 크로스컨트리(3명), 알파인스키(3명), 쇼트트랙(2명), 여자아이스하키(12명) 등 선수 22명과 임원 24명, 기자단 21명이 참가하도록 요청하여 쉽게 합의되었다.

문제는 여자아이스하키 단일팀 구성이었다. 북측의 요청대로 우리 측 23명, 북측 12명 등 총 35명의 선수단을 구성하는 데는 쉽게 합의하였다. 북한은 매 경기 참가자 숫자를 23명으로 하되 북한의 최소 참가인원은 5명 이상이 되어야 한다고 주장하였다. 나와 김기홍 기획사무차장은 정몽원 아이스하키연맹 회장 및 전무와 밤새도록 전화기를 열어놓고 이견異見을 조율하고 있었다.

한국팀 코치인 캐나다 출신 세라 머리Sarah Murray는 '북한 선수 중 3명은 받겠다'라는 입장이었다. 나는 바흐 위원장을 따로 면담하고 "한국에서는 단일팀에 대해 부정적인 시각이 많다. 국무총리가 공개적으로 사과하기도 했다. 5명을 하면, 우리 선수들이 그만큼 기회를 상실하는 데 대해 반발할 것이다" 등으로 설득하여 우리 주장대로 3명을 관철했다.

개회식 공동입장 시에는 1991년 합의대로 한반도기를 들고 입장하며, 공식 명칭은 'KOREA'로 하되 약칭은 'COR'로 합의하였다. IOC와 남북 대표단은 북한의 참가와 개회식 공동입장, 여자아이스하키 단일팀을 포함하는 '한반도올림픽선언문Olympic Korean Peninsular Declaration'을 채택하였다.

북측은 여자아이스하키팀 선수들을 2월 5일 다른 선수들과 함께 평창에 오겠다고 했으나, 우리 측의 요청에 따라 공동 훈련 기회를 더 많이 확보하기 위해 1월 25일 방한키로 하였다. 북측 선수단에 대한 장비는 애초 통일기금에서 주는 방안을 검토하였으나, 나의 제의로 IOC가 국제아이스하키연맹과 협의하여 제공하기로 하였다. UN 제재 문제는 우리가 해결키로 하였다.

스포츠와 남북관계

스포츠는 평화를 구축하는 핵심 요소이다. 대표적으로 핑퐁외교를 들 수 있다. 미국은 1949년 10월 중화인민공화국이 설립된 이후 국제사회에서 중국을 고립시키는 외교정책을 써왔다. 1971년 4월 미국 탁구선수단 15명이 중국 땅을 밟으면서 6월 닉슨Richard Nixon 대통령은 중국에 대한 무역 금지 조치를 해제하였다. 1972년 2월 닉슨은 헨리 키신저 Henry Alfred Kissinger와 함께 상하이에서 '상하이 공동성명'을 발표했고, 1979년 1월 양국은 외교관계를 수립했다.

1945년 광복을 맞으면서 미군정 통치하의 어수선한 상황 속에 1946년 서울운동장에서 제7회 '경평축구대항전'이 거행되었다. 이는 1929년 10월부터 경성축구단과 평양축구단이 봄, 가을 두 차례 번갈아 개최했던 친선경기로 일제강점기에도 한국인들만의 대회였다. 평양팀은 38선 경비망을 뚫고 내려왔고, 돌아갈 때는 육로가 위험해 뱃길을 택했다.[1]

6·25 전쟁으로 남북 체육 교류는 중단되었다. 1963년 1월부터 7월까지 3차례 1964 도쿄 올림픽 단일팀 구성 문제를 논의했으나, 결렬되어 별도로 참가하였다. 북한의 여자 육상 신금단 선수가 도쿄 올림픽에 참가한 것을 계기로 6·25 때 월남한 부친과 15분간 상봉한 장면은 온 국민의 가슴을 적시면서 국회는 '이산가족면회소 설치에 관한 결의안'을 채택하였으나 실현되지 못했다.

1978년 5월 방콕 아시아청소년축구대회에서 남북한 축구팀이 첫 대결을 펼쳤으나 120분에 걸친 연장전 끝에 공동 우승하였다. 1979년 2월 제35회 평양 세계탁구선수권대회에서도 단일팀 구성을 논의했으나 결렬되면서 한국의 참가도 무산되었다. '84 로스앤젤레스 올림픽과 '86년 서울 아시안게임에서도 단일팀 구성을 위한 남북한 체육회담이 열렸으나 북한의 참가는 이뤄지지 않았다.

1985년 7월 북한은 '88 서울올림픽을 남북이 공동 개최하자고 제의하였다. 남북 체육당국자는 사마란치 Juan Antonio Samaranch IOC 위원

---

[1] 이재형 외 (2018). 2018 평창 동계올림픽 개최효과 심층분석 (경제·인문사회연구회 협동연구총서 18-10-01). 세종: 경제·인문사회연구회, 187쪽.

장 주선으로 10월부터 이듬해 7월까지 4차례 만났으나 북측은 대회 명칭을 평양-서울올림픽으로 하고, 개회식도 서울과 평양에서 각각 1회씩 하며, 11종목의 경기를 평양에서 개최토록 요구하였다. 김종하 대한체육회장은 축구, 배구, 핸드볼 경기를 남북이 나누어 개최하자고 제안하였다. IOC는 헌장 상 공동 개최는 불가능하며, 남북 단일팀 구성은 쌍방이 알아서 결정할 문제로서 회담 의제가 될 수 없다고 못 박았다.

1986년 1월 2차 회담에서 IOC는 분산 개최 종목을 늘릴 수 있으나 공동 개최는 불가능하다는 의견을 유지하였다. 1986년 아시안게임 개최 직전에 열린 3차 회담에서도 북측은 평양-서울올림픽으로 하고 남북 단일팀을 구성하자는 주장을 반복하였다. IOC와 한국은 등록된 선수들의 남북 자유 왕래와 분산 개최할 종목을 먼저 결정하자는 입장이었다. 1987년 5월 이스탄불 IOC 총회에서 북한의 김유순 수석대표는 "제24회 올림픽을 평양과 서울에서 공동 개최하고, 8개 종목을 북한에서 개최하겠다"라고 일방적으로 발표하였다.

1987년 7월 로잔에서 열린 4차 회담에서 IOC는 5개 종목에 대해 북한개최를 제의했으나, 북측은 8개 종목 공동 개최와 TV 방영권, 서울과 평양에서 개·폐식 행사 등을 요구하여 더 이상 진전되지 못했다. 당시 IOC 헌장상 공동개최는 불가능하였고, 분산 개최도 선수와 임원, 언론 등 2만 5천 명이 휴전선을 자유롭게 드나들어야 하는데, 이는 현실적으로 불가능하였다. 북한은 서울올림픽에 참가하지 않았다.

독일이 통일되고 미·소 냉전체제가 붕괴하자 1990년 9월 남북은 서울과 평양에서 고위급 회담을 개최하고, '90년 베이징 아시안게임에서 남북 공동응원단을 구성하였다. 북한은 '91년 지바 세계탁구선수권대회, '92년 바르셀로나 올림픽 단일팀 구성을 제의하였다. 베이징 아시안게임에 참가한 장충식 선수단장과 북한의 김형진 선수단장은 공동 기자회견을 갖고 '남북통일축구대회'를 개최하기로 합의하여, 10월 평양과 서울에서 통일축구대회가 개최되었다.

1991년 4월 일본 지바에서 열린 세계탁구선수권대회에서 남북은 사상 처음 단일팀으로 참가하였다. 단일팀은 한반도기를 가슴에 달고 응원가로 아리랑을 불렀다. 남측의 현정화와 북측의 리분희는 세계대회 9연패의 중국 탁구 마녀 덩야핑鄧亞萍을 누르고 감격의 우승을 차지하였다. 현정화는 "작은 통일을 한 것 같다"라고 소감을 밝혔다.

1991년 5월 포르투갈 리스본에서 개최된 제6회 세계청소년축구대회에서 남북 단일팀은 4강에 진출하는 쾌거를 달성하였다. 이런 분위기 속에 1991년 9월 남북한은 유엔에 동시 가입하였다. 12월 서울에서 열린 고위급 회담에서는 '남북 사이의 화해와 불가침 및 교류·협력에 관한 합의(남북 기본합의서)'를 채택하였다.

1995년 11월 정몽준 축구협회 회장은 2002년 한·일 월드컵대회 남북 공동개최 가능성을 밝혔으나 블라터Sepp Blatter FIFA 사무총장이 월드컵 분산 개최 불가 표명으로 무산되었다. 1999년 9월 민주노총 대표단과 축구단 27명은 평양에서 통일 염원 남북한 노동자 축구대회를 개최하였다. 10월에는 평양에서 통일농구대회로 이어졌다.

2000년 6월에는 김대중 대통령과 김정일 위원장 간에 6·15 남북공동선언이 채택되고, 9월 시드니 올림픽 개회식에서 올림픽 역사상 처음으로 남북선수단은 한반도기를 앞세우고 함께 입장해 전 세계를 감동하게 했다. 이후 2002년 9월 부산 아시안게임, 2003년 8월 대구 하계유니버시아드대회에서 3연속 공동입장이 이루어졌다.

올림픽은 2000년 9월 시드니, 2004년 8월 아테네, 2006년 2월 토리노에서 남북한 공동입장이 이루어졌다. 아시안게임에서도 2003년 1월 아오모리 동계아시안게임, 2005년 9월 인천 아시아육상경기대회, 10월 마카오 동아시아경기대회, 2006년 12월 도하 아시안게임, 2007년 1월 장춘 동계아시안게임까지 공동입장 하였다. 북한은 2002년 부산 아시안 게임에 288명의 응원단을 파견하였고, 2003년 대구 유니버시아드대회 (303명), 2005년 인천 아시아육상선수권대회에 124명의 '미녀응원단'을 보내 남북 스포츠 교류가 절정을 이루었다.

2008년 베이징 올림픽을 앞두고 2년 가까이 공동입장을 위한 남북 체육회담이 열렸으나, 팽팽한 긴장감 속에 무산되고 말았다. 평양에서 열릴 예정이었던 2010년 남아공 월드컵 아시아 지역예선 축구경기도 북한이 태극기 게양과 애국가 연주를 거부함에 따라 중국 상하이로 옮겨 치러졌다. 2010년 광저우 아시안게임에서 남북 공동입장을 추진했으나 성사되지 못했다.

2011년 11월 카타르 도하에서 열린 국제탁구연맹ITTF의 '피스 앤드 스포츠컵'에서 남북은 복식에서 단일팀을 구성하여 남녀가 각각 우승 과 준우승을 차지했다. 2013년 7월 서울에서 열린 동아시아연맹EAFF 축구선수권대회에 북한 여자축구팀이 참가하였고, 2013년 평양 아시안 컵 및 아시아역도선수권대회에서 한국팀은 태극기를 사용했고, 대한민 국이란 국호를 사용하였다.

2014년 9월 북한은 인천 아시안게임에 참가했으나, 공동입장은 무산 되었다. 북한은 여자 축구 우승과 역도에서 4개의 금메달을 포함한 금 메달 11, 은메달 11, 동메달 4개로 종합 7위에 올랐다. 폐회식에는 황병 서 총정치국장, 최룡해 노동당 비서, 김양건 노동당 통일선전부장 등 최 고위급 3인방이 참가하였으나 정부 간 대화는 이뤄지지 않았다.

남북 체육 교류는 소강상태를 보이다가 평창 동계올림픽에서 11년 만에 공동입장이 성사되면서 새로운 전기를 맞았다. 올림픽 이후인 2018년 5월 대전에서 열린 코리아오픈 탁구대회에 북한은 16명의 선수와 25명의 대표단을 파견하였고, 스웨덴 할름스타트 아레나 경기장에서 벌어진 세계탁구선수권 여자 단체전에서 남북은 대회 도중 'KOREA' 팀을 이루어 동메달을 목에 걸었다.

〈표 5-2〉 남북한 공동입장 및 단일팀 구성 사례

년도	경기명	공동입장	단일팀 구성	비고
1991. 4.	자바 세계탁구선수권대회	-	탁구	현정화-리분희 우승
1991. 5.	리스본 세계청소년축구(U-20)	-	축구	8강 진출
2000. 9.	시드니 하계올림픽	o		6·15 남북공동선언('00)
2002. 9.	부산 아시안게임	o		북한, 국내 대회 첫 참가
2003. 1.	아오모리 동계아시안게임	o		북, 13년만에 동계참가
2003. 8.	대구 하계 U대회	o		북한, 광주U 불참
2004. 8.	아테네 하계올림픽	o		
2005. 9.	인천 아시아육상선수권대회	o		북한, 응원단 124명
2005. 10.	마카오 동계아시안게임	o		
2006. 2.	토리노 동계올림픽	o		동계올림픽 첫 공동입장
2006. 12.	도하 하계아시안게임	o		
2007. 4.	장춘 동계아시안게임	o		2008 베이징 이후 중단
2018. 2.	평창 동계올림픽	o	여자아이스하키	선수단 22, 임원 24명
2018. 4.	스웨덴 세계탁구선수권대회	-	탁구	공동 3위
2018. 8.	자카르타 아시안게임	o	농구, 카누, 조정	남북정상회담('18.4.27.)

북한은 동계스포츠 저변이 취약한 편이다. 1964년 제9회 인스부르크 올림픽에 13명의 선수단이 처음 참가하여 스피드스케이팅 여자 300m에서 은메달을 획득하였다. 1972년 삿포로, 1976년 인스부르크,

1984년 사라예보에도 참가했으나 메달 획득에 실패했다. 1992년 프랑스 알베르빌에서는 여자 쇼트트랙 500m에서 동메달을 획득하였다. 2006년 토리노와 2010년 밴쿠버에서도 노No 메달이었으며, 2014년 소치 올림픽에는 예선을 통과하지 못했다.

2011년 알마티 아시안게임에는 피겨 페어부문 동메달과 여자아이스하키는 한국을 6:1로 꺾고 4위를 하였다. 2017년 2월 삿포로 아시안게임에서는 쇼트트랙, 피겨 등 7명의 선수와 임원이 참가하여 동메달 1개를 획득하였다. 2018 평창에는 46명의 선수단(선수 22명, 임원 24명)이 참가했으나 피겨 페어 렴대욱-김주식은 13위, 크로스컨트리 남자 15km의 한충경은 101위, 박일철은 107위로 골인하여 세계의 벽을 실감하였다.

다시 원 위치된 남북 관계

첫 남북정상회담은 2000년 6월 13~15일 김대중 대통령의 평양방문으로 성사되었다. 국제사회의 대북 개방지원, 김대중 정부의 햇볕정책, 북한의 경제적 실용주의가 맞물리면서 여건이 조성되었다. '6·15 공동선언' 이후 남북 이산가족 상봉, 금강산 관광, 개성공단 사업 등이 전개되었다. 노무현 대통령은 2007년 10월 2~4일 방북하여 총 8개 항의 '10·4 선언'을 발표하였다.

평창 동계올림픽 직후, 남북 관계는 정치·경제·문화·체육 분야를 아우르며 급속도로 개선되는 듯 보였다. 2018년 3월 5일 특별사절단이 평양을 방문하였고, 4월 27일 판문점 남측 평화의 집에서 남북 정상회의를 개최하여 '한반도의 평화와 번영, 통일을 위한 판문점 선언'을 발표하였다. 5월 26일에는 판문점 북측 통일각에서 제2차 남북정상회담이 개최되었다.

2018년 6월 12일에는 싱가포르에서 미국 트럼프 대통령과 김정은 위원장이 정상회담을 개최하고 공동성명을 채택하였다. 9월 14일에는 개성공단 내 남북공동연락사무소를 개설하였다. 9월 18일에는 문재인 대통령이 평양을 방문하여 9·19 평양공동선언과 판문점선언 군사분야 이행합의서를 채택하였다.

2018년 11월 1일, 남북은 지상과 해상, 공중 적대행위를 전면 중지키로 합의하고 민족화해협력범국민협의회는 금강산에서 10년 만에 남북 공동 행사를 하였다. 2018년 12월 30일, 김정은 위원장은 한반도 평화 여정에 함께하겠다는 내용의 친서를 보낸 데 이어, 2019년 1월 신년사에서 한반도에서 항구적인 평화지대와 완전한 비핵화 의지를 표명하고 전제조건과 대가 없이 개성공단과 금강산 관광을 재개할 용의가 있다고 밝혔다.

2018년 7월에는 2003년 이후 중단되었던 남북통일농구대회가 평양에서 개최되었다. 2018년 8월 인도네시아 자카르타에서 개최된 아시안게임에서는 남북이 공동입장하고 아시안게임 최초로 여자농구, 카누 드래곤 보트, 조정 등 3개 경기에서 단일팀을 구성하였다. 카누 여자용선팀은 200m 동메달에 이어 500m에서 금메달을 획득하여 아리랑이 울려 퍼졌다. 북한은 2018년 9월 창원에서 열린 세계사격대회에 1982년 뉴델리 아시안게임 7관왕으로 '사격영웅'으로 불리는 서길산을 단장으로 22명의 선수와 임원이 참석하였다.

2019년 2월 남북은 2020 도쿄 올림픽에서 여자농구·여자 필드하키·유도·조정 등 4종목 단일팀 구성에 합의하였으나 북한은 코로나19를 이유로 도쿄 올림픽에 불참하였다. IOC는 북한에 대해 2022년 말까지 자격정지 징계를 내려 베이징 동계올림픽에도 참가할 수 없게 되었다. 2019년 2월에는 2032년 서울-평양 하계올림픽 공동유치에 합의하고 IOC에 유치신청서까지 제출하였다.

2019년 2월 27~28일 하노이에서 열린 제2차 미·북 정상회의가 합의문 없이 결렬되면서 남북 관계는 다시 악화하였다. 2000년 3월 김여정 부부장은 청와대를 비난하는 담화를 발표하고, 5월 3일 북한군은 남측 비무장지대 감시초소에 총격을 가했다. 6월 9일 북측은 남북 통신연락선을 일방적으로 단절하고 16일에는 개성 남북공동연락사무소를 폭파하였다. 9월에는 소연평도 해상에서 해양수산부 공무원을 살해하고 시신을 훼손하는 범죄를 저질렀다.

중앙일보는 하노이 미·북 정상회담이 결렬된 뒤 북한에서 신년사가 사라진 것은 위기 상황의 고백(?)이라고 보도했다.[2] 북한은 김정은 위원장 집권 이듬해인 2013년부터 그해 달성해야 할 핵심을 담아 신년사를 발표했으나, 2020년 신년사는 2019년 12월 말 열린 노동당 전원회의 보도문으로 대신하였고, 2021년에는 인민들에게 보내는 연하장만 발표했다. 2022년 이후에는 전년 말 '전원회의에 관한 보도자료'로 대신했다.

2021년 3월부터 북한은 다시 미사일을 발사하기 시작했다. 2023년 12월 당 전원회의는 남북 관계를 동족 관계가 아닌 '적대적인 두 국가' 관계로 규정하고 화해 통일 대신 전쟁을 내세웠다. 탈냉전기인 1991년 '쌍방 사이의 관계가 나라와 나라 사이의 관계가 아닌 통일을 지향하는 과정에서 잠정적으로 형성되는 특수관계'로 규정한 남북기본합의서를 전면 부정한 것이다.

---

2 정용수의 평양, 평양 사람들, '하노이회담 결렬 후 신년사 연속 생략, 위기 상황 고백?' (중앙일보, 2023. 1. 13.)

제 6 장

저비용, 고감동의 평창 동계올림픽과 동계패럴림픽

올림픽스타디움에서 열린 평창 동계올림픽 개막 공연 (2018. 2. 9. 평창)

올림픽 발상지에서 채화된 성화

2017년 10월 24일 정오(한국시간 오후 6시), 전통의상을 입은 사제들 사이로 대제사장이 그리스 남쪽 펠로폰네소스 반도에 있는 올림피아시 헤라 신전에 들어섰다. 엄숙한 표정의 대제사장은 올림픽 불씨가 담긴 그릇을 향해 걸어갔다. 그는 전통 성화봉을 그릇에 갖다 대면서 불을 지폈다. 2018 평창 동계올림픽 성화의 불이 온 세상을 비추었다.

성화는 일반적으로 오목거울로 햇빛을 모아 불을 피우는 전통 방식으로 채화한다. 악천후로 채화할 수 없을 때는 미리 지펴놓은 불을 쓴다. 24일에도 일기 예보에서 비가 올 것으로 예상되자, 주최 측은 실내에서 하자고 했으나, 나는 비를 맞더라도 실외에서 해야 한다고 주장했다. 성화를 채화할 무렵 작은 빗방울이 떨어지자 주최 측은 아무렇지도 않다는 듯이 어제 채화한 불을 호롱에 담아왔다. 2000년 시드니 올림픽 때도 예비불씨를 썼다.

그리스의 미녀 단은 아폴로 여신에게 바치는 음악과 춤과 주문으로 이루어진 짧은 공연을 하였다. 그리스 여배우 카테리나 레후Katerina Lehou (50)는 채화된 성화를 그리스 크로스컨트리스키 국가대표 앙겔리스Apostolos Angelis 선수에게 전달하였다. 털모자를 쓰고 털장갑을 낀 앙겔리스는 3분 여를 달려 근대 올림픽 창시자 피에르 쿠베르탱 기념비까지 이동해 목례한 뒤 2002년 한·일 월드컵 4강 주역인 한국인 첫 주자 박지성 선수에게 인계하였다.

성화 채화식에는 이낙연 국무총리와 이희범 조직위원장, 이기흥 대한체육회 회장, 토마스 바흐 IOC 위원장과 코짜스Efthymis Kotzas 올림피아 시장 및 그리스 체육회장 등이 참석하였다. 특별히 일본, 중국, 프랑스, 미국 등 차기 올림픽 개최국 조직위원장도 참석하였는데, 평창 올림픽이 안전하다는 것을 과시하기 위해 바흐 위원장이 특별히 초청하였다. 다케다竹田恒和 도쿄올림픽 조직위원회 사무총장은 간단하지만, 대단히 성스러운 공연이었다고 격찬하였다.

이에 앞서 10월 22일 채화단이 올림피아에 도착했다. 아테네에서 올림피아까지는 350km로 서울-부산보다 가까웠으나 도로 사정이 좋지 않아 4시간 이상 소요되었다. 성화를 채화하는 헤라Hera 신전은 고대 올림픽의 발상지로서 건물은 다 부서지고 잔해만 남았으나, 제우스 신이 곧 나타날 것 같은 분위기였다. 기원전 776년에 사용하던 경기장도 그대로 남아 있었다.

10월 23일 예행연습이 시작되었다. 그리스 여배우인 카테리나 레후가 수석 여사제The High Priestess of the Goddess Hera로 총감독 역할을 하였다. 그는 30년 전 서울올림픽 당시 채화 담당이었다고 자랑하면서 당시 과정을 사진으로 보여주었다. 성화 채화는 올림픽 찬가가 울려 퍼지는 가운데 오륜기가 게양되고 곧이어 애국가와 함께 태극기가 게양되면서 시작되었다. 그리스 배우 야니스 스탄코글루가 타키스 도사스의 시詩 '올림피아의 빛'을 낭송하고 제사장들이 헤라 신전에 입장한 후 대제사장 역할을 맡은 그리스의 여배우 카테리나 레후가 태양광을 이용해 성화봉에 불꽃을 붙였다. 의식은 간단했으나 성스러움이 넘쳤다. 구름이 끼었으나, 가끔 나타나는 햇빛 덕분에 성화를 채화할 수 있었다.

그리스는 올림픽의 발상지로서 2년마다 개최되는 동계와 하계올림픽 성화 채화와 성화 봉송 행사에 대해 자부심을 가지고 있었다. 애초 조직위원회는 그리스 내 성화 봉송용으로 100개의 성화와 주자복을 준비했으나, 그리스 측은 각각 500개씩 요구하였다. 그리스 올림픽 조직위원장은 본인은 물론 아들도 성화 주자로 뛰었다고 자랑했다.

성화는 일주일 동안 505명의 주자가 2,129㎞에 이르는 그리스 36개 도시를 순회한 후 아테네의 아크로폴리스에 도착했다. 10월 31일 제1회 아테네 올림픽이 개최되었던 파나테나이코Panathenaic 스타디움에서 거행된 성화 인도식에는 김연아 선수를 포함하여 대한항공 전세기로 온 기자단과 성화인수단이 참석하였다. 그리스 측에서는 파브로포로스Prokopis Pavlopoulos 대통령과 올림픽위원장, 중·고교생 등 6,000여 명이 운집하였다.

그리스 올림픽위원장의 축사에 이어 나는 "2018 평창 올림픽은 평화와 화합의 축제이다. 대한민국은 1988년에 이어 다시 한번 전 세계를 평창에서 환영할 준비가 되어 있다"라고 답사했다. 애국가가 울려 퍼지는 가운데 1992 알베르빌 동계올림픽 금메달리스트 김기훈 선수가 들고 온 성화는 대사제와 그리스 올림픽위원장을 거쳐 나에게 인계되었다. 성화는 만약을 대비하여 4개의 파라핀 호롱불에 옮겨진 뒤 대한항공 일반석 맨 앞줄에 안치되어 인천공항으로 옮겨졌다. 항공법상 불은 승객용 좌석에 둘 수 없으나 특별 허가를 받았다.

성화는 고대 올림픽 당시 제우스 신전에서 채화된 데에서 유래한다. 1928년 제9회 암스테르담 올림픽에서 처음 성화를 밝혔으나 성화대나 봉송 의식도 없었다. 1936년 제11회 베를린 올림픽 당시 칼 디엠Carl Diem 조직위원장의 제의로 성화대가 마련되었고, 그리스에서 베를린까지 3,000㎞의 거리를 봉송하는 의식을 행하였다. 당시는 나치 절대 권력을 나타내는 상징이기도 했다. 동계올림픽에서는 1952년 제6회 오슬로 대회에서는 노르웨이에서 채화하였으나, 1964년 제9회 인스브루크 대회부터 올림피아에서 성화를 채화하였다.

101일간의 여정: 올림픽 붐을 일으킨 성화 봉송

2017년 11월 1일 아침 10시 성화는 인천공항 제2여객터미널에 도착하였다. 공항에는 이낙연 국무총리를 비롯하여 1,000명의 국민 환영단이 성화를 맞아 주었다. 성화는 남북 인구를 상징하는 7,500명의 주자에 의해 제주, 부산, 경남, 전남·북, 충남·북, 경북, 경기도와 수도권을 거쳐 강원도까지 전국 17개 시도, 138개 시군을 101일간 2,018km를 달린 후 개회식장에 도착했다. 101은 100이란 완성된 숫자에 새로운 지평을 여는 하루를 더한 개념이다.

이낙연 국무총리는 피겨 꿈나무 유영 선수(13, 과천중)에게 성화를 전달하였다. 첫 시작은 경제를 주제로 세계 5대 해상 사장교인 인천대교를 101명의 주자와 2,018명의 서포터즈가 함께 건너는 장관을 연출하였다. 유정복 인천시장 주최 환영 행사에서 날씨는 추웠으나, 시민들의 열기는 뜨거웠다. 인순이의 '모두를 빛나게 하는 불꽃Let Everyone Shine'이 온 누리에 울려 퍼졌다.

그날 밤 성화는 대한항공 편으로 제주로 향했다. 제주 자치경찰단 기마 대원들의 조랑말 봉송에 이어 성산 일출봉 광치기해변 앞바다에서 해녀와 해저탐사 로봇 크랩스터가 바닷속에서 만나는 수중 성화 봉송이 이뤄졌다. 부산에서는 해운대 해수욕장에서 시립합창단의 합창과 해양산업 저변확대를 위한 요트들의 성화 행렬이 이어졌다. 울산에서는 해발 900m 간월재에서 산악자전거를 타고 성화를 봉송하였다. 통영에서는 한산도 거북선 성화 봉송, 창원에서는 문무대왕함이 해군사관학교 고속단정의 호위를 받으며 성화를 봉송하였다.

사천과 진주에서는 T50 전투기를 이용한 블랙 이글스 에어쇼 봉송, 여수에서는 해상케이블카 봉송을 하였다. 순천에서는 순천만 국가정원을 달리며 300여 명의 출연자들이 펼치는 강강술래 봉송, 강진과 목포에서는 1,004개의 가고 싶은 섬을 헬기로 봉송하였고, 담양에서는 섬진강 증기 기관차 성화봉송이 이어졌다. 무주에서는 태권도 경기장 봉송, 전주 한옥마을에서 꽃가마를 탄 전통 혼례 봉송, 부여에서는 황포돛배를 타고 낙화암과 규암나루터를 돌았다.

정보통신기술ICT의 본산 대전에서는 카이스트가 개발한 최첨단 로봇과 인간이 만나는 성화 봉송 행사를 하였다. 로봇은 담벼락을 뚫는 시연을 하였고 로봇끼리 성화를 인계·인수하는 장면을 연출하였다. 세종시에서는 정부 청사 옥상을 릴레이로 달렸고, 오송에서는 KTX 봉송, 충주에서는 8인승 보트에 의한 봉송, 진천에서는 수중 성화봉송, 단양에서는 패러글라이딩 성화 봉송을 하였다.

안동 하회마을에서는 마크 네퍼Mark Knepper 주한 미국대사 대리와 함께 선유줄불놀이 봉송을 하였고, 2017년 12월 31일 대구에서는 나와 권영진 시장이 제야의 종 타종과 함께 새해맞이 축하 행사를 하였다. 포항에서는 새해 첫날 호미곶에서 해돋이 성화 봉송 행사를 하기로 했으나, 지진으로 하루 순연하였다. 경주에서는 국보 20호인 다보탑에서 올림픽 성공개최를 기원하였다.

서울에서는 광화문 어가행렬과 드론을 통한 봉송을 하였다. 파주에서는 68년 전 한국전에 참전한 캐나다 군인들과 한국인 참전용사들이 전쟁 중에 즐겼던 아이스하키 경기를 재현하였다. 철원에서는 백마고지-월정리역 16km를 자전거로 달리며 평화를 기원하였다. 성화는 화천, 양구, 인제, 고성 접경지를 가로질렀다. 화천의 산천어 축제, 인제의 빙어축제장을 거쳐 양구에서는 6·25 격전지였던 DMZ 자생식물원에서 전쟁기념관까지 자전거 봉송, 속초에서는 비룡폭포 암벽 등반 봉송을 통해 겨울 설악의 절경을 전 세계에 알렸다.

춘천에서는 열기구를 탄 성화가 소양강 처녀상과 스카이워크를 밝혔고, 홍천에서는 가수 인순이가 첫 주자로 참여하였다. 한우의 고장 횡성에서는 소달구지를 타고 가는 봉송, 원주에서는 소금산 출렁다리 봉송, 영월 한반도 지형 전망대 봉송, 태백은 119 특수구조단의 365 세이프타운 헬기 하강 봉송, 태양의 후예 촬영지 봉송, 삼척에서는 해양 레일바이크와 대금굴 봉송, 동해 추암 촛대바위와 바다열차 봉송으로 전 세계에 동해안의 비경을 소개하였다.

올림픽 개최지 정선에서는 아리랑 별곡과 한반도 지형을 배경으로 하는 짚와이어zip wire를 봉송하였고, 개회식 전날은 강릉에서 리컴번트 Recumbent, 누워서 타는 자전거를 봉송하였다. 2018년 2월 9일 평창에 도착한 성화는 이희범 조직위원장, 토마스 바흐Thomas Bach IOC 위원장, 라이착Miroslav Lajčák UN 총회 의장이 주자로 참석하였다.

총 88회의 지역 축하 행사를 치르며 진행된 성화 봉송은 세브란스병원에서 난치병을 앓고 있는 어린이들, 119 안전신고센터, 아동센터와 노인복지관, 다문화가족 지원센터, 사랑의 집을 찾아 모두가 함께하는 성화 봉송을 했다. 성화봉송에는 배·헬기·기차 등 기존 교통수단 외에 거북선, 백마강 청포돛배, 창녕 우포늪, 여수 해상케이블카, 삼척 해상 레일바이크 등 지역별로 독특한 문화를 알리면서 전 세계인의 눈길을 사로잡았다.

김대현 문화행사 국장이 이끄는 성화봉송단은 본대와 지원단으로 구성했다. 본대는 성화 봉송 2시간 전에 봉송로를 점검하는 선 행렬과 본 행렬로 32대의 차량이 동원되었다. 지원단은 성화 봉송 1~2일 앞서 현장에 도착, 지자체와 협력 및 숙식을 준비하였는데 62대의 차량을 운영하였다. 봉송단은 성화 봉송팀과 운영대행사, 파트너사 등 400여 명으로 구성되었는데, 101일간의 여정에서 한치의 사고도 없었다. 이들은 추운 날씨와 열악한 여비로 고생하였다.

한화그룹이 제작한 성화봉은 평창이 해발 700m에 있다는 점을 살려 700㎜ 높이에, 영하 35도의 혹한과 초속 35m의 비바람에도 꺼지지 않도록 특수 기술을 사용하였다. 성화봉은 한국의 전통 백자를 모티브로 몸통에 다섯 개의 불길이 하나의 불꽃으로 모이도록 설계하여 화합의 메시지를 표현하였으며, 평창의 'ㅍ'과 'ㅊ'을 디자인에 활용하였다.

성화봉은 성화 주자들에게 개당 50만 원에 판매하였는데, 기술과 디자인이 우수하다고 찬사를 받으면서 IOC 위원장도 300개를 특별 주문하였다. IOC는 개당 50만 원을 주겠다고 했으나, 조직위원회는 원가대로 100만 원씩 받았다. 성화 봉송 운영은 입찰을 통해 대홍기획이 담당했으며, 코카콜라, 삼성전자, KT, 현대차, 영원 아웃도어, 대한항공 등은 파트너로 참가하였다. 성화봉은 2020년 5월 IOC 올림픽 채널이 진행한 토너먼트에서 역대 최고의 성화봉으로 뽑혔다.

혹한과 싸운 올림픽 개회식

개회식을 준비하면서 가장 큰 걱정거리는 날씨였다. 대관령의 2월은 영하 20도를 오르내리며 눈이 내리기 시작하면 1m씩 쌓이는 것도 다반사였다. 더구나 개회식장은 지붕이 없는 노천 스타디움이었다. 개회식장이 위치한 대관령 언덕은 황태를 말리던 황태덕장으로 돌개바람도 거칠게 불었다.

개·폐회식장 지붕과 난방시설 설치는 처음부터 논쟁거리였다. 2012년 11월 조직위원회는 개·폐회식장 건설 기본계획 용역을 실시하였는데, 문화체육관광부는 지붕과 난방설치를 제외하도록 가이드라인을 제시하였다. 2013년 10월 기획재정부는 한국개발연구원KDI에 사업계획의 적정성 검토를 의뢰하였다. 조직위원회는 대관령 지역의 기후 특성을 고려하여 지붕과 난방설치를 요구하였으나, 반영되지 않았다. 2014년 12월 대회지원위원회는 총사업비 1,226억 원의 개·폐회식장 계획을 의결하였다.

조직위원장으로 취임하자, 나는 개회식장에 덮개를 해야 한다고 다시 건의하였다. 평창 출신인 염동열 국회의원은 "대관령에서 자란 사람으로서 야외 개회식은 말이 안 된다"라고 주장했으나, 정부는 완강하였다. 역대 올림픽 중 릴리함메르(1994), 나가노(1998), 솔트레이크시티(2002)에서는 지붕이 없는 개방형이었고, 2006년 토리노는 지붕이 반 개방된 스튜디오형이었으며, 밴쿠버(2010, 돔구장)와 소치(2014, 일부 개방)는 지붕이 있었다.

2017년 5월 문화체육관광부는 '지금이라도 지붕을 씌우자'라고 했으나, 추가적인 하중 발생으로 안전상의 문제와 구조보강 등에 약 225억 원이 소요된다. 설계(3개월) 및 공사에도 10개월 이상 소요된다. 식장 밖에 구조물을 보강하여 지붕을 설치하는 문제도 검토하였으나 공연을 위한 커스텀 타워와 충돌되었다.

2017년 2월 조직위원회는 여형구 사무총장을 반장으로 '혹한대책협의회'를 구성하였다. 개회식 1년 전인 2017년 2월 9일 저녁 8시. 전 직원들이 개회식장에 모여 현장 회의를 했다. 최근 10년간 2월 중 대관령 지역의 평균 기온은 영하 4.3도, 평균 풍속은 초당 3.6m였고, 가장 추운 날씨는 영하 14.8℃, 최대 풍속은 초당 12.9m였다.

혹한대책협의회는 기존대회 사례 및 IOC와 협의를 거쳐 방한 시설

보완, 방한용품 지급, 운영 및 홍보 등 3대 분야, 15개 세부 과제를 마련하였다. ▶식장 외벽에 방풍막 설치, ▶복도에 난방 쉼터 27개소 및 난방기 40대 설치, ▶본부석에 방풍 칸막이 설치, ▶관람객에게 핫팩, 방석, 무릎 담요, 판초 우의 및 오륜색 방한모자 등 6종 세트 지급, ▶따뜻한 음료 판매를 위한 고정 매점 10개소 및 이동형 가판대 12개소 운영, ▶응급의무실 확대, 개인 방한용품 판매, ▶보안 검색 시간 단축과 맞춤형 홍보영상 제작 등 9개 분야 대책을 마련하였다.

세부 과제는 2017년 2월 9일과 27일 두 차례의 현장 체험과 11월 4일 G-100일 드림콘서트 행사에서 나타난 문제를 바탕으로 수정·보완하였다. IOC는 'It's Winter Olympic Games'이라고 하면서 오히려 조직위원회가 지나치게 호들갑을 떨고 있다고 하였다. 1994년 릴리 함메르에서는 우의와 방석을 제공하면서, 관중들에게 양말 두 켤레, 부츠, 내복, 목도리, 모자 등을 준비해 오도록 홍보한 것이 전부였다.

2018년 2월 3일 국무총리가 참석한 가운데 개회식 리허설을 했다. 체감온도는 영하 20도를 넘었다. 의자에 방석과 핫팩을 깔고 장갑과 모자, 목도리로 완전무장 했으나 추위를 견디는 것은 고행이었다. 2만여 명의 초대 손님들도 중간에 자리를 뜨거나 복도에 설치된 난로 옆으로 모여들었다. 출연하는 가수나 배우들은 초주검이 되어 있었다. 총리도 더 강한 대책을 주문했다.

공조기를 설치하는 방안을 검토했으나, 개방형 공간에다가 소음 문제로 불가능하였다. 좌석에 전기 판넬을 설치하는 것은 발전기 소음 문제와 전력 소모량이 과다하고, 12,000개의 판넬을 설치하는 데 193억 원이 소요되었다. 좌석에 발열 카펫을 까는 방안도 비용이 만만치 않았다. 언론을 통해 날씨가 추우니 장갑과 내의, 양말 등을 준비해 오도록 대대적으로 홍보하였다. 과도하게 춥다는 것이 홍보되어 입장권을 반납하는 사람들도 늘어났다.

2월 8일 개회식 하루 전, 아침에 눈을 뜨니 영하 18도였다. 한가지 기대할 것은 기상예보였다. 남재철 기상청장이 브리핑하겠다고 사무실로 찾아왔다. 청장이 직접 오는 것은 부담스럽다고 사양했으나, 그는 올림픽 기간 중 장기 기상예보를 들고 사무실에 왔다. 청장은 기상청에서 잔뼈가 굵은 전문가로서 안동댐으로 수몰된 월곡초등학교 후배였다. 정말 흔하지 않은 인연이었다.

2018년 2월 9일, 밤새 잠을 설친 후 눈을 뜨자 날씨는 맑았으나, 기온은 영하 11도였다. 오후 2시가 되자 놀랍게도 수은주는 영상으로 올라가 있었다. 저녁 8시가 되자 기온은 영하 2.7도를 가리키고 있었다. 산 중턱이라 바람은 불었으나 전날과 비교하여 훨씬 나아졌다. 체감온도는 영하 8.7도로서 관중들 일부는 핫팩과 담요를 펴는 사람들도 있었으나 대부분 자리를 뜨지 않았다.

두 번째 어려움은 수송과 안전 문제였다. 상주인구 6,000명의 시골마을에 3만 5천 명의 관중을 포함하여 8만여 명이 모이게 된다. 선수와 임원, 관중, 운영인력을 위해 올림픽 기간 중 매일 2,173대의 버스와 2,785대의 승용차를 동원하였다. 개회식장에는 셔틀버스 외에 일반차량 진입은 엄격히 통제하고, 참가자별로 출입구를 지정하였다.

개·폐회식 날에는 4편의 임시열차를 증편하고, 경기가 밤늦게 끝나는 날에는 경기 종료 2시간 후까지 열차 시간을 연장하였다. 강릉과 평창 간에는 무료 셔틀버스를 무제한 운영하였다. 교통연구원을 통해 시뮬레이션한 결과, 개회식 날에는 전체의 16%인 3,500명이 KTX로 오게 되고, 46.6%인 2만 8천 명은 승용차, 37.4%는 버스로 오게 된다.

좁은 도로 사정을 고려하여 모든 승객은 환승주차장에 모여 주차한 후 조직위원회가 제공한 버스로 개회식장으로 오게 하였다. 진부역에 도착한 KTX 승객은 조직위원회가 제공한 버스로 환승주차장을 거쳐 개회식장으로 오게 된다. 자가용으로 오는 손님은 대관령 톨게이트에서 바로 환승주차장으로 안내되어 주차 후, 조직위원회 버스로 식장으로 오게 하였다.

조직위원회는 개회식장에서 2.5km 떨어진 대관령 산 중턱에 5천 대를 수용할 수 있는 환승주차장을 건설하였다. 주차장에서 개회식장으로 오가는 버스는 모의 개회식에서 운영한 120대보다 많은 600대로 증차하였고, 일방통행으로 운영하여 논스톱이 되도록 하였다. 개회식이 끝난 후 버스를 타는 줄이 길면 주차장까지 걸어가는 사람이 있을 때를 대비하여 도로 양편에 가로등을 설치하고 중간에 푸드 트럭과 캠프파이어도 설치하였다. 저체온증 환자의 신속한 조치를 위해 응급의무실을 곳곳에 설치하였다.

노약자와 교통약자를 위한 저상버스 44대, 휠체어 리프트 차량 139대는 경기장 입구에서 승·하차하도록 하였다. 승·하차장에는 방한 텐트와 히터를 설치하고 자원봉사자를 곳곳에 배치하였다. 상황실장은 중앙통제실에서 비디오로 시시각각 톨게이트와 환승주차장, 개회식장 교통상황을 점검하고, 여형구 사무총장은 현장에서 교통의 흐름을 지휘하였다.

많은 사람은 평창과 대관령을 혼동하였다. 올림픽이 개최되는 대관령은 영동고속도로의 평창 요금소에서 25km를 더 가야 하므로 도로공사에 도움을 요청하여 대관령 출구에 올림픽 주경기장이라고 표시토록 하여 혼란을 줄이도록 하였다. 대관령 요금소에는 병목현상을 막기 위해 하이패스 구간을 1개 증설하였고, 하이패스 2개 차도를 하나로 터서 속도를 줄이지 않고 통과할 수 있도록 하였다.

개회식 날 서울에서 오는 모든 차량은 통행료를 면제하였다. 평창 요금소를 나오자 바로 만나는 사거리 신호등 때문에 정체되는 것을 방지하기 위해 회전교차로를 설치하였다. 그러나 모의 개회식 결과 회전교차로 내에서 이미 진입한 차량 우선원칙이 안 지켜져 오히려 교통을 방해한다는 판단에 따라 다시 회전교차로를 철거하고 교통경찰을 배치하였다. 국토교통부에서 파견된 강희업 수송국장(대도시권광역교통위원장 역임, 차관급)은 차량과 운전 요원 확보, 스마트 수송앱 개발 등 복잡한 업무를 완벽하게 처리하였다.

세 번째 어려움은 귀빈VIP 의전의 문제였다. IOC는 IOC 위원과 직원, 국제경기연맹 임원, 등록된 기자단, 선수단에 대해서는 무료 입장권을 허용하였다. IOC는 각국의 정상급 인사와 2~3인의 수행원, 스포츠장관에 대해서는 초청 입장권을 발급하나 국가수반이 아닌 총리나 외교장관을 포함한 장관급 인사, 주재국 대사들에게는 초청장 발급을 허용하지 않았다. 대사들은 자국 외교장관이 오는 데 입장권은 물론 차량제공이나 경호, 경기장 내 귀빈 라운지를 이용할 수 없다는 것에 불만을 토로하면서 도와달라고 호소하였다.

국내 귀빈도 이슈였다. 300여 명의 국회의원을 어떻게 할 것인가. 국회 교육문화체육관광위원회(약칭 교문위) 위원들과 동계특위 위원들은 올림픽 유치부터 명운을 함께하였다. 조직위원회로서는 예산과 법안을 담당하는 예산결산위원회, 법제사법위원회, 국토교통위원회 등 … 어느 한 곳도 소홀히 할 수 없는 처지였다. 국회의장이 초청한 외국 국회의원과 한·일 의원연맹 위원, 제헌의원 등 요구가 봇물 터지듯 쏟아졌다.

IOC와 담판을 벌였다. 우리의 특수성을 고려하여 초청 입장권을 늘려야 한다고 강조했다. IOC는 국제경기연맹이나 IOC 임직원들에 대한 초청을 줄이고, 200명의 국내 인사를 초청할 수 있도록 했다. 나는 200명으로는 어림도 없다고 항변하였다. 어려운 협상 과정을 거쳐 초청 인사를 400명으로 늘렸다.

국회의원 중 누구를 초청하느냐가 문제가 되었다. 김교흥 국회 사무총장을 만나, 국회 차원에서 특별 예산을 편성하거나 의장 판공비를 활용하여 입장권을 구매해 달라고 요청했다. 국회는 문화체육관광부 예산에 넣어 주겠다고 했으나, 실행되지 못했다. 조직위원회의 유권해석 의뢰를 받은 국가권익위원회는 업무상 직결되는 경우 초청할 수 있으나, 전체 국회의원을 초청하는 것은 청탁법에 어긋난다고 해석하였다.

국가 5부 요인, 전직 대통령과 가족, 국회 상임위원장, 업무상 직결된 장·차관, 언론사 사장, 올림픽 유치에 공로가 큰 인사들, 그리고 소외계층과 사회적 약자들을 중심으로 초청장을 발급하였다. 초청 대상자를 선정하는 것도 어려웠지만 정부와 협의를 거치면서 시간도 소요되었고 명단이 수없이 바뀌는 등 난산을 거쳐 개막식 하루 전 또는 당일에야 명단을 확정할 수 있었다.

귀빈들은 2개 그룹으로 나누었다. 첫째 그룹은 대통령 내외분과 5부 요인, 장관급과 국회의원 등으로 대통령이 주최하는 환영연reception에 초대하였다. 용평호텔에서 만찬과 간단한 공연을 본 후 버스로 이동하였다. 만찬장 입장 시 미리 보안 체크를 하여 식장에는 검사 없이clean-to-clean 입장하여 식사도 해결하고 수송과 안전 검사도 수월하게 하였다.

두 번째 그룹은 언론사 사장단과 후원한 기업체 대표들로 대관령중학교 강당에 집결하였다. 뷔페로 저녁을 제공하고 버스로 개회식장까지 이동하였다. 나는 첫 번째 그룹에 참석하기로 되어 있었으나, 두 번째 그룹의 주인역할host이 더 중요하다고 생각했다. 환영연회장에서 "식사는 변변치 않으나, 보안 체크를 편하게 하기 위함"이라고 솔직히 얘기하자 모두 공감하였다.

세계를 놀라게 한 저비용, 고효율 개회식

2018년 2월 9일 저녁 8시, 역사적인 동계올림픽이 개막되었다. 2003년 올림픽에 도전한 지 15년, 2011년 올림픽 유치에 성공한 지 6년 7개월 만에 이룬 경사다. 개회식은 한국 전통문화의 가치관인 조화와 현대 문화예술의 특징인 융합을 컨셉concept으로 한국인의 특징인 열정과 역동성, 그리고 평화의 메시지를 주제로 하였다.

 강원도 다섯 아이가 여행을 떠난다. 이들은 한국의 고대와 근현대, 미래까지 시간을 넘나들며 대한민국 역사와 문화 속에서 평화에 대한 답을 찾아간다. 고대 신화 속 세상에서 사람과 자연의 조화를 이룬 평화로운 꿈을 만나고, 시련과 아픔의 역사 속에서 굴하지 않는 한국인들의 열정과 희망을 본다. 사람과 사람이 마음을 열고 소통하고 공감할 때 모든 행동은 평화로 이어진다.

 숫자 '5'는 세계의 화합을 상징하는 올림픽 오륜에서 가져왔다. 해나래(해의 날개, 불, 최승), 아라(바다, 물, 김애이미), 푸리(풀, 나무, 김정철), 비채(비추다, 쇠, 김지우), 누리(땅, 흙, 방윤하)란 다섯 아이의 이름은 오행의 火(불), 水(물), 木(나무), 金(쇠), 土(흙)에서 따왔으며, 입고 있는 옷의 색깔도 오행을 상징한다. 서로 다른 요소들이 어우러져 세상을 이루는 것처럼 다섯 아이도 모험하면서 점점 하나가 되어 간다.

<카운트 다운>

개회식은 '행동하는 평화Peace in Motion'를 주제로 조화와 융합, 열정과 평화를 컨셉으로 하는 '겨울동화' 판타지였다. 개회식은 대한민국으로 날아오는 비행기 안에서 승객들이 잡지나 신문을 보는 장면으로 시작했다. 설레는 마음으로 대한민국에 온 사람들과 함께 평창으로 향하는 환희의 여정이 시작된다. 비행기가 인천공항에 도착하자 평창 올림픽을 알리는 대형 화면과 김연아 선수가 환영하는 피켓을 보여주며 카운트 다운이 시작되었다.

세계인의 함성으로 호수의 물결은 10, 9, 8, 7 … 숫자로 변하고, 마지막 '0'이 되는 순간 사람들의 환호가 빛이 되어 평화의 종에 닿는다. 725년 통일신라 시대에 제작되어 1,300년의 세월을 간직해 온 깊고 청아한 오대산 상원사 동종에서 '평화의 종' 소리가 평창을 넘어 세계로 울려 퍼지는 가운데 무대와 객석이 하얀 설원으로 변하면서 축제가 시작된다. 개회식은 '평화의 땅', '우주의 조화', '시간의 강', '모두를 위한 미래', '행동하는 평화', '소망의 불꽃' 등 6개 문화공연으로 구성되었다.

<평화의 땅: 고대>

하늘과 땅, 사람이 한데 어우러져 평화를 기원해 온 한민족의 소망은 평창에서 다시 태어나 전 세계인들에게 평화의 메시지를 전한다. 다섯 아이와 함께 '평화'에 대한 답을 찾아가는 시간여행이 시작된다. 아이들은 눈밭 속에서 수정 구슬을 발견하고 구슬 속의 지도를 따라 과거로 통하는 신비한 동굴을 찾아간다.

동굴 속 고구려 벽화 '사신도'에서 백호가 뛰어나와 아이들을 신비로운 설원으로 데려간다. 아름다운 설원을 걷던 아이들은 홀로그램으로 등장하는 거북선과 혼전의, 해시계 등 과학기술을 담은 유물들과 금동대향로와 달항아리, 훈민정음, 유네스코 세계 문화유산에 등재된 석굴암과 다보탑, 수원화성 등 역사적인 문화유산을 만나게 된다.

고구려 고분인 강서대묘의 사신도는 동·서·남·북 네 방위를 수호하는 청룡, 백호, 주작, 현무로서 평화와 안녕을 소망하는 동물이다. 백호는 한국인의 기백과 정신을 상징한다. 청룡은 푸른 빛을 띠는 용, 주작은 상상 속의 불새로 온몸이 붉은색이다. 현무는 거북이와 뱀이 합쳐진 모습으로 물을 상징한다. 사신과 함께 사슴과 멧돼지, 꽃과 나비, 소나무와 해초, 메기와 물고기 떼, 까마귀와 까치 등 자연과 동물이 아이들과 어우러지고 불꽃 수레를 끄는 소를 따라 벽화 속 고구려 여인들도 함께 춤을 춘다.

하늘과 땅을 잇는 '인면조'와 평화를 가져오는 '봉황', 단군신화를 모티브로 한 웅녀가 평화의 땅을 축복한다. 고구려 벽화와 백제 금동대향로에 등장하는 인면조는 사람 얼굴에 새의 몸을 하고 있다. 천추나 만세로 불리는 인면조는 봉황처럼 길쭉한 몸과 백지장같이 하얀 얼굴에 큼직한 이목구비는 무표정했다. 흰색 전통 복장에다가 머리에는 작은 깃까지 올린 차림새, 기괴하고 부자연스러웠으나 무서웠다. 하늘과 땅을 오가며 천년을 산다는 인면조는 세상이 평화로울 때 나타나는 신령한 동물로 인기를 독차지했다.

미국의 IT전문 매체인 '더 버지The Verge'는 '두려운 존재였던 인면조가 세계적 관심을 받으면서 팬아트Fan art 열풍까지 불러일으켰다.'라고 격찬하였다. 일본 아사히 신문은 '인면조는 불사조를 바탕으로 그려진 것이고, 한국에서 불사조는 평화로운 시대에 나타난다'고 보도했다. 인면조는 평화의 상징으로 해석되어 일본의 포털 사이트에서도 실시간 검색

순위 상위권에 오르며 화제가 되었다.

다섯 아이는 웅녀와 함께 평화를 기원하기 위해 천제단으로 향한다. 벽화 고분에는 상상 속의 동물들과 구름, 넝쿨 같은 장식 문양, 사냥을 하거나 춤을 추는 사람들의 모습이 생동감 있게 표현되어 있다. 평화의 땅 가운데로 하늘과 땅을 잇는 천제단이 생겨나고 사람과 자연, 신화 속 동물들이 함께 어우러져 평화를 기원하는 춤을 춘다. 천·지·인이 조화를 이루자 모두가 빛으로 연결되고, 그 빛이 하늘에 별자리로 새겨져 '천상열차분야지도'가 된다.

천상열차분야지도는 하늘의 모습[天象]을 12개 별자리와 땅의 영역[分野]으로 배열해 놓았으며 한국의 우주관이 담겨 있다. 조선 태조 4년인 1395년 권근·류방택 등 12명의 천문학자가 검은 대리석에 1,467개의 별을 새겨놓은 천상열차분야지도는 세계에서 가장 오래된 천문도 가운데 하나이다. 다섯 아이는 그 평화로운 꿈이 담긴 별자리를 따라 새로운 여정을 떠난다.

임충일 미술감독팀이 탄생시킨 퍼핏puppet, 인형은 SNS를 달궜다. 인면조를 변형하거나 각색, 희화화한 팬아트도 쏟아졌다. 대한민국 정부 트위터의 소개 사진도 인면조 캐릭터로 바뀌었다. 개회식에는 인면조뿐만 아니라 모두 85가지의 우리 전통문화 속 동·식물이 등장했다.

<음양의 조화를 상징하는 태극: 우주의 조화>

대통령과 IOC 위원장, 각국 국가원수 등 귀빈들이 입장하였다. 대통령 뒷자리에는 북한의 김영남 노동당 중앙위원회 상무위원과 김여정 부부장이 자리하였다. 중앙 원형무대에 태극을 상징하는 장고 연주자들이 '하늘', '땅', '사람', '평창'이란 단어를 외치며 등장했고, 태극기의 4괘에 해당하는 장고 무용수들이 무대 양옆에서 등장하였다.

태극에 담긴 우주 만물의 조화는 전통 타악기인 장고의 큰 울림이 되어 전 세계에 화합의 메시지를 전한다. 바닥 스크린에는 한국의 순수하고 역동적인 프로젝션 영상이 펼쳐지고, 연주자들의 장고춤이 펼쳐지는 가운데 복장이 태극의 빨강과 파란색으로 바뀌고 태극기를 형상화하는 무대가 꾸며진다.

강광배(봅슬레이), 진선유(쇼트트랙 3관왕), 박세리(골프), 이승엽(야구), 황영조(마라톤), 서향순(양궁), 임오경(핸드볼), 하형주(유도) 등 한국을 빛낸 스포츠 스타들이 대형 태극기를 들고 입장한다. 전통 악대의 취타 연주와 함께 22개국, 75명의 다문화 가정 어린이들로 구성된 '레인보우 합창단'이 애국가를 부르는 가운데 조선 왕실의 친위대를 본따 창설한 전통 의장대가 태극기를 계양하였다.

이어서 역대 동계올림픽 중 가장 많은 92개국 2,891명의 선수가 그리스를 선두로 한글 가나다순으로 입장한다. 객석에는 LED로 각 나라의 국기와 한글 표기가 연출된다. 그리스와 대립관계인 마케도니아는 '구유고슬라비아 마케도니아공화국'으로 하여 프랑스와 핀란드 사이에 입장토록 하였고, 이스라엘은 이란과 관계를 고려하여 이란-이집트-아탈리아-이스라엘로 조정하였다. 타이완臺灣은 중국과 바로 다음 입장을 피하여 키프로스 다음으로 조정하였다. NBC는 뉴욕과 시차를 고려하여 미국팀이 맨 나중에 입장할 수 있도록 로마자 알파벳 순서로 입장하게 해달라고 요청했으나 반영되지 않았다.

개최국인 우리나라는 북한 선수단과 함께 91번째로 입장하였다. 원윤종(33, 봅슬레이)과 북한의 황충금(23, 여자아이스하키)이 선두에서 한반도기를 들고 아리랑 선율에 맞추어 입장하였다. 2000년 시드니 올림픽 이후 사상 열 번째, 2007년 장춘 동계아시안게임 이후 11년 만에 남북한 선수단이 함께 입장하였다. 개인 자격으로 출전한 러시아는 국기 대신 올림픽 깃발을 들고 입장했다.

1시간에 걸친 선수단 입장 시에는 69명의 자원봉사자가 스타디움 중앙에서 춤을 추었고, 서울올림픽의 '손에 손잡고'를 시작으로 신중현의 '엽전들과 미인,' 한명숙의 '노란 셔츠의 사나이,' '아리랑 목동과 정선아리랑,' 조용필의 '단발머리,' 등 명곡들이 리믹스 버전으로 울려 퍼졌다. 미국 선수단 입장 때, 싸이의 '강남스타일'은 절정을 이루었고, 방탄소년단의 'DNA,' 빅뱅의 '판타스틱 베이비,' 레드 벨벳의 '빨간 맛'까지 히트곡들이 이어졌다.

통가의 기수 피타 타우파토푸아Pita Taufatofua는 강추위 속에서도 상의를 입지 않은 채 근육질의 몸매를 드러내고 입장해 주목받았다. 그는 2016년 리우 올림픽에서도 똑같이 맨몸으로 등장했다. 리우에서는 태권도로 출전했는데 이번에는 크로스컨트리스키 선수로 출전하여 119명 중 114위로 골인하였다.

피켓 요원들이 입은 하얀 철사에 반짝이는 구슬을 한땀 한땀 꿰어 만든 순백의 드레스, 삼각 형태로 겹친 목 부분은 한복의 깃을, 머리에 쓴 화관은 우리 고유의 족두리를 연상케 했다. 태극기 운반수들은 솜을 넣어 두툼하게 누빈 흰색 도포형 두루마기에다가 전통 모자인 풍차에는 올림픽을 상징하는 오륜 색을 더했다. 세계인들의 SNS에는 '평창의 겨울 요정' 사진이 실시간으로 올라왔다. 올림픽에 사용된 의상은 2015년부터 예술감독으로 참여한 홍익대 금기숙 교수의 작품이었다.

<아리랑: 시간의 강, 근현대>

선수단이 입장하자 화려한 불꽃이 평창 스타디움을 대낮처럼 밝히면서 한국의 4계절을 소개하는 영상이 펼쳐진다. 최고령 예능보유자인 김남

기의 한과 애환을 담은 정선아리랑이 울려 퍼지는 가운데 다섯 아이는 뗏목을 타고 드넓게 펼쳐진 메밀 꽃밭을 건넌다. 뗏목이 지나온 길로 시간의 강이 흐르며, 대한민국의 굴곡진 역사를 상징하듯 갑자기 천둥이 치고 비바람이 불기 시작한다.

'아우라지'는 정선아리랑의 발상지이다. '두 물길이 이곳에서 하나로 어우러진다'라고 하여 아우라지로 불렸다. 수백 년 전 이곳 사람들은 험한 물길을 따라 서울까지 뗏목으로 목재를 운반하였다. 뗏목을 타고 서울로 가던 사람들이 거친 물살을 이겨내며 부르던 노래가 바로 아리랑이다. 뗏목은 소박한 강원도 사람들의 삶과 꿈을 상징한다.

시련과 고난 속에 '한강의 기적'을 이뤄낸 대한민국 사람들처럼 메밀꽃은 다시 일어나 풍성한 들판을 만든다. 비바람을 견디고 일어선 메밀꽃 사이로 꿈과 희망을 상징하는 반딧불들이 무대로 날아오르며 은하수처럼 펼쳐진다. 메밀은 척박한 환경에서도 잘 자라 배고픈 민중의 음식이었고, 메밀꽃은 '민초'를 의미한다. 이효석의 '메밀꽃 필 무렵(1936)'은 바로 이곳을 배경으로 하고 있다. 반딧불은 증강현실AR 기술로 제작하였다.

<모두를 위한 미래>

다섯 아이는 시간의 강 끝에서 빛나는 문을 발견한다. 아이들이 상상의 나래를 펼치며 각자의 꿈을 그리기 시작하자, 문이 열리고 아이들은 '미래의 문'을 지나 꿈을 이룬 자기 모습을 만난다. 의사가 된 푸리, 인공지능 로봇을 만드는 누리, 홀로그램 속 팝스타가 된 아라, 디지털 도시를 시뮬레이션하는 해나래, 스마트 기술로 한글을 가르치고 있는 비채가 되었다. 커스텀 타워를 활용한 미래의 문 연출은 개회식 분위기를 압도하였다.

무대에는 LED로 미래의 문을 형상화한 오브젝트들이 등장하였다. 문안에 들어서자 사람들이 원으로 둘러서 쌓이고, 한 줄기 빛이 사람의 얼굴을 그린다. 세상의 중심에 사람이 있다. 배경음악으로 '두껍아 두껍아 헌집줄게 새집다오' 동요와 괴물 주제음악OST인 '한강 찬가'가 리믹스 되어 나온다. 무대에는 화려한 레이져 쇼로 58개의 LED 기둥이 솟아오른다. 미디어 링크에서 쏟아져 나오는 빛이 세계와 세계, 사람과 사람을 연결한다. 4차 산업혁명이라는 거대한 변화 앞에 선, 우리는 기술보다는 사람을, 막힘보다는 소통을, 단절보다는 연결을 꿈꾼다. 인공지능과 로봇, 사물인터넷 등을 통해 기술과 사람이 공존한다.

이희범 조직위원장의 환영사, 토마스 바흐 IOC 위원장의 개회사에 이어 문재인 대통령이 개회를 선언하였다. 나는 "평창 올림픽은 30년 만에 대한민국에서 열리는 지구촌 최대의 겨울 축제입니다. … 세계는 남북한 선수들이 한반도기를 들고 동시에 입장하는 모습을 지켜보았습니다. 올림픽을 통해 남북한이 하나가 될 것입니다. 평창 올림픽은 한반도를 넘어 동북아, 그리고 평화를 갈망하는 전 세계인들에게 희망의 불빛이 될 것입니다"라고 강조하였다.

연설대에 오르면서 입었던 코트를 비서에게 던져주었다. 많은 사람은 코트를 입지 않고 연설하는 모습에 안쓰럽다는 반응을 보였다. 나는 평창이 춥지 않다는 것을 전 세계에 보여주고 싶었다. 문제는 스피치 원고가 보이질 않았다. 순간적으로 양복 안주머니에 있는 예비용을 꺼내 들었으나, 바람에 휘날리고 손도 시렸다. 행사팀은 연설문을 바인더에 넣어 연단 위에 두었으나, 전 세계적으로 비치는 카메라 불빛으로 바인더가 눈에 띄질 않았다.

바흐 위원장은 "안녕하세요! 평창"이라고 개회사를 하면서 남북한 선수단이 공동 입장하는 모습에 대해 "개회식을 시청 중인 전 세계 올림픽 팬들이 감동했다." "우리, 모두는 한국의 평화 메시지를 함께하고 지지한다"라고 했다. 바흐 위원장은 "자원봉사자 여러분, 감사합니다." "함께 가요, 평창"이라는 한국말로 개회사를 마무리하였다.

<행동하는 평화>

시간여행을 마친 다섯 아이는 평화를 염원하는 촛불을 들고 온 세계인 앞에 선다. 평창에서 시작된 평화의 촛불은 국경과 인종을 넘어, 온 세계를 하나로 이어준다. 작은 촛불이 모여 세상을 환히 밝히듯 작은 바람이 모여 세상의 변화를 이끄는 희망의 불빛이 된다.

다섯 아이가 평화의 염원을 담아 평창의 하늘 위로 비둘기를 날리자 강원도 주민 1,000명이 평화의 상징인 비둘기를 형상화하는 가운데, 양쪽의 비둘기들이 하나로 합쳐지면서 남북통일을 연상케 하는 퍼포먼스가 펼쳐지고 수백 마리의 비둘기들이 평화의 염원을 담아 더 멀리, 더 높이 날아갔다. 영상에는 100명의 스노보드 선수와 스키어들이 스키장 슬로프를 활주하며 내려온다. 하늘엔 1,218대의 드론이 스노보드를 타는 스키어 형상에서 수호랑과 반다비, 그리고 오륜기 모습을 연출하였다.

강찬영, 김귀진 등 동계스포츠 원로와 유영, 장유진, 정승기 등 차세대 유망주 8명이 오륜기를 들고 입장한다. 벨기에 퀸 엘리자베스 콩쿠르 1위인 소프라노 황수미의 올림픽 찬가가 울려 퍼지는 가운데 올림픽 기가 게양된다. 이어서 모태범 스피드스케이팅 선수, 김우식 스노보드 슬로프 스타일 심판, 박기호 노르딕복합 대표팀 코치가 각각 올림픽 정신으로 공정하고 당당한 경쟁을 다짐하는 선서를 하였다.

1994 릴리 함메르와 1998 나가노에서 4개의 금메달을 휩쓸고 싱가

포르 국가대표팀 감독을 맡고 있는 전이경, 2016 리우 올림픽 골프 금메달의 박인비, 2002 한·일 월드컵에서 승리의 골을 넣은 안정환이 차례로 성화봉을 인계하고 있다. 남북 단일 아이스하키팀인 한국의 박종아 선수와 북한의 정수현 선수가 120개의 계단을 올라가 김연아에게 전달하였다. 흰색 코트와 드레스로 단장한 피겨 여왕 김연아는 성화대 아래 빙판 위에서 아름다운 무용을 선보인 후 30개의 링으로 덮힌 기둥을 타고 불꽃을 달항아리로 밀어 넣어 스타디움을 밝혔다. 서울올림픽 이후 30년 만에 성화가 다시 타올랐다.

<소망의 불꽃>

축제의 불꽃과 함께 곳곳에 잠들어 있던 도깨비들이 깨어나 재주를 넘고 춤을 추며 함께 어울린다. 음악과 춤을 좋아하고 사람들에게 흥과 복을 주는 한국의 도깨비들이 올림픽 성화의 기운을 모두에게 전해 준다. 도깨비들은 서울올림픽 이후 30년 동안 잠들어 있다가 다시 깨어나 개회식장에서 한바탕 놀다가 간다는 컨셉이었다.

온 사방이 기쁨과 열정의 빛으로 가득하고, 힘찬 북소리에 겨울밤 축제는 절정을 맞이한다. 해외에서 엄청난 화제를 모았던 저스트 절크가 한국의 도깨비 가면을 쓰고 성화대 바로 밑에서 퍼포먼스를 하였고, 무대 중앙에서는 불을 형상화한 오브젝트와 솟대들이 등장하였다. LED 오브젝트 속에서 불꽃을 잔뜩 담은 지구가 무대 중앙으로 솟아오르고 형형색색의 불꽃이 무대 안팎에서 터지면서 평창의 밤을 장식한다. 다섯 아이는 성화대 밑에서 관중들을 향해 인사를 하고 장엄했던 올림픽 개회식이 막을 내렸다.

기대 이상의 수작으로 평가받은 올림픽 개회식

제작비 6,000억 원, 개회식에만 1,100억 원의 막대한 자금을 쏟아부은 2008 베이징 하계올림픽이나 압도적인 스케일로 제작한 2014 소치 동계올림픽과 비교해서 어림도 없는 예산이었다. 평창은 베이징 하계올림픽의 1/10, 밴쿠버의 1,715억 원, 런던의 1,893억 원보다 적은 예산이었으나, 첨단 정보통신기술과 한류가 어우러진 콘텐츠, 인면조, 드론과 IT의 화려한 퍼포먼스로 강력한 임팩트를 보여주었다.

캐나다의 비평가 부르스 아서Bruce Arthur는 "어느 올림픽 개회식에서나 흠잡을 곳이 있었다. 그러나 평창 올림픽 개회식은 춥다는 것 말고는 흠잡을 곳 없이 깔끔했다"라고 총평했다. 일본 언론들도 개회식의 가성비에 주목하며 평창 올림픽이 기존의 개최국을 상징하는 메가 이벤트로 간주 되던 개회식에 새로운 방향을 제시했다고 호평했다.

BBC 해설가 로빈 커진스Robin Cousins와 닉 호프Nick Hope는 남북한 공동입장을 두고 "메시지가 강렬하다. 관객들의 흐느낌이 느껴진다." "지금껏 참가한 개회식 중 최고다"라고 호평했다. 흐름이 막히지 않고 매끄럽게 흘러갔다. 불상사나 실수가 나온 부분이 전혀 없는 깔끔한 연출이 돋보인 개회식이었다. 리우 올림픽과 비교해 "우려를 딛고 호평받은 저비용·고효율의 개회식"이라고 지적했다.

개회식은 전 세계 3억 명이 방송을 보면서 열광하였다. 공중파 3사의 개회식 중계 시청률은 44.6%(닐슨 코리아)를 기록하였다. 김연아 선수의 성화 점화 순간에는 52.6%를 기록하였고, 강원도의 순간 최고 시청률은 71%까지 올라갔다. 정치적 논란으로 올림픽이 보이지 않는다는 우려를 딛고 많은 국민은 개회식을 지켜 보았다. 개회식 입장권 판매율도 99.2%로 올라갔다.

개·폐회식은 송승환 총감독 지휘 아래 제일기획 이도훈 팀이 담당하였다. 4차 재정계획은 개·폐회식 예산으로 700억 원 외에 예비비 200억 원과 커스텀 타워 건설비로 100억 원을 책정하였다. 리우 올림픽이 저비용으로 치러지자 조선일보는 '평창, 저예산으로 대호평 리우 개회식 보았나'라는 사설을 게재하였다. 리우 올림픽 총연출을 맡은 이탈리아의 마르코 발리치Marco Balich는 환경을 주제로 하면서 "베이징처럼 화려하지 않고 아테네처럼 거대하지도, 런던처럼 최첨단 기술을 자랑하지도 않았다"라고 했다.

리우가 저비용 올림픽이라는 평가를 받자, 정부는 비용을 줄이도록 지시하여 예비비를 삭감하였다. 조달청을 통한 입찰 과정에서 제일기획은 540억 원에 낙찰하여 경비는 다시 줄었다. 예산이 줄면서 출연 인원도 대폭 축소되었으나, 대회 직전 개·폐회식을 좀 더 화려하게 하자는 쪽으로 바뀌면서 삭감된 예비비 중 일부를 살려 668억 원으로 늘렸다. 출연진들의 숙박비와 운송비 등을 제외하면 실제 콘텐츠 제작에 투입된 예산은 200억 원 수준이었다.

예산을 늘린다는 방침은 결정되었으나, 정부가 교체되는 과정에서 행정절차가 늦어져 애를 태웠다. 2017년 9월 송승환 총감독은 나에게 "요청한 대로 한국적인 것, 스케일, 역동성, 와우 포인트, 관객참여 모두 보강했습니다. 문제는 예산입니다. 증액 예산이 빨리 집행 안 되면, 제작단에서는 일정을 못 맞춘다고 합니다. 빠른 결정을 부탁드립니다. 송승환 올림"이라고 문자로 호소하였다.

개회식은 한국의 전통문화를 바탕으로 5G, 증강현실AR, 가상현실VR 등 정보기술IT를 활용하여 입체감을 높였다. 특히, 전 좌석에 LED를 설치하여 무대에서 펼치는 홀로그램 기술과 조화를 이룸으로써 시각적 연출을 극대화하였다. 2016년 리우에서는 예산 부족으로 관중들의 도움을 받아 휴대전화 불빛을 이용한 퍼포먼스를 하였다. 개회식은 송승환의 지휘 아래 출연자 1,300명, 스태프 2,000명, 자원봉사자 1,000명이 이룬 공동작품이었다.

개회식은 지붕이 없는 대신 대대적인 불꽃 쇼를 할 수 있었다. 인텔은 드론을 사용하여 오륜기와 수호랑 등 형형색색의 연출을 하였다. 개회식뿐만 아니라 메달 플라자에서도 매일 드론 쇼를 진행하여 관중으로부터 호평받았다. 개회식은 35대의 방송 카메라가 입체적으로 중계하였는데, LED 등 시각적 연출이 큰 호평을 받았다.

개·폐회식팀은 세상의 이목을 피해 서울의 구석진 곳에서 밤새며 토론과 구도를 짠 후 2017년 12월부터 엄격한 보안 속에 일산 킨텍스에서 파트별로 리허설을 실시하였다. 2018년 1월 15일부터는 평창 올림픽 스타디움으로 옮겼는데 한쪽에서는 막바지 공사를 하고 있었고 추위와의 싸움, 보안과 전쟁, 그리고 참가 인력들의 숙식 문제 등 수많은 난관을 넘어야 했다.

개·폐회식에 참석한 이방카와 김여정

북한의 미사일 발사로 유럽 국가는 물론 미국마저 참가를 재고하겠다던 평창 올림픽은 동계올림픽 역사상 가장 많은 국가와 선수들이 참가하였다. 개회식에는 마이크 펜스Mike Pence 미국 부통령, 아베 신조安倍晉三 일본 총리, 한정韓正 중국 정치국 상무위원을 비롯하여 정상급 인사들도 26개국에서 32명이 참석하였다. 북한에서는 김영남 노동당 중앙위원회 상무위원(최고인민회의 상임위원장)과 김여정 제1부부장이 참석하였다.

프랑크-발터 슈타인마이어Frank-Walter Steinmeier 독일 대통령, 솔베르그Erma Solberg 노르웨이 총리, 마크 루터Mark Rutte 네덜란드 총리, 칼 구스타프H. M. Carl Gustaf 16세 스웨덴 국왕, 유하 시필라Juha Petri Sipilae 핀랜드 총리 등 북유럽 4개국 정상과 쥴리 파이예프Julie Payette 캐나다 총독도 참석하였다. 동계스포츠 강국인 스위스의 알랭 베르세Alain Berset 대통령, 안제이 두다Andrzej Duda 폴란드 대통령, 안드레이 카스카Andrzej Kiska 슬로바키아 대통령, 보루트 파호르Borut Pahor 슬로베니아 대통령, 헨리H.R.H. Grand Duke Henri 룩셈부르크 국왕, 아드리안 하슬러Adrian Arthur Hasler 리히텐스타인 총리도 방한하였다.

발트 3국에서는 달리아 그리바우스카이테Dalia Grybauskaite 리투아니아 대통령, 케르스티 칼유라이트Kersti Kaljulaid 에스토니아 대통령, 라이몬즈 베요니스Raimonds Vejonis 라트비아 대통령이 참석하였다. 노르웨이 호콘H.K.H. Kronprins Haakon 왕세자와 루이스Märtha Louise 공주, 네덜란드 빌렘-알렉산더Willem-Alexander 국왕과 마크 루트Mark Rutte 총리, 영국의 앤Anne 공주, 덴마크의 레드릭Frederik 왕세자, 알베르Albert 2세 모나코 대공도 참석하였다. UN에서는 구테레스Antonio Guterres 사무총장과 라이착Miroslav Lajcak 총회 의장이 참석하였다. 총회 의장과 사무총장이 동시에 참석하는 것은 매우 이례적이다.

정상급이 대규모로 참석하자 귀빈VIP을 개회식장까지 모시는 방법도 문제였다. 대통령과 각국에서 온 국가 수반급 인사는 모터케이드를 포함 개별차량 입장을 허용하였다. 미국 부통령도 정상급으로 대우하였다. 일본의 아베 총리는 물론 중국도 정상급 의전을 요구하였다. 국가마다 경호원과 수행원 명단이 갈수록 늘어났다. IOC 규정으로는 도저히 따를 수 없었다.

국민일보는 '산케이신문에 따르면, 개회식 당일 아베 일본 총리가 문재인 대통령과 회담을 마치고 쉬고 있을 때, 마이크 펜스 미국 부통령이 잠깐 보자고 해 15분간 만났다. 펜스 부통령은 리셉션 전 아베 총리에게 연락해 같이 가자고 요청했다. 김영남과 사진을 찍고 싶지 않았던 두 사람은 리셉션에 일부러 지각했다'라고 보도했다. 이에 앞서 한국 정부는 펜스 부통령과 김여정 제1부부장의 회담을 모색했으나, 북·미 양측이 거부했다고 아사히 신문이 보도했다.[1]

마이크 펜스 미국 부통령도 2022년 11월에 발표한 회고록 'So Help Me God'에서 "북한 인사들과 나는 헤드 테이블에 같이 앉는 걸로 돼 있었다. 아베 총리와 나는 고의로 지각하여서 참여하지 않았다. 김영남 위원장과의 만남을 '정중하게 강요politely force'한다고 판단했기 때문이다." 그는 "각국 귀빈들과 악수해가며, 의도적으로 시간을 끌다가 테이블에 앉지 않고 행사장에서 퇴장했다"라고 언급하였다.[2]

좌석 배치도 문제였다. IOC 프로토콜 상 대통령석Presidential Box에는 개최국 대통령, IOC 위원장, 조직위원장, 개최도시 장의 순서로 앉게 되어 있다. 정부는 대통령 옆자리에 펜스 미국 부통령, 한정 중국 상무위원, 아베 일본 수상, 그리고 뒷자리에 북한의 김영남과 김여정 부부장을 앉도록 결정하였다. 김재열 부위원장이 IOC 사무총장에게 정부 입장을 설명하고 협조를 요청했으나, IOC는 '우리 정부 입장을 수용할 수 없다'라고 문서로 회신하였다.

나는 바흐 위원장을 찾아갔다. 한국의 특수 상황을 설명하고 미국과 중국, 일본은 차기 개최국임을 강조하면서 4층 전체를 귀빈석Presidential

---

[1] 천지우 기자, '펜스가 아베 불러, 올림픽 리셉션 일부러 지각.' (국민일보, 2018. 2. 13.)
[2] 김영환 기자, 펜스 전 미부통령, 회고록서 "김여정, 무시했다." (이데일리, 2022. 11. 19.)

Box으로 해석해 달라고 요청했다. IOC는 결국 우리 정부의 뜻대로 대통령 옆자리에는 미국, 중국, 일본이 앉았고 그 뒷자리에 김영남과 김여정, 그 옆엔 빈센트 브룩스Vincent Keith Brooks 주한 유엔사령관이 자리하였다. 올림픽을 유치한 이명박 대통령은 물론 나도 IOC 의전과는 달리 옆방으로 옮겼다.

개회식에는 북한에서 229명의 미녀응원단이 참석하여 열띤 응원을 하였다. 이들은 한복차림으로 부채춤을 추고 체육복으로 절도 있는 '칼군무'를 펼쳤다. 영국 가디언The Guardian은 평창의 10대 명장면 중 하나로 북한 응원단을 꼽았다. 그러나 평창에서 북한 응원단을 향한 관심은 초반에 반짝했으나 곧 시들해졌다. 젊은 층은 기계같이 움직이는 이들의 모습에 호기심을 잃고 있었다. 북한도 패럴림픽에 응원단과 예술단을 파견하기로 했던 애초 계획을 취소하였다.

북한 응원단이 처음 온 2002년 부산 아시안게임에서는 신드롬 수준의 충격이었다. '북한 미녀응원단 팬클럽'도 생겼다. 2005년에는 북한 국립민족예술단 소속 간판 무용수 조명애가 한국 가수 이효리와 함께 삼성 휴대폰 광고를 찍어 화제를 낳았다. 반면, 미디어는 모란봉악단 현송월 단장의 옷과 핸드백 등 외모에 집중하면서 '현송월 신드롬'을 만들어 냈다고 지적했다.

조직위원회는 북한 응원단 좌석을 마련하기 위해 비상이 걸렸다. 응원단은 설 전날인 2월 15일 피겨스케이팅 페어에 출전한 북한 선수를 응원하기 위해 강릉 아이스아레나를 찾았다. 저녁에는 남자아이스하키 한국과 체코 예선전에서 골대 바로 뒷좌석을 차지했다. 표가 매진된 상태라 원래 좌석과 맞바꾸는 방식으로 좌석을 마련했으나 언론과 일반 관중으로부터 비난받기도 하였다.

폐회식에는 미국 트럼프 대통령의 장녀인 이방카Ivanka Trump 백악관 선임고문이 대표단 단장 자격으로 참석하였다. 중국에서는 류옌둥劉延東 부총리, 칼 구스타프H.M. Carl Gustaf 16세 스웨덴 국왕이 참석하였다. 정부는 스웨덴 국왕과 러시아 대표를 대통령 옆자리에 앉도록 희망했으나, IOC의 반대로 실현되지 못했다. 스웨덴은 2026년 동계올림픽 유치를 추진하고 있고, 러시아도 IOC로부터 제재받고 있었다.

북한은 김영철 노동당 중앙위원회 부위원장 겸 통일선전부장, 리선권 조국평화통일위원장 등 8명의 고위급 대표단이 2박 3일 일정으로 방한하였다. 천안함 폭침 주범으로 알려진 김영철의 방한에 대해 정치권은 찬반양론으로 갈렸다. 자유한국당은 '김영철 방한 저지 투쟁위원회'를 구성하였고, 천안함 유족들도 통일대교에서 반대 시위를 벌였다.

사상 최대의 기록을 세운 열정 17일

동계올림픽 역사상 최대 규모인 92개국, 2,891명의 선수는 17일간 평창과 강릉, 정선에서 102개의 금메달을 놓고 격돌하였다. 평창에서는 25개의 올림픽 신기록과 3개의 세계 신기록이 쏟아졌다. 2014년 소치에서 올림픽 신기록 11개, 2010년 밴쿠버에서 올림픽 신기록 21개, 세계 신기록 2개에 비해 풍성하였다.

스피드스케이팅, 쇼트트랙, 피겨스케이팅, 아이스하키, 컬링 등 빙상 5개 종목은 32개의 금메달을 놓고 강릉에서 개최되었다. 알파인스키, 크로스컨트리스키, 프리스타일 스키, 노르딕복합, 스키점프, 바이애슬론, 스노보드 등 설상 7개 종목은 61개의 금메달을 놓고 평창(알펜시아, 용평, 휘닉스)과 정선에서 개최되었다. 봅슬레이, 루지, 스켈레톤 등 슬라이딩 3개 종목은 9개의 금메달을 놓고 평창에 최신 공법으로 건설된 슬라이딩센터에서 개최되었다.

0.01초 차이로 운명을 가른 선수도 많았다. 알파인스키 여자 수퍼대회전에서 체코의 에스터 레데츠카Ester Ledecka는 0.01초 차이로 금메달을 획득하였다. 그는 원래 스노보드 선수였으나 스키와 스노보드에 출전하여 2개의 금메달을 쓸어 담았다. 한국의 차민규 선수는 스피드스케이팅 남자 500m에서 노르웨이 호바르 로렌첸에게 0.01초 뒤져 은메달에 그쳤다.

100분의 1초까지 같은 기록도 3번이나 나왔다. 캐나다의 저스틴 크립스Justin Kripps 조와 독일의 프란체스코 프리드리히Francesco Friedrich 조는 봅슬레이 남자 2인승 경기에서 공동 금메달 수상자가 되었다. 봅슬레이 오픈 4인승 경기에서 독일의 발터 호와 대한민국 원윤종 호는 0.01초까지 같아 공동 은메달 수상자가 되었다.

남자 봅슬레이 2인승은 기록을 합산한 결과 두 팀이 3분 16초 86으로 정확히 같아서 은메달 없이 4명에게 금메달이 수여되었다. 오픈 봅슬레이 4인승 종목에서 대한민국과 독일이 종합 3분 16초 38로 같은 기록이 나와 동메달 없이 8명에게 은메달이 수여되었다. 크로스컨트리스키 여자 10㎞ 프리에서 3위로 골인한 2명의 기록이 25분 32초 4로 같아 공동으로 동메달을 수여하였다.

일본의 하뉴 유즈루羽生結弦는 강릉 아이스아레나에서 열린 피겨 남자 싱글 프리스케이팅에서 총점 317.85로 우승을 차지하였다. 하뉴는 2014년 소치 올림픽에 이어 올림픽 남자 싱글 2연패의 주인공이 되었다. 일본은 우노 쇼마宇野昌磨가 은메달까지 차지하였다. 러시아 피겨 요정 알리나 자기토바Alina Zagitova(16)가 세계 랭킹 1위 예브게니아 메드베데바Evgenia Medvedeva를 누르고 '평창의 피겨 퀸'이 되었다.

여자아이스하키 선수들 가운데 언니 박윤정Marissa Brandt(26)은 남북한 단일팀, 동생 한나 브랜트Hannah Brandt는 미국팀 대표로 출전해 화제가 되기도 했다. 박윤정은 4개월 되던 1993년 5월 미국 미네소타주에서 가계를 운영하는 그레그 브랜트Greg Brandt 가에 입양되었다. 결혼 후 12년간 아이가 없던 집에 윤정이가 입양한 6개월 후 동생 한나가 태어났다. 자매는 어려서부터 체조, 피겨스케이팅 등 운동을 같이 배웠고, 한국문화 체험 캠프도 함께 다녔다.

한나가 5살 때 아이스하키 스틱을 잡자 2년 뒤 언니 윤정도 링크장에 섰다. 한나는 미국 대표팀의 세계선수권 우승에 기여 해 평창행 입장권을 획득하였고, 윤정은 대한아이스하키협회로부터 한국 대표팀 제의를 받고 입양 후 처음으로 한국 땅을 밟았다. "어린 시절 피하고만 싶었던 정체성이었는데, 이젠 내 뿌리가 한국임을 자랑스러워하게 됐어요." "한나는 저의 절친best friend이죠." "언니는 제게 전부나 마찬가지예요." 피 한 방울 섞이지 않은 절친이자 동료인 브랜트 자매의 이야기는 평창의 온기를 더해 주었다.

미담과 사고의 건수도 많았다. 강릉 스피드스케이팅 경기장에서 열린 여자 500m 결승에서 이상화 선수는 은메달을 획득한 후 쏟아져 내리는 눈물을 훔치고 있었다. 동계올림픽 3연패의 실패보다 일본 선수에게 금메달을 넘겨준 데 대한 회한이 컸을 것이다. 관중들은 "이상화!!" "울지 마!!"를 연호하며 아낌없는 격려의 박수를 보냈다. 금메달의 고다이라 나오小平奈緖(32) 선수가 이상화(29)에게 다가와 어깨를 감쌌고 이상화는 몸을 기댔다.

두 사람은 가볍게 포옹한 채 각자의 국기와 함께 빙판을 돌았다. 서로 '잘했다.' '너를 존경한다.' '네가 자랑스럽다'라고 격려했다. 한·일 간 정치적 교착상태에도 불구하고 스포츠 정신으로 하나가 된 두 영웅의 어깨동무에 외신들도 주목했다. 미국 NBC는 '스포츠맨십이 무엇인지 보여줬다'라고 보도했다.[3] '올림픽이 뭐길래' (한국일보). '이상화의 눈물: 감동의 평창 드라마' (한겨레). 언론은 '둘의 승패는 국적도 넘어섰다'라고 보도했다.

두 선수는 고교 시절 한·일 친선 교류전에서 만나 오랜 시간 우정을 쌓아왔다. 고다이라는 "상화는 내게 친구 이상의 존재"라며 우정을 표시했다. 고다이라는 상화에게 "잘했어"라고 한국어로 말해 주었고, "난 아직도 널 존경한다"라고 말했다. 2018년 4월 조직위원회는 도쿄에서 '평창에서 동경까지'라는 주제로 평창의 경험을 전수하는 세미나를 개최하였는데 이상화와 고다이라의 토크쇼에는 일본 정치인과 언론이 대거 참석하였다.

2022 베이징 올림픽에서 고다이라가 17위로 부진해지자 KBS 해설위원석에 앉은 이상화는 "아, 포기하지 마세요. 끝까지. 그래도 끝까지 가줘야 합니다. 끝까지" 흐르려는 눈물을 부여잡고 멘 목소리로 응원하였다. 경기 후 고다이라는 이상화에게 다가와 "잘 지냈어? 보고 싶었어요." 요미우리 신문은 '이상화의 눈물에 감동이 번진다. 우정에 국경이란 없다'라고 보도하였다.

스피드스케이팅 여자 팀 추월 준준결승에서 한국 대표팀의 김보름(25, 강원도청)과 박지우(20, 한국체육대학)와 달리 3번 주자 노선영(29)은 크게 뒤처져서 결승선을 통과했다. 팀 추월 경기는 마지막에 들어온 주자의 기록을 기준으로 순위가 결정되므로 팀원들이 체력을 배분하여 마지막 주자를 관리해야 한다. 결과적으로 노선영의 기록에 따라 7위가

---

[3] 중앙일보, '올림픽 정신 보여준 아름다운 어깨동무.' (중앙일보 사설, 2018. 2. 20.)

되면서 준결승 진출이 무산되었다.

백철기 감독은 기자회견에서 "노선영이 마지막 주자로 달리겠다는 의견을 직접 냈다"라고 해명했으나, 노선영은 감독의 주장을 정면 반박했다. 노선영은 올림픽 직전 대한빙상경기연맹의 착오로 대회 출전이 불가하다는 통보를 받고 약 1주일간 훈련을 하지 못했다. 급기야 '왕따 주행' 의혹은 빙상연맹의 비리 문제로 비화 되어서 문화체육관광부는 빙상연맹을 감사하였고, '특정 선수가 일부러 늦게 주행했다는 의혹은 사실이 아닌 것으로 판단된다'라고 발표했다.

중앙일보는 '지난 19일 청와대 국민 청원 게시판에 김보름·박지우의 국가대표 자격을 박탈하고 대한빙상경기연맹을 처벌하라는 내용의 청원이 올라왔다. 30일 동안 20만 명 이상이 추천한 청원에는 정부가 답하도록 하고 있는데, 이 청원은 23일 현재 58만 명 이상의 동의를 얻었다. 우리 사회에 쌓인 차별·불공정·부정부패·갑질 등에 대한 분노가 이번 사건을 계기로 폭발했다'라고 보도했다.[4]

평창 동계올림픽에서 기상 조건은 매우 중요한 변수였다. 개회식 이후 평창과 강릉 지역은 선수들이 최상의 경기력을 발휘할 수 있는 설질과 빙질을 위한 적정 온도인 영하 10도에서 영하 5도를 유지하였다. 2월 11일에는 강풍으로 정선 알파인 경기가 연기되면서 입장권 환불이 있었으나, 질서정연하였다. 2006년 토리노, 2010년 밴쿠버, 2014년 소치 올림픽에서는 따뜻한 날씨와 비 때문에 경기 진행에 차질을 빚은 것과 대조적이었다.

토마스 바흐 IOC 위원장은 대회 기간 중 매일 개최되는 리셉션에서 연설을 통해 "Everyday is special"이라고 흥분을 감추지 못했다. 나는

---

[4] 김원·백수진 기자, 대한민국은 왜 김보름에게 분노하는가. (중앙일보, 2018. 2. 24.)

"Everyday is torture for me"이라고 화답하였다. 매일 아침 눈을 뜨자 하늘을 쳐다보고 휴대전화에 담긴 메시지를 확인하였다. '날씨는 맑을 것인가?' '춥지 않을 건가?' '간밤에 사고는 없었나?' 하루하루가 나에겐 고문이었다.

이번 대회에서 30개국이 1개 이상의 메달을 획득했는데 이는 역대 동계올림픽 사상 최다 기록이었다. 노르웨이가 릴리 함메르 칠드런의 활약으로 39개의 메달(금 14, 은 14, 동 11)로 종합 1위를 차지하였다. 독일은 마지막 날 남자 봅슬레이 4인승에서 금메달과 은메달을 획득하며 노르웨이와 접전을 벌였으나, 남자아이스하키 결승에서 경기 종료 1분 전 러시아의 동점 골로 연장전에 패하여 2위(금 14, 은 10, 동 7)에 머물렀다. 캐나다가 29개 메달(금 11, 은 8, 동 10)로 3위를 차지했다.

북미아이스하키리그NHL 소속 선수가 불참한 미국은 남자아이스하키도 메달권에서 벗어나며 23개 메달(금 9, 은 8, 동 6)로 4위에 그쳤다. 일본은 하뉴 유즈루와 고다이라 나오의 금메달과 스피드스케이팅 여자팀 추월과 여자 매스스타트에서 다카기 나나髙木菜那가 금메달을 차지하면서 1988년 나가노 이후 최고인 11위를 기록했다. 지난 대회 개최국인 러시아는 17개의 메달(금 2)에 그쳤다. 차기 대회 개최국인 중국도 쇼트트랙에서 무더기 실격으로 금메달 1개에 그쳤다.

한국 선수들의 영광의 순간

임효준(22, 한국체육대학)은 개회식 다음 날 강릉 아이스아레나에서 열린 쇼트트랙 1,500m 결승에서 2분 10초 485의 올림픽 신기록을 수립하며 한국팀에 첫 금메달을 선사했다. 2등과 0.07초 차이였다. 그는 초등학교 시절부터 유망주로 평가되었으나, 중요한 순간마다 찾아온 부상으로 허리, 발목, 정강이, 손목 등을 수술하면서 어려움을 극복하였다.

최민정(20, 성남시청)은 강릉 아이스아레나에서 열린 쇼트트랙 여자 1,500m 결승에서 2분 24초 948로 여자 선수로서는 첫 금메달을 목에 걸었다. 자신의 올림픽 데뷔 무대였던 여자 500m 결승에서 실격 판정을 받은 후여서 더욱 의미가 컸다. 특히, 마지막 2바퀴에서 스퍼트를 보여주어 외신들도 '무서운 질주였다'고 찬사를 보냈다. 최민정은 계주 우승으로 2관왕에 올랐다.

강릉 아이스아레나에서 열린 여자 쇼트트랙 계주 3,000m 준결승에서 심석희, 최민정, 김예진, 김아랑, 이유빈이 출전한 한국팀은 13바퀴째 막내 이유빈 선수가 넘어지면서 앞 팀과 반 바퀴 이상 떨어졌다. 그러나 한국 선수들은 올림픽 신기록을 세우며 1위로 결승에 진출하였다. 한국팀은 결승에서도 1위로 골인하여 금메달을 목에 거는 투지를 발휘하였다. 반면, 남자 1,500m 쇼트트랙 준결승에서 서이라 선수는 0.02초 차이로 결승 진출에 실패하였다.

이승훈(30, 대한항공)은 매스스타트에서 금메달을 획득하였다. 2위로 달리던 이승훈은 마지막 곡선 코너링에서 환상적인 스퍼트로 단숨에 선두로 올라서서 '빙속황제,' '아시아 빙속 최다 올림픽 메달리스트'가 되었다. 이승훈은 2010 밴쿠버 동계올림픽 1만m 금메달, 5,000m 은메달과 2014 소치 올림픽 팀 추월에서 은메달을 획득한 데 이어 매스스타트 초대 황제가 되었다.

컬링은 돌풍을 일으켰다. 5명의 팀원 중 4명이 의성여고 출신인 컬링팀은 세계 최강 캐나다를 8:6으로 이긴 데 이어, 스위스를 7:5, 러시아를 11:2, 영국을 7:4, 스웨덴을 7:6, 중국 12:5, 미국 9:6으로 꺾으면서 8승 1패의 기록으로 4강에 올랐다. 준결승에서 8:7로 일본을 꺾었으나

3:8로 스웨덴에 석패 하여 은메달을 목에 걸었다. 일본도 5:3으로 영국을 꺾고 동메달을 차지하였다.

의성은 마늘보다 컬링으로 더 유명해졌다. 뉴욕타임즈 *New York Times*는 김은정, 김영미, 김선영, 김경애, 김초희의 '갈릭 걸스가 올림픽을 사로잡았다'라고 보도했다. 주장이자 스킵 김은정이 리드 김영미를 향해 외친 "영미, 영미, 영미!"는 유행어가 되었다. '컬링 대신 클리닝, 스톤 대신 로봇청소기, 브롬 대신 막대 걸레로' … 컬링 패러디 영상이 SNS에서 화제가 되었다.

스켈레톤의 윤성빈도 스타로 부상하였다. 윤성빈은 설날인 2월 18일 아시아 선수 최초로 썰매 종목에서 금메달을 목에 걸면서 스켈레톤과 함께 슬라이딩센터도 명소가 되었다. 윤성빈은 2017년 11월 테스트 이벤트로 실시한 월드컵 대회에서 0.01초 차이로 은메달에 그쳤으나, 7차례의 세계대회에서 금메달 5개, 은메달 2개를 획득하여 세계 최강자임을 다시 확인하였다.

스노보드 국가대표 이상호는 우리나라 동계 올림픽사상 설상종목 최초로 은메달을 선사하였다. 보광 휘닉스 스노경기장에서 열린 스노보드 남자 평행 대회전 결승에서 스타트는 다소 늦었으나 손가락이 먼저 결승선을 통과함으로써 0.01초 차이로 은메달을 차지했다. 그는 정선 배추밭에서 눈썰매를 타다가 아버지의 권유로 스노보드 선수가 되었다.

봅슬레이 4인승 국가대표 원윤종, 전정린, 서영우, 김동현 팀은 대회 마지막 날인 2월 25일 대반전의 레이스를 펼치며 은메달을 획득하였다. 이들은 1~4차 주행 합계가 3분 16초 38로 독일과 같아 공동으로 은메달 시상대에 올랐다. 전체 29개 출전팀 중에서 최종 2위를 차지했는데, 한국은 물론 아시아 봅슬레이 역사상 최초의 메달이었다.

남북한 단일팀으로 출전한 여자아이스하키팀은 득점 2, 실점 28로 세계의 문턱을 넘는 데 실패하였으나, 경기마다 응원석에서는 '우리는 하나다'를 외쳐 남북이 하나임을 확인하였다. 재미교포 민유라(32)와 미국 출신 귀화선수 알렉산더 겜린Alexander Gamelin(25)은 피겨스케이팅 프리댄스에서 한복을 입고 아리랑이 울려 퍼지는 가운데 연기를 하였다. 18위로 세계의 벽을 확인했으나, 전 세계인이 지켜보는 올림픽 무대에서 한복과 아리랑을 내세웠다는 점에서 감동을 주었다.

우리나라는 15개 전 종목에 146명의 선수가 출전하여 동계올림픽 사상 최대인 17개의 메달(금 5, 은 8, 동 4)로 종합 7위를 기록하였다. 애초 금 8, 은 4, 동 8로 종합 4위(8484 전략)를 목표로 하였으나, 금메달 텃밭인 쇼트트랙에서 어이없는 실수로 5개에 그쳤다. 밴쿠버의 14개(6, 6, 2), 소치의 8개(3, 3, 2)를 넘었으며, 봅슬레이, 스켈레톤, 컬링에서 값진 메달을 획득하였다.

선수들이 비인기 종목에서 선전한 뒤에는 기업이 있었다. 롯데그룹 신동빈 회장은 2014년 대한스키협회 회장을 맡은 뒤 100억 원 이상 지원하여 전지훈련과 코칭스태프 충원 등 국가대표팀을 지원하였다. 현대자동차는 2014년부터 봅슬레이 선수용 썰매를 제작해 지원하였다. 기아차는 2004년부터 스피드스케이팅을 후원했다. LG전자는 스켈레톤 국가대표팀의 메인 스폰서로서 윤성빈을 '썰매 황제'로 등극하도록 하였다. 포스코대우(현재 포스코인터내셔널)도 2011년부터 봅슬레이와 스켈레톤 대표팀에 22억 원을 지원하였다.

2006년부터 피겨여왕 김연아를 후원한 KB금융은 쇼트트랙, 피겨스케이팅 등의 전지훈련이나 장비 구입을 지원하였다. 하나금융도 2012년부터 루지 국가대표팀을 후원하였다. 신세계는 2012년부터 100억 원을 쏟아부으며 불모지나 다름없던 컬링의 '영미' 신드롬을 일으켰다. 장애인노르딕스키연맹 배동현 회장은 신의현 선수를 지원하여 금메달을 획득하였다. 한국경제연구원은 '국내 55개 기업이 겨울올림픽 관련 15개 종목을 지원해 왔다'라고 분석하였다.[5]

입장권 매진사태와 만석 달성

입장권 판매는 올림픽을 평가하는 중요 지표 중 하나이다. 그러나 동계스포츠가 유럽형 경기로서 한국에는 피겨스케이팅이나 쇼트트랙 같은 몇 가지 경기만 인기를 누리고 있었을 뿐 컬링, 스켈레톤, 루지, 크로스컨트리 등 대부분은 이름조차 생소했다. 특히, 패럴림픽에서 만석 달성은 더 큰 과제였다.

올림픽 입장권은 모두 107만 매로 30%는 해외 판매, 70%는 국내 판매로 잡고, 국내에서는 48만 매를 단체판매로 책정하였다. 패럴림픽은 22만 매 중 66%인 14만 매를 단체판매로 책정하였다. 단체판매는 중앙부처와 지자체, 교육기관을 대상으로 하였으나 서슬이 퍼런 청탁금지법과 함께 2018년 6월에는 지방자치단체장 선거가 있어서 선거법은 더 무서운 존재였다.

법제처에서 파견 나온 류철호 법무관을 국민권익위원회에 파견하여 사정을 설명하였다. 국민권익위원회는 8만 원(공직자는 5만 원) 이하의 입장권ticket은 주어도 된다고 해석해 주었다. 중앙선거관리위원회도 지자체가 8만 원 이하의 입장권을 사서 주민들에게 나누어 주는 것은 선거법에 저촉되지 않으며, 주민들을 위해 교통편의를 제공하거나 식음료를

---

5 이은택 기자, '평창 성공, 숨은 공신은 기업후원.' (동아일보, 2018. 3. 8.), 김정환 기자 외, '평창 함께 뛴 기업들… 윤성빈·이상화 메달 숨은 공신.' (매일경제, 2018. 2. 20.)

제공해 주어도 좋다고 해석하였다.

조직위원회는 단체판매가 가능한 경기를 스키 종목과 스케이트, 패럴림픽에 한정하였다. 단체판매를 촉진하기 위해 우수 직원 포상 시 부상으로 입장권을 주도록 건의하고, 패럴림픽의 경우 20인 이상 구매 시 30%를 할인하였다. 단체판매된 입장권은 올림픽 31.5만 매, 패럴림픽 18.1만 매로 245억 원 상당이었다.

올림픽은 방학 기간에 개최되나 패럴림픽은 학기 초라서 교육부의 협조가 절실하였다. 교육부는 패럴림픽 기간에도 경기를 관람하는 경우 출석으로 인정해 주었다. 교육부는 특별교부금을 시도 교육청에 배정해 주었고, 교육청은 각급 학교로 재배정하여 티켓을 구매해 주었다. 학교를 통한 단체판매는 전체의 1/3인 16만 매로 올림픽과 패럴림픽을 위한 큰 선물이 되었다.

2014년 9월 인천 아시안게임은 개회식 전까지 입장권 예매율이 17%, 대회 개최 하루 전까지 30%에 불과했다. 입장권 가격이 10~100만 원으로 부산 아시안게임의 5~25만 원보다 2배 이상 비싼데다가 세월호 사건으로 사회 분위기가 침체한 것이 주요한 원인이었다. 2012년 여수 엑스포에서도 지자체에 대해서는 특별할인권을 제공했으나 평창에서는 할인정책을 쓰지 않았다.

소치의 경우 입장권 책임자의 잦은 교체, 시스템 대행업체의 올림픽 경험 부족, 위기관리 능력 저하 등 어려움이 있었다. IOC는 좌석 배정, 경기운영 및 후원사 참가자와 일반대중 판매의 이원화, 참가자별 요구사항 관리 등을 고려해 전문가 컨설턴트 고용을 권장하였으나 평창은 전문가를 고용하지 않았다. 토리노, 밴쿠버, 소치 등에서는 입장권 분야 전문가를 3~4년간 고용했다.

입장권은 목표 대비 100.9%인 107.8만 매가 판매되었다. 입장권판매는 개회식 직전까지 80% 수준을 유지했으나 개회식 이후 급증하였다. 특히, 선수들이 선전한 컬링, 스켈레톤, 알파인스키, 봅슬레이, 스노보드, 스키점프, 스피드스케이팅, 쇼트트랙은 100% 매진되어 온라인에서 입장권을 살 수가 없었다.

그런데도 경기장에는 빈자리가 많았다. 관중석은 등록석과 판매석으로 구분되는데, 등록석은 선수단, IOC와 국제경기연맹 등 올림픽 패밀리, 방송미디어, 기자 등 일정한 권리를 가진 집단에 부여되며, IOC와 계약상 조직위원회가 판매할 수 없는 자리였다. 등록석은 전체 좌석의 약 10%를 차지하였다.

판매석은 후원사, 중계방송사, 일반관중 등을 위한 좌석으로 완판되더라도 개인 사정에 따라 예약부도no-show가 발생한다. 카메라 포지션에 따라 과도한 시야 제한으로 사석도 19만 석에 이르렀다. 평창에서 예약부도율은 19%로서 소치의 20%, 밴쿠버의 22%보다는 낮았다. 예약부도로 빈자리는 자원봉사자 등으로 채웠으나 경기 전까지 예측할 수 없어 불가피하게 생긴 빈자리도 많았다.

예컨대, 관동하키센터의 경우 총 5,600석 중 사석 370석과 등록석 510석(선수 84, 올림픽 패밀리 97, 방송 및 프레스 277석)을 제외한 4,700석이 판매석이나 이 중에 400석은 국내·외 후원사, 중계방송사 등에 우선 판매 권한이 있어 대회 직전까지 조직위원회가 마음대로 판매할 수 없었다. 강릉 아이스아레나도 11,400석 중 사석은 1,200석, 등록석은 1,400석이었다.

패럴림픽은 학교를 통한 단체판매 외에도 노인회, 장애인 단체 등을 통한 판매에 중점을 두었다. 패럴림픽은 올림픽 개회 직전 80%를 넘겼으며 대회 기간에 표를 살 수 없는 사태가 발생했다. 조직위원회는 기자석과 선수석, 귀빈석으로 유보된 자리까지 판매하여 애초 목표 대비 157%를 달성하였다.

한국경제신문은 '바람·바이러스·버스 세 가지 악재 딛고 … 흑자올림픽 성공'이라는 기사에서 조직위원회를 괴롭힌 것은 일명 '3ㅂ'였으나, 악재의 우려 속에서도 흥행에 성공했다. '이희범 위원장은 작년 초 만해도 3천억 원 적자를 예상했으나, 설 연휴 평창과 강릉에 관중이 몰리면서 적자 우려를 말끔히 해소했다.' '이전 올림픽과 비교했을 때 입장권 판매율은 금메달감이다'라고 보도했다.[6]

매일경제는 '기업후원 1조, 입장권판매 108만 장 … 평창 영수증은 그뤠잇'이라는 기사에서 '기업과 공공기관 후원금은 목표 9,400억 원을 18% 넘어선 1조 1,123억 원으로 흑자 대회의 기반을 마련했다. … 선수들의 선전으로 입장권판매도 목표치인 106만 8,000장을 넘어 100.9%나 팔렸다.… 또한, 늘어나는 방송 중계권 판매료 덕분에, IOC에서 배분받는 금액은 8억 8,000만 달러(약 9,610억 원)로 추산된다. 소치 올림픽 지원액보다 4,700만 달러 늘어난 규모이다.'

'하지만 흑자올림픽을 위해서는 기본적인 수입에만 의존할 수는 없었다. 조직위원회는 막대한 예산이 드는 개·폐막식 비용을 600억 원으로 줄였다. … 조직위원회는 협상을 통해 IOC 지원금도 700만 달러 증액된 4억 700만 달러로 늘렸고, 톱스폰서Top sponsor 후원금도 2억 2,300만 달러로 계획보다 2,300만 달러 더 확보했다. 기존 아웃소싱으로 맡겼던 이벤트 서비스를 직접 시행하며 예산을 200억 원 줄이고. … 알리바바가 12년간 8,632억 원을 투자해 톱스폰서가 되는 등 IOC도 10

---

6 최진석 기자, '바람·바이러스·교통 세 가지 악재 딛고 … 흑자올림픽 성공.' (한국경제, 2018. 2. 25.)

억 달러에 달하는 이익을 거뒀다." [7]

한반도기와 독도 관련 논란

한반도기는 흰색 바탕에 하늘색 한반도 지도가 그려졌으며, 남북 단일팀 단기로 쓰기 위해 1989년 남북체육회담에서 합의되었다. 이 기는 체육행사에서 남북이 단일팀을 이루거나 공동입장, 공동응원 등을 할 때 사용된다. 한국에서는 단일기, 북한에서는 통일기로 불린다. 한반도기는 1991년 일본 지바현에서 개최된 세계탁구선수권대회에서 처음 사용되었다.

1964년 도쿄 하계올림픽 단일팀 구성을 위한 남북체육회담이 1963년 스위스 로잔에서 개최되었다. 단가는 아리랑으로 결정했으나, 단기에 대해서는 의견 차이가 커서 단일팀 구성에 실패하였다. 1990년 베이징 아시안게임 단일팀 구성을 위한 체육회담이 1989년 3월부터 모두 9차례 개최되었는데, 12월에 열린 제6차 회의에서 단일팀의 명칭은 '코리아 Korea,' 단기는 '한반도기,' 단가는 1920년대에 불리던 '아리랑'으로 합의하였다.

1991년 일본 지바현에서 개최된 세계탁구선수권대회에서 남북한 단일팀이 확정되자 남북 올림픽위원회는 '선수단 단기는 흰색 바탕에 하늘색 한반도 지도를 그려 넣는 것으로 한다. 지도에는 한반도와 제주도를 상징적으로 그려 넣고, 독도, 마라도, 마안도 등 기타 섬들은 생략하기로 한다'라고 합의하였다. 당시 남북한 단일팀은 강적 중국을 누르고 우승하였다. 1991년 포르투갈에서 개최된 FIFA 세계 청소년 축구선수권대회에서 한반도기가 단기로 쓰였다.

---

7. 조효성 기자, '기업후원 1조, 입장권판매 108만 장 … 평창 영수증은 그뤠잇.' (매일경제, 2018. 2. 25.)

2000년 9월 시드니 하계올림픽에서는 그해 6월에 열린 제1차 남북정상회담 합의에 따라 남북선수단이 한반도기를 들고 입장하였다. 한반도기는 2002년 부산 아시안게임, 2003년 아오모리 동계아시안게임, 2003년 대구 하계U대회, 2004년 아테네 하계올림픽, 2005년 마카오 동아시아경기대회, 2006년 토리노 동계올림픽, 2006년 도하 아시안게임, 2007년 장춘 동계아시안게임 등 남북이 공동 입장할 때 사용되었다.

남북한 합의에도 불구하고 한반도기에 독도를 넣어야 한다는 여론은 지속되었다. 2003년 아오모리 동계아시안게임에서 북한은 울릉도와 독도를 넣은 한반도기를 들고 입장하였다. 독도에 대한 일본의 도발이 노골화되자 정부도 적극 나섰다. 2006년 토리노 동계올림픽에서는 남북한 합의에 따라 울릉도와 독도가 표시된 한반도기를 사용하였다.

2006년 11월 남북체육회담은 도하 아시안게임에서 독도가 표시된 한반도기를 사용하기로 합의하였으나 대한체육회에서 수정된 깃발을 준비하지 않아 개회식에서는 독도가 없는 한반도기를 사용하였다. 2007년 장춘 동계아시안게임에서는 독도가 그려진 한반도기를 들고 입장하였다. 2008년 7월 금강산 관광객 피격사건 이후 남북 관계가 악화되면서 2008년 베이징 하계올림픽부터 공동입장이 중단되었다.

2018년 1월 17일 판문점에서 열린 남북고위급회담 실무회담은 평창올림픽에서 남북한 선수단이 한반도기를 들고 공동 입장하며 여자아이스하키 종목에서 단일팀을 구성하기로 합의하였다. 2018년 1월 스위스 로잔에서 개최된 IOC, 남북 체육장관과 체육회NOC, 조직위원회 등 5자 회의는 1991년 합의대로 한반도기를 들고 입장하며, 공식 명칭은 'KOREA'로 하되 약칭은 'COR'로 합의하였다.

개회식에는 남북한 선수단이 한반도기를 들고 공동 입장하였다. 폐회식에서는 우리 선수단은 태극기를 들었으며, 북한 선수들은 한반도기와 인공기를 같이 흔들었다. 개회식 전 리얼미터의 조사에서 한반도기를 들고 입장하는 것이 바람직하다는 응답은 40.5%인데 비해 남한 선수단은 태극기를, 북한 선수단은 인공기를 들고 입장하는 것이 바람직하다는 응답도 49.4%였다. 개회식 이후에는 한반도기를 앞세운 공동입장이 잘된 일이라는 의견이 68%를 기록하여 잘못된 일이라는 24%에 비해 3배 가까이 되었다.

한국갤럽의 조사에서도 개회식 직전인 2018년 2월 초(1.30.~2.1.)에는 공동입장에 대한 긍정적인 평가가 53%에 불과하였으나, 개회식 이후인 2월 하순(2.20.~2.22.)에는 68%로 15% 포인트가 상승하였다. 경향신문의 설 특집 여론조사 결과, 남북 단일팀 구성에 대해 56.8%가 잘한 일이라고 평가하여 개막식 이후 찬성이 늘었고, 여자아이스하키 단일팀에 대해서도 56.8%가 잘한 결정이라고 평가하여 37.8%의 잘못한 결정을 압도하였다.[8]

독일은 1956년 이탈리아 코르티나-담페초 동계올림픽부터 1964년 도쿄 올림픽에 이르기까지 네 차례에 걸쳐 동서독 단일팀을 구성했다. IOC는 1955년 동서독이 멜버른 대회에 공동올림픽을 조직한다는 것을 전제로 동독 올림픽위원회의 IOC 가입을 승인하였다. 동서독 단일팀은 선수 대부분이 서독 출신으로 구성돼 상징적인 단일화였다. 단일팀은 삼색기에 오륜마크를 넣고 시상식에서는 베토벤 9번 교향곡의 하이라이트인 '환희의 송가'를 불렀다.

---

8 강병한·정환보 기자, '올림픽 단일팀 잘한 일 56.8%, 개막 후 찬성 늘어.' (경향신문, 2018. 2. 14.)

롱패딩과 올림픽 활성화에 일조한 올림픽 상품

2016년 3월 조직위원회는 올림픽 상품개발과 판매업체로 롯데백화점과 롯데면세점을 선정하였다. 5월에는 영원아웃도어와 스포츠 브랜드 의류 라이선스 계약을 체결하였다. 올림픽 상징인 엠블럼 결정이 늦어지면서 라이선스 업체 선정도 늦어졌고 디자인과 상품 판매도 늦어졌다. 롯데와 라이선스 계약은 신동빈 회장이 검찰의 조사를 받게 되어 늦어지다가 2016년 12월 매출액의 10%를 로열티로 지급하는 조건으로 마무리되었다.

롯데는 식품·잡화·의류·리빙 상품군 직원으로 팀을 구성하고 전문가 자문 등을 거쳐 수호랑과 반다비 인형, 올림픽 장갑, 물통 등 1,500여 개의 상품을 개발하였다. 나는 롯데 측에 자체 개발도 중요하나, 전국의 지역 특산품에 올림픽 마크를 붙여 판매하도록 요청하였다. 지역 소상공인들도 올림픽을 통해 세계로 뻗어나갈 수 있게 되고 롯데가 지역경제 살리기에 앞장선다는 일석이조의 효과가 있다고 강조하였다. 안동의 하회탈과 담양 죽제품, 강릉 자수 등은 공모를 통해 지역 특산품으로 선정되었다.

삼성전자는 '갤럭시노트 8'을 출시하여 선수단과 IOC 관계자 등 4,000명에게 무상으로 제공하였다. 오메가는 '씨마스터 플래닛 오션 600M 평창 2018'과 '씨마스터 아쿠아 테라 평창 2018' 등 두 종류의 시계를 2,018개 한정판으로 제작하여 각각 860만 원과 720만 원에 판매하였다. 코카콜라는 '코카콜라 평창 성화 250ml 알보틀'과 '2018 평창 에디션 코카콜라 컵'을 출시하였다. 오뚜기는 올림픽 기념 '진라면 골드 에디션'을 출시하였고, CJ는 한식 대표 브랜드인 '비비고'와 '한섬만두'를 앞세워 한식 홍보에 앞장섰다.

2017년 말 출시한 롱패딩은 돌풍을 일으켰다. 롱패딩은 신성통상에서 제조하여 롯데백화점과 온라인 스토아를 통해 판매하였는데 순식간에 완판되었다. 20만 원대인 기존의 롱패딩에 비해 14만 9천 원으로 저렴하였고, 3만 벌로 한정 판매전략이 적중하였다. 거위솜털 80%, 깃털 20%에 우모량 400g으로 가성비도 높았다. 온라인 스토아는 서버가 다운되고, 오프라인 판매장에서는 몸싸움도 일어났다. 조직위원회에는 롱패딩을 구해달라는 민원이 쇄도하였다.

　　롱패딩 신드롬은 스니커즈로 옮겨졌다. 5만 켤레 한정품으로 판매하였으나 주문자는 삽시간에 20만 명을 넘어섰다. 천연 소가죽으로 만든 데다 일반 스니커즈의 절반가인 5만 원, 학생들에겐 10% 할인판매가 매력적이었다. 두 상품은 올림픽 붐을 일으키는 데 크게 이바지하였다.

　　조직위원회는 2014년 올림픽 핀과 배지badge 제작사로 입찰을 통해 중국의 호나브사를 라이선스 업체로 선정하였다. 롯데도 핀과 배지 제작을 시도했으나 가격이 맞지 않았다. 리우 올림픽의 경우 재고가 넘쳐 패럴림픽 기간에는 할인판매를 했으나, 평창에서는 대부분 매진되었다. 평창 상품이 인기를 끌자 일본과 중국 조직위 관계자들이 라이선싱 팀을 방문해 자문하기도 했다.

허를 찔린 집단 설사 환자 발생

올림픽 개회식을 닷새 앞둔 2월 4일 호렙오대산청소년연수원에서 36명의 민간 안전요원이 저녁 식사 후 설사와 구토를 동반한 복통 증세를 일으켰다. 강원도 보건환경연구원의 조사 결과, 노로바이러스로 추정되는 수인성 전염병으로 판명되었다. 나는 강릉에서 IOC 집행위원들을 위한 만찬을 주재한 후 평창 숙소로 돌아오면서 발병 보고를 받았다.

밤 10시 비상 회의를 소집했다. 의무진과 연수원 책임자도 함께 모였다. 호렙연수원은 950명의 민간 안전요원이 묵는 숙소로서 다음 날 아침에는 연합뉴스 기자단과 롯데의 마케팅 요원들이 추가 입주토록 예정되어 있었다. 노로바이러스는 치명적인 질환은 아니나 소량의 바이러스만 있어도 쉽게 감염될 수 있을 정도로 전염성이 매우 높았다.

설사와 구토를 하는 20명은 숙소 내에서 격리하였다. 환자들과 숙소를 함께한 11명은 연수원 내 다른 숙소로 옮겨 격리하였다. 나머지 보안요원 920여 명도 다음 날 근무조에서 제외하였다. 격리된 요원들에 대해서는 질병관리본부에서 설문조사를 실시하여 ▶감염되었으면, 즉시 병원으로 이송하고, ▶감염되지 않은 경우에도 72시간 동안 외출을 금지하였다.

다음날 근무조인 950명을 대신하여 군 인력을 투입하기로 하였다. 평소에 잘 알고 지내는 한민구 국방부 장관과는 폭설 등 비상사태에 대비하여 미리 협약을 체결해 두었기 때문에 협상도 일사천리로 진행되었다. 다음 날 새벽 홍천에서 560명, 강릉에서 420명 등 980명의 병력을 긴급 투입하기로 하였다. 밤새 버스를 소독하고 새벽부터 소독 완료된 차로 군인들을 근무지로 수송하였다.

조직위원회는 ▶확진 환자는 물론 의심이 되거나 접촉한 사람들도 전원 격리, ▶손소독제와 마스크 등을 공급하고 기존에 작성한 매뉴얼에 따라 생활 수칙을 담은 전단을 배포, ▶집단 설사의 원인이 지하수 오염으로 밝혀짐에 따라 경기장과 모든 시설에 생수를 공급하여 식수를 대체, ▶사무총장을 반장으로 의무·안전·상황실 등 TF를 구성하여 질병관리본부, 식품의약처 등의 관계 기관과 협력체계를 강화하였다.

조직위원회는 즉시 보도자료를 배포하였다. 언론에 대해 검증된 내용만 알리자는 주장과 모든 과정을 공개하자는 의견이 있었으나, 모든 것을 숨김없이 알리면서 언론이 앞서 나가거나 과잉 보도가 없도록 협조를 구했다. 다음 날 아침 IOC와 일일회의에 조치내용을 보고하였다. IOC는 조직위원회가 밤새 군 당국과 협의하여 완벽한 대책을 내놓은 데 대해 만족하였다.

조직위원회는 일차적으로 미디어촌과 경기 운영인력, 마지막 보루로 IOC 위원과 선수들에게 확산을 막는 데 총력을 다했다. 대회 중반 선수촌 밖에서 지내던 스위스 선수 2명이 감염되었으나, 증세가 심하지 않았다. 1명은 경기가 끝나 귀국하였고, 나머지 1명도 완쾌되어 경기에 출전하였다. 대회 후반 IOC 간부 1명도 감염되었으나, 48시간 격리 후 회복되었다.

모든 조직에 비상이 걸렸다. 식품의약처 국장은 조직위원회 식음부장에게 샐러드를 제공하지 말라고 지시하였으나, 식음부장은 소독을 강하게 한 후 샐러드를 제공하였다. 다음날 국장은 식당을 폐쇄하라고 지시하였으나, 식음부장은 "식당 폐쇄 여부는 조직위원장의 권한이며, 외부 인사가 직접 조리사들에게 지시하면 출입 카드를 회수하겠다"라고 대응하였다. 두 사람의 언쟁은 청와대까지 보고되었다. 나는 "하루 7,500인분의 음식을 제공하는 식당을 폐쇄할 경우, 정부가 대안을 마련해 달라"고 요구했다. 곽기현 식음부장은 대한항공에서 기내식을 담당하는 베테랑으로 원칙에 충실하였다.

대회 기간에 총 324명의 환자가 발생했으나, 전원 완치되었다. 정부는 겨울철 새들에 의한 조류 인플루엔자를 예방하기 위해 오리 등을 살처분하는 등 예방 노력을 했으나, 노로바이러스는 허를 찌른 것이었다. 1999년 동계아시안게임에서도 노로바이러스가 발병하여 한국의 쇼트트랙 선수들에게 치명적이었으나, 지하수를 마시는 강원도에서 수질 대책을 간과한 것이 문제를 일으켰다.

동계스포츠는 사고 위험이 크므로 의무실 기준도 까다롭다. IOC는 주요 경기장별로 MRI 기계를 설치하고 설상경기장에는 긴급 수송을 위한 헬기를 대기하도록 요청하였다. 평창에는 원주 세브란스병원 이영희 박사가, 강릉에는 서울대 분당병원 백구현 박사가 최고의무책임자Chief Medical Officer: CMO로 봉사하였다. 이영희 박사는 개막식 직전 병원장으로 승진하였으나, 올림픽 기간에는 장기 휴가를 내고 봉사하였다.

한반도 평화의 초석이 된 올림픽 폐회식

평창 동계올림픽 폐회식의 메시지는 올림픽은 끝나지만, 모두의 도전정신은 또다시 시작된다는 뜻으로 '미래의 물결Next Wave'로 하였다. 서로 다른 부분이 조화를 이루고 경계를 허물어 파동을 만들며, 새로운 창조로 연결하는 세상. '미래의 물결'은 도전과 가능성의 역사이며 현재, 그리고 미래이다.

폐회식은 17일간 펼쳐진 젊음과 열정의 순간을 마무리하면서 조화와 융합을 통한 공존과 평화의 메시지를 한국적인 색채와 혁신적인 현대아트와 결합하였다. 또한, 그동안 애쓴 모든 사람의 노고를 위로하며 선수단, 자원봉사자와 관객이 하나 되어 격식 없이 즐거움과 우정을 나누는 데 초점을 맞추었다. 식전 행사로 목표를 향해 빠르고 담대하게 나아가는 한국인의 기질을 '배달맨'에 비유해 유쾌한 개막공연opening performance을 선보인다.

<카운트 다운: 내일을 달리는 꿈>

2018년 2월 25일 오후 8시, 3만 5천 명 관객이 '0'을 외치는 순간 올림픽 메달 숫자를 의미하는 102명의 출연진이 인라인 스키와 스케이트를 타고 무대 중앙에 거대한 오륜 무늬를 완성했다. 화려한 불꽃이 터지는 가운데 강릉 아이스아레나, 평창 스키점프, 정선 알파인 경기장 모습을 표현한 2D 애니메이션 영상이 펼쳐지면서 올림픽 유치가 결정된 2011년 7월 7일에 태어난 어린이들이 평창의 추억을 간직한 스노우볼을 대통령과 IOC 위원장에게 전달한다.

<조화의 빛>

23번째 올림픽을 의미하는 23명의 횡계·대관령 초등학교 어린이들이 들고온 태극기는 가수 장사익이 아이들과 함께 애국가를 부르는 가운데 게양된다. 인종과 국적, 세대와 성별이 다른 전 세계 사람들이 한자리에 모여 서로의 다름과 차이를 인정하고 함께 공존한다. 과거와 현재, 미래가 음악과 춤으로 하나가 되고 겨울을 지나 봄의 희망이 하나로 어울릴 때 서로 다른 것을 연결해 새로움을 창조하는 조화의 빛이 찬란하게 빛나기 시작한다.

성화대 아래에서 13세의 기타리스트 양태환이 캐논 변주곡을 연주하고 배우 이하늬의 봄을 기다리는 전통춤 '춘앵무'가 펼쳐진다. 크로스오버 밴드 잠비나이와 한국 전통 악기인 거문고가 비발디 4계 가운데 겨울을 연주하고, 남자 무용수들은 겨울바람을 담아낸 역동적인 춤사위를 펼친다. 미국 시사 주간지 타임Time은 화천 출신의 양태환을 '평창 동계올림픽 인터넷 스타'로 선정하였다.

한국 무용수들의 움직임은 과거와 현재를 조화롭게 담아내며 평창 동계올림픽으로 시작될 희망을 표현한다. 기원의 탑이 하늘에서 내려와 빛을 발하는 순간, 관객들도 기도하는 마음으로 하나가 된다. 과거와 현재, 동양과 서양, 고요와 역동이 하나가 된 평창은 아름다운 빛으로 뒤덮인다.

17일 동안의 주요 장면highlight과 가슴 벅찬 순간들이 대형 화면에 펼쳐지는 가운데 참가국 기수단이 입장한다. 국가를 넘어, 승자와 패자를 넘어 평창의 주인공인 선수단이 입장하자 관중석에는 LED가 화려한 색깔로 참가국 국기를 표현한다. 한반도기, 태극기, 인공기가 어우러져 남북 선수단도 함께 입장하였다. 서울올림픽 마스코트인 호돌이가 30년 만에 수호랑을 만나 우리 선수단과 함께 입장한다. 신나는 퓨전곡이 연주되고 자원봉사자들이 흥겨운 댄스로 분위기를 고조시켰다.

하늘엔 300대의 드론이 올림픽 기간 많은 사랑을 받았던 오륜기와 수호랑을 그리며 모두에게 아쉬운 작별의 인사를 건넨다. 환희의 눈물, 비통의 눈물, 열정의 눈물, 다짐의 눈물 … 선수단이 자유롭게 자리에 앉는 동안 올림픽의 상징인 우정과 평화의 메시지를 담은 창작 판소리가 신나게 울려 퍼진다.

<기억의 여정>

죽음으로 세상을 떠난 이들은 또 다른 여정을 시작한다. 그 곁에 꼭두각시들이 함께하며 이들을 배웅한다. 꼭두각시는 이승과 저승, 현실과 꿈 사이를 오가는 존재로 삶과 죽음의 경계를 앞서 보면서, 죽은 자를 위로하고 저승까지 길을 안내한다. 2016년 리우 올림픽에서 처음 시작된 공식 행사로 올림픽에 함께 하지 못한 누군가를 추모하는 특별한 시간이다.

리멤버 프로토콜 주인공인 대형 거북이 무대에 등장한다. 한국의 전통 장례 의식인 상여 행렬을 모티브로, 꼭두각시들이 앞서거니 뒤서거니 따르며 위로의 춤을 춘다. 꼭두각시를 따라나선 거북은 장수의 상징이다. 상여를 장식하는 나무 인형 꼭두각시는 이승과 저승의 경계를 오가며 남은 이들의 슬픔을 치유해 준다.

거북은 육지와 바다, 산과 인간의 매개자로 등장해 영원한 기억을 안고 삶과 죽음을 넘어 긴 여정을 떠난다. 길은 봄, 여름, 가을, 겨울로 변하며 우리가 살아온 시절을 표현한다. 마침내 거북은 하늘에 도착해 그 누구보다 자유롭게 유영하며 영원의 길로 떠난다. 그들이 떠난 자리에는 민들레 홀씨가 흩날리며, 새날을 약속하는 꽃을 피운다.

<새로운 시간의 축>

설원의 마라톤이라 불리는 크로스컨트리 스키 여자 30km 단체, 남자 50km 단체 출발영상과 함께 메달 수여식이 거행된다. 여자 30km는 노르웨이의 마리트 뵈르겐Marit Bjoergen(38), 남자 50km는 핀란드의 이보 니스카넨Iivo Niskanen 선수가 2시간 8분 22초로 금메달을 획득하였다. 노르웨이 국가인 '그래, 우리는 이 땅을 사랑한다Ja, Vi Elsker Dette Landet'와 핀란드 국가인 '우리의 땅Maamme'이 울려 퍼지는 가운데 국기 게양, 그리고 금·은·동 메달 선수의 사진 촬영이 이어졌다.

미디어아트와 현대무용으로 이루어진 컨템포러리 아트 작품은 마치 불을 처음 발견했을 때처럼 혁신적인 자각을 얻게 된 신인류의 희망을 표현하였다. 인류의 도전정신을 시간의 축에 은유한 강렬한 몸짓을 통해 넥스트 웨이브의 문이 열리고, 한국의 미디어아트와 영상기술, 현대무용 등이 어우러지며 새로운 출발을 선언한다.

신임 선수위원을 소개한다. IOC 선수위원은 올림픽에 출전한 선수들이 직접 투표로 선출하는데 평창에서는 6명의 후보자 중에서 미국 크로스컨트리 선수인 란달Kikkan Randall과 핀란드 아이스하키 선수인

테호Emma Terho가 선출되었다. 선수위원은 자원봉사자들에게 감사의 메시지가 적힌 풍선과 목화송이로 만든 꽃다발을 증정하였다.

<열정의 노래 1>

독보적인 여성 K-Pop 스타 씨엘CL은 열정과 도전을 상징하는 횃불을 든 20명의 댄서와 함께 데뷔곡 '나쁜 기집애'로 화려한 무대를 시작한다. 불꽃보다 뜨겁게 타올랐던 선수들의 열정이 환호와 함성으로 CL의 노래와 함께 울려 퍼진다. 2NE1는 힛트곡 '내가 제일 잘나가'를 부르며 스포츠를 통한 자기 극복을 보여준 오늘의 주인공들에게 '모두가 승리자'라는 메시지를 전달한다

그리스 국기가 게양되고 '고향의 봄'으로 스타가 된 천상의 목소리를 가진 13세의 제주 소년 오연준의 올림픽 찬가와 함께 올림픽 기는 내려졌다. 대회기가 심재국 평창군수에서 IOC 위원장을 거쳐 차기 개최지인 베이징 첸 지닝Chen Jining 시장에게 전달된다.

중국 국기 게양과 국가 연주에 이어 '2022년에 만나요.'라는 공연이 펼쳐졌다. 8분간 진행된 중국팀의 공연은 2008년 베이징 올림픽을 감독한 장이모우가 지휘하였다. 리우 올림픽에서는 아베 신조安倍晋三 총리가 깜짝 출연하였으나 시진핑習近平 주석은 영상메시지로 북경에 초대하는 인사를 하여 한·중 관계가 아직 풀리지 않았음을 보여주었다.

이희범 조직위원장은 폐회사에서 회자정리會者定離와 로미오와 줄리엣의 'Parting is such sweet sorrow'를 인용하면서 작별의 아쉬움을 표현하였다. "전 세계는 평창에서 하나가 되었습니다. 인종과 종교, 국가와 성별을 뛰어넘어 함께 웃고, 함께 울며 우정을 나누었습니다. 세계는 남북한 선수들이 함께 뛰는 모습에 찬사를 보냈고 관중들은 '우리는 하나다'라고 외쳤습니다. 남북한 선수들과 응원단의 염원은 평창을

넘어 한반도 통일의 초석이 될 것입니다"라고 강조하였다.

바흐 위원장은 "평창 동계올림픽은 새로운 지평을 열어준 대회"라고 극찬하였다. 나와 바흐 위원장은 세계인들이 지켜보는 무대 위에서 작별의 포옹을 한 후 올림픽 기간 화제를 모았던 선수들과 무대 위에서 손으로 하트를 그리며 추억을 담았다.

<열정의 노래 2>

이어 대한민국 대표 아이돌 엑소EXO가 사륜자동차를 타고 등장해 히트곡 '으르렁'을 부르며 K-POP의 저력을 보여주었다. 열정의 노래와 함께 작열하는 불꽃은 절정climax을 장식했다. EXO와 43명의 댄서는 한국의 전통과 첨단기술을 접목한 무대를 통해 조화와 융합의 가치를 바탕으로 발전을 거듭하는 K-POP의 정체성을 보여주었다.

<눈꽃의 인사: 성화 소화>

평창 동계올림픽을 통해 인류는 열정과 도전정신, 화합과 평화의 정신을 나누었다. 평창이 전하는 감사의 마음과 희망의 메시지를 담은 대형 선물상자를 이끄는 스노모빌과 그 뒤를 따르는 열 마리의 수호랑과 다섯 아이가 등장하여 모두에게 인사를 건넨다. 선물상자가 열리며 평창의 아름다운 겨울이 담긴 대형 스노글로브가 나타나고, 조형물과 선수들의 경기 모습을 재현한 대형 인형이 등장하면서 스노글로브 내부의 모습이 경기장 전체로 확장된다.

강원도의 산과 들, 한국의 멋을 담은 건축물, 하나 된 열정으로 기량을 겨루던 경기장 등 평창 올림픽의 추억이 담긴 대형 스노우볼의 불빛이 전 세계에서 가장 빛나는 눈꽃이 되어 환히 빛난다. 400명의 출연진이 평창의 추억이 담긴 LED 불을 들고 스타디움 전체가 빛나는 눈꽃으로 바뀐다. 성화는 서서히 어둠으로 변한다.

<승리의 밤>

17일간 뜨거운 열정을 나누었던 평창은 이제 영원한 추억 속에 담고 작별의 인사를 나눈다. 선수와 자원봉사자, 출연진, 관객들은 평창이라는 이름으로 아름답게 타오를 열정의 불꽃을 서로의 기억에 남긴다. 세계를 하나로 연결하는 축제, 선수도 출연진도 자원봉사자도 모두 친구가 되어 즐기는 시간이다. 끝이 아닌 또 다른 시작, 미래를 향한 새로운 출발, 세계는 하나임을 알린다.

네덜란드 출신의 세계적인 DJ 마틴 게릭스Martin Garrix와 DJ 겸 프로듀서 레이든Raiden이 만들어 내는 강렬한 댄스 뮤직에 맞춰 15개 종목 선수와 공연진, 관람석의 관객들이 '또 다른 시작을 위한 축제'를 테마로 함께 어우러지는 이디엠(Electronic Dance Music: EDM) 파티가 펼쳐진다. 선수와 관중들은 모두 손을 흔들며 한마음으로 아쉬움을 표현했다. 평창의 밤은 끝없이 터지는 불꽃으로 대낮처럼 밝았다. 폐회식은 끝났으나 이들은 새벽까지 운동장을 떠나지 않고 아쉬움을 달랬다.

본격화된 동계 패럴림픽 카운트 다운

2018 평창 동계패럴림픽대회는 'Same Worker, Two Games'의 원칙에 따라 전 부서가 올림픽과 패럴림픽대회를 동시에 준비하였다. 경기장 등 장소 건립, 숙소와 차량확보, 인력 운영 및 홍보 활동 등 모든 분야에서 올림픽과 패럴림픽을 균형 있게 통합·운영하였다. 인천 아시안게임과 장애인아시안게임에서는 양 조직이 분리되어 있었다.

2013년 8월 대회계획조정관 산하에 2개 팀, 7명으로 구성된 패럴림픽부를 신설하였다. 2015년 6월 3차 조직개편에서는 패럴림픽통합부로 변경하고 접근성증진팀을 신설하였다. 2017년 3월 4차 조직개편에서 패럴림픽국을 신설하여 임찬규 국장 아래 3개 팀FA, 20명을 배치하였다. 대한장애인체육회 소속의 신원상 부장은 IPC에 폭넓은 인맥을 가지고 있어 소통이 수월하였다.

2월 26일, 올림픽이 끝나자 숨돌릴 틈도 없이 패럴림픽 체계로 전환하였다. ① 공간 및 물자, ② 룩 및 사이니지, ③ 서비스, ④ 인력 분야 전환이 이루어졌으나, '전환은 최소화Minimize, 통합은 최대화Maximize' 원칙이 적용되었다. 관중석과 서비스 등은 올림픽 준비과정에서 패럴림픽 요소를 최대한 반영하여 추가작업을 최소화하였다. 대회 룩과 사이니지는 처음부터 통합하였다.

2018년 3월 2일 정월 대보름 행사로 유명한 제주, 안양, 논산, 고창, 청도 등 5개 지역에서 달집태우기 행사로 채화된 불과 패럴림픽의 발상지인 영국 스토크 맨더빌에서 채화된 성화, '88 서울 패럴림픽 당시 채화된 불꽃, 그리고 전 세계인의 응원 메시지를 담은 디지털 불꽃 등 8개의 성화 합화식이 잠실 올림픽공원 평화의 광장에서 개최되었다. 성화는 고창에서 고인돌 박물관과 유적지를 왕래하는 '모로모로 열차봉송,' 청도의 명물 소싸움 축제, 안양의 만안 답교놀이, 제주에서는 말의 건강을 비는 마조제와 함께 채화되었다.

성화 봉송의 첫 주자인 하반신 마비의 이용로 장애인테니스 국가대표 선수가 하체보조 웨어러블 로봇 '워크온Walk On'을 착용하고 봉송하는 모습에 관중들은 우렁찬 박수로 환호했다. 잠실운동장을 출발한 성화는 청계광장까지 67.9km를 달린다. 강원도에서는 춘천, 원주, 정선, 강릉, 평창 등 5개 도시를 416명의 주자가 90.1km를 달린다. 춘천의 멀티미디어 불꽃 쇼, 원주의 외발자전거 봉송, 정선의 광부 차 봉송, 강릉에서는 짚와이어 봉송이 이어진다.

3월 9일 성화가 메인스타디움에 도착하면서 평창 동계패럴림픽이 시작된다. 남북한 선수가 함께 뛰고, 장애인 선수와 아버지가 함께 뛰면서 장애인과 비장애인 사이 벽을 허물고 화합과 동행의 축제가 펼쳐진다. 성화는 2인 1조로 구성된 800명의 주자가 8일간 총 2,018km를 달리는데, 이중 주자가 뛴 거리는 80km이다. 주자는 후원사가 62%, 지방자치단체 12%, 조직위원회 20%, IPC가 6%를 추천하였다. 미국·영국·일본·남아프리카공화국 등 외국인 주자도 7%를 차지하였다. 패럴림픽 성화봉송은 '88 서울 하계패럴림픽에서 처음 시작되었다.

적은 비용으로 큰 감동을 준 평창 동계패럴림픽 개회식

2018년 3월 9일 저녁 8시 평창 스타디움, 가야금 소리와 함께 선수들의 아침을 보여준다. 아이스하키 선수가 날린 '퍽'이 올림픽 스타디움으로 날아온다. 중앙의 원형무대가 수은주로 표현되어 퍽이 떨어지는 숫자에 맞추어 스타디움 꼭대기로 향한다. 수은주가 0℃로 떨어지는 순간 무대가 하얗게 얼어붙으며 스타디움은 온통 눈 부신 빛으로 가득 찼다. '열정이 우리를 움직이게 한다Passion Moves Us'라는 슬로건으로 전 세계인이 하나가 되었다.

개회식은 라틴어로 '나는 움직인다I Move.'라는 뜻의 'Agitos'로부터 출발한다. 패럴림픽 개·폐회식은 올림픽 예산의 1/5 수준에 불과했으나, 장애와 비장애를 뛰어넘는 감동의 무대가 되었다. 올림픽이 첨단기술의 향연이었다면 패럴림픽은 사람 중심의 공연이었다. 겨울을 기다린 세계 패럴림피언들, 그들의 땀방울이 모여 차별 없는 평등한 겨울 축제, 동계패럴림픽의 시작을 알린다.

<문화공연 Let's Move, 울림-이음-환영>

의수義手와 의족義足을 한 신명진과 140명의 연주자는 대고, 승전고, 무고, 반고의 장쾌한 울림으로 궁중의 손님맞이 행사인 '빈례'를 연주한다. 역동적인 연주에 이어 한국전통무용단은 여인들의 전통무인 '가인전'을 추면서 화려한 한국의 미를 보여준다. 다양한 북소리는 선수들의 열정과 뜨거운 심장박동을 상징한다. 운동장엔 패럴림픽 엠블럼이 펼쳐지고, 객석의 LED는 각국 언어로 환영 인사를 했다. 한국어로 '환영'이라는 글자에 이어 강릉 사투리인 '어서오우야'가 튀어나왔다.

성화대 밑 화면으로 설악산 토황성 폭포에서 쏟아진 물이 굽이굽이 흘러 얼어붙은 동강을 따라 입장하였다. 최초 알파인스키 정영운, 휠체어 펜싱 김선미, 장애인 알파인스키 한상민, IPC 선수위원 홍석만, 장애인 수영 조기성, 휠체어 컬링 강미숙, 황연대 성취상의 김미정과 가이드러너 김나미, 장애인 아이스하키 정승환 등 9명의 스포츠 영웅에 의해 태극기가 운반된다. 장애인 가수 황영택과 김혁건, 휠체어 장애인으로 구성된 휠체어 합창단이 애국가를 제창한다.

49개국에서 온 567명의 선수가 반다비의 안내를 받으며 그리스를 선두로 한글 자음 순서에 따라 입장한다. 아름다운 강산을 시작으로 53명의 무한댄스팀은 EDM으로 편곡된 '쾌지나 칭칭 나네,' '군밤타령,' '밀양 아리랑,' '뱃놀이,' '새타령,' '도라지 타령,' '진도 아리랑'을 불렀다. 마지막으로 대한민국 선수단이 태극기를 든 신의현 선수를 앞세워 입장할 때 아리랑이 연주되었다. 선수단이 10명 미만인 나라는 반다비가 함께 했는데 이들은 280대 1의 경쟁을 뚫고 선발되었다. 선수단은 올림픽 때와 달리 개회식장 안에 배치하였다.

<문화공연: Possible Dream>

시각장애인 이소정이 점자블록을 따라 무대 중앙으로 걸어 나온다. 소정이는 아무것도 볼 수 없지만 무한한 상상력으로 세상을 그린다. 동해에 그림을 그리자 수많은 물고기와 짐승들이 살아 움직인다. 해가 지고 눈이 내려 암각화를 덮어버리고, 그 위로 반다비가 스노보드를 타고 나와 빛나는 귀마개를 소정에게 선물하면서 에스코트한다. 소정이 부르는 희망의 노래와 함께 강원도 동해 남호초등학교 어린이들의 겨울놀이 퍼포먼스가 펼쳐진다.

멈추지 않고 도전하는 패럴림피언의 꿈은 한 소녀의 상상으로부터 시작된다. 물에서 피어나는 동물, 식물, 별 그리고 사람, 파라보트가 무한한 가능성을 싣고 겨울여행을 시작한다. 패럴림픽 6종목 장비를 모티브로 한 파라보트가 소정을 태우고 하늘로 날아오른다. 소정이가 '내 마음속 반짝이는'을 노래한다. "우리 가슴에도 빛나는 꿈이 있다네. 별처럼." 패럴림픽 선수 형상을 한 조형물이 나타나고, 우주로 변한 무대에서 6종목의 선수들은 별자리가 되어 꿈으로 변한다.

이희범 조직위원장은 개회사에서 "모든 사람은 동등합니다. … 선천적 척추장애를 극복한 우사인 볼트Usain St. Leo Bolt, 천재 물리학자 스티븐 호킹Stephen W. Hawking 박사, 3중 장애를 극복한 헬렌 켈러Helen Keller 등 신체적 장애를 극복하고 인간승리를 이룬 표상은 무한합니다. … 평창 패럴림픽이 평화와 화합, 감동과 환희를 넘어 차별과 편견이 없는 따뜻한 사회를 만드는 데 초석이 되길 기대합니다. 평창의 축제는 한반도를 넘어 동북아, 그리고 전 세계 모든 사람에게 희망의 불빛이 될 것입니다"라고 했다.

앤드류 파슨스Andrew Parsons IPC 위원장은 "대한민국 국민 여러분 … 환영합니다"라고 한국어로 인사하면서, 전 세계 수십억 인구는 평창에서 "꿈은 이루어진다"는 것을 지켜볼 것이다"라고 했다. 8명의 미래 꿈나무 패럴림피언들이 패럴림픽 기를 운반하고, 군악대가 패럴림픽 찬가를 연주하는 가운데 패럴림픽 기가 게양된다. 파라 아이스하키 이주승 선수와 채영진 심판, 휠체어 컬링 백종철 코치가 선서를 한다.

<문화공연: Passion Moves Us>

열정의 휠Wheel of Passion이 파장을 일으키고, 파장은 서로를 연결하여 하나가 된다. 310명의 휠체어 퍼포머들이 무대에 등장하여 역동적인 에너지를 발산한다. 용기와 결단, 영감과 평등을 상징하는 4개의 잎사귀가 열정의 휠을 감싸며 '공존의 구'를 완성한다. 장애와 비장애의 구별은 사라지고 다름과 차이를 인정하는 화합과 공존의 신세계가 열린다.

<성화 점화>

남북한 장애인 노르딕 스키 선수인 최보규와 마유철이 성화봉송 첫 주자로 스타디움에 도착한다. 크로스컨트리 서보라미와 캐나다 캐스퍼 위즈 감독, 휠체어 철인 3종 경기의 박지훈과 희소 난치병을 극복하고 있는 박은총 부자가 성화를 이어받는다. 남과 북이 하나 되고 세계가 하나 되었으며, 세대 간의 공존이 이루어졌다. 성화봉은 시각장애알파인스키 양재림과 가이드 고운소리에게 전달됐다. 두 사람은 손을 꼭 잡고 가파른 계단을 조심스럽게 올라갔다.

계단 중간에 한 사람이 모습을 드러냈다. 장애인아이스하키 국가대표팀 주장이자 의족인 한민수(48)가 성화를 등에 메고 줄 하나에만 의지한 채, 120개 계단을 한 걸음 한 걸음씩 움직일 때마다 세계인들은 숨을 졸였다. 헬멧에는 두 딸의 이름이 새겨져 있었다. 성화대 위에는 휠체어 컬링 한국팀 주장 '오벤져스' 서순석과 여자 컬링국가대표팀 스킵 김은정이 기다리고 있었다. 장애와 비장애가 스포츠로 하나 되면서 화려한 축포가 여정의 시작을 알렸다.

<평창 하모니>

축제가 절정에 이르면서 '공존의 태양'이 붉게 빛을 뿜다가 세상을 비추는 하얀 보름달로 바뀌고 퍼포머들이 '문라이트 댄스'를 추는 가운데 세계적인 성악가 조수미와 CCM 가수 소향이 패럴림픽 주제가인 '평창, 이곳에 하나로Here as One'을 열창한다. 장애를 딛고 가수 활동을 하는 클론 구준엽과 강원래의 'go tomorrow' '꿍따리 샤바라'와 소리꾼 박예리, 유지숙의 '옹 해야,' '쾌지나칭칭나네,' '사설난봉가,' '강강술래'가 피날레를 장식하였다. 수없이 터지는 불꽃이 하늘을 밝히면서 평창은 흥분의 도가니로 빨려들었다.

새로운 기록을 양산한 평창 동계패럴림픽

평창 동계패럴림픽은 여러 면에서 기록을 양산하였다. 첫째는 규모 면에서 49개국 567명의 선수가 참가하여 역대 최대였다. 소치의 45개국 547명 기록이 깨진 것이다. 금메달 수도 소치보다 8개가 많은 80개였다. 미국은 총 68명의 선수가 참가하였으며, 우리나라는 전 종목에 36명이 출전하였다. 대회 기간에 IOC 위원장과 20개국 29명의 국가수반 또는 장관급 인사가 참가하였다.

　신의현 선수는 단연 스타였다. 신의현은 크로스컨트리 스키, 바이애슬론 등 7개 종목에 출전하여 크로스컨트리 15km 좌식에서 동메달에 이어 7.5㎞ 좌식 부문에서 동계패럴림픽 사상 첫 금메달을 획득하였다. 신의현은 금메달을 목에 걸면서 "어머니, 살려주어서 고맙습니다"라고 절규하였다. 국제패럴림픽위원회는 신의현을 2018 평창 패럴림픽 톱 5 메달 수상자로 선정하였다.

신의현은 대학교 졸업식을 하루 앞둔 2006년 2월 자동차를 몰고 집으로 가던 중 교통사고로 두 다리를 절단하였다. 그는 장애인이 된 자신을 비관하면서 다리 절단에 동의한 어머니를 원망하며 3년간 외부와 만남을 끊고 술로 지냈다. 2009년 휠체어 농구를 시작하면서 인생이 바뀌었다. 2012년 장애인아이스하키, 2014년 휠체어사이클 선수로 활동하였다. 2017년에는 우크라이나 노르딕스키월드컵 크로스컨트리 15㎞ 좌식 부문에서 금메달을 획득하였다.

한국은 '빙판 위의 메시'라고 불리는 정승환 선수에 힘입어 장애인아이스하키에서 동메달, 휠체어 컬링 4위로 종합 16위를 기록하면서 국민적 관심과 열기를 이어 나갔다. 패럴림픽 휠체어 컬링에 출전한 정승원 선수는 60세였다. 종합 1위는 미국 (금 13, 은 15, 동 8), 2위는 러시아 (금 8, 은 10, 동 6), 3위는 캐나다 (금 8, 은 4, 동 16)가 차지했다.

북한은 정현 조선장애자보호연맹 중앙위원회 부위원장을 단장으로 선수 2명, 임원 18명, 김문철 조선장애자보호연맹 중앙위원회 위원장 등 대표단 4명을 포함, 총 24명이 경의선 육로로 방한하였다. 장애인 노르딕 스키의 선수단 기수였던 김정현(18)은 27명 중 27위, 마유철은 26위로 입장하였다. 김정현의 1시간 12분 49초는 1등인 야로프이Maksym Yarovyi 선수의 41분 37초보다 31분 12초나 늦은 기록이었으나 관중들은 한반도기를 흔들며 '아름다운 꼴찌'에 박수를 보냈다.

인간승리의 아름다운 기록들도 쏟아졌다. 캐나다 노르딕 스키의 맥

키버Brian Mckeever는 3세 때부터 스키를 탔으나 19세이던 1998년 희소 질환인 스타가르트병으로 시력을 잃었다. 1998년 나가노 올림픽에 출전했던 형 로빈Robin은 기꺼이 동생의 가이드 러너가 됐다. 절치부심한 그는 밴쿠버와 소치 패럴림픽에서 연속 3관왕에 이어 평창에서도 금메달을 추가하여 5개 대회 연속 우승을 차지했다.

호주의 마크 소이어Mark Sawyer(40)는 3세 때 백혈병을 완치했으나, 8세 때 재발 판정을 받았다. 26세 때 부모의 농장에서 일하다 오토바이 사고로 척추를 다치며 하반신이 마비됐다. 2017년 10월 세계선수권대회에서 어깨가 탈골되고 쇄골과 갈비뼈 12개가 부러지는 중상을 입었다. 그는 포기하지 않았다. 평소 "인생은 계속 바뀌고 당신 역시 그에 발맞춰 계속 변해야 한다. 열정이 있고 뭔가 벌리기 좋아한다면 계속하라"는 자신 말처럼 재활에 집중한 끝에 결국 평창의 무대에 올랐다. 그는 자신만의 보석 가게를 차리는 꿈을 가지고 있다.

네덜란드의 비비안 멘텔-스피Bibian Mentel-Spee(46)는 정선 알파인 경기장에서 열린 여자 스노보드 크로스에서 팀 동료 리사 뷘스호턴Lisa Bunschoten을 제치고 금메달을 땄다. 2002년 솔트레이크시티 동계올림픽을 앞두고 정강이뼈에 생긴 악성 종양으로 한쪽 다리를 절단한 후 2014년 소치 패럴림픽에서 금메달을 목에 걸었다. 그 후 암이 재발하면서 목, 식도, 늑골 등 곳곳에 암세포가 퍼져 방사능 치료를 받아야 했다. 그는 힘든 치료과정을 버티면서 심리적으로 오히려 강해진 느낌이라며 '평창에 출전하는 것 자체가 행복'이라고 환하게 웃었다.

미국 해군 장교였던 다니엘 크노슨Daniel Cnossen은 특수부대 작전 중 두 다리를 잃었으나 평창에서 53km의 설원을 오직 두 다리로만 달렸다. 바이애슬론 7.5km 금메달을 포함해 은메달 3개, 동메달 1개 등 모두

5개의 메달을 목에 걸었다. 어릴 적 체조선수였던 미국의 브레나 허커비 Brenna Huckaby(22)는 열네 살 때, 골육종에 걸려 오른쪽 다리를 절단했다. 재활센터를 통해 새로 찾은 운동이 스노보드였고, 거기서 삶의 희망을 찾았다. 평창의 첫 출전에서 금메달의 주인공이 되었다.

4년 전 바다에서 서핑 도중 상어의 공격으로 두 팔을 잃은 호주의 스노보드 선수 션 폴라드 Sean Pollard(27), 척추 갈림증을 안고 태어나 이번 대회에 유일하게 여성으로 아이스하키에 출전한 노르웨이의 레나 슈뢰더 Lena Schröder(25) 등도 평창 무대에 도전장을 던졌다. 평창 패럴림픽에 나선 모든 선수가 인간승리의 드라마였다.

평창 동계패럴림픽대회는 흥행 면에서도 역대 최고를 기록하였다. 입장권 판매는 당초 목표 22만 명 대비 157%인 34만 6천 명을 기록하여 수입도 66.6억 원을 돌파했다. 개회식 다음 날, 3월 10일(토)은 9만 9천 명이 방문하여 최대 관람객을 기록했다. 2010년 밴쿠버 21만 매, 소치대회에서 팔린 20만 매를 초과했으며, 소치대회 전체 발행량 31만 6천 매보다 많은 수치였다.

앤드류 파슨스 IPC 위원장은 "평창 동계패럴림픽이 성공적으로 치러지고 있다. 선수단, 취재 매체, 입장권 판매 등에서 각종 기록을 깬 사상 최대 패럴림픽이 돼 정말 행복하고 감명받고 있다." "평창 동계패럴림픽은 입장권 판매율도 최고지만, 관중들의 열정도 최고다"라고 극찬하였다. AP통신은 "평창 동계패럴림픽 성화 점화, 역대 최대 규모 선수단 참가," 로이터는 "32만 장 입장권 판매, 동계패럴림픽 입장권 판매량 신기록 수립"이라고 보도하였다.

61개 방송사와 814명의 취재진이 열띤 경쟁을 벌였으며, 지상파 방송 3사의 패럴림픽 개회식 시청률은 18.3%(닐슨 코리아)로 집계되었다.

올림픽 개회식 시청률 44.6%에는 미치지 않으나 애초 예상보다는 높은 수치였다. 올림픽 방송 시간은 KBS 283시간, SBS 200시간, MBC 200시간인데 비해 패럴림픽 방송 시간은 각각 34시간, 30시간, 16시간에 불과했다. 프랑스의 100시간, 미국 NBC의 94시간, 일본 NHK의 62시간에 비해 턱없이 낮은 수준이었다.

방송통신위원회 소속의 양한열 미디어 국장은 KBS에 패럴림픽 개회식 중계를 요청했으나 반응이 없었다. 방송통신위원회를 통해 다시 요청하자 전반부만 중계하겠다고 했다. KBS는 패럴림픽을 중계하는 조건으로 조직위원회가 방송콘텐츠를 제작해 주도록 요청하였다. 기획재정부는 강원도가 50%를 부담하는 조건으로 250억 원을 지원해 주겠다고 하였다. 강원도는 도의회 설득이 어렵다는 이유로 난감해했으나, 기재부와 강원도는 각각 119억 원씩 분담하였다.

우리나라에서 장애인으로 등록된 사람은 인구의 5.1%인 264만 명, 전 세계적으로도 약 10억 명에 이른다. UN은 1992년부터 매년 12월 3일을 '세계 장애인의 날'로 정하여 장애인에 대한 인식개선과 존엄성, 권리증진을 위해 국제사회가 노력할 것을 결의하였다. 패럴림픽은 스포츠를 통해 장애인도 비장애인과 같은 대우를 받도록 하는 데 목적이 있으나, 우리나라에서 스포츠를 통해 사회에 복귀하는 인원은 20%에 불과하다. 평창 패럴림픽 이후 장애인에 대한 인식은 크게 개선되었으나, 가야 할 길은 요원하다는 것을 실감하였다.

패럴림픽의 가치를 높여준 동계패럴림픽 폐회식

2018년 3월 18일 오후 8시, 롱패딩 차림의 반다비가 중앙 무대로 나오면서 사방에서 12마리의 반다비가 나와 재주를 피우는 가운데 관객들과 하나가 되어 카운트 다운이 시작되었다. 열정으로 하나 된 10일간의 여정. 씨앗이 겨울 땅을 뚫고 새순을 밀어 올리듯, 평창 동계패럴림픽의 열정은 세계인들의 가슴을 뜨겁게 달구면서 장애와 비장애의 경계는 무너졌다.

<문화공연: 아라리요>

폐회식 주제는 '우리가 세상을 움직이게 한다(We Move the World)'라는 것이었다. 귀빈 입장과 휠체어컬링 방민자, 장애인 알파인스키 이치원, 장애인스노보드 박항승, 장애인바이애슬론 이도연, 장애인크로스컨트리 이정민, 장애인아이스하키 장동신 등 6명이 운반한 대형 태극기가 육군 의장대에 의해 게양되면서 장애인과 비장애인이 어울린 영월동강 합창단이 애국가를 제창한다.

김창완 밴드가 12현 기타로 아리랑 변주를 연주한다. 무용수들이 무대 중앙으로 걸어 나오는 가운데 시각장애인으로 구성된 한빛예술단의 타악, 태평소, 철현금(철가야금) 연주에 이어 인간문화재 이춘희 명창이 '본조 아리랑'을 부른다. 흥겨운 록 버전 '아리랑'으로 전환되고 김창완 밴드의 'PARADE'를 편곡한 〈난장〉이 가세한다.

아라리요 공연을 마친 무용수들이 들고나온, 붉은 천과 흰 천을 이용해 바리케이트를 치자 그리스를 선두로 49개국 기수단이 자원봉사자의 안내를 받아 입장한다. 태극기는 개회식 때와 같이 신의현 선수가 들었다. 선수, 강원도민, 자원봉사자, 스태프의 수고를 기억하며 모든 패럴림피언이 아리랑으로 하나가 된다. 신임 IPC 위원은 자원봉사자에게 감사의 꽃다발을 증정한다. 반다비도 깜짝 등장하였다.

이어 뉴질랜드 알파인 스키어 애덤 홀Adam Hall과 핀랜드 노르딕 스키어 시니 피Sini Pyy에게 '황연대 성취상'이 수여된다. 한국 최초의 장애인 의사로서 장애인 재활과 복지에 평생을 헌신한 황연대 여사를 기리기 위해 '88 서울올림픽 당시 제정된 황연대 성취상은 패럴림피언의 용기, 투지, 도전정신과 의지를 세계인에게 알린 남녀 선수 각 1명에게 순금 20돈(75g) 메달을 수여한다. 황연대 박사의 30년간 활동을 담은 영상이 재생되는 가운데, 역대 수상자 6명은 알츠하이머로 투병 중인 황연대 여사에게 감사패를 전달하고 메달을 걸어주었다.

핀란드의 여자 노르딕스키 시니 피는 두 살 때, 스키를 시작했다. 2010년 17세 때, 할머니 장례식에 갔다가 돌아오는 길에 교통사고로 하반신이 마비되었다. 사고 후 2년 만에 장애인 노르딕 스키에 입문해 1.1km 스프린트에 13위, 12.5km에 14위를 했다. 그는 "세상을 다른 방식으로 바라볼 수 있음을 배웠고, 내 삶이 결코 끝난 게 아니라는 사실도 깨달았다"라고 했다.

척추이분열증spinal bifida을 앓고 있는 뉴질랜드의 애덤 홀은 6세 때 스키를 시작했다. 입문 13년 만에 2006년 토리노 올림픽에 출전하였으며, 2010년 밴쿠버에서 금메달을 목에 걸었다. 평창에선 수퍼복합으로 동메달을 보탰다. "움직일 수 있고, (쩔뚝거리지만) 걸을 수 있어 난 행운아"라고 말했다. 두 선수는 스포츠를 통해 패럴림픽의 가치를 구현했다는 공통점을 갖고 있다.

<문화공연: Passion Moves Us>

〈나〉라는 소제의 공연은 청각장애 발레리나인 고아라의 독무로 첼레스타, 바순 2중주에 맞춰 하나의 개체가 하늘과 땅의 기운을 받아 꽃이 움트는 장면을 그렸다. 〈우리〉는 30명의 현악기 연주자와 60명의 무용

수가 사람과 사람 사이에서 생기는 관계를 그리는 가운데, 시각장애인 피아니스트 김예지와 카운터 테너 이희상이 '꽃이 된 그대'를 열창하였다. 〈나〉였던 고아라는 무대 위로 솟아오르며 한 송이의 꽃이 되었다.

<차기 개최도시 문화공연 및 폐회사>

육군 의장대가 10일간 스타디움을 지키던 아지토스Agitos (나는 움직인다) 기를 패럴림픽 찬가에 맞추어 내린다. 대회기는 심재국 평창군수에서 IPC 위원장을 거쳐 베이징 시장에게 전달된다. 공군 의장대가 중국 국기를 게양하고 중국 장애인예술단이 '2022 나는 날고 싶다'라는 공연을 펼친다. 베이징 패럴림픽의 상징인 날 비飛를 형상화하기 위해 동계 패럴림픽 종목의 영상에서 획을 따온다.

이희범 위원장은 폐회사에서 "평창 패럴림픽을 통해 세계는 하나가 되었고 남북 선수들도 하나 되어 성화봉을 들었습니다. 비록 성화는 꺼지더라도 평화의 정신은 한반도를 넘어 영원히 지속될 것입니다. … 강원도는 평화의 땅으로 세계인들의 가슴속에 영원히 남게 될 것입니다"라고 하였다. 나는 신의현 선수의 승리는 패럴림피언의 롤모델이며 "장무상망長毋相忘의 정신으로 평창의 추억을 기억해 달라"고 하였다.

'장무상망'은 '길이 서로 잊지 말자'라는 뜻으로 2000년 전 중국 산시성[陝西省]에서 출토된 한나라 시대 와당에 새겨진 글씨다. 제주도에 유배 중이던 추사 김정희가 제자 이상적李尙迪에게 그리움과 고마움을 담아 세한도를 그려 보내면서 장무상망이란 직인을 찍었다. 중국 언론은 내가 장무상망을 인용한 데 대해 대대적으로 보도하였다. 장무상망은 중학교 동기인 권혁준 사장이 추천해 준 문안이었다. 권혁준 사장은 위성방송수신기와 차량용위성멀티미디어를 처음 만든 기륭전자 대표이사를 역임하였으며, 은퇴 후에는 서예와 한학漢學에 심취하였다.

앤드류 파슨스 IPC 위원장은 대회 기간 중 타계한 스티븐 호킹스 박사를 인용해 "사람이 모두가 다른 것은 당연하며, 인간은 발밑을 보지 않고 하늘의 별을 보아야 하며, 그 별이 바로 평창에 있었다"라고 찬사를 보냈다. 그는 상당히 완성된 한국어로 "반가워요, 대한민국! 여러분 자신을 자랑스럽게 생각하세요"라고 마무리하였다.

<행복, 피어나다>

석창우 화백이 수묵 크로키로 사람의 형상을 그린 다음 '하나 된 열정'을 써 내려간다. 성화대에 붙은 작품은 슬로프를 미끄러져 내려오더니 가운데 달항아리로 빨려 들어간다. 항아리 안에서 긴 수건이 된 작품은 무용수 양길순의 손에 감겼다가 풀리며 정회情懷를 담은 도살풀이춤으로 이어진다. 그 선율은 왼손 대금 연주자 박나나와 소리꾼이 올리는 선율을 따라간다.

살풀이가 끝나고 합창하자, 달항아리에서 올림픽 플라자를 밝힌 성화가 대금연주, 판소리와 함께 도살풀이춤을 추며 서서히 꺼진다. 시각장애인 음악가 배희관 밴드가 <존재감>을 연주하고 에일리의 솔로 무대, <보여 줄게>가 펼쳐진다. 배희관과 에일리가 무대 중앙으로 나와 국민응원가인 신해철의 <그대에게>를 부르자 관중들과 모든 출연자가 합창하면서 평창은 흥분의 도가니에 빠진다. 평창의 하늘은 작열하는 불꽃으로 대낮처럼 밝다.

567명이 펼친 567가지 '감동 드라마'

평창 동계패럴림픽이 끝나자 각종 뉴스나 댓글에는 올림픽 개회식보다 완성도가 훨씬 높았다고 평가했다. 패럴림픽 개·폐회식 총감독은 KBS

제작본부 국장과 한국전통공연예술진흥재단 이사장을 역임한 이문태, 연출은 고선웅이 담당하였다. 기획은 KBSN 컨소시움이 주관하였다. 이문태 감독은 장애인과 비장애인이 함께 태양과 같은 열정으로 생존의 에너지를 만드는 데 주력하였다.

이문태 감독은 "올림픽 개회식이 한국의 문화적 역량을 보여주었다면 패럴림픽에서는 IPC의 4대 가치인 '용기, 감성, 투지, 평등'을 고려했다. 여기에 대회 정신인 '하나 된 열정'을 입혔다." "우리 인생은 생로병사에 장애가 추가된다고 생각한다"라며 "선이 면이 되어 구로 완성되는 것처럼 모두가 공존하는 인류라는 점을 표현하고 싶었다"라고 밝혔다.

출연진의 대부분은 시각장애, 절단장애, 청각장애인들이었다. 패럴림픽에서는 K-POP은 배제하고 순수 예술공연으로 꾸며져 수준 높은 공연을 앉아서 보는 게 미안할 정도로 완성도가 높았다. 주제인 '우리가 세상을 움직인다'와 같이 사람 중심의 공연으로 '하늘과 땅의 기운을 받아 피어나는 꽃'이라는 존재를 표현했다. 개회식은 1,058명, 폐회식에는 590명의 출연진이 참가하였다.

국민일보는 '567명이 펼친 567가지 감동 드라마'라는 제목으로 '장애와 편견을 극복하고 자기와의 싸움에서 이긴 전 세계 567명의 패럴림피언은 모두가 주인공이었다. 열흘간의 인간승리 드라마는 지구촌에 희망과 감동을 전했다.' '평창 동계패럴림픽은 평창 동계올림픽처럼 대회 운영과 흥행, 기록 면에서 합격점을 맞기에 충분했다'라고 보도했다.[9]

조선일보도 '38일간의 감동 드라마: 브라보 평창, 굿바이 평창' 제목의 기사에서 '올림픽 열기 이은 패럴림픽 폐막, 패럴림픽 위원장, 새 지평 열었다.' 경향신문은 '평창 패럴림픽은 역대 어느 대회보다 성공적으

---

9 김태현 기자, '567명이 펼친 567개 감동 드라마.' (국민일보, 2018. 3. 19.)

로 치러졌다.' '평창 패럴림픽이 IPC 위원장의 말처럼 역대 최대 이벤트가 될 수 있었던 데는 자원봉사자들의 헌신을 빼놓을 수 없다. 이들의 노고에 경의를 표한다.' 일본의 스포니치 아넥스Sponichi Annex는 '패럴림픽 개회식은 엄청난 연출이었다'라고 격찬하였다.

중앙일보는 '패럴림픽 성공했지만, 후진적 방송은 유감'이라는 기사에서 '패럴림픽 중계권을 확보한 지상파 3사의 중계 행태는 많은 아쉬움을 남겼다.' '개최국에서 더 무관심한 패럴림픽'(매일경제). 언론은 방송사가 18시간 방송한 것을 비판하였다. 파슨스 IPC 위원장은 "평창 동계패럴림픽은 최대 행사biggest event로서 패럴림픽의 새로운 지평을 열었다"라고 했다. 패럴림픽이 끝나자 IPC는 나에게 최고 훈장인 IPC Paralympic Order를 수여하였다.

하늘이 도와준 평창 동계올림픽과 동계패럴림픽

지붕이 없는 개회식장은 아무리 보완해도 추위나 비와 눈에는 한계가 있었다. 일부에서는 개회식장을 강릉 아이스아레나로 옮기자는 주장도 있었으나 아이스아레나는 1만 2천 명밖에 수용할 수 없다. 첫째, 3만 5천 명 중에서 누구를 참석시키고 누구를 불참하게 하느냐, 문제다. 둘째는 아이스아레나 트랙이 망가지면 경기를 할 수 없게 된다. 셋째, 방송장비나 중계가 평창 스타디움에 맞추어졌는데 강릉으로 가는 경우, 모두를 새로 조율해야 한다.

결국 하늘에 의존할 수밖에 없었다. 개회식이 열린 날은 다소 쌀쌀했으나 쾌청했다. 개회식이 끝나고 경기를 하는 17일간 강원도에는 눈한 방울도 내리지 않았다. 산불경계령이 내려지고 속초는 제한 급수를 할 정도로 가물었으나 올림픽 경기를 치르기에는 최적이었다. 2월 25일 폐회식 날은 영상에 가까운 날씨였다. 지붕이 없으니 불꽃 쇼와 드론 쇼를 하기에도 안성맞춤이었다.

올림픽이 끝나고 3일 후인 2월 28일에는 아침부터 50㎝의 폭설이 내렸다. 3월 3일에도 25㎝의 눈이 또 내렸다. 패럴림픽을 이틀 앞둔 3월 7일 25㎝의 눈이 더 내렸다. 도로도 경기장도 마비되었으나 온 천지는 은빛으로 변해 있었다. 날씨가 따뜻해지면서 눈이 녹을 것을 걱정했는데 크로스컨트리 경기장이나 알파인스키가 열리는 산에는 천금 같은 눈이 쌓였다.

개회식이 열린 3월 9일 식장은 온통 눈으로 덮여 있었다. 새벽 5시 비상소집령을 내렸다. 1,000여 명의 군인들과 조직위원회 직원들은 새벽부터 눈을 치우기 시작했다. 나도 동참하였다. 오후 3시가 되자 눈은 말끔히 치워졌으며, 3만 5천석 의자에 걸레질이 끝날 무렵 관중들이 입장하기 시작했다. 이문태 총감독은 "저희가 조직위원회에 미안할 정도로 매일 눈 치우느라, 고생을 많이 했다. 조직위원장님까지 직접 나서 눈을 치웠다"라고 했다.

패럴림픽 경기가 진행되는 열흘간은 눈 한 방울 오지 않고 날씨는 한없이 좋았다. 3월 18일 밤 9시 반, 폐회식이 끝날 무렵 빗방울이 떨어지기 시작했다. 일부 관중들은 조직위원회가 제공한 판초 우의를 꺼내 입었다. 관중들이 귀가하기 시작하자 빗줄기는 굵어졌다. 밤늦게는 소나기로 변했다. 3월 19일 폐회식 다음날은 하루 종일 비가 내렸다. 마치 대회 기간 중 참느라고 무척 애먹었다는 것을 과시라도 하듯이. 하늘이 도운 올림픽과 패럴림픽이었다.

올림픽시설 건설이 한창이던 2017년 5월 6일 대관령에 큰 산불이 났다. 조직위원회 사무실과 메인스타디움에서 불과 4~5㎞ 떨어진 거리였다. 산불은 초속 9.3m의 강풍을 타고 껑충껑충 날아다녔다. 소방관, 시청 직원, 군 장병 등 500여 명이 동원되고 소방헬기와 군용헬기까지 투입되었으나, 불은 강풍을 타고 강릉으로 번져 나갔다.

다음날에는 '군 병력이 2,000명으로 증원되어 오후 6시경 진화가 완료되었다'라고 발표했으나 잔불이 다시 점화되었다. 5월 8일 군 당국은 장병을 6,300명으로 늘리고 가용장비를 총동원하였다. 삼척은 72시간, 강릉은 63시간 만인 5월 9일 진화되었다. 그날은 제19대 대통령 선거일이었다.

강릉에만 민가 30채와 임야 252ha가 전소되었다. 삼척에서는 임야 100ha가 재로 변했고, 헬기가 비상 착륙하는 과정에서 정비사 한 명이 사망하였다. 강릉의 산불은 시청 앞마당에서 멎었다. 조직위원회는 시청 바로 옆에서 미디어 숙소를 건설하고 있었고, 현장에는 인화물질이 쌓여 있었다. 마침 '부처님 오신 날'과 '어린이날'이 낀 연휴로 많은 관광객이 조직위원회를 방문하고 있었다. 전 직원들은 비상근무를 하면서 만약의 사태에 대비하고 있었다.

제 7 장

'흠잡을 게 없는 것이 흠'이라는 평창 동계올림픽

스케이트를 신고 성화대에 성화를 점화하는 김연아 선수 (2018. 2. 9. 평창)

세계인들이 반한 음식문화관

평창에서 동계올림픽을 하는데 또 하나의 애로 요인은 음식문화였다. 개회식이 열리는 대관령은 인구 6,000명 수준으로 간판 음식은 황태국과 한우 갈비, 오삼불고기(오징어와 삼겹살)였다. 외국인들을 위한 고급 양식당과 와인집, 피자집은 물론 마사지, 고급 사우나탕도 찾기 힘들었다. 10만 명이 넘는 세계인들이 한 달 이상 와서 즐기기에는 태부족했다.

선수촌과 미디어 숙소에서는 최고의 음식을 제공하는 것이 성공의 또 하나의 요체라고 생각했다. 조직위원회는 신세계, CJ, 현대백화점, 동원산업, 아워홈 등을 접촉하였다. 대부분 짧은 기간으로 수지타산이 맞지 않는 데다가 인력을 단기간 고용한 후 계속 유지하기도 어렵고 해고하기는 더 어렵다는 이유로 불참하였다. '88 서울올림픽 당시 한국에 진출한 미국의 아라마크는 물론 세계적인 케이터링 업체인 소덱소, 컴파스 등은 입찰조차 참여하지 않았다.

신세계푸드와 현대그린푸드만 참가하였다. 평창 선수촌과 국제방송센터 등 9곳에 식당을 운영한 신세계는 식당 내 베이킹 센터를 갖추고 자체 연구소인 올반랩에서 선수의 입맛을 고려한 메뉴를 개발하였다. 강릉 선수촌을 담당한 현대그린푸드 총지배인은 세계인들에게 자신 작품을 선보이는 데 자부심을 느끼고 열과 성을 다 바쳤다.

평창과 강릉 선수촌에는 180명의 요리사들이 한식·중식·일식·서양식·패스트 푸드 등 6가지 주제에 매일 406가지의 음식을 제공하였다. 이슬람권 선수들을 위한 할랄푸드Halal Food와 알레르기 방지 식단도 제공한다. 바흐 위원장은 "역대 올림픽 가운데 음식과 관련해 선수들의 불평이 단 한 건도 없는 경우는 처음"이라고 극찬했다. 방송국에서는 연일 이들의 활동상을 전국에 보도하여 선수촌 식당은 명소가 되었다.

각 경기장의 선수 대기실이나 훈련 장소, 언론인들이 취재하는 장소에는 컵라면과 커피, 바나나, 귤 등 과일을 무제한으로 공급하였다. 리우 올림픽에서 먹을 것이 없었다는 점을 반면교사로 삼은 것이다. 선수촌의 시설이나 음식은 최고라는 호평을 받았다. 참여 기업들은 100조 원 규모로 늘어나는 국내 외식산업은 물론, 약 3조 달러(약 4천 조원)에 이르는 글로벌 외식시장에 진출하기 위한 다양한 조리법recipe을 제공하면서 노하우를 쌓았다.

관중들을 위해 세계음식을 공급하는 것도 중요한 과제였다. 농림축산식품부로부터 10억 원을 받아 대관령 개회식장 옆에 임시 천막식당 '맛봄집'을 열고 강원도 농산물로 만든 다양한 한식 메뉴를 제공하였다. 농림축산식품부 예산은 성격상 양식당에는 쓸 수가 없었다. 문화체육관광부로부터 10억 원을 추가로 지원받아 세계음식관을 개점하였다. 조달청을 통한 입찰 결과, 코틴기획이 1순위로 선정되었다.

세계음식관에는 대사관을 통한 추천과 국내에 거주하는 유명 요리사chef를 입주토록 교섭하는 형태를 병행하였다. 그 결과 터키, 슬로바키아, 폴란드, 중국, 네덜란드, 체코, 이탈리아, 프랑스, 스페인 등은 대사관을 통해 응모하였고, 일본, 태국, 베트남, 인도, 멕시코 등은 대행사가 섭외하여 입주하였다. IOC는 글로벌 스폰서와 경합하는 식품에 대해서도 양해해 주었다.

스페인의 '빠예야'가 가장 많은 사랑을 받았으며, 터키의 '돈두르마'와 '케밥,' 독일의 생맥주, 이탈리아의 '마르게리따치자'도 인기 메뉴였다. 세계음식관은 에드워드 권이 만드는 프랑스 요리, 세종호텔의 박효남, 체코의 초콜릿 롤 와플, 폴란드의 소시지 바게트 등을 한자리에서 즐길 수 있는 명소가 되었다. 음식관은 각국 정상들의 순방코스가 되었고 국내외 언론들도 경쟁적으로 보도하였다. 음식관 내 무대에서는 매일 세계문화를 소개하는 공연이 펼쳐졌다.

알펜시아 트룬골프장 클럽하우스를 개조하여 IOC 위원 전용 최고급 식당을 마련했다. 용평골프장 클럽하우스 테라스에서 갈비 바비큐를 했는데 IOC 위원들은 극찬하였다. 도암댐 부근 할머니가 운영하는 닭백숙집으로 IOC 위원장 부부와 간부들을 초대했는데 바흐 위원장은 고춧가루로 뻘건 닭볶음탕을 먹으면서 이렇게 맛있는 요릿집을 왜 이제 소개하느냐고 했다.

강원도는 한국관광공사와 함께 평창과 강릉의 맛집 86개소를 선정하여 영어, 중국어, 일어로 된 책을 만들어 올림픽 참가자client 숙박시설에 비치하였다. 대관령 한우와 갈비, 삼겹살, 닭고기 바비큐는 인기 메뉴였다. 강릉과 평창의 식당들은 새벽까지 영업시간을 연장하였다.

BC카드 연구팀이 분석한 바에 따르면, 올림픽 기간 중 강원도에서 외국인이 쓴 카드 사용액은 전년 같은 기간보다 215%가 늘어났다. 강릉에서는 전년도 동기 대비 1,325%로 급증했다. 속초도 696%, 동해시 630%, 정선군 581%, 홍천군 539%로 강원도 전체에서 소비가 증가했다. 한국은행은 2018년 1분기 강원지역은 서비스업을 중심으로 전년보다 경기가 개선되었다고 발표했다.

6천억 원 적자에서 흑자올림픽으로

어렵게 수립한 4차 재정계획에 따라 조직위원회는 마른걸레를 짜는 자구노력으로 6천억 원에 이르는 적자를 3천억 원까지 축소하였으나, 균형예산 달성은 요원하였다. 나는 '재정적자=실패 올림픽'이라고 인식하였다. 실패 올림픽이 되면, 실패한 조직위원장이 되는 것이다. 3차 재정계획까지 금과옥조로 삼던 양입제출의 원칙을 적용하면 균형예산은 달성할 수 있으나, 올림픽은 특성상 예정된 날D-Day이 정해져 있어 공사나 행사도 날짜를 맞추지 못하면, 모든 것이 무위로 돌아간다.

조직위원회는 재정심사위원회를 통해 지출을 통제하였는데 재정위를 통해 절감한 예산은 모두 1,000억 원에 이른다. 수입 면에서 대기업의 후원과 기부를 늘리는 한편 중소기업의 참여를 확대하기 위해 25억 원으로 되어 있는 후원액 하한선을 철폐하였다. 조직위원회는 한전, LH공사, 한국도로공사, 인천국제공항공사, 한국공항공사, 한국철도공사, 한국조폐공사, 강원랜드, 한국마사회, 한국관광공사의 자회사인 GKL 등 기관별로 담당자를 정해 일일이 찾아다니며 협조를 구했다.

IOC로부터 지원도 확대하였다. IOC는 방송중계권 지원금과 글로벌 스폰서 수입 중 배당금을 상향 조정해 주었다. IOC는 컨설턴트 비용과 조정위원회에서 지출하는 행사비와 식대도 지원해 주었으며, 4차 재정계획에 포함되지 않은 강릉 홍보관 철거비와 북한참가에 따른 장비 및 방송을 지원해 주었다. 평창 수재민을 위해 15만 달러를 지원하기도 했다.

흥행에 성공하자, 입장권 판매수익도 1,573억으로 늘어났다. 개회식, 쇼트트랙, 스피드스케이팅 등은 일등 공신이었고, 컬링, 스켈레톤, 여자 아이스하키 등 비인기 종목들도 예상을 넘어 매진되었다. 수호랑과 반다비 등 올림픽 마스코트와 기념품도 선풍적인 인기를 끌었고, 기념주화와 기념우표, 최초로 발매한 기념 지폐도 완판되었다.

2018년 10월 부에노스아이레스에서 열린 IOC 총회에서 나는 최종보고를 통해 '5,500만 달러 이상의 흑자를 달성했다'라고 보고하였다. 바흐 위원장은 나를 단상으로 불러 IOC 전체 위원들 앞에서 감격의 포옹을 하면서, "평창 올림픽이 어려운 문제를 뚫고 흑자를 이루었다. 애초 IOC가 받기로 한 20%의 배당금도 한국 스포츠 발전에 쓴다면 받지 않겠다"라고 선언하였다.

날마다 문화가 있고 축제가 되는 문화올림픽

올림픽은 세계인들이 참여하는 스포츠 제전이자 지구촌 축제이다. 그러나 우리나라에서 동계스포츠는 쇼트트랙이나 피겨스케이팅 등 일부 종목만 인기를 누릴 뿐, 스켈레톤·컬링·크로스컨트리 등은 잘 알려지지 않아 붐 조성은 물론 입장권 판매도 걱정스러웠다. 조직위원회는 정부의 지원을 받아 가며 주요 계기별 홍보에 노력하였다.

올림픽 시작 전에는 G-1000, G-2년, G-500, G-1년, G-200, G-100 등 단계별로 인지도 확산에 주력하였다. 2016년 2월 휘닉스 파크에서 '올림픽 G-2년 행복한 평창, 열정의 시작' 행사를 개최하였다. 9월에는 서울 한강시민공원에서 '평창 올림픽 G-500일, 이제는 평창이다'라는 주제로 정부, 국회, 체육단체, 후원사, 홍보대사 등이 모인 가운데 융복합 불꽃 쇼를 개최하였다.

대회 1년을 앞둔 2017년 2월 9일 강릉 아이스하키센터에서 정세균 국회의장, 황교안 국무총리, 린드버그Gunilla Lindberg IOC 조정위원장 등이 참석한 가운데 '전 세계 여러분들을 평창으로 초대합니다'라는 주제로 최종점검count down과 동계스포츠 종목 경기를 개최하였다. 이 자리에서 성화봉과 유니폼이 공개되었다. 7월에는 평창에서 G-200일 행사를 개최하였고, 10월에는 춘천에서 G-100일 행사를 하였다.

11월 4일에는 평창 동계올림픽 개회식장에서 2만여 명이 참석한 가운데 K-POP 공연과 개회식 리허설을 겸한 축제를 개최하였다. 11월임에도 불구하고 날씨가 쌀쌀하여 여학생 4명이 저체온증으로 병원으로 실려 가는 사건이 벌어졌다. 올림픽 개회식에서 추위 대책을 더 완벽히 해야 한다는 메시지였다.

조직위원회는 '날마다 축제가 열리는Everyday Culture & Festival 문화올림픽'이란 컨셉으로 평창과 강릉을 중심으로 총 1,200회(매일 80회), 패럴림픽 기간에는 총 800회의 문화행사를 기획하였다. 프로그램 전체를 관통하는 주제는 평화였으나, 이를 풀어내는 이야기 중심에는 '한국의 얼과 강원도의 문화'가 자리잡고 있었다. 여기에 조명과 정보기술IT이 효과를 극대화하였다.

올림픽 플라자에 설치한 문화·ICT관은 전시와 첨단 ICT를 관람하려는 인파들로 북적였다. '라이트 평창 빛' 전시는 백남준(1932-2006)의 '거북(Turtle, 1993),' '비디오 샹들리에'와 설치미술가 리경Ligyung의 레이저 연출을 접목시켜 환상적인 분위기를 연출했고, '빛의 오브제'에는 이중섭과 김환기 등 대한민국 대표 화가들의 작품을 전시했다. 미디어관에서는 매일 다양한 테마의 공연이 열렸다.

이배용 전 국가브랜드위원장(국가교육위원장 역임)은 한국적 문화를 강조하면서 알펜시아 IOC 본부 앞에 한옥 정자를 만들고 올림픽 플라자에 문화재청과 유진그룹의 지원을 받아 전통문화관과 종각을 설치하는 데 앞장섰다. 전통문화관에서는 거문고·피리 등 무형문화재 공연과 자수장·금박장 등 무형문화재 전통공예 시연이 있었다. 앞마당에는 상원사 동종을 재현한 '평화의 종'이 설치되어 타종 체험 행사와 함께 안동의 하회탈춤, 영주 선비극 등 다채로운 문화행사, 나만의 메달만들기, 전통문양을 이용한 엽서만들기 등 전통문화 체험존을 운영했다.

메달플라자 라이브 사이트에서는 전통 민속놀이와 태권도 시범 등 신나는 놀이관과 현대무용, 팝페라, 패션쇼 등 화려한 공연이 펼쳐졌다.

저녁에는 메달 수여식이 거행되었다. 시상식이 끝나면 화려한 불꽃 쇼와 드론 쇼가 평창의 밤하늘을 수놓았다. 라이브 파빌리온에서는 3D 홀로그램 콘서트와 동계종목 VR 체험의 장을 제공하였다.

강릉 올림픽파크에서는 매일 취타대와 전문 공연단이 함께하는 퍼레이드, 스트리트 댄스, 버스킹 등 거리예술 공연이 펼쳐졌다. 올림픽을 계기로 새로 문을 연 강릉아트센터는 국립오페라단과 국립국악관현악단의 특별연주를 시작으로 발레와 무용, 오케스트라, 뮤지컬 등 총 110종의 수준 높은 공연이 무료로 펼쳐졌다. 강릉원주대학교에서는 K-POP 월드페스티발이 열렸다.

강릉시는 국가지정문화재인 선교장에서 전통음식축제을 열었고, 오죽헌에서는 전통혼례, 다도체험, 민속공예 전시회 등 다채로운 행사가 펼쳐졌다. 단오제를 모티브로 갈등극복과 평화염원의 메시지를 담은 댄스퍼포먼스 '천년향'은 무대와 객석의 구분 없는 독특한 배치와 강원도의 자연을 본떠 꾸민 환상적인 무대구성으로 화제를 모았다.

경포해변에서 진행된 '파이어 아트 페스타 2018'은 '창조적 파괴'라는 개념의 설치미술전으로 바다를 배경으로 설치된 조각들이 바람·파도 등 자연과 조우하다 불에 타 사라지는 장면이 강렬한 인상을 남겼다. '불을 바치며 부르는 노래'를 주제로 한 행사는 강릉과 삼척을 배경으로 한 삼국유사의 '헌화가獻花歌에서 꽃[花]을 불[火]'로 바꾸어 진행하였다. 원주에서 열린 거리 축제 '원주 다이내믹 댄싱카니발'에는 국내외 4,500명의 놀이꾼이 참여했고, 유키 구라모토倉本裕基의 신년 콘서트, 넘버벌 공연, YB 콘서트 등 다양한 즐길 거리를 더했다.

현송월이 이끄는 140명의 삼지연관현악단은 2018년 2월 6일 만경봉 92호로 묵호항에 도착, 개회식 하루 전인 2월 8일 강릉아트센터, 2월 11

일 서울 국립극장에서 공연하였다. 대관령고등학교 내 가설전시장에서는 2007년부터 10년간 고려황궁터인 개성만월대의 남북 공동발굴 성과물인 황궁현장, 금속활자, 고려복식 등을 3D와 가상현실로 제작한 특별전시회가 열렸다.

평창과 강릉에서 83만 명이 문화프로그램을 즐겼는데, 설 연휴 기간에는 하루 평균 9만 명이 방문하였다. 겨울방학과 연휴를 맞아 가족 단위로 평창과 강릉을 찾은 관람객들은 '평창에서 이러한 볼거리를 마주치게 될 줄 몰랐다.' '아이들과 함께 즐길 수 있는 공간이 많아 기쁘다'라고 하였다.

안전관실은 사고를 막기 위해 1인당 2,000원의 입장료를 받자고 주장했으나, 줄이 너무 길어 입장권을 사는 데만 30분 이상 소요되었다. 나는 추위에 떠는 사람들의 불평을 덜고, 더 많은 사람이 즐겨야 한다는 차원에서 평창에서는 입장료를 면제하였다. 조직위원회는 전국 17개 '광역시·도의 날'을 지정하여 지역문화와 지역특산물을 홍보하였다. 강원도는 별도로 공연장과 홍보관, 음식문화관을 운영하였다.

〈표 7-1〉 시·도의 날 운영현황과 공연단체

날짜	시도	공연단체	날짜	시도	공연단체
2. 9.	제주도	사우스카니발	2. 21.	부산광역시	부산시립무용단
2. 10.	경상남도	솟대장이놀이보존회	2. 22.	세종특별자치시	유혜리무용단
2. 12.	울산광역시	울산시립무용단	2. 22.	전라남도	도립국악단
2. 12.	광주광역시	여성오케스트라	2. 22.	전라북도	문화관광재단
2. 13.	대구광역시	대구시립국악단	2. 23.	충청북도	놀이마당 울림
2. 20.	경상북도	도립국악단	2. 23.	서울특별시	세종회관공연단
2. 20.	인천광역시	인천팝스오케스트라	2. 24.	경기도	경기도립무용단
2. 21.	대전광역시	대전시립무용단			

서울, 부산, 광주, 대구, 대전, 강릉, 평창 등 17개 도시에는 라이브 사이트를 운영하였다. 라이브 사이트는 경기 실황 중계와 함께 3D 홀로그램 콘서트, K-POP, VR 체험 등 다양한 프로그램을 운영하여 총 71만 명, 하루 평균 4만 2천 명이 관람하였다. 조직위원회는 문화행사를 위해 한국예술종합학교, 국립중앙극장, 국립국악원, 정동극장, 국립극단, 국립발레단, 국립오페라단, 세계탈문화연맹 등 우리나라를 대표하는 13개 예술단체와 양해각서를 체결하였다.

조직위원회는 올림픽 기간 중 IOC, 국가올림픽위원회NOC, 국제경기연맹, 해외 언론인 등 18,000명을 대상으로 총 41회에 걸쳐 국내 주요 관광지에 대한 투어프로그램을 운영하였다. 강릉 오죽헌, 비무장지대 DMZ, 금강산 전망대, 영주 부석사와 안동 하회마을 등을 방문하고 평창 정강원에서는 한식 만들기 행사를 통하여 볼거리, 즐길 거리를 극대화하였다. 김대현 문화행사국장은 문화체육관광부에서도 알아주는 인재로 다양한 문화행사를 완벽하게 기획하고 지휘하였다.

각계각층이 참여한 홍보대사

김대균 국장이 이끄는 홍보국은 일반대중이 참여할 수 있는 각종 이벤트를 개발하여 대회 인지도를 높이고 올림픽 참여 분위기를 고조시켰다. 강릉에는 홍보체험관을 설치하고 내·외국인들의 왕래가 잦은 지점에는 옥외 광고물을 설치하였다. 산림조합중앙회는 여주시 영동고속도로 주변에 대형 인조트리를 설치하여 볼거리를 제공해 주었다.

강원도문화시민운동협의회와 시민응원단 등 시민단체와 함께하는 참여 홍보를 확대하고 각계 각층의 인사들을 홍보대사로 임명하였다. 홍보대사는 2011년 12월 현악오케스트라인 세종솔로이스츠를 시작으로 2012년에는 권병하 세계한인무역협회 회장, 이외수 작가, 2013년에는 발레리나 강수진, 2014년에는 야구의 추신수, 김연아 선수, 2015년에는 조세현 사진작가, 린지 본, 이승훈, 모태범, 박승희 선수, 이민호 영화배우, 류현진 선수 등을 위촉하였다.

2016년에는 정승환·이상화 선수와 SBS의 배기완·배성재·박선영·장예원, KBS의 이재홍·도경완·이현주·이지연, MBC의 김완태·김나진·김초롱·이재은 등 스포츠 중계방송 아나운서를 홍보대사로 위촉하였다. 방송 3사의 홍보대사들은 주요 행사에서 사회를 하거나 리우 올림픽을 중계하면서 평창을 홍보하는 데 앞장섰다.

2017년에는 미국시민참여센터 김동석 이사, 배우 김우빈, 성악가 조수미, 개그맨 정찬우, 가수 태양, 일본에서 널리 알려진 골퍼 이보미, 미식축구 선수 하인스 워드, 개그맨 김병만, 가수 걸스데이, 인순이, 축구선수 박지성, 가수 션, 배우 유동근과 전인화, 바이올리니스트 박지혜, 가수 AOA, 정용화, 배우 장근석, 가수 돈 스파이크, 에릭남, 탤런트 이동욱, 홍종현, 오준 전 UN대사 등으로 확대하였다.

김연아 선수는 간판스타로서 주요 행사마다 앞장섰고, 가수 인순이는 성화 봉송 주제가를, 조수미는 올림픽 주제곡을 작곡하여 부르기도 했다. 김병만은 자원봉사 대장 역할을 하였다. 컬투 정찬우를 비롯해 가수, 배우, 개그맨 등은 화이트 타이거즈를 구성하여 각종 경기장에서 뜨거운 응원을 펼쳤다. D-100일을 계기로 종교계, 범시민단체연합 등 2,000여 단체가 참여하는 1,000만 회원의 범국민코리안서포터즈(총재: 문상주)가 출범하였다.

세계를 감동하게 한 최첨단 ICT 올림픽

ICT 분야는 가장 많은 인력과 재정이 투입되었는데, 정부와 KT 등 60개 기관에서 파견된 3,187명이 근무하였으며 예산도 4,601억 원에 이르렀다. 대회 운영을 위한 통신망은 32,676회선, 광케이블 606㎞, UTP 케이블 1,005㎞를 새로 구축하였다. 과학기술정보통신부 오상진 국장은 ICT 올림픽의 주인공이 되었으며, 올림픽 이후 국방부 국방개혁실장을 거쳐 광주광역시 인공지능융합사업단장으로 영전하였다.

대회 기간에는 정보통신운영센터와 12개 경기장 및 11개 비경기장별로 인력을 배치하였다. 정보통신운영센터는 상주인력 453명과 로밍팀 470명으로 구성하여 24시간 근무하였다. 과학기술정보통신부는 관계부처 합동으로 '평창 올림픽 ICT 추진계획'을 수립하였는데 5G 이동통신, 사물 인터넷IoT, 인공지능AI, 초고화질UHD, 가상현실VR을 5대 서비스전략으로 선정하였다.

KT는 정보통신 협력사로서 유·무선 방송중계망, 대회망, ICT 시설 등 22개 분야 올림픽 방송·통신 인프라를 구축·운영하였다. KT는 대회 기간 중 약 600명이 참여하여 통신선로 1,094㎞, 모바일 11,000대, WiFi 6,500대, IP 15,370회선, IPTV 3,500회선, 유선전화 2,500회선, 장비 2,100대를 지원하였다. '메모리반도체 집적도는 1년에 두 배씩 늘어난다'라는 '황의 법칙'의 황창규 회장은 IT 올림픽에 앞장섰다.

KT는 세계 최초로 5G 네트워크 서비스를 제공하였다. 정지상태에서 다양한 각도의 화면을 제공하는 타임 슬라이스, 실제 선수의 시점에서 경기 영상을 제공하는 싱크 뷰SyncView, 중계화면에서 특정 시점·위치를 골라 볼 수 있는 옴니포인트 뷰OmnipointView 등 5G 기술을 적용한 다양한 실감형 콘텐츠를 제공하였다. 특히, 경기장에서 참여자가 직접 체험할 수 있도록 하였고, 콘텐츠를 방송용으로 제작해 각국에 제공함으로써 전 세계인들이 안방에서 즐길 수 있도록 하였다.

사물인터넷을 통해 경기장 정보를 3D 콘텐츠로 제작, 전 세계인이 언제·어디서나 현장과 똑같이 경험할 수 있도록 모바일폰용 앱을 선보였다. 모바일 앱에는 경기 일정, 경기 결과, 메달 순위, 선수 정보와 관중을 위한 교통, 문화행사, 관광정보 등 현장을 찾는 관중 편의 정보를 포함하였다. 올림픽 최초로 대중교통편을 실시간 안내하는 모빌리티 앱 'Go 평창'도 화제를 모았다.

스마트폰으로 인천공항에서부터 경기장까지 찾아갈 수 있게 한 증강현실 길 안내 서비스를 제공하였고, IoT 키오스크Kiosk에서는 관람객을 위한 경기장과 비경기장에서 응원 투 게더, 손 글씨 응원하기, 포토 투어, 마스코트 따라 하기 등을 체험할 수 있도록 하였다. 평창 올림픽은 최초로 개·폐회식과 쇼트트랙 등 주요 경기를 HD보다 4배 선명한 초고화질UHD TV로 중계하였다. 1994년 대전 엑스포EXPO에서 처음 HDTV를 선보인 후 24년 만에 UHD로 업그레이드되었다.

평창 동계올림픽에서는 11종 85대의 로봇이 경기장, 선수촌, 미디어센터 등에 활용되었다. 안내 로봇은 경기 일정과 관광 정보 등을 안내하고, 환영 로봇은 공항 입국장과 주요 행사장에서 악수와 환영 인사를 담당하였다. 메인프레스센터에서는 음료 서빙 로봇과 청소 로봇이 활동하였다. 1회 충전으로 16시간 동안 헤엄치는 물고기 로봇은 세계 최초로 상용화되어 관람객의 시선을 끌었다.

조직위원회는 언어장벽을 극복하기 위해 한컴의 도움을 받아 'GINI Talk'이란 소프트웨어를 개발하였다. 휴대전화 단말기에 설치하여 한국어와 영어, 중국어, 일어 등 8개 언어를 자동번역 함으로써 언어장벽 없는 올림픽을 시도하고자 노력하였다. 조직위원회는 BBB Korea와 제휴하여 재택 근무하는 4,500명의 통·번역 요원들이 19개의 언어로 통·번역 서비스를 제공하였다.

조직위원회는 올림픽 플라자와 20여 개 경기장 및 비경기장venue에 ICT 체험존을 설치하여 참가자들에게 지금까지 경험하지 못한 특별한 체험 서비스를 제공하였다. 평창 올림픽에서 최첨단 기술을 선보이자 러브콜love call도 쇄도하였다. 국내 6개의 ICT 스타트 업체들은 알리바바와 MOU를 체결하였고, 한·중 5G 융합 분야 표준협력 MOU를 체결하여 해외 진출의 계기를 마련하기도 하였다.

조직위원회는 국가정보원, 과학기술정보통신부, 문화체육관광부, 국방부 사이버사령부, 경찰청 사이버안전국 등으로 구성된 올림픽 사이버침해대응팀을 운영하여 다양한 경로로 시도되는 사이버 공격에 대한 정보획득, 원인분석, 피해복구를 담당하였다. 해킹 시도에 대한 자동 차단은 올림픽 기간 중 550만 건, 패럴림픽 기간 중 436만 건에 이르렀다.

2020년 10월 미국 법무부는 '2018 평창 올림픽 개회식 때, 사이버 공격 혐의로 러시아군 정보기관 요원 6명을 기소했다'라고 발표했다. 개막식 도중 메인프레스센터에 설치된 IPTV가 꺼지고 홈페이지 접속 장애로 수송, 선수촌 관리, 유니폼 배부 등 4개 영역 52종의 서비스가 중단되었으나 밤샘 복구로 12시간 만에 정상화되었다. CBS는 '현재까지 개최된 올림픽 중 최신기술이 가장 많이 집약된 올림픽'이라고 호평했고, CNN은 '평창 올림픽은 사상 최대의 하이테크 올림픽'이라고 보도했다.

지속가능한 환경올림픽

평창 올림픽은 환경과 스포츠가 상생하는 '지속가능성의 새로운 지평'

을 비젼으로 제시하고 ▶그린올림픽, ▶저탄소 올림픽, ▶지속가능 올림픽의 3대 추진전략을 설정하였다. 환경부에서 파견된 김대만-유태철 국장이 지휘하는 부서에 환경전문위원회를 설치하였고, 동계올림픽 사상 최초로 지속가능체계 국제인증(ISO 20121)을 획득했다.

평창 올림픽은 ▶온실가스 중점 관리를 통한 기후변화 대응, ▶생물다양성 보전 및 생태환경 복원, ▶수질개선과 맑은 물 공급, ▶자원순환 촉진 및 녹색소비, ▶지속가능한 경기장 건설 등 저탄소 도시 조성, ▶환경 인식 증진 프로그램 운영 등 6개 세부 분야를 설정하였다.

조직위원회는 온실가스 저감대책으로 탄소상쇄carbon offset에서 산소 더하기O_2 plus 패러다임을 추진하였다. 올림픽 기간 중 발생하는 온실가스 159.6만톤 전량을 감축·상쇄하기 위해 ▶전기차, 저탄소 인증제품 구매 등 13개 과제를 통한 감축과 ▶공적 기부, 산림조성, 탄소상쇄 기금 조성 등을 통한 상쇄 프로그램을 운영하였다. 올림픽 기간 전기차 150대를 보급하고, 수소차 15대를 운영하였다.

생물다양성 및 생태환경 복원을 위해 정선 알파인경기장의 남녀코스 통합, 출발 지점 변경 등 산림훼손을 최소화하였고, 개최도시 주변 5개 하천의 생태복원 사업을 추진하였다. 산림훼손 면적(78ha)의 2배 이상을 대체림으로 조성토록 한다는 계획에 따라 산림청과 협조하여 백두대간 보호지역 내 156ha에서 산림복원 사업을 추진하였다.

수질개선 및 맑은 물 공급을 위해 598억 원(국비 360억 원)을 투입하여 대관령에 식수 전용 댐 및 정수장과 19.4km의 송수관로를 건설하였다. 강릉 아이스아레나 등 4개 경기장은 물을 재활용할 수 있도록 설계하였다. 코카콜라는 조직위와 '통합적 수자원 관리 프로젝트 협약식'을 체결하고 평창지역에서 깨끗한 수자원을 조성하고 삼정호 일대에 서식

지 관리를 추진하였다.

조직위원회는 올림픽시설 공사 및 운영에 폐기물 발생 제로화를 목표로 했다. 1회 용품과 포장지 사용을 엄격히 제한하고 감자·옥수수 등 자연 재료로 만든 포장지 사용을 권장하였다. 음식 쓰레기는 전량 퇴비화 시설로 반입하고 건축폐기물은 대부분 재활용했으며, 텐트·캐빈 등 임시시설물은 임대방식으로 했다. 자원순환 촉진을 위해 강릉에 음식물 폐기물자원화 시설을 설치하였다.

지속가능한 건축 및 도시공간 조성을 위해 모든 신설 경기장은 에너지의 고효율, 패시브 건축 등 친환경 설계기법을 적용했고 강릉 아이스아레나 등은 에너지 효율 1등급 인증을 받았다. 환경 분야에 관한 인식제고를 위해 초등학생을 대상으로 친환경 올림픽 개최를 위한 노력 등을 담은 리플릿과 교육교재를 발간하여 민간의 참여와 협력을 유도하였다.

역사상 가장 안전한 올림픽

1972년 9월 뮌헨올림픽에서 팔레스타인 테러 단체인 '검은 9월단' 소속 8명의 괴한이 이스라엘 선수단 숙소를 습격하여 이스라엘 선수와 코치 등 2명을 현장에서 살해하고, 9명을 인질로 삼아 이스라엘에 수감된 팔레스타인 포로 234명의 석방을 요구하였다. 이스라엘 측이 요구를 거절하자 납치범들은 서독 경찰특공대와 총격전을 벌려 경찰관 1명과 인질 전원이 사망하는 유혈올림픽이 되었다. 1976년 몬트리올 올림픽은 안전비용을 대폭 증가시켜 적자의 주요 요인이 되었다.

2024년 7월 파리올림픽은 센강 일원에서 개회식이 열리고, 에펠탑(비치발리볼), 콩코드광장(브레이킹, 스케이트보드), 레정발리드(양궁), 그랑팔레(펜싱, 태권도) 등 도심부에 위치한 명소에서 주요 경기가 개최되어 안전문제가 주요 이슈였다. 2023년 10월 이스라엘-하마스 전쟁 이후 이스라엘과 유대인에 대한 테러 위협이 고조되는 가운데, 개막식 직전 고속철도 선로에 대한 방화와 프랑스 남부 유로공항에서 폭탄 경고가 발령되어 긴급 대피하기도 했다. 워싱턴 포스트지는 '2차 세계대전 이후 가장 많은 군인들이 파리에 모였다'고 비꼬았다.

'86 아시안게임을 일주일 앞두고 김포공항에서 폭탄테러가 발생하였고, '88 서울올림픽 직전 KAL기 폭파사건이 일어났다. 2002년 월드컵 기간에는 제2연평해전이 일어나 우리 군인 6명이 전사하고 19명이 부상당했다. 2003년 국제 테러 조직 알카에다의 하부조직으로 출발한 IS(이슬람 수니파 무장단체)는 2017년 이후 세력이 약화 되었음에도 한반도는 테러 위험에서 벗어나지 못하였다.

올림픽 기간 중 외국인이 내국인에게 저지른 사고는 23건 신고되었다. 대부분 차량 절도, 경기장과 무대 난입, AD카드 위조 등으로 강력 사건은 없었다. 스켈레톤 선수 출신인 영국의 애덤 팽길리Adam Pengilly IOC 위원은 보안요원과 승강이를 벌이다가 그를 넘어뜨리고 폭언하였다. 아프리카 선수는 지나가는 여인에 성희롱하여 신고되기도 하였다.

놀랍게도 외국 관광객이나 선수들을 위해 한 사건·사고는 한 건도 신고되지 않았다. 유에스에이 투데이USA Today는 '소치와는 다르게, 중무장한 군경 인력들이 보이지 않고, 보이는 경찰들은 무장하지 않았으나, 대회 전반적으로 안전하다.' '새벽 1~2시에도 안전하게 걸어 다닐 수 있는 대한민국'이라고 격찬하였다. 미국 CNN은 '역사상 가장 안전한 하이테크 올림픽'이라고 평가하였다. IOC는 평창의 사례를 다큐멘터리로 제작, 차기 올림픽 개최지에 교재로 전파하였다.

정부는 국무총리 주관으로 국가정보원과 군·경 등 19개 기관으로 구성된 대테러대책위원회를 운영하였다. 대테러안전대책본부는 국무총리실 대테러센터장과 국가정보원 담당국장을 공동위원장으로 외교부·법무부·국토부 등 19개 부처가 참가하여 안전대책을 총괄하였다. 경기장·선수촌·방송센터·프레스센터 등 18개 시설에는 군·경·소방서 등이 합동 근무하는 현장안전통제실을 운영하였다.

군은 제1야전사령부를 중심으로 올림픽 기간 중 5만여 명, 패럴림픽 기간 중 2만 8천여 명의 병력으로 지상 작전과 기동헬기, 드론 등 첨단 장비를 이용한 감시 작전을 동시에 펼쳤다. 또한, 군은 보안관제센터 파견, 운전지원, 베뉴통신센터 지원, 의장대, 통역 등 업무를 수행하였다. 노로바이러스가 발병하자 950명의 장병이 안전요원으로 투입되었고, 제설작업에도 참여하였다. 박종진 사령관은 "물이 바위를 뚫는 것은 힘이 아니라 바위를 두드리는 횟수"라는 신념으로 작전을 직접 지휘하였다.

경찰청은 이철성 청장을 위원장으로 치안대책협의회를 구성하고 올림픽 기간 중 연 26만 1,864명, 패럴림픽 기간 중 연 5만 9,505명의 인원을 투입하여 치안, 교통통제 및 선수단과 주요 인사 신변보호 활동을 수행하였다. 경찰청은 인터폴 등 총 50명으로 구성된 국제경찰협력센터 IPCC를 설치하여 테러와 행사방해 정보를 공유하였다. 2017년 7월 경기북부경찰청에 경찰특공대를 창설하여 돌발사태에 대응하였다.

대통령경호처는 요인 보호를 위한 경호안전통제단을 운영하였다. 강원도 소방본부도 하루 최대 744명, 총 2만 5,600명을 투입하여 화재 예방과 부상 선수 수송을 담당하였다. 국가정보원은 국제정보협력실ICO을 설치하여 미국 CIA 등 34개국 52개 수사 및 정보기관과 정보공유 체제를 갖추었다. 국가정보원은 주요 시설의 출입을 허용하는 등록카드 AD 발급과정에서 AD카드 위조범 16건, 올림픽 시설 무단침입 13건을 사전에 적발하였다.

　리우 올림픽에서도 참가국 정보기관과 국제공조를 통해 화학 테러 기도를 사전에 탐지함으로써 더 큰 사고를 예방할 수 있었다. 그러나 리우 올림픽에서는 소매치기와 강도 사건이 빈발하여 야간통행을 제한하였다. 2018년 10월 아르헨티나 부에노스아이레스에서 개최된 청소년올림픽Youth Olympics에서 평창조직위원회 간부들과 캘거리 동계올림픽 유치위원장도 휴대전화를 도난당했다.

　조직위원회에는 대통령경호처, 국가정보원, 국방부, 경찰청, 소방방재청 등에서 70여 명의 전문가들이 파견되어 현장을 지휘하였다. 국정원에서 파견된 백영준 국장과 대통령경호처 위정환 보안부장을 중심으로 안전기획팀, 빙상안전팀, 설상안전팀, 시설안전팀, 요인안전팀 등 5개 팀은 정부와 협조체제를 완벽하게 수행하였다.

　조직위원회는 지능형 CCTV 810대를 경기장 외곽 울타리, 출입구 등에 설치하고 보안관제센터를 24시간 가동하였다. 국제테러단의 차량, 드론 등 신종 테러에 대비한 탐지 장비, 차량하부 검색기, 전술 비행선, 얼굴인식 시스템 등 첨단 과학 장비로 입체적 감시활동을 수행하였다. 올림픽 기간 중에는 관세청의 지원으로 차량형 X-Ray 검색대와 원거리 차량검색시설RVSS을 설치하였다.

　올림픽 기간 중 군·경·소방·민간 안전요원 등 총 66,591명이 참가하였고, 패럴림픽 기간에는 33,092명이 참가하였는데 이들은 안전올림픽의 숨은 공신이었다. 고향이 평창인 원경환 강원경찰청장은 집무실을 아예 평창으로 옮겨 진두지휘하였다. 그는 올림픽이 끝나자 치안정감으로 승진하여 인천경찰청장을 거쳐 서울경찰청장이 되었다. 이진성 36사단장은 올림픽 이후 중장으로 진급하여 8군단장으로 영전하였다.

성공올림픽의 일등 공신인 자원봉사자

평창 동계올림픽 개회식에서 전 세계인들의 시선을 끈 것은 드론 오륜기, 인면조뿐만 아니라 참가국 선수들이 입장하는 한 시간 동안 쉬지 않고 춤을 춘 자원봉사자들이었다. 토마스 바흐 IOC 위원장은 폐회식에서 "자원봉사자 여러분, 헌신에 감사합니다"라고 한국말로 인사하였고, 외국 취재진과 선수단, 관광객들도 평창 올림픽 성공의 숨은 주역은 자원봉사자들이라고 입을 모았다.

2016년 6월 30일 조직위원회는 프레스센터에서 '대회 자원봉사자 모집행사'를 개최하였다. 조직위원회는 행정안전부, 한국자원봉사협의회, 한국자원봉사센터협회와 업무협약을 체결하고 대회안내, 운영지원, 미디어, 기술, 의전 및 언어, 경기, 의무 등 7개 분야에 걸쳐 자원봉사자를 모집하였다. 석 달 만에 9만 1,656명이 응모하여 모집인원 2만 2,400명 대비 4:1의 경쟁률을 보였다. 외국어 통역과 번역은 17:1의 높은 경쟁률을 보였다. 외국인도 140개국에서 14,500명이 응모하였다.

조직위원회는 중앙자원봉사센터(센터장: 권미영)에 위탁하여 외국어 구사 능력과 분야별 전문성을 고려하여 서류를 심사한 결과, 4만 3,920명을 면접대상자로 선발하였으며, 필요 인원의 120%인 올림픽 1만 5,774명, 패럴림픽 6,399명을 최종 선발하였다. 올림픽과 패럴림픽에 모두 참여가 가능하고 국제대회, 문화·체육 행사 및 국제봉사단 활동 경험자를 우선 선발했다.

조직위원회는 별도로 각 대학교와 MOU를 체결하여 4,519명을 단체 모집하였다. 개인별 모집은 예약부도No-Show에 속수무책인 데 비해 단체모집은 지도 교수 감독하에 이뤄져 예약부도를 줄일 수 있고, 예약부도가 생기더라도 대체인력으로 보충할 수 있다. 나는 MOU를 체결한

대학을 방문하여 총장을 만나고 학생들을 상대로 올림픽에 대해 교육함으로써 참가율을 높이는 데 주력하였다.

문영훈 인력운영국장(광주광역시 행정부시장 역임)은 적극적일 뿐만 아니라 아이디어가 넘쳤다. 자원봉사자는 '패션 크루Passion Crew'로 명칭을 정하고 2017년 11월 인기 방송인 김병만을 대장으로 발대식을 했다. 자원봉사자는 '아리, 아리'를 인사말로 정했는데, '아리'는 '크다,' '사랑하는 님'이라는 뜻의 순수 우리말로서 아리수는 고구려 시대 한강을 지칭하였다. 1년 동안 직무교육과 현장교육을 거쳐 올림픽은 최대 59일, 패럴림픽은 최대 31일간 봉사하였다.

이탈자를 제외하고 모두 1만 7,910명의 자원봉사자가 참여했다. 이 중 올림픽은 1만 3,650명, 패럴림픽은 4,260명이 참여하였고 3,367명은 양 대회 모두 참여했다. 자원봉사자는 관중 안내 4,955명, 경기 2,705명, 도핑·의료 1,796명, 취재·방송지원 1,732명, 교통안내 1,362명, 의전 1,245명, 사무지원·인력관리 1,887명, 일반운영 1,109명, 숙박 1,101명, 선수단 지원 1,048명, 정보기술 969명, 통역 491명, 시상 400명, 기상 40명 등 분야별로 배치되었다.

성별로는 남자 4,352명(30.3%), 여자 9,993명(69.7%)이고 연령별로는 20대 이하 11,689명(81.5%), 30~40대 831명(5.8%), 50대 이상 1,825명(12.7%)이었다. 최고령은 1932년생(86세), 최연소 봉사자는 2002년생(16세)이었다. 지역별로는 서울 5,188명, 강원 2,360명, 경기 1,440명, 부산 665명, 대구 800명, 인천 649명, 대전 461명, 광주 349명이었다. 외국인은 64개국 936명으로 미국 234명, 일본 115명, 캐나다 106명, 러시아 100명, 중국 89명 순이었다.

최고의 경기장을 만들고 선수들이 더욱 안전한 환경에서 최고의 기량을 펼칠 수 있게 빙질 관리, 슬로프 점검 등을 수행하는 경기 전문협력요원NTO들의 역할도 컸다. 15개 종목 2,800여 명의 요원들은 국내기술 임원과 경기 전문 지원 요원으로 구성되어 주로 새벽에 출근하고 경기가 끝난 후 밤늦게 퇴근하는 힘든 일을 하였는데, 외신과 해외 전문가들로부터 극찬받았다.

관중과 3만 5천여 명의 대회운영 인력, 각국 선수단을 수송하기 위해 2,000여 명의 운전 요원들은 체감온도가 영하 30도까지 내려가는 새벽과 심야에도 묵묵히 맡은 바 임무를 수행하였다. IOC 위원과 경기연맹 대표 등을 위해 차량 2,785대와 운전 요원 1,888명이 투입되었다. 올림픽 기간에는 세관, 출도착 업무, 전파관리, 전기안전 등을 지원하기 위해 중앙부처 공무원 867명, 17개 시도에서 1,561명, 공공기관에서 928명이 단기간 지원인력으로 참가하였다.

2016년 6월 자원봉사자 명칭 및 표어slogan를 공모한 결과 총 1,341개를 접수하였다. 심사결과 명칭은 '눈이 송이,' 표어는 '빛나는 열정, 따뜻한 우정'으로 선정되었다. 눈이 송이는 우리말 '눈송이'에서 따온 것이며, 표어는 자원봉사자들이 동계올림픽이라는 축제를 위해 자신의 재능과 마음을 쏟고 전 세계인의 화합과 소통을 통해 올림픽을 성공시키자는 각오를 표현한 것이다.

황보순 씨는 '86년 아시안게임을 시작으로 '88 서울올림픽, 2002년 한·일 월드컵, 2011년 대구 세계육상선수권대회 등을 거쳐 평창에서 자원봉사를 하였다. 첫째 아들은 운전인력으로 봉사하였고, 기간 중 생업인 문방구는 부인이 운영하였다. 피겨스케이팅과 쇼트트랙 경기가 열리는 강릉 아이스아레나에는 간호사로 독일에 정착한 박영희(66), 정봉열(66), 임오선(74) 할머니 삼총사가 있다. 이들은 인터넷을 통해 자원봉사를 지원했는데, "가난했던 고국 한국이 겨울올림픽을 치르게 된 것에 고마운 마음이 든다"라고 감격스러워했다.

대관령 환승주차장은 승용차 4,489대와 대형차량 292대를 동시에 세울 수 있는 규모이다. 올림픽 기간 중 간이 화장실 청소는 대관령면 어르신 10명이 맡았다. 노인회 대관령분회 사무장을 맡고 있는 김광기 할아버지(75)는 "우리의 수고가 후손들에게 조금이라도 더 발전된 고장을 물려줄 수 있다는 생각에 보람을 느꼈다"라고 말했다.

육군은 8,300명을 투입하여 인력이 부족한 곳곳에서 자원봉사를 하였다. 박희민 하사(11사단)는 "군 생활 중 자랑거리의 하나"라고 전역을 연기하면서 자원봉사를 하였다. 경기장 경계업무를 수행한 박준현 상병(11사단)은 아버지 박영상 씨도 '88 서울올림픽에서 경기장 경계 업무를 수행하였다. 조직위원회는 군 당국과 함께 전역을 연기한 4명의 장병에 대해 감사장을 수여하였다.

미국 워싱턴주의 스노퀄미시 매슈 라르손Matthew Larsson 시장은 휴가를 내고 봉사활동을 하였다. 인구 1만 4천 명의 도시를 이끄는 4선 시장은 이벤트서비스부에서 다른 봉사자와 똑같은 생활을 하였다. 대기업 부사장인 부인도 휴가를 내고 함께했다. "한국은 전쟁을 겪고도 한강의 기적을 이뤘습니다. 한국의 에너지는 마치 1960년대 미국의 황금기를 떠올리게 할 정도로 인상적입니다." 한국 국민에게 꼭 전하고 싶은 말이라고 인터뷰에서 밝혔다.

자원봉사자들은 평창과 강릉에 있는 대학 기숙사에 투숙하였으나, 대회 개최 1주일 전에는 올림픽 입장권 소유자와 관광객 우대 원칙에 따라 87개 숙소로 분산 배치하였다. 일부는 경기장까지 1시간 이상 소요되는 속초, 양양, 원주 등으로 분산되었으나, 경기국 및 차량을 담당하는 수송국과 손발이 맞지 않아 배차가 근무 시간에 맞추지 못했다.

'말 많고, 탈 많은 평창 동계올림픽, 이번엔 자원봉사자 부실 지원 논란,' JTBC는 '대회가 시작되기도 전에 2,000여 명의 자원봉사자들이 조직위원회의 푸대접에 활동을 포기했다'라고 보도했다. 한 대학생은 '학교도 휴학하고 자원봉사를 지원했으나, 원주의 대학 기숙사에 배정되어 8시 근무에 맞추기 위해서는 6시 10분 차를 타야 하는데, 그러려면 새벽 4시에 기상해야 한다'라고 불편을 호소했다. 개회식 일주일을 앞두고 자원봉사자 240여 명이 파업하겠다고 으름장을 놓았다. 이들은 모의 개회식에도 불참하고 사과와 재발 방지를 요청했다.

조직위원장으로서 나는 전체 자원봉사자들에게 "올림픽이 산악지역에서 열리다 보니 숙박, 교통 등 열악한 시설과 혹한으로 인해 근무 여건을 개선하는데 한계가 있다." "평창 올림픽의 성공을 위해 자원봉사자 한 분, 한 분의 손길이 무엇보다 절실하다." "대회가 끝날 때까지 한 사람도 이탈 없이 함께 참여해 줄 것"을 호소하는 메일을 발송하고 언론에도 호소문을 발표하였다.

조직위원회는 일부 숙박시설에서 제한적으로 공급하던 온수를 24시간 공급하고, 세탁기를 추가로 배치하여 생활편의를 개선했다. 차량을 증차하고 컵라면과 과일을 무제한으로 제공하는 등 간식 제공을 늘리면서 경희대학교 김도균 교수를 위원장으로 '자원봉사고충처리위원회'를 구성하여 대책 마련에 나섰다. 설 연휴에는 대통령 하사품으로 목도리를 제공하였다.

자원봉사자들은 악조건에도 불구하고 미소와 친절로 봉사하였고, 대회가 끝날 때까지 이탈률은 1.3%(177명)에 불과하였다. 리우 올림픽에서 45% 이탈과 대조를 보였다. 조지워싱턴대학 네이로티Lisa Neirotti 교수는 '자원봉사자들에게 A⁺를 주고 싶다'라고 했다. 영국의 BBC는 '항상 친절하고 에너지를 지닌 자원봉사자들 덕에 참가자들이 혹한을 이겨낼 수 있었다'라며 찬사를 아끼지 않았다.

선진국일수록 자원봉사 문화가 정착되어 있다. 나는 조직위원장으로 취임하면서 인천 아시안게임이나 광주 U대회에서 봉사한 자원봉사자 명단을 찾았으나, 개인정보 보호를 이유로 대회 후 모두 폐기해 버렸다. 나는 행정안전부 장관에게 이번 올림픽에서는 참여자의 동의를 받아 명단을 보관하고, 유사시에 한국의 자원봉사대로 참여할 수 있도록 하자고 제의하자 장관도 흔쾌히 동의하였다.

올림픽이 끝나자 국무총리 일정에 맞추어 서둘러 해단식을 하였다. 많은 사람은 평창과 강릉, 서울 등 주요 지역에서도 해단식을 하도록 희망했으나 이루어지지 못했다. 올림픽에 참가한 자원봉사자들에게는 나와 토마스 바흐 IOC 위원장 공동명의로 참여증서를 수여하였으나, 당초에 약속했던 우수한 참여자에 대한 포상은 이루지 못했다. 김병만 대장을 중심으로 자원봉사자 모임을 만들어 등산도 다니려고 했던 나의 계획도 이루어지지 못했다.

평창 올림픽 과정에서 에피소드

2016년 9월 문화체육관광부가 공모한 2018 평창 동계올림픽 댄스 콘테스트 홍보영상 '아라리요 평창'은 가수 씨스타의 효린, 개그맨 김준현, 재즈 트럼펫 주자 이주환 등 인기 연예인들이 출동했으나 네티즌들은 'B급 영화보다 못하다.' '2억 7천만 원이라는 예산을 들였으나 짜깁기에 불과하다'라고 비판했다.

2017년 10월 문화체육관광부는 '대처법'이라는 유튜브 시리즈를 제작하는 '쉐어하우스'에 총 5편을 5천만 원에 제작 의뢰하였다. 그 중 '남친이 나보다 스포츠를 더 좋아할 때 대처법'이라는 영상은 여자 친구가 스케이팅 경기를 시작한다고 남자 친구를 부르자 남자 친구가 달려오면서 여친을 밀어버린 내용이었다. 네티즌들은 여성혐오, 데이트 폭력이라고 지적하였다.

올림픽은 드라마틱한 연출을 생명으로 한다. 개회식을 불과 열흘 앞두고 영국의 통신사 로이터Reuters는 비보도 요청을 무시하고 개회식 성화 점화 리허설 장면을 찍은 여러 장의 사진을 유출하였다. 로이터의 사진은 전 세계에 공개되면서, 성화의 비밀도 깨져버렸다. 조직위원회와 IOC는 해당 기자의 올림픽 출입 카드를 회수하고 로이터는 개회식 취재를 금지하였다.

성화 봉송 마지막 주자는 조직위원회나 IOC가 금과옥조로 여기는 보안 사항이다. 조직위원회는 마지막 주자를 김연아 선수로 하고 성화대 아래 아이스 링크를 만들었다. 120개 계단을 올라 김연아 선수에게 성화를 전달하는 마지막에서 두 번째 주자로 손흥민(토트넘), 박지성, 월드컵 4강 주역인 안정환 등을 검토하였으나, 남북한 공동입장이 성사되면서 남북한 선수가 공동으로 주자로 참여키로 하였다.

그러나 개회식 1주일 전 공개 리허설 도중 한 언론사가 성화대 아래에 설치된 아이스 링크를 보고 '저거 뭐지?'라고 하면서 쉽게 답을 찾아냈다. 보도되었으면 마지막 주자가 바뀔 수도 있었으나, 조직위원회의 끈질긴 설득으로 보안이 유지되었다. 북측은 선수명단을 개회식 3시간 전에 주었다. 박종아 선수와 북한의 정수현 선수는 리허설 없이 동영상만 보고 성화대에 올랐다. 감독단은 기지를 발휘하여 이들에게 모자를 씌우고 모자 밑에 이어폰을 착용케 하여 행동 통일을 지시하였다.

개회식을 중계한 방송에서는 드론이 오륜기와 수호랑, 반다비를 만드는 멋진 퍼포먼스를 했다. 조직위원회는 무선통신기 사용을 위해 대통령경호처의 특별 허가를 받았으나 개회식에서는 바람이 강하고 32명의 국가수반 급의 귀빈VIP 안전을 위해 드론 연출은 하루 전날 시연한 것을 방송용으로 편집하였다. 애초 1,300대의 드론을 쏘았으나, 무사히 돌아온 드론은 1,218대였다. 82대는 바람에 떨어졌거나 GPS를 인식하지 못해 다른 곳에 착륙했다. 인텔이 제작한 드론은 '최다 무인항공기 공중 동시 비행' 부문에서 기네스북에 게재되었다.

미국 NBC의 조슈아 라모Joshua Cooper Ramo는 일본 선수단이 입장할 때 "일본은 한국을 1910년부터 1945년까지 식민지 지배를 했다. 하지만 모든 한국인은 '일본은 한국의 경제발전에 큰 영향을 미친 문화·기술·경제적 모델이다'라고 말한다"라고 망언하였다. 조직위원회는 NBC에 공식 항의하였고, 해당 앵커는 즉시 해고되었다. NBC는 다음 날 "이 발언으로 모욕당한 대한민국 국민에게 사과드린다"라고 방송하였다. NBC의 지역 방송국 중 하나는 개회식 전, 로컬 뉴스에서 평창을 North Korea로 표현하여 사과와 함께 수정하였다.

MBC의 김미화 캐스터는 중계 도중 "평창 올림픽이 잘 안되길 바랐던 분들도 계실 텐데, 그분들은 진짜 평창 눈이 다 녹을 때까지 손 들고 서 계셔야 합니다"라는 돌출발언을 하였다. MBC는 프랑스 국기를 러시아 국기로 소개하고 이스라엘 인구를 8,302만이라고 소개하였다. KBS도 토마스 바흐 위원장을 독일 대통령이라고 소개하였으며, SBS는 오륜기를 운반하는 장유진 선수를 스노보드 유망주로 소개하기도 했다.

개회식 도중 리프트 사고도 발생했다. 두 번째 순서인 '태극-우주의 조화'에서 중앙 원형무대의 리프트가 갑자기 작동하지 않았다. 리프트가 내려와 태극을 상징하는 연주자들이 원형무대 위에 앉아야 하는데 리프트가 내려오지 않았다. 중계카메라를 조정하고 비상 대비 영상을 준비하면서 시간을 버는 동안 리프트는 다시 작동되었다. 전문가들만이 알 수 있는 순간의 사고였다.

올림픽 개회식의 주제가 된 다섯 아이는 강원도 출신이 아니었다. 아라 역의 김에이미(의정부)와 해나래 역의 최승(해남), 푸리 역의 김정철(서울), 비채 역의 김지우(광주), 누리 역의 방윤하(고양)는 연기자로 활동하고 있는 초등학생으로 30:1의 경쟁을 뚫고 선발되었다. 이후 폐회식에선 태극기 게양 및 애국가 제창 때, 평창에 있는 초등학생들이 무대에 참여하였다.

개회식 도중 관람객 한 명이 무대로 난입하는 소동이 일어났다. 그는 한국계 미국인이었다. 개회식장 미디어석에는 트럼프와 김정은 복장을 한 관객이 나타났으나, 조직위원회의 제지를 받았다. 트럼프 역을 맡은 사람은 미국 시카고 출신 음악가인 데니스 앨런Dennis Alan이었고, 김정은 역을 맡은 사람은 홍콩 출신인 하워드Howard로서 호주에 거주하고 있었다.

평창 동계올림픽에 대한 평가

세 번째 도전 만에 이룬 평창 올림픽은 유치단계부터 수많은 우여곡절을 겪었다. 올림픽 구상부터 개회식까지 다섯 명의 대통령을 맞았고, 위원장도 3명이나 바뀌었다. 대통령이 탄핵당하는 초유의 국정 혼란과 북한의 핵미사일 위협으로 올림픽을 치르겠느냐는 우려도 있었으나 평창은 여러 면에서 새로운 기록을 세웠다.

첫째, 동계올림픽 사상 최대인 92개국 국가올림픽위원회NOC,

2,891명의 선수가 참가했다. 2014년 소치의 88개국 2,780명, 2010년 밴쿠버의 82개국 2,566명에 비교해 월등히 많은 수치이다. 미국은 242명이 참가하였으며, 우리나라도 15개 전 종목에 146명이 참가하였다. 금메달도 102개로 소치의 98개보다 많았으며, 여자 선수도 1,212명으로 역대 최대인 41.9%를 차지하였다. 노르웨이가 39개의 메달을 획득하여 2010년 밴쿠버 대회에서 미국의 37개 기록이 깨졌다.

둘째, 대회 기간 중 올림픽 신기록 25개, 세계신기록이 3개나 쏟아졌다. 소치의 올림픽 신기록 11개, 밴쿠버의 21개보다 많은 수치이다. 우리나라는 불모지대인 썰매종목(스켈레톤, 봅슬레이)과 설상종목(스노보드 평행대회전)과 컬링에서 처음으로 메달을 획득하여 메달의 다변화를 이루었다. 스켈레톤의 윤성빈, 패럴림픽의 신의현은 새로운 스타로 등장하였다. 입장권은 판매목표 107만 매의 100.9%를 달성하였다. 개회식과 컬링, 쇼트트랙, 스피드 스케이팅 등은 100%를 넘겨 매진사태를 이루었고, 모두 141만 명이 관람하였다.

올림픽 보도를 위해 79개 방송사 1만 1,462명의 방송인과 51개국 2,654명의 기자가 참석하였고, OBS의 방송신호 제작도 5,400시간으로 소치보다 20%가 많았다. 패럴림픽에도 51개 방송사와 814명의 기자단이 참석하였다. IOC는 전 세계에서 3억명이 평창올림픽 개막식을 시청했다고 분석하였다. 국내 지상파 3사의 시청률도 44.6%에 이르렀고, 패럴림픽 시청률도 18.3%를 기록했다.

올림픽 기간 중 미국 NBC는 약 2,000명의 방송인력과 기술자를 평창과 강릉에 상주시켰다. 2020 도쿄 올림픽에서는 수영과 체조 등 인기 종목을 제외한 대부분 경기는 미국 코네티컷주 스탬퍼드에 소재하는 스튜디오에서 중계하였으며, 2022 베이징 올림픽은 아예 방송인력을 파견하지 않고 본사 스튜디오에서 중계하였다.

티모 루미 IOC 마케팅국장은 일일 브리핑에서 "전 세계 3명 중 1명은 어떤 방법으로든 평창 올림픽을 시청하고 있다." "2014년 소치에 비해 전 세계적으로 (올림픽) 방송이 약 14% 이상 늘어났고, 이는 역대 올림픽 중 가장 높은 수치다." 미국 내 올림픽 주관 방송사인 NBC의 비디오 스트리밍 시청 횟수는 누적 13억 건으로, 소치 때(총 4억 2000만 건)보다 늘었다.[1] NBC 시청자는 평창의 경우 하루 평균 1,980만 명으로, 2022 베이징의 1,140만 명 보다 74%가 많았다. NBC의 프라임타임대 시청자 수는 2,400만 명으로, 올림픽 개막 5일 만에 광고주들에게 보장한 최소 시청자수를 돌파했다.

셋째, 고품격 문화올림픽과 ICT올림픽이었다. '날마다 문화와 축제가 있는 올림픽'이라는 구호로 평창과 강릉에서 올림픽 기간 중 1,200회, 패럴림픽 기간 중 800회의 문화프로그램을 운영했다. 전국 17개 라이브 사이트에서는 기간 중 118만 명이 모였다. 평창 올림픽은 첨단 과학기술의 경연장이 되었으며, 85대의 로봇과 드론이 각종 퍼포먼스를 하여 새로운 기록을 세웠다.

넷째, 올림픽 절정기 peak time에는 총 8만 3천 명의 인력이 참여하였다. 1만 8천 명의 자원봉사자, 330명의 수습사무관, 경기 전문협력요원(NTO), 수송서비스 인력, 단기 지원인력 외에도 군인과 경찰, 소방 인력은 대회기간 중 한 건의 사고도 없는 안전올림픽을 만든 주인공들이었다.

다섯째, 평화올림픽을 실현하였다. 올림픽이 개최되기 직전까지 북한의 미사일 발사로 한반도는 위기 상황이었으나 북한은 동계올림픽 역사상 가장 많은 46명의 선수단, 229명의 응원단, 27명의 고위지원단이

---

1 '2018 평창 동계올림픽 평가,' 나무위키(2024. 8. 3. 수정)

참가하였다. 개회식에는 남북한 선수가 한반도기를 들고 공동 입장하여 전 세계에 평화의 메시지를 전달하였다. 평창과 강릉 선수촌에는 '평화의 다리 만들기Building Bridges'란 주제의 올림픽 휴전벽mural을 세워 평화올림픽의 의미를 높였다.

송승환 평창올림픽 개막식 총감독은 2020 도쿄올림픽 폐막 후 "지금까지 우리 세대는 정치·경제·문화·사회 등 모든 분야에서 일본을 따라잡기 위해 노력하였으나, 이제 그럴 필요가 없게 되었다"라고 하였고, 20220 베이징 올림픽에서는 "돈을 많이 들여 화려하나 스토리가 없다"라고 평가하였다. 2024년 파리올림픽은 센강에서 85개 보트에 나눠 탄 선수단 입장부터 열기구를 타고 파리 상공을 떠오르는 성화에 이르기까지 파격적이었다. "프랑스 혁명정신인 자유·평등·박애가 여전히 세계의 근간이 된다는 것을 문화적으로 보여줬다"(뉴욕타임즈)는 평가를 받았으나, 뒷 말도 많았다.

파리올림픽은 성소수자를 포용한다는 이미지를 강조하기 위해 작위적이고 과장된 표현으로 이들을 비하한다는 역풍을 맞았고, 아시아계에 대한 인종차별과 국가차별 시비에 휘말렸다. 폭우가 쏟아지는 가운데 열린 개막식은 전광판 4개중 1개가 작동되지 않았고, 올림픽 기를 거꾸로 다는 해프닝도 벌어졌다. 한국을 북한으로 잘못 호칭하여 바흐 IOC 위원장이 윤석열 대통령에게 공식 사과하기도 했다. 매일경제는 '조직위의 어이없는 실수 연발,' '(역대 최악의) 어수선한 개회식,' '선수촌의 맛없는 음식' 등 '기대로 시작해 논란만 남긴 올림픽'으로 평가했다.[2]

대진대학교 이계영과 김홍태는 '2018 평창 동계올림픽의 평화올림픽 성과와 과제'에서 평창 올림픽이 한반도 및 동북아 평화 분위기 조성

---

2 '2018 평창 동계올림픽 평가,' 나무위키(2024. 8. 3. 수정)

의 계기가 되었으나, 향후 과제로 "▶평화올림픽 성과 확산을 위한 가칭 「2018 평창동계올림픽 기념 강원평화재단」 설립, ▶남북강원도 교류협력을 통한 가칭 〈강원평화특별자치도〉 추진, ▶평화올림픽 유산 계승과 확산을 위한 〈평창올림픽 평화·드림프로젝트〉 추진, ▶남북한 관계 개선 및 한반도 평화증진을 위한 남북체육교류협력 활성화, ▶남북관계 개선과 한반도평화증진을 위한 통일공감대 확산과 통일교육 강화 방안 모색"이 필요하다고 하였다.[3]

2023년 8월, 159개국에서 4만 3천여 명이 참가한 새만금 잼버리대회 이후 이낙연 전 국무총리는 평창 동계올림픽의 성공을 문재인 정부의 성과라고 했으나, 조선일보 강경희 논설위원은 '성공 원인은 정반대다. 정권교체 후 올림픽까지 남은 시간이 별로 없어 전 정부에서 임명한 조직위원장을 바꾸지 못한 덕에 성공했다. 2018 동계올림픽은 민관 경험을 두루 갖춘 유능한 관료 출신의 이희범 전 산업자원부 장관이 2016년부터 단독 조직위원장을 맡아 책임지고 준비했다'[4] 고 꼬집었다.

세계인들의 눈에 비친 평창 동계올림픽

깐깐하기로 소문난 토마스 바흐Thomas Bach IOC 위원장은 "역사상 최고 동계올림픽이었다. 대회를 성공적으로 개최해 준 조직위원회에 감사한다"라고 했다. 그는 인터뷰마다 "평창에서 인상적인 기억은 하루 종일 말해도 부족하다"라고 하였다. 6천억 원에 이르는 적자, 북한의 미사일 공격위협, 헌정사상 초유의 대통령 탄핵 등으로 확산하던 올림픽 회의론은 성공올림픽으로 반전한 것이다.

3 파리 김지한 기자, '기대로 시작해 논란만 남긴 올림픽,' 매일경제(2024. 8. 13.)
4 강경희 칼럼, 잼버리 청소년들이 열어젖힌 대한민국 '판도라의 상자,' (조선일보, 2023. 8. 14.)

구닐라 린드버그Gunilla Lindberg 조정위원장은 "모든 사람이 평창 올림픽은 역대 동계올림픽을 통틀어 가장 잘 조직되고 운영된 대회라고 말한다. 한국 사람들이 자랑스럽게 여길 만하다"라고 칭찬하였다. 그는 2018년 11월 국무총리실 산하 경제사회이사회가 주관한 세미나에서 "평창은 어려운 여건 속에서 흑자올림픽을 기록했고, ICT, 방송, 안전 등 모든 면에서 가장 완벽한 올림픽이었다"라고 평가하였다.

프란치스코Pope Francis 교황은 바티칸에서 열린 강론에서 "남북한 선수들이 평창 올림픽에 함께함으로써 한반도 화해와 평화에 대한 희망을 제시했다." "단일팀 구성이 올림픽 기간 중의 휴전 의미를 특별나게 했다"고 말했다. 안젤라 루기에로Angela Ruggiero IOC 선수위원장은 "남북한 단일팀은 노벨평화상 후보"라고 격찬하였다. 선수들의 안전을 걱정하던 로라 플레셀Laura Flessel 프랑스 체육부 장관은 2018년 2월 개막식에서 "평창 올림픽은 성공적"이라고 하였다.

외신들의 반응도 뜨거웠다. 뉴욕타임즈, CNN, BBC 등 해외 언론은 앞다투어 평창의 감동을 보도했다. 그들이 본 평창 동계올림픽은 '아름답고 우아한Beautiful and Elegant 올림픽'이었다. BBC 기자는 '그동안 여러 올림픽을 취재했지만, 이번 올림픽은 정말 특별한 뭔가 있다'라고 언급했다. CNN은 2018년 7월 평창 동계올림픽 'Fast Facts'라는 제목의 기사를 통해 "2014 소치의 1/5 투자한 경제적 대회," "사상 최대의 하이테크 올림픽"이라고 평가하였다. CBS는 '현재까지 개최된 올림픽 중 최신기술이 가장 많이 집약된 올림픽'이라고 호평했다.

AP통신은 '평창 동계올림픽 개회식의 모든 조명을 받은 하나 된 한반도'를 보도했다. 유에스에이 투데이는 "인상적인 것은 다른 대회들과 비교해서 경찰이나 군인들이 보이지 않는다는 것"이라고 지적하고, "군인이나 경찰을 배치하지 않고도 안전을 보장할 수 있는 이유는 무엇인가?"라고 질문을 던졌다.

대회종료 후 캐나다의 토론토 스타The Toronto Star는 "평창 동계올림픽의 문제를 꼽자면, 흠잡을 게 없는 것이 문제(The problem with PyeongChang is…there aren't any problems)"라고 극찬하였다. 그는 '역대 올림픽에는 어떤 문제들이 있었다. 2010 밴쿠버에서는 눈이 부족해 진짜 눈과 인공 눈을 섞은 짚을 깔았고, 2012 런던 올림픽 때는 테러에 대한 우려가 있었다. 2014 소치 올림픽 때는 개막을 앞두고 경기장 내부 시설이나 선수촌이 완공되지 않았고, 2016 리우에서는 수질오염 이슈가 있었다.'

국내 언론도 '평창이 역대 최고, IOC도 외신도 극찬, 평창 동계올림픽, 잘 치렀고 잘 즐겼다'(조선), '평화의 정신 구현하며 성공적으로 끝난 평창 올림픽'(한국), '스포츠로 하나 됐던 17일간의 평창드라마'(한겨레), '감동과 논란 속 막 내린 올림픽, 평창의 평화 이어가야'(중앙), '평창은 평화·안전·문화 올림픽—ICT 강국 뽐냈다'(서울), '대회 운영·흥행·기록은 합격 … 한국, 목표 무산에도 역대 최대 메달(연합뉴스)', '우려를 찬사로, 원더풀 평창!'(국민일보), '친절에 감동하고 안전에 놀라고 … 외국인들 원더풀! 평창(한국)' 등 사설과 칼럼이 이어졌다.

소프트하우스 코리아가 조사한 결과 평창 올림픽 만족도는 81.5, 패럴림픽 만족도는 81.67로 높은 수준이었다. 특히, 해외 거주 관람객의 조사에도, 86.67로 매우 높았다. 관람객은 평균 1.4개의 경기를 관람하였으며, 관람객의 기념상품 구매율은 70.2%로서 구매자의 86.5%가 상품에 만족하였다.

리서치앤리서치사(주)가 올림픽 직후인 2018년 4월 성인 남녀 1,011

명을 대상으로 조사한 결과, 평창 올림픽에 대한 관심도는 66.2%로 2017년 1월의 30.6%보다 2배 이상 증가하였다. 문화체육관광부의 조사에서도 평창 올림픽 성공에 대한 전망은 2017년 3월 55.1%에서 2017년 12월에는 70.4%로 높아졌다. 갤럽의 조사에서도 국민의 84%가 평창 올림픽을 성공적이라고 평가하였다.

평창 올림픽의 긍정적 측면으로는 남북 화해 분위기가 48.4%로 가장 높았고, 우리 선수들의 선전 28.2%, 안전한 국가홍보 27.3%, 한국의 문화홍보 26.5% 등의 순이었다. 부정적 측면으로는 평양 올림픽 등 과도한 정치공세 33.9%, 일부 협회의 이기주의적 행동 27.6%, 자원봉사자에 대한 대우 소홀 26.4%, 정치인들의 특혜 행보 25.9%로 나타났다.

중앙일보가 외국인 선수와 지도자 등 40명을 대상으로 조사한 결과, 좋은 점으로 70%인 28명이 자원봉사자 서비스를 꼽았고, 맛있는 음식이 22명, 교통시스템 15명이었다. 반면, 날씨를 부정적 요인으로 꼽은 응답자가 18명으로 가장 많았다. 서울신문이 취재기자 55명에 대한 설문조사 결과 91%가 '평창은 성공'이라고 응답하였다. 데이빗 윌리엄스 David E. Williams 영국 데일리메일 *Daily Mail* 기자는 "겨울올림픽이 다섯 번째인데 평창처럼 추운 도시는 처음이다, 그래도 언제나 밝은 표정으로 친절하게 도와준 자원봉사자들 덕분에 피로를 잊을 수 있었습니다"라고 하였다.

제 8 장

상처뿐인 영광

값진 동메달을 목에 건 자랑스런 2018 평창 동계올림픽 대한민국 컬링 대표팀
(2018. 2. 강릉)

5월 폭우와 이재민 대책

평창 동계패럴림픽이 끝난 지 2개월여 후인 2018년 5월 18일, 평창에는 자정부터 새벽 2시까지 2시간 만에 127㎜의 폭우가 쏟아졌다. 올림픽 기간 중 자동차 회차로 건설을 위해 올림픽 플라자 바로 옆을 흐르는 차항천을 막고 임시도로를 건설하였으나, 예상 밖의 때 이른 집중폭우로 우수관이 역류하였다. 조직위원회는 하천을 복원하기 위해 건설장비를 대기하고 있었으나, 아스콘 폐기 허가가 늦어져 지체되고 있었다.

72세대 143명의 이재민은 대관령면사무소에 임시 수용되었다. 나는 면사무소를 찾아가 이재민들에게 사과하면서 복구와 보상에 최선을 다하겠다고 약속하였다. 밤새 보금자리가 물속에 잠겨버린 주민들은 '조직위원회가 자초한 인재'라는 점을 인정하고 주택 개보수와 가전제품도 신품으로 교체토록 요구하였다. 주민들이 멱살잡이라도 할 태세로 거칠게 항의하는 모습은 TV를 통해 방송되었다.

패럴림픽이 끝난, 다음날인 3월 20일 조직위원장 사직서를 제출하였고, 이후에는 출근도 하지 않았다. 그러나 책임을 피할 수는 없었다. 주민들과 밤 10시까지 보상대책을 논의하였다. 지방자치단체장 선거기간 중이라 최문순 도지사와 심재국 평창군수는 현직을 사퇴하여 대행 체제로 운영되고 있었다. 강원도에서 나온 과장은 이재민들의 식사 문제를 해결하겠다고 했으나, 다음날 예산이 없다고 말을 바꾸었다.

박경서 대한적십자사 회장에게 이재민들을 위해 밥차와 구호품을 지원해 주도록 요청하였다. 김부겸 행정안전부 장관에게는 자연재해에 준하는 행정지원을 해주도록 요청했으나, 행정안전부 실무자들은 자연재해가 아니라며, 지원하기 어렵다고 했다. 해비타트에 주택개량 지원을 요청하였으나, 규정에 부합하지 않는다는 대답이었다.

조직위원회에서도 수해와 직접 관련된 건설이나 수송 담당 직원들은 대부분 원대 복귀하였고, 남아 있는 사람들은 주로 관리 분야에 종사하던 문화체육관광부와 강원도 소속 공무원들뿐이었다. 우선 직원들을 상대로 수해 의연금을 모금하였다. 모두 2,377만 원을 모았으나, 주민들은 이 금액이 최종이 될 것을 우려하여 수령을 거부하였다.

조직위원회는 이재민들의 건강을 위해 면사무소에서 인근 호텔로 옮겨 숙식을 제공하고 전기안전공사와 가스안전공사 등의 협조를 받아 침수된 가옥과 보일러의 안전 점검을 실시하였다. 삼성화재보험은 역시 최고의 기업답게 침수된 가옥의 폐기물을 청소하고 도배와 페인트 등 리모델링도 맡아 주었다. 침수된 가전제품은 조직위원회가 매각하려고 내놓았던 신제품으로 교체하였다.

6월 초 베이징에서 열린 수행보고debriefing 행사에서 바흐 위원장은 나에게 "잘 지내느냐?"고 물었다. 나는 "조직위원회가 수해로 곤욕을 치르고 있다"라고 설명하자, 즉석에서 15만 달러를 기증해 주었다. 하나은행과 영원무역 등 후원기업과 용평리조트, 월정사에서도 성금을 지원해 주어, 가구당 최대 550만 원까지 보상금을 지급하였다. 강원도와 평창군은 긴급 생계비와 구호물품을 지원하고 재건축을 희망하는 세대에 장기저리의 융자를 알선해 주었다.

조직위원회 직원들은 수해가 발생하자 즉시 주민들을 깨워 면사무소로 이동시켰을 뿐아니라, 수해 복구에도 최선을 다했다. 주민들도 조직위원회의 진정성을 이해하기 시작했다. 수해 2달 만인 7월 중순 피해 보상이 합의되고 주민들은 보금자리로 들어갔다. 조직위원회는 마을회관에 대형 TV를 기증하였고, 주민대표는 수박을 들고 조직위원회를 찾아와 감사를 표시하는 인사를 했다. 덕필유린德必有隣을 확인하였다.

수리되지 않는 사직서

2018년 3월 19일 패럴림픽 폐회식이 끝나고 사무실에 나왔으나, 모든 것이 허탈했다. 산업자원부 장관 시절에도 2005년 11월 주민투표를 통해 경주에 중저준위폐기물 처분장 부지를 선정한 다음 날, '나는 역사적 소임을 다했다'라고 생각하여 사표를 들고 청와대 김우식 비서실장에게 달려간 기억이 났다. 나는 '조직위원장으로서 소임을 다했다'라는 취지로 문화체육관광부에 사표를 제출하였다. 밖에는 봄비답지 않게 온종일 비가 주룩주룩 내리고 있었다.

평창 동계올림픽 직후 판문점과 평양에서 남북정상회담이 열리고 싱가포르에서 미·북정상회의가 개최되는 등 한반도에는 평화의 기운이 감도는 듯했다. 2018년 6월 12일 싱가포르 미·북정상회의 다음 날 실시한 지방선거는 당시 여당인 더불어민주당의 압승으로 마감되었다. 민주당은 17개 시·도지사 중 14석을 차지하였고, 기초단체장은 226곳 중 151곳을 차지했다. 광역의원 선거에서도 민주당은 824석 중 647석(78.5%)을 차지하였다.

반면, 올림픽 주역들은 돌보는 이가 없었다. 1,205여 명의 구성원 중 절반인 공무원들은 소속 부처로 복귀했으나 상당수는 보직을 받지 못했고, 민간 전문가들은 일자리를 구하러 다녔다. 여형구 사무총장은 해외건설협회 회장으로 내정되어 절차를 완료했으나, 이유 없이 다른 분으로 교체되었다.[1] 정부는 남북정상회의 등으로 분주했으나, 조직위원회 사람들은 어느 곳에서도 초대받지 못했다.

조직위원장을 그만두어야 하는 이유는 첫째, 민간인으로서 더 이상의 역할이 없었다. 주로 시설 이관과 같은 마무리 업무만 남았는데 이

---

1 김광년 기자, '해건협, 신임 회장에 여형구 전 국토부 차관 내정.' (국토일보, 2018. 5. 2.)

는 문화체육관광부와 강원도의 몫이었다. 둘째, 건강도 극도로 악화하였다. 세브란스병원 정남식 원장은 "올림픽만 잘하면 뭘 합니까? 건강을 잃으면 다 잃게 됩니다"라고 하면서 인슐린 주사를 맞으라고 했다.

셋째, LG에 대한 책임이었다. 올림픽 기간 중 고문직을 맡고 있는 LG에는 출근도 하지 않았다. 이제는 LG로 돌아가 최소한의 봉사를 하는 것이 도리라고 생각했다. 주변에서는 그동안 손을 놓았던 골프를 치자는 제의도 쇄도했다. 이제는 공적인 일에서 벗어나 하루라도 빨리 자유로운 몸이 되고 싶었다.

문화체육관광부는 사표를 반려하겠다고 했다. 나는 일부 인사들이 나와 조직위원회를 험담하고 다닌다는데 더 이상 위원장으로 머물 이유가 없다고 항변하였다. 6월 초 북경에서 열린 수행보고 행사가 종료되면서 업무도 정리단계로 돌입하고 조직위원회도 대폭 슬림화되었다. 도종환 문화체육관광부 장관을 만나 다시 사직서를 제출하고 이제는 생업으로 돌아가게 해 달라고 간청하였다.

2018년 10월 국회 문화체육관광위원회 국정감사에서 도종환 장관은 "이희범 위원장님은 사퇴하셨습니다. … 지금은 대행 체제로 있고요. … 조직위원장께 끝까지 계셔 주시기를 여러 차례 부탁했습니다. …" 문화체육관광부는 나의 사임을 기정사실로 했다. 2018년 4월부터 위원장은 비상근으로 바뀌고 김기홍 사무차장이 업무를 총괄하고 있었다.

주변에서는 "위원장이 몽니를 부린다. 정부와 코드가 안 맞는다" 등의 루머가 퍼졌다. 변호사는 '나의 사직은 문화체육관광부 승인사항이 아니고, 사표 제출 자체로 위원장직은 끝난다'라고 했으나, IOC 위원장도 모든 일을 나와 협의하고 있었다. 2018년 12월 방한한 바흐 위원장은 문희상 국회의장 초청 조찬에서 "평창 올림픽의 성공은 이희범 위원장의 노력 때문"이라고 장황하게 설명하였다.

미완성의 과제: 올림픽 주제가

올림픽 활황boom up을 일으킬 또 하나의 테마는 주제가이다. 1976년 몬트리올 올림픽에서는 '웰컴 투 몬트리올,' 1984년 로스앤젤레스 올림픽에서는 'A Chance for Heaven'과 'Reach Out'이 애창되었다. 2008 베이징에서는 'You and Me,' 2012 런던 올림픽에서는 'Survival,' 2014 소치에서는 '올림픽 찬가,' 2016 리우에서는 'Soul and Heart'와 NBC가 제작한 'Rise'가 애창되었다.

'88 서울올림픽 개막식에서 혼성그룹 코리아나가 부른 '손에 손잡고'라는 곡은 역대 올림픽 중 최고의 주제가로 통한다. 이탈리아 출신의 세계적인 작곡가 겸 프로듀서 조르지오 모로더Giovanni Giorgio Moroder가 만든 곡은 서정적이면서도 웅장한 멜로디에 도전과 평화라는 올림픽 정신을 녹여낸 노랫말은 저절로 옆 사람 손을 잡게 했다. 8개 국어로 제작한 음반은 1,700만 장이 팔렸고, 독일·일본·홍콩·스위스·스페인 등 17개국에서 1위를 기록했다.

애초 MBC가 조직위원회 후원으로 공모를 거쳐 뽑은 박건호 작사, 길옥윤이 작곡한 김연자의 '아침의 나라에서'가 주제곡으로 선정되어, '86 아시안게임과 '88 동계올림픽에서 연주되었다. 1988년 6월 전 세계에 판매 네트워크를 가진 폴리그램사가 '손에 손잡고'를 발표하자, 한국연예협회는 '우리의 노래로 올림픽 막을 올려라.' '철회하지 않으면, 모든 올림픽 행사에 불참하겠다'라고 성명을 발표하는 등 내홍을 겪었다.

2002년 월드컵에서는 YB의 '오, 필승 코리아'와 신해철의 '경기장으로Into the Arena'가 국민 응원곡으로 등극했다. '오 필승 코리아'는 앰부시 마케팅ambush marketing으로서 레알마드리드의 응원가로 사용되다가, 부천FC 응원가를 거쳐 붉은 악마가 SKT와 손잡고 사용하면서 공식 후원사인 KTF에 비해 폭넓게 애창되었다. 2006년 독일 월드컵 때는 싸이의 '우리는 하나We are the one'가 큰 인기를 끌었다.

올림픽 유치 당시에 소프라노 조수미가 부른 '평창의 꿈'이 초기에 주제가처럼 사용되었다. 조수미는 2003년 명예 홍보대사로 위촉되면서 평창과 인연을 맺었다. 평창의 꿈은 2006년 발표되었는데 영어와 불어로도 번역되었다. 조수미는 2017년 9월 대통령 방미 시 뉴욕에서 열린 평화올림픽을 위한 밤에서 '승리의 평창'을 발표하였다.

2017년 7월 가수 인순이가 부른 '모두를 빛나게 하는 불꽃Let Everyone Shine'은 열정과 희망의 메시지를 담았는데 성화 봉송을 통해 주제가처럼 애창되었다. 희망의 꿈을 노래한 듀오 카니발은 '거위의 꿈'을 재해석해 부르면서 인기를 끌었다. 미국 템플대학교 음악대학에 재학 중인 김샤론은 '평화를 넘어Beyond the Peace'란 곡을 만들기도 했다.

평창 올림픽 홍보대사인 가수 태양은 '라우더'란 곡을 발표하였다. 그는 소속사인 YG엔터테인먼트의 간판 프로듀서 테디가 이끄는 더 블랙레이블 소속 프로듀서들과 함께 작사와 작곡에도 참여했다. 라우더는 공식 주제가는 아니지만, 홍보대사가 부른 곡인 만큼 조직위원회는 SNS를 통해 홍보하였다. 라우더는 젊은 층 사이에 불렸으나 기성세대들에게는 익숙하지 않았다.

세계적인 아티스트이자 음악감독인 양방언은 '에코우즈 포 평창'이란 앨범을 만들었다. 이 앨범은 강원도의 대표 민요 정선아리랑을 주제로 삼았는데, 하현우가 국악적인 창법으로 부른 정선아리랑, 복고 걸그룹 바버렛츠의 정선아리랑 엮음 아라리 등이 실렸다. 양방언은 2014년 소치 올림픽 폐막식에서 조수미, 나윤선, 이승철과 함께 부른 '아리랑'을 편곡하였다.

가수 박기영은 '위 아 더 원'이라는 노래를 발표하였다. 박기영의 홍보 대행사인 유어썸머는 올림픽 홍보 서포터즈인 연예인 응원단 화이트 타이거즈(단장: 컬투 정찬우)의 공식 응원가로 쓰기 위해 만들었다. 영화 베테랑의 음악감독 김명환이 작곡하였다.

신예 걸그룹 위키미키는 '버터플라이'를 공개했다. 스키점프를 소재로 한 영화 '국가대표'의 주제음악으로도 많은 사랑을 받았던 곡을 재해석한 것으로 웅장하고 장엄한 분위기의 원곡을 신스팝 장르로 불렀다. 가수 박윤경은 2017년 12월 G-50 특별 생방송에서 '빅토리 평창'을 발표하였다. 트로트곡 부초로 데뷔한 박윤경은 평창을 제2의 고향으로 생각할 정도로 올림픽에 남다른 애정을 보였다.

올림픽이 다가오자 성공올림픽을 기원하는 응원가들이 잇달아 발표되었다. 인디앤드 하랑은유Harang Eunyu는 자신들의 신곡인 '걷고 걷는다'를 개사한 '나는 평창을 향해 걷고 걷는다'를 발표하였는데 영어와 중국어로도 번역되었다. 조직위원회는 국민응원가 공모 프로젝트를 통해 울랄라세션의 '어메이징 코리아', 오마이 걸의 '기적을 만들어 봐', 장미여관의 '챔피언은 바로 너야', AOA의 '플라이 어웨이', NCT127의 '투나잇', 파이브스타의 '고', 케이윌·정기고·몬스타 엑스가 함께 부른 '소리쳐' 등 7곡을 선정했다.

가수들이 너도나도 응원가를 발표하자 앰부시 마케팅 주의보도 발표되었다. 조직위원회는 김흥국 패밀리의 '평창아리랑', 박기영의 '위 아 더 원', 박현빈과 윤수현의 '평창에서 한판 붙자,' 신성훈의 '대박이야', 레모니안의 '강강술래' 등을 앰부시 마케팅에 해당한다고 주의·권고를 내렸다. 앰부시 마케팅은 공식 후원사가 아닌 업체들이 오륜기나 엠블렘을 무단 사용하거나 올림픽 응원가로 오해할 수 있는 문구를 쓴 것으로 IOC는 엄격히 규제하고 있다.

전순표 강원도민회 회장의 사모인 김귀자 여사는 '전설의 백호랑,' '보고 싶은 빙상의 별들,' '강원의 꿈,' 등 3곡을 발표하였다. 가수 여우별 밴드가 열창한 노래는 올림픽의 성공과 강원도의 애절함을 담았으나, 앰부시 마케팅을 피하기 위해 수호랑 대신 백호랑을, 김연아 등 실명을 쓰는 대신 빙상의 별들로 우회하여 현실감이 떨어졌다.

조직위원회는 '손에 손잡고'와 같은 대작을 만들고자 하였으나, 전 국민이 함께 부를 수 있는 대작은 없었다. 동계스포츠는 정숙을 요구하는 종목이 많은 특성도 있지만, 저작권이 IOC에 귀속되어 저작권자에게 수혜가 없다는 점도 장애요인이었다. 조직위원회는 IOC에 저작권을 이양토록 요구했으나, 다른 나라와 형평성을 이유로 올림픽 후 1년간만 저작권을 인정하였다.

올림픽 주역 빠진 평창 포상

올림픽이 끝날 무렵 조직위원회는 토마스 바흐Thomas Bach 위원장, 린드버그Gunilla Lindberg 조정위원장과 르네 파젤Rene Fagel 국제아이스하키연맹 회장에게 훈장을 수여하도록 건의하였다. IOC 위원장은 북한이 참가하는 데 결정적인 역할을 하였고, 린드버그는 실사단장과 조정위원장으로서 모두 39차례나 방한하여 성공올림픽을 이끌었다. 르네 파젤 회장은 여자아이스하키 남북단일팀을 만든 주인공이었다.

바흐 위원장은 우여곡절 끝에 패럴림픽 개회식 전날 청와대에서 체육훈장 청룡장을 수여하였다. 린드버그에 대한 체육훈장 맹호장은

2018년 10월 도쿄에서 개최되는 ANOC 총회에 가는 길에 방한하여 전달되었다. 르네 파젤 회장에 대한 서훈은 이루어지지 않았다. 파젤 회장은 2022 베이징 올림픽에서도 남북 단일팀을 만들자고 했는데….

IOC는 나에게 올림픽훈장 금장을, 여형구 사무총장, 김주호 부위원장과 김재열 부위원장에게 각각 은장을 수여하였다. 최문순 지사와 조직위원회에서도 실질적 임무를 수행한 차장들은 훈장을 받지 못했다. 바흐 위원장에게 국내 정서를 설명하자 이들에게도 훈장을 주겠다고 약속하였다. 김기홍 차장 등은 2018년 6월 베이징北京에서 열린 수행보고 행사에서 은장을 받았고 강원도지사는 유승민 IOC 위원이 전수하였다.

IOC가 수여하는 3대 서훈은 ▶선수들에게 주는 올림픽 메달(금·은·동), ▶올림픽 운동에 이바지한 사람들에게 주는 올림픽 훈장Olympic Order, ▶스포츠맨십과 올림픽 운동 발전 공로자에게 주는 쿠베르탱 메달이 있다. 올림픽 금장은 올림픽 개최국 대통령과 조직위원장, 은장은 조직위원회 핵심간부 및 은퇴하는 IOC 위원에게 수여한다.

국내에서 올림픽 금장을 받은 인사는 박세직 서울올림픽 조직위원장('88), 이건희 삼성회장('90), 김영삼 전 대통령('96), 김대중 전 대통령('98), 정주영 현대그룹 회장('98), 반기문 유엔사무총장(2012) 등이 있다. 이희범 위원장과 문재인 대통령도 대열에 추가되었다. 김택수('83), 박종규('86) 전 대한체육회장과 윤세영 SBS 창업회장은 은장을 받았다.

서울평화상도 우여곡절을 거쳤다. 서울평화상은 1988년 서울올림픽의 잉여금을 재원으로 평화와 동서 화합 정신을 기린다는 취지로 제정하여 사마란치Joan Antoni Samaranch IOC 위원장을 첫 수상자로 선정하였다. 평창 동계올림픽이 끝난 후, 조동성 인천대학교 총장이 전화했다. 서울평화상 후보로 나를 추천하겠다고 했다. 나는 "올림픽을 기념하기 위해 제정된 것이니, 토마스 바흐 위원장을 추천하면 좋겠다"라고 화답하였다. 바흐 위원장은 오히려 "나와 함께 추천되면 좋겠다"라고 하였다. 조동성 총장은 바흐 위원장과 나를 공동 후보자로 추천하였다.

2018년 10월 20만 달러가 지급되는 서울평화상은 인도의 나렌드라 모디Narendra Damodardas Modi 총리에게 수여되었다. 모디 총리는 트위터에 '모든 인류의 행복한 삶과 발전, 평화, 번영에 이바지한 새로운 인도에 주시는 상이라 생각한다'라고 소감을 밝혔다. 공익법센터 어필, 공익인권변호사모임, 국제민주연대 등 26개 시민단체는 '학살자에게 평화상이 웬 말이냐! 모디 총리에 대한 서울평화상을 취소하라!'라고 성명을 발표하고, 서울평화상문화재단 앞에서 시위를 벌였다.

바흐 위원장은 2020년 9월 서울평화상 수상자로 선정되었다. 염재호 이사장은 '평창 올림픽에서 북한을 참가시키고 여자아이스하키 남북 단일팀을 구성하여 한반도와 동북아의 평화를 구축하는 계기를 마련하였다. 또한, 난민선수단을 구성하고 개발도상국 스포츠 활성화에 기여하였다'라고 선정 배경을 설명했다. 바흐 위원장은 "상금은 스포츠 프로그램을 통해 전 세계 난민들을 지원하고 올림픽난민선수단 등 자선단체에 기부할 것"이라고 소감을 밝혔다.

조직위원회는 올림픽을 성공시킨 일등 공신인 자원봉사자와 안전올림픽 유공자, 스폰서 기업인은 물론 조직위원회 직원과 공무원 등에게 포상하도록 문화체육관광부에 건의하였다. 서울올림픽에서는 1,097명(훈장 168), 2002 한·일 월드컵에서는 1,091명(훈장 143)이 정부로부터 서훈을 받았다.

문화체육관광부는 "논공행상을 논하기 전에 감사원 감사를 해야 한다"라는 입장이었다. 조직위원회는 "상시감사 대상 기관으로 지정되어 감사원에서 일상 업무에 대해 병행 감사를 하였다." "1,205여 명이던 조직 구성원이 60여 명으로 축소되고, 민간인들은 대부분 생업으로 복귀하여 감사받을 사람도 없다"라고 주장하였다. 국회 동계특별위원회는 3월 중순 현안 점검과 평가를 완료하였으나, 감사원은 본감사를 하지 않고 서면감사로 대체하였다.

정부는 1년 6개월이 지난 2019년 9월 1,006명에 대해 포상하였다. SBS 권종오 부장은 '평창 주역, 훈장서 제외'라는 기사에서 '김연아 선수, 이희범 조직위원장, 최문순 강원지사 등 주요 인사들은 훈장은 물론 표창도 받지 못하게 됐다.' '이처럼 상식적으로 이해하기 어려운 결정이 이뤄진 것은 정부포상 업무 지침에서 훈장은 포상받은 후 7년, 포장은 5년, 표창은 3년이 지나야 한다는 규정 때문이다'라고 보도하였다.

올림픽 유치에 기여한 유공자로 포상을 받은 사람은 전원 제외되었다. 김연아 선수는 2011년 7월 올림픽 유치 공로로 국민훈장 모란장을 받았다. 이희범 위원장은 이명박 정부인 2013년 2월 국민훈장 무궁화장을 받아 7년 제한에 걸렸고, 최문순 지사는 선거직이라 제외되었다. 수상자는 2019년 9월 국무총리 공관에서 전수식을 했는데, 조직위원장인 나는 초대조차 받지 못했다.

권종오 부장은 '올림픽 유치에 이바지한 유공자로 포상을 받은 사람이 전원 제외되어 공정성과 형평성이 훼손되었다. 유치 때 표창을 받은 사람 가운데 조직위원회로 파견돼 큰 공로를 세운 사람이 여럿 있다. 표창보다 훨씬 높은 훈장을 줘도 모자라는 상황인데도 아예 대상에서 제외한 이유를 모르겠다. 입학할 때 성적 우수자로 상을 받은 학생은 수석 졸업을 해도 상을 줄 수 없다는 것과 뭐가 다르냐며 목소리를 높였다'라고 보도하였다.

행정안전부는 '2011년 평창 올림픽 유치 때와 2014년 인천 아시안게임 때는 재포상에 대한 예외 규정을 적용했으나, 이번에는 인정하지 않았다'라고 밝혔으나 송승환 총감독은 막판에 포함되었고, 이기흥 대한체육회장은 체육훈장을 받았다. 권종오 부장은 '문화체육관광부가 적극적으로 관계부처를 설득해야 하는데 소극적 자세였다'고 꼬집었다.

  '늑장 포상'이 이루어지면서 회한도 많았다. 조직위원회는 정부포상에서 제외되는 자원봉사자와 후원 기업인, 안전 관련 책임자 등에게 조직위원장 명의로 감사장과 감사패를 준비하고 있었으나, 포상이 늦어지면서 조직위원회는 이미 해산되어 물리적으로 불가능하였다. 올림픽을 위해 고생한 군인과 경찰관 2만 6천 명에 대해서는 올림픽 및 패럴림픽 기장을 수여하였다.

국제사회가 인정한 평창 올림픽과 쇄도하는 강의 요청

바흐 위원장은 2018년 2월 25일 올림픽 폐막식 날, 나와 한 시간 동안 단독으로 만났다. 한반도 정세, 올림픽 사후관리, 그리고 나의 향후 진로 등에 대해 의견을 나누었다. 그는 갑자기 내가 그렇게 나이가 많은 줄 몰랐다고 반색하였다. 그는 나를 IOC 위원으로 추천하기 위해 나이를 봤다는 것이다. 그가 제안한 아젠다 2020에서 신임 IOC 위원은 70세로 제한하고 있었다.

  IOC 위원이 될 수 있는 나이를 넘게 되자, 바흐 위원장은 '2022 베이징 동계올림픽 조정위원'을 맡아 달라고 하였다. 나는 "골프를 치면서 건강관리에 노력할 생각"이라고 하자, 그는 로잔에 와서 골프를 함께 치자고 제안했다. 며칠 후 IOC는 내가 베이징 조정위원으로 선임되었다고 통보해 왔다. 세월이, 그리고 나이가 미워졌다.

2018년 10월 아르헨티나 수도 부에노스아이레스에서 개최된 제134차 IOC 총회에서 평창 올림픽 조직위원장으로서 마지막 보고를 했다. 바흐 위원장과 나는 전체 IOC 위원들이 지켜보는 무대 위에서 작별의 아쉬움을 나누는 뜨거운 포옹을 했다. 며칠 후 IOC는 내가 '2026 동계 올림픽 평가위원'으로 선임되었다고 알려왔다.

2022년 10월 바흐 위원장은 국가올림픽연합회ANOC 총회 참석차 방한하였다. 서울대학교는 그에게 명예박사학위(스포츠매니지먼트)를 수여하였다. 바흐 위원장은 베이징 올림픽에서 만든 한정판 기념 메달을 전해 주면서 집사람과 함께 로잔을 방문해 주도록 요청하였다. 집사람부터, 어머니 얘기에 이르기까지 한 시간 넘게 그동안 못다 한 얘기를 나눴다.[2] 비서들이 연신 드나들며, 다음 일정schedule이 있다고 사인을 주었는데도…. 깔깔 웃는 모습은 오랜 옛 친구를 만난 듯했다.

국제사회에서는 평창 올림픽의 성과를 공유하자는 강의 요청과 포상이 쇄도하였다. 2018년 6월 국제올림픽아카데미IOA는 평창의 성공사례를 발표해 달라고 요청하였다. 그리스 올림피아에 소재하는 IOA는 전 세계 149개국에 회원을 두고 올림픽 이념을 전파하는 교육기관인데 각국의 대학생과 스포츠 관계자 300여 명이 참석하였다. 항공편과 체재비는 주최 측이 부담하였다.

50여 분간 발표 후 "평창의 성공 요인이 무엇인가?" "남북한 공동입장과 여자아이스하키 단일팀을 만든 과정은?" "평창 올림픽이 한반도와 동북아 평화에 어떻게 기여할 것인가?" "올림픽시설에 대한 사후관리 방안은?" 등 1시간이 넘도록 질문이 쏟아졌다. IOA 원장과 IOC 교

---

[2] 바흐 위원장은 90세가 넘은 장모를 모시고 있고, 나는 99세인 어머니를 모시고 있다. 바흐 위원장 부인과 집사람은 주로 가정 얘기에다, 어머니 얘기하면서 대화가 통했다.

육담당 위원은 나를 시골 농장으로 초대하여 전통음식을 나누었다.

국가올림픽연합회ANOC는 도쿄에서 개최되는 총회에서 평창에 대해 발표를 해 달라고 요청하였고, 유럽올림픽위원회UOC는 스페인 마르베야 총회에서 평창의 성공사례를 발표해 달라고 요청하였다. 미국 조지워싱턴대학교 리사 네이로티Lisa Neirotti 교수는 2018년 11월 중국 양저우扬州에서 개최되는 'World Sport Event & Tourism' 회의에서 평창 올림픽 성공 요인에 대해 발표해 달라고 요청하였다.

국내에서도 강의 요청은 쇄도하였다. 조선일보와 세계일보는 최고경영자과정에서 특강을 요청하였고, 한국무역협회, 대한상공회의소, 여성경제인연합회, 유엔사령부, 경기도 기우회, 서울대학교, 고려대학교 교우회, 체육학회, 동북아재단 등에서도 강의를 요청하였다. 국제협상학회에서는 협상 측면에서 본 평창 올림픽이라는 주제로 IOC와 협상 과정을 사례로 분석하였다.

2018년 10월 미국 스포츠 잡지인 스포츠트래블SportsTravel은 독자와 일반인을 대상으로 온라인으로 투표하여 평창을 '올해의 이벤트 수상자'로 선정하고 켄터키주 루이빌에서 열린 'TEAMS Conference 2018'에서 시상식을 거행하였다. 평창조직위원회는 2018년 11월 제14회 'DMZ 평화상 특별상'을 수상하였다. DMZ 평화상은 강원도와 강원일보사가 매년 한반도 평화에 이바지한 개인 및 단체에 수여한다. 2018년 12월 한국사보협회는 '찾아가는 성화봉송'에 대해 대한민국 커뮤니케이션대상 사회공헌활동 부문 최우수상을 수여하였다.

2018년 11월 한국체육기자연맹(회장: 정희돈 SBS부장)은 '체육의 밤' 행사에서 명예 체육기자증을 주었다. 나는 28개 회원사 300여 명의 기자단으로 구성된 체육기자연맹의 첫 번째 명예기자가 되었다. 서울대학교 총동창회에서는 관악대상을, 안동시에서는 '자랑스런 안동인 특별상'을, 서울과학종합대학원에서는 명예경영학박사학위를 주었다. 미국 조지워싱턴대학교는 개교 200주년을 맞아 탁월한 업적을 쌓은 동문들에게 수여하는 '자랑스런 동문상'을 주었다.

평창 올림픽은 대한민국의 자긍심을 높이는 계기가 되었다. 한 기업인은 올림픽 직후 과테말라를 단체여행하는데 대한민국Repbulic of Korea에서 왔다고 하니 옆줄에 따로 서라고 했다. 벌을 주는 줄 알았으나, 성공올림픽을 한 나라에서 온 사람들이라고 우대통관을 해주었다. 한때 이름을 날리던 기업인 박동선 회장은 '멕시코 대통령을 만났더니, 올림픽 얘기를 한참 하면서 선물을 주더라'고 하면서 나에게 그 선물을 돌려주었다.

넘치는 자리 제의

평창 동계올림픽이 끝나자 자리 제의도 쏟아졌다. 퇴계학진흥회 회장이 되었다. 조직위원장이 되기 전부터 제의받았으나, 올림픽에 전념하기 위해 사양했던 자리였다. 퇴계 선생이 염원하시던 소원선인다所願善人多 정신을 실천하기 위해 퇴계의 16대 종손 이근필 옹이 제창한 '은악양선 隱惡揚善 실천본부' 대표를 맡았다.

체육 관련 일도 많았다. 2022년 베이징 동계올림픽 조정위원으로 선임되어 분기별로 베이징을 방문했다. 2026년 동계올림픽 개최지 평가위원으로서 스웨덴과 이탈리아를 방문하는 일도 만만치 않았다. 국내에서는 태권도평화봉사재단 이사와 대한스키협회 고문직도 맡게 되었다.

이집트 정부에서는 한국의 경제발전 경험을 전수해 달라고 초청장을 보내왔다. 카이로BUST대학교에서 '한국경제발전 경험과 교훈'이라는 주제로 강의하는데 현직 장·차관들도 참석하였다. 유니세프한국위원회 이사, 대한노인회 고문, 한국국제협력단KOICA 자문위원, 국제전기차엑스포 조직위원회 고문도 맡게 되었다. 장애인고용안정협회는 '장애인이 근무하기 좋은 직장 만들기' 위원장을 맡아 달라고 했다.

2019년에는 페루의 조선산업 육성을 위한 '지식발전경험공유사업 KSP' 수석고문을 맡게 되었다. 페루는 파나마 운하 확장에 맞추어 조선산업을 육성하고 있었다. 2020년에는 코트라가 주관하는 이집트의 전자산업 발전을 위한 KSP 수석을 맡았으며, 2021년에는 콜롬비아의 환경재생산업 발전 프로젝트 수석고문을 맡았다. KSP는 한국의 경제발전 경험을 나누기 위해 2004년부터 기획재정부가 한국개발원KDI과 공동으로 수행하는 사업이다.

웅진그룹 윤석금 회장과 풍산그룹 류진 회장은 사외이사직을 맡아 달라고 했으며, 화장품 제조로 세계 최고의 기업이 된 한국콜마 윤동한 회장은 감사직을 제의하였다. 다문화가정을 지원하는 '아름다운 동행' 재단은 이사장을 맡아달라고 했다. 단국대학교에서는 석좌교수직을 제안하여, 2019학년부터 '국제 경제 질서와 통상마찰'이라는 내용으로 특강을 하였다.

2020년 초에는 경북문화재단 대표를 맡았다. 경북은 17개 시도 가운데 막내로 문화재단을 출범하여 이제는 문화인이 되었다. 안동에 소재하는 한국정신문화재단 이사장도 맡게 되었다. 경북문화재단은 상주에 있는 한복진흥원도 관장하고 있어서 한복 세계화도 나의 몫이 되었다. 2020년 3월에는 산업통상자원부 출신 공직자 모임인 상우회 회장직을 맡았다. 상우회는 후배 공무원들과 가교역할을 하면서 등산회, 바둑모임, 골프회 등 행사를 주관하였다.

2020년 3월에는 본인 의사와는 상관없이 서울대학교 총동창회장으로 선출되었다. 나는 취임사에서 '▶평생 공부하는 동창회, ▶회원들의 취미를 살리는 동창회, ▶회원의 복지를 증진하는 동창회, ▶국가와 사회에 기여하는 동창회'를 만들겠다고 약속하였다. 국가로부터 받은 사랑을 사회에 환원한다는 차원에서 사회공헌위원회와 경제인들의 모임인 관악경제인회도 출범하였다.

2021년 10월에는 성정문화재단 40주년을 맞아 준비위원장을 맡았다. 1981년 난파소년소녀합창단으로 시작한 성정문화재단(이사장: 김정자)은 예술영재 발굴·육성과 문화·예술인들의 국내외 진출을 지원하는데 예술의 전당에서 개최된 40주년 기념음악회에는 소프라노 캐슬린 김, 바리톤 김기훈, 첼리스트 문태국 등이 출연하였다.

장욱현 영주시장은 풍기인삼엑스포 조직위원장을 맡아달라고 했다. 코로나로 1년 연기 끝에 2022년 9월 개최된 인삼엑스포는 24일간 112만 명의 관중이 몰려들었고, 애초 500만 달러로 계획했던 수출도 3,150만 달러 계약되었다. 밀려든 인파로 일부 식당은 식재료가 떨어져 조기에 문을 닫기도 했다. 같은 무렵 안동에서는 한국정신문화재단 주관으로 국제탈춤축제를 개최하였는데 5일간 40만 명이 방문하였다. 매일 10만 명 가까이 모였으나 한 건의 사고도 없었다.

상처뿐인 영광

2011년 7월 남아프리카공화국 더반에서 올림픽을 유치한 주역은 이명박 대통령을 필두로 이건희 회장, 조양호 회장, 박용성 회장, 김진선 지사였다. 올림픽은 성공리에 마쳤으나, 주역들은 여러 가지 이유로 불명예에 휘말렸다. 이명박 대통령은 스스로 표현대로 오지를 경험하였다.

2009년 12월 29일 법무부는 '이건희 IOC 위원에 대한 특별사면과 특별복권을 한다'라고 밝혔다. 이건희 회장은 2007년 '삼성 비자금 폭로사건'에 휘말려 징역 3년, 집행유예 5년, 벌금 1,100억 원을 선고받아 IOC 위원자격도 정지되었다. 2010년 3월 삼성전자 회장으로 복귀하여, 1년 반 동안 11차례, 지구를 다섯 바퀴 도는 해외 출장을 통해 올림픽 유치의 주인공이 되었다. 사마란치 위원장이 "2018 평창"이라고 외치자 이 회장은 "대한민국 국민 여러분께서 만든 겁니다. 저는 조그만 부분만 담당했을 뿐입니다"라고 겸양했다.

이건희 회장은 2014년 5월 급성 심근경색으로 쓰러진 후, 올림픽을 반년 남겨두고 21년간 봉사하던 IOC 위원직을 사임하였고, 2020년 10월 세상을 마감하였다. 올림픽 폐막 직후 SBS는 삼성이 27명의 IOC 위원에게 로비했다고 폭로했다. 이러한 보도에 대해 '불편한 진실을 이제는 말해야 한다'라는 응원의 댓글과 '삼성이 아니었다면, 평창 올림픽은 꿈도 못 꿀 일'이라는 평가로 갈렸다. 삼성은 1997년부터 21년간 애정을 쏟아온 대한빙상경기연맹과도 결별하였다.

박용성 대한체육회장은 대한상공회의소 회장, 국제상업회의소ICC 회장, 대한유도협회 회장, 국제유도연맹IJF 회장, IOC 국제관계위원회 위원 등 화려한 경력을 바탕으로 올림픽 유치에 앞장섰다. 박용성 회장은 중앙대학교와 연루된 사건에 휘말려 징역 10월에 집행유예 2년을 선고받으면서 IOC위원 자격도 정지되었다가 복권되었다.

부지사와 세 번의 도지사를 지내면서 올림픽 발상부터 유치까지 주역인 김진선 지사는 2년 9개월 동안 조직위원회를 이끌었다. 그는 박근혜 대통령 취임준비위원장을 맡았으나, 2016년 국회의원 선거에서 낙선하자 월정사 입구 컨테이너에 기거하면서 저술 활동에 전념하였다. 2019년 1월 출간한 '평창실록, 동계올림픽 20년 스토리'에서 "2014년 5월 초부터 실시한 감사원 특별조사국의 감사가 장기화하면서 본인도 사임할 수밖에 없었다"라고 술회하였다.

조양호 회장은 유치위원장으로서 2010년 밴쿠버 동계올림픽부터 2011년 6월 더반 총회까지 2년간 50회에 걸쳐 64만㎞, 지구를 16바퀴 돌면서 110명의 IOC 위원 중 100여 명을 만났다. 그는 더반에서 올림픽 청사진을 발표하기 위해 개인과외를 받았으며, 대한항공 본사와 75개 해외 지점에 올림픽유치사무국을 설치·대응하였지만, 큰딸의 '땅콩 회항' 사건과 본인도 배임 혐의로 그룹 회장에서 물러난 후, 2019년 4월 미국 로스앤젤레스에서 세상을 떠났다.

신동빈 롯데 회장은 대한스키협회 회장이자 국제스키연맹 이사였다. 스키종목은 총 50개의 금메달이 걸려 있는 핵심 종목으로 2014년 스키협회 회장에 취임한 이후, 100억 원 이상을 지원해 지지부진했던 스키 지도자 및 선수들의 해외 훈련에 정성을 쏟았다. 그 결과 이상호 선수가 동계올림픽 90년 역사에서 설상종목 첫 메달을 획득하기도 했다.

롯데는 평창 올림픽에 600억여 원을 지원했으며, 올림픽 상품 판매 대행사로서 중요한 역할을 하였다. 신동빈 회장은 2018년 2월 K스포츠재단에 70억 원을 지원한 것은 면세점 허가를 위한 뇌물이라는 이유로 징역 2년 6월, 추징금 70억 원을 선고받고 법정 구속되었다. 그날 그는 평창에서 국제스키연맹 이사들과 함께 만찬이 예정되어 있었다.

평창·정선 출신의 염동열 국회의원은 올림픽 유치부터 지원법 제정과 예산확보에 앞장서 왔다. 평창지역 관광개발과 배후도시 개발, 경기장 사후 활용 방안에 대해 연구보고서를 내는 등 커다란 노력을 했으나,

강원랜드 교육생 선발과 관련하여 유죄 판결을 받았으며, 2024년 8월 광복절에 사면·복권되었다.

3선의 국회의원으로 동계올림픽특별위원장과 예결위원장을 역임한 황영철 의원(홍천·철원·화천·양구·인제)은 성공올림픽을 위해 헌신했으나, 자신의 보좌진 월급을 지역구 사무실 운영비로 썼다는 이유로 징역 2년, 집행유예 3년을 선고받아 의원직을 상실하였다. 강릉 출신의 권성동 국회의원도 국회 법제사법위원장으로 올림픽 법령제정에 앞장섰으나, 강원랜드 교육생 선발 과정에 인턴비서 등을 부정 채용하도록 한 혐의로 기소되었으나, 무죄선고를 받았다.

법적 소송에 휘말린 조직위원회

평창 동계올림픽은 성공리에 종료되었으나, 법적 소송은 이어졌다. 2018년 2월 보광휘닉스 스키장 입구에 있는 스키 대여 업체는 올림픽 기간 중 영업을 하지 못한 손실을 보상해 달라고 소송을 제기하였다. 조직위원회는 경기장 설치 및 이용에 관한 사업자가 아니므로 보상 의무가 없다고 반박하였다. 2019년 4월 춘천지방법원은 원고의 청구를 기각하고 조직위원회의 손을 들어주었다.

2018년 10월 대구 소재 금산조경개발은 엔에이치종합건설에 대한 대여금 채권을 보전하기 위해 조직위원회가 지급하기로 한 공사대금 압류 및 추심명령 이행을 청구하는 소를 제기하였다. 조직위원회는 '금산조경개발이 압류한 채권은 공동 수급업체인 대경건설이 가압류 명령을 받았으며, 엔에이치종합건설에 대한 채무액 전액을 공탁하여 추심채권은 소멸되었다'라고 주장했다. 법원은 조직위원회의 손을 들어주면서 원고의 청구를 기각하였다.

2019년 3월 가구를 공급한 한샘은 대회종료 후 물품 회수과정에서 조직위원회의 과실로 손실·분실이 있다고 주장하면서 21.5억 원을 배상하라고 서울중앙지법에 소송을 제기하였다. 조직위원회는 관리부실에 의한 것이라고 단정할 수 없다고 주장했으나, 1심은 청구액의 50%에 해당하는 6억 5천 3백만 원을 지급하라고 판결하였다. 2심 강제조정 절차에서 한샘은 10억 원 이상, 조직위원회는 3억 원 이하를 주장했으나, 재판부는 5억 원으로 조정 권고하여 양측이 수용하였다.

조직위원회는 정선과 용평 등 설상경기장에서 16,300개의 임시 관람석을 설치한 대원렌탈(대표: 이원근)과 32억 원을 후원받기로 하고, 86억 원에 계약하였다. 대원 측은 2021년 9월 공사대금을 99억 8천만 원으로 변경하면서 후원금 중 미수채권 23.26억 원과 미지급 계약금 18.84억 원을 상계하도록 소송을 제기하였다. 법원은 조직위원회가 대원 측에 이자 포함 105억 6천 6백만 원을 지급하라고 판결하였다.

2018년 5월 평창에 소재한 AM호텔은 조직위원회가 미사용한 객실 17,757개에 대해 숙박비 57억 원을 지급하라고 소송을 제기하였다. 조직위원회는 사용 예정 객실 전부에 대해 지급 의무가 성립되는 것이 아니라, 실제로 사용한 객실만을 기준으로 숙박료를 산정해야 한다고 주장했다. 2019년 7월 춘천지법 영월지원은 원고의 청구를 기각하였다. 2022년 6월 항소심은 조직위원회가 원고 및 승계 참가인 151명에게 총 10.8억 원을 지급하라고 판결하였다.

대회 기간 중 안전요원 숙소로 사용하던 호렙동산은 2018년 2월 발생한 노로바이러스가 호렙동산과 무관함에도 질병관리본부 등에 의해 원인 제공자로 보도되어 폐업에 이르는 손해를 보았다고 주장하면서 국가, 조직위원회, 강원도를 상대로 10억 원 중 2억 원 일부 청구 소송을 제기하였다. 조직위원회는 노로바이러스 원인 규명 주체가 아니라고 대항하여 1심은 물론 고등법원과 대법원에서도 원고 청구가 기각됐다.

2019년 3월 퇴직한 43명의 직원은 초과근무수당이 근로기준법 기준에 미달한다는 취지로 총 3억 8천 6백만 원을 지급하라고 소송을 제기하였다. 21명이 소를 취하하여 청구인은 22명으로 줄었으나, 청구액은 5억 4천 4백만 원으로 늘었다. 재판부는 원고들에게 청구 금액과 이자를 포함, 8억 원을 지급하도록 판결하여 민간 전문가 전원에게 연장 근로수당을 지급하였다.

조직위원회는 인터파크에 대해 입장권 판매대금 미지급액 13.5억 원과 해외 신용카드 결제액 중 부도액 3.6억 원을 지급하라고 요청하였다. 반대로 인터파크는 조직위원회에 대해 입장권 판매 수수료 4.3억 원과 개발비 11.2억 원을 지급해 달라고 청구하였다. 상사중재원은 인터파크에 대해 미지급금 13.5억 원과 지연손해 1.5억 원을 조직위원회에 지급하도록 결정하고, 신용카드 부도액은 기각하였다. 인터파크가 요구한 개발비 1천 2백만 원은 지급하도록 결정하였다.

IOC 총회에서 마지막 보고

2018년 10월 8일 아르헨티나 부에노스아이레스에서 개최된 제133차 IOC 총회는 IOC 위원과 국제경기연맹, 기자단 등 600여 명이 참석한 가운데 평창 올림픽의 성과와 사후관리 등에 대해 최종 보고를 하였다. IOC는 조직위원회와 '총회에서 재정 및 유산계획을 보고할 때까지 IOC가 지급할 금액 중 5백만 달러를 유보한다'라고 약정하여, 이번 보고는 IOC와 관계를 마무리하는 의미가 있다.

나는 위원장으로서 사표를 제출한 상태였다. 그러나 IOC는 내가 참석하여 '흑자올림픽'과 '평화올림픽'이었음을 보고해 주도록 요청하였다. 국내적으로 조직위원회를 상대로 몇 가지 소송이 진행되고 있어서 흑자 규모를 확정하지도 못했고, 정부와 강원도는 비용 분담 문제로 경기장 사후관리도 난항을 겪고 있었다. 문화체육관광부는 출발 하루 전 흑자 규모는 최소한으로 하고, 재단 운영과 유산관리에 관한 세부 사항은 추후 논의한다는 조건으로 IOC에서 발표토록 허락하였다.

IOC 총회에서 발표하는 것은 평창이 동계올림픽 역사상 가장 성공적으로 치러졌다는 점을 만천하에 알리는 데 목적이 있다. 올림픽이 '돈 먹는 하마'로 인식되어 오스트리아, 스위스, 캐나다 등은 올림픽 반대운동을 벌이고 있는 상황에서 평창이 흑자를 냈다는 것은 차기 유치 도시에 유인 효과도 크다. 또한, 평창 올림픽은 남북한 선수단의 공동입장과 여자아이스하키 단일팀 구성을 통해 올림픽 정신을 실천하는 교과서 역할을 했다는 점을 자랑스럽게 생각하였다.

나는 "IOC와 정부의 지원, 적극적인 후원사 유치, 지출효율화를 통해 현재까지 최소 5천 5백만 달러(약 619억 원)의 흑자를 달성하였다." "평창은 최소 비용으로 최대 효과를 달성한 경제올림픽이었으며, 남북한이 함께하여 세계평화에 기여한 역사적인 스포츠 행사였다"고 발표했다. "잉여금으로 동계올림픽 기념재단을 설립하여 눈이 오지 않는 동남아시아, 아프리카의 청소년들에게도 동계스포츠를 확산시켜 나가겠다"라고 보고하였다.

토마스 바흐 위원장은 "우리는 2018 평창 동계올림픽 조직위원회가 모든 면에서 대단히 성공적인 올림픽outstanding Olympic Winter Games, which were extremely successful in all respects을 개최한 것으로 진심으로 축하한다. IOC는 이러한 업적을 인정하여, 잉여금 중 20%를 IOC가 받게 되어 있으나, 한국 스포츠 발전을 위해 평창조직위원회에 기부하겠다"라고 밝혔다.

린드버그 조정위원장은 맹장염 수술로 총회에 참석하지 못했다. 크리스토퍼 두비Christopher Dubi IOC 국장이 대신 읽은 축사는 나에 대한 애정을 담은 서정시였다.

〈표 8-1〉 린드버그 조정위원장의 IOC 총회 발언 내용 (2018. 10. 8.)

Dear President Lee,

I am so sorry I will not be able to be with you today and present PyeongChang as we have done together so many times before. My 6 years and 39 visits to PyeongChang will forever stay in my heart.

We only had the opportunity to work together for 2 years. But, together with you and your team, and me and the team we managed to put on fantastic Olympic Winter Games. Two years ago we thought that it would not be possible.

We "connected" during our first meeting. After that we have had a fantastic cooperation thanks to your energy, determination and a good sense of humour. We did not waste our time in worrying but in working. We also had a lot of fun together. Thank you President Lee for the immense success of the games; thank you for being the great person you are.

You, POCOG(평창 조직위원회, PyeongChang Organizing Committee for the 2018 Olympic & Paralympic Games) team and the Korean population will always have a special place in my heart and until we meet again my sincere congratulations.

"이희범 위원장과 처음 만난 2년 전까지만 해도 성공올림픽은 불가능할 것으로 생각했다. 우리는 첫 만남부터 통했고, 그의 에너지, 결심, 유머 감각으로 환상적인 협력을 이루었다. 우리는 열심히 일했다. 그의 위대함이 성공올림픽을 이루어냈다. 위원장과 조직위원회, 대한민국 국민은 나의 가슴속에 영원히 남을 것이다."

베이징 올림픽 조정위원과 동계올림픽 개최지 평가위원

IOC와 2022 베이징 동계올림픽 조직위원회 사이 다리 역할을 하는 조정위원회는 사마란치 전 IOC 위원장의 아들인 사마란치 Jr. 외 7명의 위원으로 구성되었다. 3명의 IOC 위원과 2명의 국제경기연맹 회장, 김재열 제일기획 대표와 나였다. 스포츠 전문가가 아닌 위원은 내가 유일하였다. 나는 주로 평창에서 경험을 설명하였는데 차이 치蔡奇 위원장을 포함하여 베이징 조직위원회 스탭들은 경청했다.

2018년 10월 부에노스아이레스에서 개최된 제133차 IOC 총회는 나를 2026년 동계올림픽 개최지 평가위원으로 선임하였다. 루마니아 출신 옥타비안 모라리우Octavian Morariu(57)를 위원장으로 크리스틴 클로스테르 오센Christine C. Ossen (노르웨이), 호세 루이스 쿰포스트José Luis Cumpost(체코), 하이케 그로에스방Heike Groesbang (독일), 호세 루이스 마르코José Luis Marko (아르헨티나), 매리앤나 데이비스Mariana Davies (미국), 장홍張虹 (중국) 등 7명으로 구성되었다. 나를 제외한 나머지는 IOC 위원이거나 국제경기연맹 대표였다.

평가위원회는 개최도시 시설을 점검하고 IOC 총회에 보고하는 임무를 수행한다. 언론은 '2022년 베이징 동계올림픽 조정위원으로 위촉됐던 이희범 위원장은 2026년 개최지 선정 작업까지 맡으면서 평창 올림픽 성공개최의 경험을 국제스포츠 무대에서 계속 발휘하게 됐다'라고 보도하였다. 한국인이 평가위원을 맡은 것은 윤강로(62) 국제스포츠외교연구원장 이후 내가 두 번째다.

2019년 3월 나는 평가위원 자격으로 스웨덴과 이탈리아를 방문하였다. 스톡홀름 공항에는 린드버그 위원장이 영접하였다. 스톡홀름에서 1시간 반 정도 비행기를 탄 후 자동차로 1시간 이상 북쪽으로 달려 오레에 도착했다. 3월인데도 온 천지는 눈으로 덮여 있었다. 린드버그는 시종일관 나를 따라다니면서 내가 평창에서 했던 이상의 성의를 보여주었다. 내가 유치위원장인 광주U대회 실사단장, 스테판 버그Stefan Bergh 스웨덴 체육회 전 사무총장도 함께하였다.

이탈리아도 마찬가지였다. 베니스에서 2시간 정도 달려 코르티나에 도착했다. 알프스산맥 중턱 해발 1,200m에 있는 코르티나와 담페초는 사방이 3,000m가 넘는 산으로 둘러싸여 있었다. 당장 오늘 올림픽을 해도 될 정도로 완벽하게 시설을 갖추고 있었다. 유럽인 관광객들은 11월부터 이듬해 5월까지 스키를 즐기고 있었다. 스위스 알프스보다 더 웅장하고 아름다웠다.

개최도시들은 자존심을 걸고 올림픽 유치를 위해 애쓰는 모습이었으며, 평가위원들의 일거수일투족에 예민한 반응을 보였다. 우리나라와 달리 이들은 대단히 중립적이고 냉정했다. 식사도 공식적인 회의 외엔 평가위원끼리 하였으며, 식비도 자신이 분담하였다. 이탈리아에서는 위원들에게 태블릿 PC 한 개씩 주었으나, 모두 반납하였다.

2019년 6월 스위스 로잔에서 개최된 IOC 총회는 밀라노 47표, 스톡홀름 34표로 이탈리아의 손을 들어주었다. 이탈리아는 1956년 코르티나-담페초, 2006년 토리노에 이어 세 번째 동계올림픽 개최국이 되었다. 반면, 스웨덴은 8번째 도전에서도 실패했다. 스웨덴은 1984년(사라예보), 1988년(캘거리), 1992년(알베르빌), 1994년(릴레함메르), 1998년(나가노), 2002년(솔트레이크시티), 2026년(코르티나·담페초) 도전에서는 IOC 투표에서 탈락했고 2022년(베이징)에는 유치신청을 철회했다. 스웨덴 IOC 위원인 린드버그는 눈물을 훔치고 있었다.

스웨덴이 실패한 요인은 중앙정부와 개최도시 간에 팀웍이 없었기 때문이다. 정부는 재정보증도 하지 않았다. 반면, 이탈리아는 대통령이 나서 재정보증은 물론 모든 지원을 아끼지 않겠다고 IOC 위원들을 설득하였다. 나는 린드버그에게 그리스가 하계올림픽 발상지인 것처럼 스웨덴은 동계올림픽의 발상지로서 1912년 하계올림픽을 개최한 이후, 첫 올림픽이라는 점을 강조하도록 했으나 프리젠테이션도 성의가 없었다.

이번 결정에는 평가위원들의 보고서가 크게 작용하였다. 루마니아 출신의 모라리우 위원장은 스톡홀름은 불가하다는 것을 노골적으로 표시하자고 주장했다. 나는 평가위원의 역할은 객관적인 자료를 만드는 일이고, 결정은 IOC 위원들이 하는 것이라고 반대했으나, 최종 보고서에는 밀라노의 장점을 강하게 부각하였다. 모라리우는 2032년 하계올림픽 평가단장으로, 노르웨이 체육장관 출신인 크리스틴 오센은 2030 동계올림픽 평가단장으로 선출되었다.

위기의 순간들, 영광의 순간들

2016년 5월 16일 조직위원장을 맡으면서 패럴림픽이 끝난 2018년 3월 18일까지 1,037일간은 하루하루가 고통과 번뇌의 연속이었다. 성공올림픽을 위해 원 없이 일했다. 전업으로 근무했으나 봉급도 받지 않았다. 오히려 엄동설한에 고생하는 직원들이 안쓰러워 주머니를 털어줄 때도 많았다. 아주 공적인 외에는 직원들과 식사할 때도 개인카드를 썼다. 취임 후 올림픽이 끝날 때까지 2년간 개인카드 사용액은 4,250만 원으로 월평균 177만 원에 이르렀다.

용평 버치힐에 있는 고급빌라를 관사로 사용토록 주선해 주었으나, 이를 사양하고 알펜시아 내 강원개발공사가 운영하는 방 2개짜리 콘도를 사용하였다. 문화체육관광부는 비서실장 후보자를 추천해 주었으나, 나는 비서실장에 수행비서까지 두는 것은 사치스럽다고 생각했다. 직원들은 조직위원장이 수행비서도 없이 혼자 다니는 것을 불안스러워 했으나, 임기 끝까지 비서실장은 물론 수행비서도 두지 않았다.

해외 출장은 총 28회, 120일간 44만 2천㎞에 이르렀다. 2016년 8월 리우 올림픽 기간 중에는 지구 반대편인 리우데자네이루를 세 번 다녀왔다. 일본 도쿄는 당일치기로 3번을 다녀왔다. 민단 총회와 이사회에 참석하여 평창 올림픽을 설명하는 것이 목적이었다. 위원장 취임 후 새로 빌린rent 자동차는 15만 8천㎞를 달렸다. 서울-평창을 800회 이상 달린 거리였다. 평창에서 오전을 보내고 오후엔 서울, 늦은 밤이나 새벽엔 다시 평창으로 간 적도 많았다.

모든 직책을 버리고 올림픽 이외의 약속은 취소하였다. 자동차 번호판도 2018로 바꾸고, 모든 것을 올림픽에 걸었다. 그러나 내가 통제할 수 없는 내우외환 속에서 평창 올림픽은 타이태닉호처럼 수많은 암초를 향해 달리고 있었다. 그 암초는 스포츠와 올림픽이 근원지였다.

첫 번째 위기는 혼란스러운 정치 상황이었다. 대통령이 탄핵당하고, 주무 부처 장관이 구속되는 가운데, 대기업 총수들은 스포츠 재단에 출연했다는 이유로 검찰의 조사를 받는 초유의 상황으로 사회 전체가 꽁꽁 얼어붙었다. 정부의 지휘부control tower가 마비되고 조직위원회는 연일 비리의 온상으로 보도되었다.

두 번째는 북한으로부터의 위협이었다. 북한의 연이은 미사일 발사로 한반도는 전쟁의 공포에 휘말렸다. 유럽 국가들의 불참 도미노가 확산하는 가운데 북미아이스하키리그NHL가 불참을 선언하였다. 북한은 사상 최대의 선수단이 왔으나, 2018년 2월 8일 개회식을 하루 앞두고 선수단을 철수하겠다고 위협하였다. IOC 위원장 주재로 나와 김일국 북한 체육장관과의 협상은 개회식 4시간 전까지 이어졌다.

세 번째는 노로바이러스였다. 올림픽을 준비하면서 정부와 강원도는 조류독감 예방을 위해 적지 않은 닭·오리 등 가금류를 살처분하였으나 노로바이러스는 예상치 못했다. 1999년 동계아시안게임에서도 노로바이러스가 발병했으나, 역사를 거울삼지 않은 방심이 허를 찌른 것이다.

네 번째는 추위와의 전쟁이었다. 대관령의 2월은 영하 20°C를 오르내리며 눈이 내리기 시작하면 1m씩 쌓이는 것도 다반사였다. 더구나 개회식장은 지붕이 없는 노천 스타디움이었다. 시설을 보완하고 참석자들에게 핫팩과 담요 등 6종 세트를 지급했으나 결국 하늘에 의존하는 수밖에 없었다.

강원도 일부 언론조차 네티즌을 인용하여 올림픽을 반납하자고 하는 가운데 평창은 동계올림픽 역사상 가장 많은 국가와 선수들이 참가하였고, 가장 많은 신기록을 수립하였다. 북한은 동계올림픽 중 가장 많은 46명의 선수와 임원이 참가하였고 올림픽에서는 처음으로 단일팀을 구성하였다. 노로바이러스도 324명의 환자가 발생했으나, 모두 완치되었고 경기 운영에는 지장이 없었다.

날씨도 성공올림픽의 일등 공신이었다. 개회식이 열린 2월 9일 저녁 8시 대관령의 수은주는 영하 2.7°C를 가리키고 있었다. 올림픽이 열리는 17일간은 비 한 방울, 눈 한 방울 오지 않았다. 폐회식 사흘 뒤에는 50㎝, 또 이틀 후에는 25㎝, 그리고 패럴림픽 개회식 이틀 전에는 25㎝의 눈이 내렸다. 마치 오래 참아 주었다는 듯이 눈을 쏟아내고는 패럴림픽 폐막일까지 쾌청하였다.

위기의 순간들도 많았다. 대회 1년 전인 2017년 4월까지 열린 25개의 테스트 이벤트는 국내외 따가운 이목과 무관심, 회의론 속에서 진행되었다. 가리왕산에서는 곤돌라가 멈춰서고, 빅에어 경기장에서는 선수를 태운 엘리베이터가 공중에 멈춰 섰다. 강릉 아이스아레나에서는 대형 계기판이 땅에 떨어지고, 컬링장은 한쪽으로 기울어졌다. 국제봅슬레이연맹은 슬라이딩센터에서 한 달 내 45가지를 시정하지 않으면 경기장을 일본으로 옮기겠다고 협박하였다.

그러한 악조건 가운데 열린 테스트 이벤트는 성공적이었다. 참가한 선수들과 세계 언론은 시설과 운영이 훌륭하다고 찬사를 보냈다. 재정적으로도 흑자를 실현하였다. 국내 언론들도 '평창=게이트'라는 인식에서 벗어나는 계기가 되었다. 성공올림픽으로 가는 중요 전환점이 되었다. 나는 테스트 이벤트가 끝나자 전 직원들과 하루 종일 문제점과 개선 대책을 논의하면서 성공올림픽을 다짐하였다.

개·폐회식은 송승환 감독 흔들기부터 저비용·고감동 주문까지 수많은 도전과 시련이 있었다. 예산이 깎이면서 출연진도 대폭 축소되었으나, 자원봉사자를 포함 4,300여 명이 추위와 싸우면서 보안을 유지하느라 주로 밤에 연습하는 모습은 눈물 없이 볼 수 없었다. 일부 언론은 '개·폐회식 엉망'이라는 기사를 쓸 준비를 하고 있었다고 한다. 송승환 감독은 '만약 언론이 혹독하게 비평했으면, 지금 대한민국 땅에 없었을지도 모릅니다'라고 묘한 여운을 남겼다.

제 9 장

평창 동계올림픽이 남긴 유산

논쟁의 중심에선 평창 동계올림픽 정선 알파인경기장 (정선 가리왕산)

평창 동계올림픽 조직위원회 해산

2018년 6월 말 개·폐회식장과 강릉 올림픽파크 내 홍보관 등 시설물 철거를 완료하였다. 선수촌과 미디어촌도 LH공사에 인계하고, 임시 관람석, 텐트 등 구조물과 임시 포장된 도로, 전력 시설도 복구하였다. 대회 물자는 임대사용 또는 역구매Buy-back를 원칙으로 하였기 때문에 많지는 않았으나, 컴퓨터와 사무용품 등은 물자처분심의위를 거쳐 기증, 폐기, 매각 등을 실시하였다. 나라장터를 통해 매각한 결과 당초 계획보다는 173%가 많은 346억 원의 수익을 올렸다.

조직위원회는 IOC와 체결한 개최도시협약서에 따라 공식보고서를 작성해야 한다. 조직위원화는 총 3권으로 된 국문판 PyeongChang 2018 공식보고서와 영문판 공식보고서를 작성하여 2019년 1월 IOC에 제출하였다. 제1권은 올림픽 유치부터 조직위원회 설치까지, 제2권은 대회 기간 중 하이라이트, 제3권은 대회 준비 및 운영 결과를 담았다.

평창동계올림픽 및 동계패럴림픽 지원 등에 관한 특별법 부칙은 '조직위원회는 2019년 3월 31일까지 효력을 가진다'라고 규정하였다. 정관 제40조는 '조직위는 대회종료 후 1년 이내에 위원총회에서 재적위원 3분의 2 이상의 찬성으로 해산하고 문화체육관광부 장관에게 보고하여야 한다'라고 규정하였다.

조직위원회는 2018년 11월 말 해산을 추진하였으나, IOC 유보금에 대한 정산이 지연되고 각종 소송으로 채권·채무가 확정되지 않아 차례로 밀렸다. 조직위원회는 2019년 3월 22일 해산총회를 거쳐 4월 1일부터 청산법인에 권리와 의무를 넘겨주었다. 올림픽 유치 후 7년 9개월, 조직위원회가 설치된 지 7년 6개월 만에 임무를 마감하였고, 나는 2년 11개월 만에 조직위원장 위치에서 벗어났다.

청산단은 김기홍 기획사무차장을 청산인으로 선출하고 2부 4팀의 조직을 두었는데, 소송에 대비한 법률팀이 대부분이었다. 조직위원회는 필수 사업비, 미지급금, 소송비 등을 감안하여 잔여액 1,196억 원을 청산단에 이관하였다. 올림픽 기간 중 1,205명이던 인력은 폐막식 이후인 2018년 4월 510명으로 줄었고, 6월에는 220명, 12월에는 65명으로 감축되었다. 김기홍 단장은 문화체육관광부 체육국장으로 재직하면서 올림픽 유치 실무를 총괄하였으며, 2014년부터 조직위원회 기획사무차장으로서 핵심 역할을 하였다. 그는 남북고위급실무회담 대표로도 활동하였다.

성공올림픽과 흰 코끼리

2018년 8월 조선일보는 '평창의 빛 꺼진 지 반년, 빚만 남았다'라는 제목으로 '강원도는 세계에 알려졌으나 지역갈등과 임금체불로 몸살을 앓고 있다. 경기장 사후 활용 문제도 여전히 풀어야 할 숙제로 남아 있다'라고 보도하였다. '가장 큰 과제는 돈 먹는 하마로 전락할 위기인 강릉 스피드 스케이팅장과 하키센터, 알펜시아 슬라이딩센터 등 세 경기장의 관리비용으로 2022년까지 202억 원이 소요될 예정이다. … 가리왕산 알파인스키장은 존치와 복원을 놓고 애물단지가 됐다' [1]고 보도했다.

연합뉴스도 '불 꺼진 성화대만 우뚝 … 올림픽 영광·환희 사라진 평창'이라는 특집을 보도하였다. '남과 북이 손잡고 입장하던 개·폐회식장은 철거해 허허벌판으로 변했다. 성공이라 자축하던 올림픽은 평창에서 황급히 그 모습을 지웠다.… 겨울의 영광을 뒤로 하고.' 중앙일보도 '여기가 평창 올림픽 했던 곳 맞아? 흉물 돼가는 시설, 수천억 원의 예산을 들여

---
1 정성원 기자, '평창의 빛 꺼진 지 반년 … 빚만 남았다.' (조선일보, 2018. 8. 29.)

건설한 올림픽 시설이 애물단지로 전락했다는 지적이다'라고 보도했다.

올림픽이 끝나자 경기장 사후관리를 둘러싸고 중앙정부와 강원도의 힘겨루기가 시작되었다. 기획재정부는 한국개발연구원KDI의 타당성 조사 결과에 따라 지원 여부를 결정하겠다고 밝혔다. 2018년 11월부터 2019년 6월까지 KDI의 용역 결과에 따라 동절기에는 국가대표 훈련 및 국내외 동계스포츠 경기장으로, 하절기에는 콘서트 등 문화관광시설로 활용하기로 하였다.

평창 올림픽은 모두 12개의 경기장이 사용되었다. 6개 경기장은 기존 시설을 보완 또는 확장하였으며, 6개 경기장은 신설하였다. 설상경기장은 평창군 내 알펜시아·용평·보광 휘닉스·정선 등에서 신설 또는 개조하였으며, 빙상경기장은 강릉에 설치하였다. 강릉은 해발 20m임에도 불구하고 올림픽 신기록이 쏟아져, 그동안 고지대(캘거리, 솔트레이크시티) 전유물이라는 통설이 깨졌다.

정선군 북평면 가리왕산 중봉에 설치한 알파인(활강) 경기장은 슬로프 길이가 825m로서 알파인 활강, 슈퍼 대회전, 복합 종목을 치르기 위해 신설되었다. IOC와 국제스키연맹FIS은 알파인스키 활강경기장으로 ▶슬로프 연장 길이 3,000m 이상, ▶표고차 800~1,100m, ▶평균 경사도 17도 이상을 요구했다. 눈의 질을 유지하기 위해 해가 들지 않는 북향 경사면도 필요했다.

한겨레신문은 2014년 1월 1일, 특집 기사에서 '600살 주목의 마지막 겨울'이라는 제목으로 '평창 올림픽이 환경올림픽을 지향하면서 환경파괴에 앞장서고 있다'라고 포문을 열었다. 오마이뉴스는 '일주일 올림픽을 위해 6천 그루 나무가 잘린다(2014.6.),' 내일신문은 '가리왕산 훼손하면서 웬 환경올림픽?(2014.6.)' 경향신문은 '환경파괴, 가리왕산 활강장

재고하라(2014.8.).' 등 보도와 사설이 이어졌다.

2014년 9월 인천녹색연합은 인천 아시아드 주경기장에서 기자회견을 열고 '무엇이 더 중요한가? 3일간의 스키경기와 500년 된 원시림'이라는 피켓을 들고 시위를 벌였다. 김진선 위원장은 "가리왕산의 환경 훼손을 최소화하기 위해 남녀 활강코스를 통합한다"라고 발표했으나, 환경단체들은 주민감사를 청구하였다. 2015년 조양호 위원장 취임 이후에도 강원시민사회단체연대회의는 경기장을 새로 짓는 대신 용평과 하이원 리조트의 기존 시설을 활용토록 주장했다.

강원도와 산림청, 환경부, 환경단체 등으로 구성된 '가리왕산생태복원추진단'은 복원을 전제로 개발계획을 통과시켰다. 환경영향평가서는 ▶가리왕산에 자생하는 식물종의 특성을 고려한 복원 과정 도입, ▶훼손 지역에서 발생하는 비옥토 적치장을 확보하여 토양생태계가 복원될 수 있는 토대 마련, ▶동계올림픽 종료 후 스타트 하우스 및 리프트 철거, ▶가리왕산 중봉 생태복원추진계획을 제출토록 하였다.

강원도는 밤샘 공사를 통해 2016년 2월 테스트 이벤트 직전 완공하였다. 당초 1,095억 원으로 예상했던 사업비도 1,723억 원으로 증가하였다. 강원도는 상단부 55.2%를 복원하고, 나머지 44.8%를 활용한다는 계획을 수립하였으나, 산림청은 2019년 1월 강원도에 토지 임대 기간이 끝났기 때문에 자연 상태로 복원 후 돌려달라고 요청했다. 정선군의회와 이장협의회 등 161개 단체는 '정선알파인경기장 원상복원반대투쟁위원회'를 구성하여 투쟁에 돌입하였다.

2021년 6월 지역주민과 환경단체, 전문가 등이 참여한 협의회는 스키경기장과 주변 82ha를 숲으로 복원하고 총길이 3.5km의 곤돌라는 2024년 말까지 한시적으로 운영키로 했다. 2023년 1월 가리왕산 케이블카가 운행을 재개했으나, 환경단체는 '가리왕산 복원하라' '산림유전자원 보호하라' '천년의 숲 지키자'는 캠페인을 벌였다.

쇼트트랙과 피겨스케이팅이 열린 강릉 아이스아레나는 지상 4층, 지하 2층에 12,000석의 관중석을 가지고 있다. 쇼트트랙은 빙판 두께 3㎝, 얼음 온도는 -7℃, 얼음의 질도 단단해야 한다. 반면, 피겨스케이팅은 빙판 두께가 5㎝, 얼음온도 -4℃, 얼음 상태는 무름을 유지해야 한다. 3시간 이내에 두 경기에 맞는 얼음의 질을 조정하기 위해 외부 공랭식 냉동기를 설치하는 등 최첨단 제빙시설을 갖추었다. 강릉시가 경기장 운영 주체가 되면서 다목적 문화체육시설로 활용되고 있는데 2024년 1월 동계청소년올림픽대회 개막식이 열렸다.

스피드스케이팅 경기장은 빙판 두께 2.5㎝, 얼음 온도 -9℃, 얼음 상태는 가장 단단해야 한다. 지상 2층, 지하 2층에 8,000석의 좌석을 갖추고 있는 스피드스케이팅장은 애초 대회 후 철거하기로 하였으나, 2016년 4월 대회지원위원회는 잔류시키기로 하였다. 2019년 3월 강원도는 강원도시개발공사로 위탁하여 국가대표 훈련 및 일반인들의 전문 체육시설로 활용하고 있다.

강릉 하키센터는 아이스하키 전용 경기장으로 'Hocky Puck'과 골키퍼의 모습을 형상화하여 'Ice Puck'이라는 디자인 컨셉을 가지고 있다. 12개국 396명의 선수 및 관계자가 참가한 가운데 총 26경기를 치른 후 철거하기로 하였으나, 2016년 3월 대명그룹이 강원도와 관리 위탁계약을 체결하여 존치키로 하였다. 2019년 3월 대명그룹이 위탁계약을 철회함에 따라 강원개발공사에 이관하여 국가대표 훈련 및 전문 체육시설로 활용하고 있다.

컬링장은 강릉 실내종합체육관을 보수하여 사용하였다. 지상 4층,

지하 1층에 3,400석 규모로 올림픽 이후에도 컬링장으로 존치하겠다고 약속하여 세계컬링연맹WCF 케이트 카트니스Kate Caithness 회장은 약속대로 이행을 촉구하였다. 조직위원회가 시설을 원상 복구한 후 강릉시로 인계하였고, 컬링체험·훈련 및 경기장으로 활용하고 있다. 2023년 4월에는 세계 믹스더블 및 시니어 컬링선수권대회를 개최했다.

알펜시아 슬라이딩센터는 세계에서 19번째, 아시아에서 일본 나가노에 이어 두 번째로 건설된 썰매 전용 경기장이다. 총연장 2,018km에 첨단공법을 이용하여 국제특허를 취득하였으며, 봅슬레이·스켈레톤·루지 등 3경기가 열렸다. 윤성빈 선수가 아시아 최초로 스켈레톤에서 금메달을 획득하여 동계올림픽 명소로 부상하였다. IOC와의 협의에 따라 올림픽 슬라이딩센터로 개칭하였다. 2024년에는 국제봅슬레이스켈레톤연맹IBSF과 협약에 따라 IBSF 아시아 지사를 설치하고 매년 월드컵과 아시안컵 대회를 개최하기로 했다.

비경기장도 마찬가지다. 개·폐회식장은 패럴림픽 폐회식 직후 철거하여 축구장과 400m 트랙으로 복원한 후 2019년 1월 강원도에 인계하였다. 635억 원을 들인 건물을 철거하는 것은 낭비라는 지적도 있었으나 본부동 7층 가운데 3층만 남겨 올림픽 기념관으로 개조하고, 관람석은 7,000석 규모의 자연형 스탠드로 개조하여 달항아리 모양의 성화대만 덩그러니 남게 되었다.

80개국 방송사가 입주했던 방송센터IBC는 부지 12만 2,410㎡에, 연면적 5만 1,024㎡, 지상 4층 규모로 포스코의 후원으로 건설하였다. 2016년 국제생활체육협회TAFISA는 K-Will과 합작으로 항노화·건강클러스터 센터를 설치하겠다는 계획이었으나 중국으로부터 투자유치가 성사되지 못했다. '강원도는 MICE(기업회의, 포상관광, 컨벤션, 전시회) 인프라로 활용하겠다'라는 입장이었으나, 국립중앙도서관 문헌정보관으로 활용키로 하였다.

 LG서브원이 임시시설로 건설한 조직위원회 주사무소는 한국체육대학교 동계스포츠 평창캠퍼스로 활용하고 2단계로 'Asian Olympic Academy Center'를 설립할 계획이었으나, 국내 체육대학 간 조정이 쉽지 않아 국가대표 동계훈련센터로 사용키로 하였다. 2024년 1월 개최된 강원동계청소년올림픽은 가리왕산 활강경기장을 제외한 대부분 경기장을 재활용하였다.

평창 동계올림픽이 남긴 유산

평창 동계올림픽은 첫째, 드림프로그램을 통해 동계스포츠의 저변을 확산하였다. 강원도는 올림픽을 유치하면서 IOC와 약속에 따라 아프리카, 중동, 동남아 등 눈이 오지 않는 국가의 청소년을 초청하여 동계스포츠를 체험하게 하였다. 2004년부터 2017년까지 14년간 총 46개국 1,919명이 참가하였고, 참가국 중 24개국 185명은 올림픽을 비롯한 국제대회에 출전하였다.

 둘째, 평창 동계올림픽에는 싱가포르(쇼트트랙, 스피드스케이팅), 말레이시아(알파인스키, 피겨스케이팅), 코소보(알파인스키), 에콰도르(크로스컨트리), 에리트리아(알파인스키), 나이지리아(봅슬레이, 스켈레톤) 등 6개국이 처음 참가하여 눈이 없는 나라도 동계스포츠를 할 수 있다는 가능성을 보여주었다. IOC는 기간 중 아프가니스탄 알파인 선수와 보스니아-헤르체고비나 쇼트트랙 선수를 초청하여 올림픽 체험 기회를 제공하였다.

 룩셈부르크·싱가포르·남아프리카공화국·가나·케냐·아제르바이잔 등 18개국은 1명의 선수만을 파견하였고, 인도·포르투갈·우즈베키스탄·키르기스탄·몽골·모로코·볼리비아·알바니아·몰도바 등은 2명의 선수를 파견하였다. 난민 선수단은 2016년 리우올림픽에서 처음 출전하였으나 동계올림픽은 평창이 처음이다. 아프리카 대륙에서는 8개국에서 모두 12명의 선수를 파견해 동계스포츠는 서양의 경기임을 확인하였다. 2022년 베이징에는 아프리카 5개국에서 6명이 참가하였다.

셋째, 조직위원회는 동계스포츠에 대한 지속적인 관심을 가질 수 있도록 미래 꿈나무들을 대상으로 올림픽 가치와 역사를 전파하는 다양한 프로그램을 운영하였다. 2015년부터 '찾아가는 동계올림픽'을 통해 스포츠 체험, 동계스포츠 스타 초청 강연 등 아이들과 청소년들에게 다양한 교육을 시행하였다. 2017년부터는 전국 206개 학교를 선정하여 160만 명에 대한 올림픽과 패럴림픽에 대한 현장교육과 40만 명에 대한 온라인 교육을 시행하였다.

넷째, 올림픽 관련 예산 중 80%는 고속철과 고속도로 등 인프라 건설에 투자하여 지역발전에 기여하였다. 2017년 12월 인천공항~서울역~청량리~강릉을 연결하는 경강선 고속철도가 개통되어 서울과 1시간대 거리로 단축되었다. 곤지암~원주를 연결하는 제2영동고속도로와 동홍천~양양을 연결하는 동서고속도로가 개통되면서 동해안은 자동차로 1시간 30분 거리로 단축되었다. 평창을 찾는 관광객은 2018년 850만 명에서 2019년 1,050만 명으로 늘었다. 용평 발왕산을 찾는 관광객도 올림픽 전 년간 20만 명에서 2023년에는 100만 명에 이르렀다.

대관령 산악관광을 통한 올림픽 유산화를 위해 1단계로 2017년부터 2020년까지 민자 1,051억 원을 투자하여 산악열차(3.5km), 야영장, 산악승마장을 설치하고 삼양목장에 곤돌라(2.4km), 산악빌라, 산악글램핑 등을 설치하는 계획을 수립하였으나, 백두대간보호법, 국유림법, 산지관리법, 산림휴양법, 환경영향평가법, 초지법, 산림보호법 등 7개 법령에 저촉되어 이루지 못했다.

인천은 아시안게임 후 재정난을 겪었으나, 3년 만에 극복하여 대도시의 힘을 보여주었다. 강원도는 부채 2,229억 원 중 올림픽 관련 부채가 30%라고 하였으나, 강릉시는 '2006년 말 1,313억 원에 달했던 채무를 올림픽이 끝날 무렵인 2018년 3월 모두 갚아 빚 없는 도시가 되었다'라고 밝혔다. 강릉시는 올림픽 경기장 건설 등을 위해 시비 2,073억 원을 투자하였다.

다섯째, 평창 동계올림픽은 평화올림픽이 되었다. 올림픽 전까지 한반도는 북한의 미사일 공격과 전쟁의 위협에 시달렸으나 남북한 동시입장과 여자아이스하키 단일팀을 구성하였다. 짧은 시간에 불과했으나, 평창 올림픽 직후 한반도와 동북아에 평화의 기운이 도는 듯했다.

평창 동계올림픽 기념재단과 기념박물관

정부는 올림픽 유치 파일(1조 4항)에서 '대한민국 정부, 강원도, 평창 등은 올림픽 유산을 극대화하기 위해 기금조성에 합의했으며, 모든 경기장은 기금으로 관리하고 유산을 지속적으로 발전시킬 것이다'라고 약속하였다. 개최도시협약서 45조에는 '조직위원회는 잉여금이 발생할 경우, IOC와 대한체육회에 각각 잉여금의 20%를 배정하고, 나머지 60%는 조직위원회가 대한체육회와 협의하여 체육진흥 목적으로 사용'하도록 하였다.

2019년 4월 조직위원회 해산과 함께 '2018 평창기념재단'을 출범하였다. 기념재단은 평화유지 확산을 위해 2020년 2월부터 평창평화포럼을 개최하였다. 레이크플레시드(1980)는 뉴욕올림픽 개발청ORDA, 캘거리(1988)는 WinSport Canada, 솔트레이크(2002)는 유타올림픽유산재단, 토리노(2006)는 재단법인 토리노올림픽파크TOP, 밴쿠버(2010)는 올림픽유산재단Whistier 2010 Sport Legacies Society을 만들었다.

2020년 7월 평창에 올림픽기념박물관을 개관했다. 개·폐회식장 7층 건물 중 3개 층을 개조한 박물관에는 동계올림픽과 패럴림픽 역사를 비롯하여 대회 유산들을 보관하고 있다. 미국 트럼프Donald J. Trump 대통령 영부인 멜라니에Melania Trump 여사가 나에게 보낸 서한과 만년필 등 IOC 및 각국 귀빈VIP으로부터 받은 선물과 올림픽에서 금메달을 수상한 선수들의 '손 지문'도 채취하여 전시하고 있다. 강릉시는 강릉올림픽뮤지엄을 설치하여 각종 체험시설과 올림픽 기념물을 전시하고 있다.

올림픽 기념박물관은 올림픽 유산, 올림픽에 대한 평가와 후세들을 위한 교육장이 되어야 하는데, 개관 당시, 기념관에는 유품 몇 개를 전시한 외에 자원봉사자는 물론 역대 위원장의 이름도 없었다. 왜 올림픽을 유치했으며, 올림픽 이후 무엇이 달라지는가도 없었다. 나는 IOC 위원인 유승민 관장에게 "이것이 IOC의 정신이냐?"라고 거세게 항의하였다.

대관령은 우리나라 스키의 발상지이다. 1953년 국내 최초로 대관령스키장이 개설되었고, 1971년 발왕산에 세워진 용평리조트에서 동계 아시안게임이 개최되었다. 2009년에는 알펜시아에 스키장을 개설하였다. 강원도는 알펜시아에 스포츠파크와 스키역사관을 설치하였으나 규모가 작고 시설도 열악하였다.

서울올림픽을 기념하기 위해 잠실에 올림픽기념관을 설치하였다. 기념관은 올림픽과 스포츠를 주제로 다양한 전시와 이벤트 프로그램, 올림픽공원과 연계한 각종 체험학습 등 시민들이 참여하고 가족과 함께 즐길 수 있는 열려 있는 공간으로 운영되고 있다. 기념관은 상설전시장과 화합의 장, 번영의 장, 희망의 장, 영광의 장 등 5개의 전시관으로 구성되어 있다.

상설전시관에는 평화와 번영, 희망, 영광, 화합이라는 주제에 따라 올림픽 기념물을 전시하고, '화합의 장'은 올림픽을 통해 가난한 분단국이라는 이미지를 벗고 세계인들에게 전했던 감동과 영광을 재현하였다. '번영의 장'은 서울올림픽의 성과와 의의, 올림픽 기념품들이 전시되어 있다. '희망의 장'에서는 우리나라 체육의 기원과 발전 과정을 통해 서울올림픽 성공비결을 정리하였다.

매우 닮은 듯, 매우 다른 두 올림픽

'88 서울올림픽과 2018 평창 동계올림픽은 규모 면에서 차이가 있으나,[2] 유사점도 많다. 첫째, 서울올림픽이 '64년 도쿄 올림픽 이후 아시아에서 두 번째로 열린 하계올림픽이었듯이 평창은 아시아에서 두 번째로 개최된 동계올림픽이었다. 서울올림픽은 160개국이 참가하여 최대였듯이, 평창도 92개국이 참가한 동계올림픽 역사상 최대 규모였다.

둘째, 서울올림픽이 약 3,110억 원의 흑자를 기록했으며, 잉여금으로 국민체육진흥공단을 설립하여 한국 스포츠 발전의 토대를 이루었다. 평창도 잉여금으로 기념재단을 설립하여 동계스포츠 발전을 뒷받침하고 있다. 서울올림픽은 TV 방영권을 조직위원회가 직접 주관하였고(2,188억 원), 선수촌아파트 분양(1,315억 원), 기념주화 판매(1,208억 원), 올림픽 복권 발행(1,174억 원), 국내외 성금(565억 원) 등 수입을 기록하였다.

서울올림픽은 당시 GDP 대비 0.5%인 2.4조 원(여건조성 사업 1.3조 원,

---

[2] 동계올림픽은 금메달 수가 102개(평창의 경우)이나, 하계올림픽은 금메달 수가 329개(2024 파리올림픽의 경우)임

대회직접 사업 1.1조 원)을 투자하여 4조 7천억 원의 생산 유발과 1.9조 원의 소득창출, 34만 명의 일자리를 창출하였다. 경제성장률도 올림픽 이후 3년간 연평균 12%를 기록하였다. 평창은 11.4조 원의 인프라 투자와 2.3조 원의 소비 증가를 통해 0.05~0.06%p GDP 상승효과가 있었다.

셋째, 올림픽에서 기업인의 역할은 절대적이었다. 서울올림픽은 정주영 현대그룹 회장, 이건희 삼성그룹 회장, 김우중 대우그룹 회장, 조중훈 대한항공 회장이 주도적 역할을 하였으며, 평창은 이건희 회장과 조양호 회장이 절대적인 역할을 했다. 기업인들은 후원과 기부를 통해 흑자 재정을 이루도록 했다.

서울올림픽 마스코트인 호돌이가 인기를 독차지했듯이 평창에서 수호랑과 반다비는 성공을 이루는 결정적인 역할을 하였다. 서울올림픽 개회식에서 이어령 교수의 작품인 굴렁쇠 소년(윤태웅, 1981년 9월 3일생)이 세계인을 감동하게 했다면, 평창에서는 다섯 아이의 스토리가 있었다.

넷째, 올림픽은 정치·안보 면에서도 큰 역할을 하였다. 서울올림픽 직후인 1989년 베를린 장벽의 붕괴로 독일이 통일되었고, 1992년 소련연방이 해체되면서 냉전체제의 종말을 가져왔다. 1989년 노태우 대통령은 처음으로 UN 총회에서 연설하였고, 대한민국은 소련, 중국 및 동구권 국가와 수교하였다.

박세직 위원장은 소련을 비롯한 공산권 국가의 참가를 위해 노력하였고, 나는 북한의 참가를 위해 노력하였다. 1988년까지 서울과 모스크바 간에 전화는 상상도 할 수 없었듯이 평창 올림픽 직전에는 남북한 간에도 공식적인 소통 채널이 없었다. 1984년 7월 중국이 일찌감치 서울올림픽 참가를 결정하고 소련도 1988년 초 참가를 결정하였으나, 북한은 개막식 1개월 전에 평창올림픽 참가를 결정하였다.

서울올림픽에서 북한은 남북한 공동 개최를 주장하다가 불참하였으나, 올림픽을 계기로 북방외교가 전개되면서 남북한 교역 문호 개방 등을 내용으로 하는 7·7 특별선언이 발표되었다. 남북한이 유엔에 동시 가입하고 남북한 기본합의서를 체결하였다. 평창 올림픽을 계기로 남북정상회담이 개최되고, 미국과 북한의 대화 채널이 가동되면서 한반도 평화에 새로운 전기가 되는 듯했다.

　다섯째, 선수들은 홈구장home grounds의 이점을 최대한 발휘하였다. 서울올림픽에서 한국은 금메달 12개, 은메달 10개, 동메달 11개로 4위를 기록하였다. 1976년 몬트리올에서 사상 첫 금메달을 획득한 것에 비해 크나큰 발전이었다. 평창에서는 금메달 5개, 은메달 8개, 동메달 4개로 종합 7위를 기록했다. 특히, 스켈레톤·봅슬레이·컬링 등에서 약진하여 동계스포츠의 저변을 확산하였다.

　서울올림픽 폐회식에서 사마란치 IOC 위원장은 "20세기 가장 세계적이고 최고의 올림픽The most universal and best Games ever!"이라고 극찬하였다. 평창 올림픽에서 토마스 바흐 IOC 위원장은 "가장 완벽한 동계올림픽"이라고 찬사를 보냈다. 북한은 서울올림픽 직전 KAL기 폭파 사건 등 긴장 상태를 조성하였고 평창 올림픽 직전까지 미사일을 발사하며 위협하였다.

　그러나 두 올림픽에서는 차이점도 많다. 서울올림픽은 80%가 넘는 반대 여론 속에서 압도적으로 앞서 나가던 나고야를 52:27로 꺾었으나, 평창은 90%가 넘는 국민의 지지를 받으면서 세 번째 도전에서 성공하였다. 서울올림픽은 IOC 총회 직전까지도 99%의 외신들이 '서울은 아니야'라는 분위기 속에서 뒤집기에 성공하였다. 평창은 1차 표결에서 1위를 하였으나, 두 번 모두 결선에서 뒤집기로 실패하였다.

서울올림픽에서 조직위원회는 선수촌 분양과 복권 발행을 통해 엄청난 수익을 올렸다. 평창에서는 방송중계권자도 IOC가 결정하고, 선수촌도 LH공사가 건설한 아파트를 임차하였다. 서울올림픽 이후 민간인 전문가에 대해서는 정부가 앞장서 기업이나 공공기관에 취업을 알선해 주었으나, 평창에서는 돌보는 기관이 없었다. 그나마 2020 도쿄 올림픽조직위원회와 2022 베이징 동계올림픽조직위원회에 각각 5명과 13명이 채용되었으며, 민간기업인 동아오츠카는 5명을 스카웃 해 주었다. 국무총리 주재 대회지원위원회도 올림픽 이후에는 개최되지 않았다.

서울올림픽은 김용식('81~'83), 노태우('83~'86), 박세직('86.5~'88.12) 등 3명의 조직위원장이 이끌었다. 노태우 대통령은 물론 박세직 위원장도 국가안전기획부장과 서울시장을 거쳐 14대와 15대 국회의원을 역임하였다. 평창에서도 3명의 조직위원장이 재직하였으나, 김진선 위원장은 국회의원 공천도 받지 못했고, 조양호 위원장은 대한항공 회장직을 물러난 후 미국에서 쓸쓸히 세상을 떠났다. 이희범 위원장도 보직은커녕 훈장조차 받지 못했다.

식어가는 올림픽 유치 열기

올림픽은 월드컵 등 여타 스포츠와 달리 국가가 아닌 도시 단위로 개최된다. 경기장 건설과 도시 정비 등으로 지출이 늘어나면서 개최도시는 물론 국가까지도 재정적자로 힘겨운 상황이 되고 있다. '올림픽 개최=파산의 지름길'이라고 할 정도로 재주(올림픽 개최)는 곰(개최지)이 넘고 돈(TV 방영권료)은 왕서방(IOC)이 버는 것으로 알려졌다. 황금알을 낳는 거위로 비유되던 올림픽은 삶의 질을 후퇴시키는 흰 코끼리white elephant에 비유되기도 한다.

2008년 베이징 하계올림픽(운영비 총액: 약 52.8조 원)과 2014년 소치 동계올림픽(총예산 규모: 약 61.2조 원)이 엄청난 고비용으로 치러지면서 과잉투자 논란에 휘말렸다. 몬트리올은 중앙정부의 지원을 받지 못해 메인 스타디움은 올림픽이 끝난 지 11년 후에 완공되었고, 12억 달러(약 1조 4,700억 원)의 부채를 갚는데 30년 넘게 걸렸다.

1984년 사라예보 동계올림픽은 민족 갈등으로 번져 1991년 슬로베니아의 독립을 시작으로 유고슬라비아연방이 해체되었다. 1998년 나가노는 12조 원 가량의 지방채를 발행하여 대회를 치르면서 20여 년간 어려움을 겪었다. 2004년 아테네 올림픽은 GDP의 5%인 140억 달러를 투입하여 그리스 경제위기의 1등 공신으로 몰리게 되었다. 브라질도 2014년 월드컵 이후 비판 여론과 함께 지우마 호세프Dilma Vana Rousseff 대통령은 리우올림픽 3개월 앞두고 탄핵당했다.

2022년 동계올림픽 유치과정에서 6개 도시가 중도에 하차하였다. 폴란드의 크라카우, 스웨덴의 스톡홀름, 독일 뮌헨, 스위스의 생 모리스, 우크라이나의 르비브, 노르웨이 오슬로는 주민들의 반대에 직면하였다. 오슬로는 38%의 주민이 찬성하였으나, 47%는 반대하였다. 오슬로 주민 라그나 포크트 닐센은 "올림픽은 약간의 즐거움을 맛보기 위해 엄청난 국고를 낭비해야 하는 정신 나간 행위"라고 지적했다.[3]

2026년 동계올림픽도 오스트리아 빈은 52%, 스위스 시옹은 54%가 반대하였다. 캘거리, 밀라노-코르티나, 스톡홀름-오레 등 3개 도시로 압축되었으나, 캘거리는 주민투표에서 56.4%가 반대하여 유치를 포기하였다. 2030년 동계올림픽도 밴쿠버·삿포로·솔트레이크시티로 압축되었으나, 삿포로는 67%의 주민이 반대하였다. 2023년 11월 IOC 집행위

---

3 윤석진 기자, '노르웨이 2022 동계올림픽 유치, 오슬로 주민은 반대.' (뉴스토마토, 2013. 9. 9.)

원회는 2030년 후보 도시로 프랑스 알프스, 2034년 선호 도시로 솔트레이크시티, 2038년은 스위스를 특권적 대화 상대privileged dialogue로 서둘러 승인하였다.

정도의 차이는 있으나, 하계올림픽도 비슷한 현상을 보인다. 함부르크와 로마도 재정문제로 2024년 올림픽 유치를 포기하였다. 헝가리는 유치 반대 그룹인 'NOlimpia'의 활동으로 국민 중 33%만 올림픽 유치에 우호적이었다. 2017년 2월 부다페스트 시장은 유치 포기를 선언하였다. IOC는 올림픽 개최 100주년을 기념하는 파리에게 2024년 개최권을 주고 로스앤젤레스를 2028년 개최도시로 결정하였다.

2032년 하계올림픽은 호주 브리스번 외에도 뭄바이, 자카르타, 카이로, 요하네스버그, 부다페스트, 독일 노르트라인베스트팔렌, 서울-평양이 유치의향서를 제출하였으나, 싱가포르·블라디보스토크·상해·부에노스아이레스·멕시코시티는 중도에 포기하였다. 브리즈번도 녹색당의 스리랑가나란 시장 후보는 당선되면 올림픽 개최를 철회하겠다고 공약하였다.

반면, 1980년 레이크 플레시드는 인구 3천 명의 시골 마을이 올림픽 이후 연간 200만 명이 찾는 세계 스포츠 휴양도시로 변모하였다. 1994년 릴리 함 메이르는 'Green & White' 올림픽을 표방하여 환경올림픽의 대명사가 되었다. 2006년 토리노도 피아트사 공장을 보수하여 경기장으로 활용함으로써 저비용으로 대회를 치렀다. IOC는 아젠다 2020에 따라 '1 국가 1 도시 개최원칙'을 포기하고, 유치 절차 간소화와 기존 시설 활용을 적극 권장하고 있다.

해외에서 배우는 교훈

제32회 도쿄 올림픽은 코로나19 대재앙pandemics으로 우여곡절 끝에 2021년 7월 23일 개막하였다. 북한을 제외한 206개국 11,319명의 선수가 참가하였으나, 무관중으로 개최되어 경제적 손실은 8조 원이 넘을 것으로 분석되었다.[4] 도쿄 조직위원회는 해외에서 이미 판매된 티켓 63만매도 모두 환불해 주었다. 대회를 연기함에 따라 보험회사도 20억 달러에 가까운 보험료를 물어주었다. 총리를 역임한 모리 요시로森 喜朗 위원장(84)이 올림픽 개최 5개월을 앞두고 여성비하 발언으로 교체된 데 이어 사사키 히로시佐々木宏(67) 개·폐회식 예술 총감독과 오야마다 게이고小山田圭吾(52) 음악감독도 개회식 직전 추문으로 사퇴하였다.[5]

코로나19로 국민의 59%가 올림픽 개최를 반대하면서 390명의 자원봉사자도 사퇴하였다. 최대의 후원사인 도요타가 개회식 불참 의사를 밝힌 데 이어, NTT, NEC, 후지쓰 등 후원사들과 일본경제단체연합회(약칭 경단련) 등 경제단체 수장들도 개회식에 불참하기로 했다. 일본 기업들은 올림픽 반대 여론이 있는 상황에서 개회식에 참석할 경우, 소비자들의 반발을 우려하였다. 모리 위원장을 포함한 일부 간부는 올림픽 이후 뇌물 스캔들에 시달렸다.

도쿄 올림픽에서 두 배우가 올림픽 50개 종목을 픽토그램으로 위트 있게 형상화한 것을 제외하고는 개회식도 놀랍거나 감동적인 장면이 없어 무겁고 재미없다는 평이 지배적이었다. 영국의 정치매체인 폴리틱스 *Politics* 편집장 이언 던Ian Dunn은 '장례식장에 참석한 것 같다'라고 했으

---

[4] 간사이대 가츠히로 미야모토Katsuhiro Miyamoto 교수는 도쿄 올림픽 1년 연기에 따른 경제적 손실을 6,400억 엔(약 58억 달러)로 추정하였다.(NHK방송, 2020. 3. 23.)

[5] 도쿄 김호준 특파원, '모리 위원장은 일본올림픽위원회에서 여성이 많은 이사회는 (회의 진행에) 시간이 걸린다.'라고 하였다. (연합뉴스, 2021. 2. 9.)

며, 호주 언론인 스티브 하트Steve Hart는 '리허설 같다. 보고 있기 힘들다'라고 혹평했다. 일본의 코메디언 출신 영화감독 기타노 다케시北野 武는 '돈을 돌려줬으면 좋겠다'라고 했다.[6] 언론은 '무관중, 무관심, 무환영'의 3무 올림픽 또는 Corona, Chaos, Coldness의 3C 올림픽으로 깎아내렸다.

베이징 동계올림픽도 어렵긴 마찬가지였다. 2022년 2월 4일부터 개최된 올림픽은 모두 91개국에서 2,871명의 선수가 참가했으나, 코로나19로 국내 관중만 참가를 허용하고, 외국인 선수와 임원들은 폐쇄회로를 통한 이동만을 허용하여 올림픽 특수효과는 기대하기 어려웠다. 미국과 영국, 캐나다, 호주 등은 인권 문제로 정부 대표를 보내지 않는 '외교적 보이콧'을 실시하였다.

그러나, 올림픽 준비과정은 시사하는 바가 매우 크다. 개회식은 2008년 하계올림픽 개회식장을 사용했다. 빙상경기 13개 중 12개는 2008년 하계올림픽 경기장을 개조하여 사용했다. 수영장에는 물 대신 얼음을 채워 컬링장으로, 실내체육관은 남자아이스하키, 농구장은 여자아이스하키, 사격장과 하키경기장은 스피드스케이팅장으로 개조되었다. 베이징에서 74km 떨어진 옌징에는 알파인스키장과 슬라이딩센터를, 180km 떨어진 허베이성 장자크에는 스키점프, 크로스컨트리, 바이애슬론 등 종합 동계스포츠 타운을 조성하였다.

조직위원회 사무실은 수강首鋼 철강공장을 사용하였다. 1919년에 설립된 제철소는 2008년 하계올림픽 당시 환경보호 차원에서 폐쇄되었다가 사무실로 개조하였다. 대지만 8.6km²로서 구내에 귀빈용 식당과 호텔까지 가지고 있다. 방송센터와 미디어센터도 2008년에 건축된 인터콘

---

6 공감언론 뉴시스, '올림픽 개막식 시청률 50% 넘었지만 … 창피, 세금 돌려줘' (조선일보 2021. 7. 26.)

호텔을 사용했다. 빅에어 경기장만 신설하여 올림픽 이후 종합휴양시설로 활용한다.

중국은 2018년 '3억 명의 빙설스포츠 참여를 이끌기 위한 실시요강'을 발표하고 10개 도시에 1,000여 개의 야외 빙상장을 건설하였다. 2021년까지 동계스포츠 인구는 3억 4천 6백만 명을 넘어 동계스포츠를 중국화하는 데 노력하였다. 중국은 2008년 하계올림픽 개최 후 약 12만㎢에 이르는 올림픽파크를 조성하였는데, 9만 1천 명을 수용하는 메인스타디움(8만 석으로 축소)과 실내체육관·수영장·컨벤션센터 및 각종 경기장으로 구성되어 있다.

2026년 동계올림픽 개최 후보였던 스톡홀름–오레는 개회식과 빙상경기는 스톡홀름에서 개최하나 스키 종목은 스톡홀름에서 500㎞가량 떨어진 오레Åre와 파룬Falun에서 개최되고, 빅에어는 라트비아의 시굴다Sigulda에서 분산 개최키로 하였다. 스웨덴 북부지역은 1년에 6개월 가까이 눈으로 덮여 있어 천혜의 자원을 갖추고 있으나 시민들의 55%만이 올림픽에 긍정적 반응을 보였다.

140만 인구의 밀라노는 롬바르디아주 수도답게 고풍과 풍요의 상징이었다. 2026년 동계올림픽 개회식과 빙상경기는 밀라노에서 개최되나 알파인스키 다운힐, 컬링과 스켈레톤 등 스케이트 종목은 밀라노에서 400㎞ 떨어진 코르티나 담페초, 스노보드는 리비그노, 스피드스케이팅·크로스컨트리와 스키점프는 발드 피엠, 알파인스키는 보미오 등 6개 지역에서 개최된다.

밀라노에 있는 8만 석 규모의 종합운동장은 잔디 구장으로 축구장이나 모래를 넣어 승마장으로 쓸 수 있고, 얼음을 얼려 스케이트장으로도 사용되는 다목적 운동장이었다. 지붕도 개폐식으로 20분이면 열고 닿을 수 있다. 이탈리아 북부 알프스 지역은 대부분 고도 1,200m, 산은 3,000m 이상으로 자연경관은 스위스를 능가할 정도였다. 대부분 기존 시설을 사용하여 신규 투자도 거의 없었다.

스위스 알프스에 비해 이탈리아 알프스는 잘 알려져 있지 않다. 이탈리아 북부 알프스는 프랑스·스위스·오스트리아·세르비아 등 4개국을 국경으로 하고 있다. 코르티나와 보미오는 해발 1,225m에다가 3,125m의 산으로 둘러싸여 있고, 해발 1,800m에 있는 리비그노는 11월부터 이듬해 5월까지 스키장이 열린다. 평창은 경기장뿐만 아니라 눈도 인공으로 만들어 사용했으니 비용과 효율을 유럽과 같은 잣대로 비교하는 것은 무리이다.

우리나라 스포츠 외교의 실상과 허상

평창 동계올림픽은 '올림픽 역사의 완성'이라는 의미가 있다. 대한민국은 미국·프랑스·독일·일본·캐나다·이탈리아·러시아에 이어 8번째 동·하계올림픽을 개최한 나라가 되었다. 또한, 프랑스·독일·이탈리아·일본에 이어 동·하계올림픽과 FIFA 월드컵(2002), 대구세계육상선수권대회(2011) 등 4대 국제 스포츠이벤트를 개최한 5번째 국가가 되었다.

1998년 일본 나가노 동계올림픽 이후 20년 만에 아시아에서 개최된 지구촌 겨울스포츠 축제로서, 동계스포츠의 불모지로 여겨졌던 아시아에서 새로운 지평을 열게 되었다. 2018 평창 올림픽에 이어 2020 도쿄 하계올림픽과 2022 베이징 동계올림픽이 개최되어 토마스 바흐 위원장이 얘기한 대로 '올림픽의 아시아 시대'를 연다는 의미가 있다.

대한민국은 스포츠 이벤트로 따지면, G-8에 드는 강국이다. 그러나 스포츠 외교는 비체계적이고 연속성이 없다. 수년 전 광주하계U대회 유치위원장을 맡으면서 당시 이연택 대한체육회장에게 "한국은 스포츠계의 거물이 많은데도 불구하고 국제적인 인맥 관리가 조직적이지 못하다"라고 하자 "역시 이 장관은 공직에 오래 있어서 상황판단이 매우 정확하다"라고 말한 적이 있다.

광주U대회는 2009년 1월에 유치를 제안하였고, 2월 내가 유치위원장으로 선출되었으며, 5월 벨기에 브뤼셀에 소재한 국제대학스포츠연맹 FISU에서 표결하였다. 러시아 카잔에 패한 것은 당연한 결과인지도 모른다. 그런데도 국제대학스포츠연맹 위원들은 한국의 추진력에 감탄하여 다음 해 2015년 개최권을 주었다. 아프리카 공관의 한 대사는 "통상 크리스마스나 명절에 관저로 불러 식사라도 하면서 친소관계를 다진 후 교섭을 하는데, 얼굴도 모르는 국제대학스포츠연맹 위원에게 불쑥 찾아가 한 표 주세요"라고 하는 외교적 결례를 하였다고 설명하였다.

서울올림픽 이후 30년간 남녀 패럴림픽 최우수 선수에게 수여된 '황연대 성취상'은 도쿄 패럴림픽에서 'I'm Possible Award'로 개편되었다. 황연대 여사가 대한민국 언론사로부터 받은 '1988 오늘의 여성상' 상금을 IPC에 기증하면서 시작된 황연대 성취상은 2018 평창 올림픽까지 14개 대회에서 총 28명에게 순금 20돈(75g)으로 제작된 메달을 수여했으나, 역사 속으로 사라졌다.

올림픽은 물론 국제스포츠를 유치하기 전에 국가 차원에서 득실을 따지고 사후관리 등 타당성 검토를 거쳐야 함에도 대부분 '선 결정, 후 설계'하는 경우가 많다. 인맥 관리에도 문제가 많다. 국제스포츠 사회에서 벼락치기식 인맥 형성은 통하지 않는다. 인맥은 시간이며 인내의 결실이다. 한국에서 어떤 지위와 배경을 가지고 있더라도 국제스포츠계 인사들과 오랜 시간 각종 국제 행사에 참석하면서 우정을 쌓으며 신뢰를 구축해야 인맥이 형성되는 것이다.

영어만 잘한다고 스포츠 외교가 되는 것은 아니다. 토마스 바흐 위원장은 "There is no One-Size-Fits-All Solution"이라고 했다. 해당 분야에서 오랜 기간 숙련되고 경험을 축적하는 경우에만 가능할 수 있다. 스포츠계도 국제통을 양성하여 일관성을 가지고 스포츠 외교 현장에 투입해야 미래가 보장된다. 서울올림픽을 유치하는데 기여한 사마란치 IOC 위원장(1980~2001 재임)을 위해 중국은 사마란치 기념관을 건립하였으나, 우리나라는 기껏 2019년 한동대학교가 사마란치 Jr.에게 명예박사 학위를 수여하였을 뿐이다.

스포츠에서 기업의 역할은 절대적이다. 서울올림픽이 정주영 회장의 작품이라면, 평창은 이건희 회장의 작품이었다. 평창 올림픽이 끝나자 SBS는 '이건희 회장이 특별사면된 후, 올림픽 유치를 위해 회삿돈을 스포츠 후원금으로 포장해 로비자금으로 사용했다'라고 보도했다. 뉴욕타임즈 New York Times는 '주식회사 한국, 돈과 정치가 이상한 올림픽을 만든다 Korea Inc., Money and Politics Make an Awkward Olympics'라는 제목으로 '한국 기업들은 특수한 정치적 상황 속에서 올림픽 후원이 잘못 해석될까 봐 두려워하고 있다'라고 보도했다.

제 10 장

왜 올림픽인가?

그리스 파나티나이코 스타디움에 도착한 2018 평창 동계올림픽 성화
(2017. 10. 31. 그리스 아테네)

올림픽이 타 국제 경기와 다른 특징

첫째, 올림픽은 그리스에서 제우스Zeus 신에게 바친 종교행사로 시작되었다. 그리스는 동족 간에 전쟁이 끊이지 않자, 기원전 776년 펠로폰네소스 반도 올림피아에서 4년에 한 번씩 올림픽을 개최하였다. 그리스인들은 인간의 신체와 정신은 신에게서 물려받은 것이므로 이를 단련시켜 그 결과를 보여주는 것이 신을 숭배하는 최고의 방법이라고 생각했다.

올림픽 경기가 열리는 기간에는 휴전이 이루어졌다. 처음에는 엘리스와 피사 간에 전쟁을 종식하려는 목적으로 시작되었으나, 점차 그리스는 물론 소아시아와 아프리카까지 확대되면서 휴전 기간도 한 달에서 두 달로 늘어났다.[1] 초기에는 단거리 경주에서 시작하여 중거리, 장거리 경주, 5종경기, 레슬링, 권투 등으로 확대되었다. 393년 로마의 데오도시우스Flavius Theodosius 황제가 기독교를 국교로 선포하고 이외의 신을 금지하는 칙령을 내리자 293회 대회로 마감하였다.

여성은 참가는 물론 참관조차 허용되지 않았다. 1896년 제1회 올림픽에서도 여성 종목이 없었으며, 제2회 파리 올림픽에서 테니스와 골프 2개 종목에서 여성 종목이 추가되었다. 2012년 런던 올림픽에서 '금녀의 벽은 없다'라는 구호로 203개 참가국 모두 여성 선수를 출전시키기까지 무려 116년이란 시간이 걸렸다. IOC는 2020 도쿄 올림픽을 앞두고 여성의 권리 신장과 진정한 의미의 양성평등을 실현하기 위해 대대적인 종목 개편을 단행하였다.

고대 올림픽에서 가장 인기종목은 마차경주였다. 2두 마차와 4두 마차 경기는 그리스 전역에서 부유하고 위엄있는 가문에서 길러낸 40팀

---

1 이재형 외 (2018). 2018 평창 동계올림픽 개최효과 심층분석 (경제·인문사회연구회 협동연구총서 18-10-01). 세종: 경제·인문사회연구회

정도가 경주에 참여한다. 올림픽 우승은 상상하기 힘들 정도로 큰 영예를 얻는 데다가 군 지휘 또는 식민도시 통치 등의 임무를 맡기도 한다. 기원전 416년 페리클레스Pericles의 양자로서 아테네의 최고 부자 중 한 명인 알키비아데스Alkibiades는 올림픽 우승에 힘입어 시칠리아 정복을 위한 아테네 원정군 지휘관으로 뽑히기도 하였다.[2]

약 1,500년 후인 1894년 6월 쿠베르탱Pierre de Coubertin과 그리스의 왕자 비켈라스Demetrius Bikelas가 파리 소르본대학교에서 국제올림픽위원회IOC를 창설하였다. 1896년 IOC는 아테네에서 13개국이 참가한 가운데 근대 올림픽을 개최하였다. 1925년에 제정된 올림픽 헌장은 '올림픽 운동의 목적은 올림픽 정신에 따라 행해지는 스포츠를 통해 평화롭고 더 나은 세상을 만드는 데 공헌하는 것이다'라고 하였다. 즉, 올림픽은 인류의 평화와 화합을 위한 대제전으로 평화로운 세계건설에 이바지하는 데 목적이 있는 것이다.

1920년 안트워프 올림픽에서 아이스하키와 피겨스케이팅이 추가되었다. 동계올림픽은 1924년 프랑스 샤모니에서 처음 개최되었다. 1994년까지 하계와 동계올림픽은 같은 해에 개최되었으나 1996년부터 2년마다 동·하계 올림픽이 번갈아 열리게 되었다.

둘째, 올림픽은 비정치적·비상업적·비차별적인 특징을 가지고 있다. 올림픽 경기에서는 국기와 국가 이외의 정치선전을 금지하고, 참가자는 인종·종교 또는 정치적 이유로 차별받지 않는다. 올림픽 선수들은 참가 자격을 결정하는 세계대회 전까지 국적을 변경하면 새로운 국적으로 뛸 수 있다. 올림픽 경기에는 축구를 제외하고 연령의 제한을 받지 않는다.

---

2 주경철의 히스토리아노바, '고대 올림픽은 초고속 출세코스, 우승자는 군지휘관으로 발탁' (조선일보, 2021. 8. 10.)

올림픽은 아마추어 정신을 표방하나, 농구나 야구 등은 전 세계 수퍼 스타가 총출동한다. IOC는 1984년 로스앤젤레스 올림픽 축구에서도 프로 선수 출전을 부분적으로 허용하였다. 축구 강국인 유럽과 남미 국가들이 유명 선수가 상대적으로 적은 공산권 국가에 번번이 패하자 관중들의 불만이 속출했기 때문이다. 국제축구연맹FIFA의 견제로 축구는 1992년 바르셀로나 올림픽부터 23세 이하로 제한하였으나, 올림픽 축구 흥행을 위해 베테랑 선수가 필요하다는 요구에 따라 국제축구연맹과 IOC는 1996년 애틀란타 올림픽부터 23세 초과 선수도 3명까지 출전할 수 있도록 합의하였다.[3]

2012년 런던 올림픽에서 축구의 박종우 선수가 관중이 던져준 '독도는 우리 땅'이라는 플래카드를 들고 운동장을 돌자 IOC는 메달을 박탈하였으나 스포츠중재재판소의 판결로 되찾았다. 2016년 리우 올림픽 마라톤 은메달리스트인 에티오피아의 페이샤 릴레샤Feyisa Lelisa가 자국의 인권 정책에 항의하는 제스처를 했다는 이유로 메달 박탈 위기에 처했으나, 국제인권단체의 항의로 중징계를 받는 데 그쳤다.

올림픽 경기장에서는 상업적 광고판을 부착할 수 없다. 그러나 장외에서는 글로벌 스폰서의 독점권을 철저히 보호한다. IOC는 올림픽 경기마다 후원기업을 선정하는데 IOC에 후원하는 글로벌 스폰서는 계약된 기간 내 전 세계에서 독점권을 부여받는다. 국내 올림픽조직위원회에 후원하는 로컬 스폰서는 해당 국가 내에서 독점권을 보장받는다.

셋째, IOC가 지적소유권을 가지고 경기 운영을 주도한다. IOC의 승인 없이는 올림픽이란 용어를 쓸 수가 없다. IOC는 행정기관의 사용 등 공적 경우에는 허용하지만, 상업적으로 이용에는 대가를 지급해야 한다.

---

3 김휘원 기자, "깨알지식-왜 올림픽 축구는 나이 제한을 두나," 조선일보(2024. 7. 30.)

지역축제나 국제회의 등 공적인 경우에도 IOC의 승인을 받아야 한다.

IOC는 안전을 제외하고 올림픽 관련 문제에 최종적인 의사 결정권을 갖는다(The IOC is the ultimate decision-making authority on the Olympic Games, except for security and physical safety which is the responsibility of government agencies). 개최국 조직위원회는 IOC의 지원 아래 게임 운영과 관리를 담당한다(The OCOG is responsible for the management of Games operations with support from the IOC).

오륜기는 5대륙을 의미한다. 노란색은 아시아, 검은색은 아프리카, 붉은색은 미주를 나타낸다고 하여 인종차별 논쟁에 휘말렸으나, 이는 사실이 아니다. 1912년 제5회 스톡홀름에서 처음으로 5대륙이 참가하였고, 이에 고무되어 1914년 IOC 창설 20주년 기념식에서 오륜기가 첫선을 보였으며, 1920년 앤트워프 하계올림픽에서 처음 게양되었다. 흰색 바탕은 국경을 초월한다는 의미이고 서로 엮인 원은 전 세계에서 온 선수들의 만남을 상징한다.

쿠베르탱은 '올림픽 대회의 의의는 승리하는 데 있는 것이 아니라 참가하는 데 있으며, 인간에게 소중한 것은 성공보다 노력하는 것'이라고 하였다. 올림픽의 기본가치는 '탁월성excellence, 우정friendship, 존중respect'이며, 기본 모토는 '더 빠르게faster, 더 높게higher, 더 강하게stronger 그리고 다 함께together'이다. '다 함께'는 2021년 7월 도쿄에서 열린 제138차 IOC 총회에서 추가되었다. 올림픽의 이상Olympic Ideals은 'friendship, solidarity and fair play'이다.

올림픽 운동을 이끄는 3대 축

올림픽 운동을 이끄는 3대 축은 국제올림픽위원회IOC, 국제경기연맹

ISF, 국가올림픽위원회NOC이다. 국제올림픽위원회는 비정부, 비주권기구로 본부는 스위스 로잔에 소재한다. IOC는 2009년 UN의 영구 옵서버observer 지위를 획득하였는데, 총회와 안건에 참여할 수 있다. UN 총회는 1993년부터 IOC의 요청에 따라 휴전결의안Truce Resolution을 채택하였다.

총회는 최고 의결기구로서 올림픽 헌장 개정, 종목 결정, IOC 위원 선출 및 퇴출, 스포츠 단체들에 대한 협조와 조정 등을 수행한다. 올림픽은 7년 전(청소년올림픽은 4년 전) IOC 총회에서 개최지를 결정했으나, 2019년 6월 제134차 총회에서는 적절한 시점when timing is right으로 변경하였다. 2017년 9월 제131차 리마 IOC 총회는 2024 파리, 2028년 로스앤젤레스로 결정하였다. 2032년 하계 대회는 오스트레일리아 브리스번에서 개최된다. 동계올림픽도 2030년은 프랑스, 2034년은 미국 솔트레이크 시티가 선점하였다.

집행위원회는 올림픽 내각으로서 IOC 위원 후보 추천, 올림픽 종목 추천, IOC 총회 안건 준비, 재정 및 행정 세칙 제정·감독 기능을 수행한다. 집행위원회는 위원장과 임기 4년의 부위원장 4명, 임기 4년의 집행위원 10명과 당연직으로 국가올림픽연합회ANOC, 하계올림픽종목협의회ASOIF 및 동계올림픽종목협의회AIOWF 회장, IOC 선수위원장으로 구성한다.

IOC는 115명의 위원으로 구성되는데 개인자격으로 선출된 70명, 국제경기연맹ISF 대표 15명, 국가올림픽위원회NOC 대표 15명, 선수위원 15명이다. 개인자격의 위원은 왕족, 정치가, 사업가 등 저명인사를 포함하는데 정년은 1966~1999년에 선출된 경우는 80세, 그 이후에 선출된 경우는 70세이다. 국가올림픽위원회 대표는 각국의 추천을 받아 총회에서 결정한다.

선수위원은 IOC와 현역선수들 간에 연계 역할을 하는데, 임기는 8년이다. 4년마다 하계올림픽에서 4명, 동계올림픽에서 2명씩 출전하는 선수들이 직접 투표로 결정한다. IOC 위원장은 종교, 성별, 스포츠 종목간의 균형 등을 고려하여 3명을 추천할 수 있다. 선수위원은 스포츠계의 최고 명예직으로 선수위원이 탑승하는 차량과 호텔에는 소속국 국기가 게양된다. 우리나라는 문대성(2008~2016), 유승민(2016~2024) 위원이 선출되었다. 2016 리우올림픽 금메달리스트인 박인비 골프선수는 2024 파리올림픽에서 출마하였으나 뜻을 이루지 못했다.

IOC 위원은 취임 시 'IOC 위원이 되는 명예와 IOC를 대표하는 명예를 부과받고 이와 같은 권한에 대한 나의 임무를 명심하면서 본인은 어떠한 정치적·상업적 영향력이나, 인종적·종교적 이유를 초월하여 편견에 치우침 없이 윤리규정을 준수함과 동시에 최선을 다하여 올림픽 운동에 봉사하고, 올림픽 헌장규정과 IOC의 결정을 존중하고 준수하며, 어떠한 상황에서도 IOC와 올림픽 운동의 권익을 옹호할 것을 선서합니다'라고 선서한다.

IOC 위원은 국가를 대표하는 것이 아니라 개인 자격으로 참여하나 소속 국가에서 파견된 IOC 대사로 간주한다. 위원들은 명예직이지만 회의 수당을 받는다. IOC 위원을 역임한 사람 중 공적이 뚜렷한 인사는 명예위원으로 선출되는데 현재 명예위원은 39명이다. 2001년부터 2013년까지 위원장을 역임한 자크 로게Jacques Rogge와 이건희 회장도 명예위원으로 추대되었다.

회원국 중 IOC 위원을 배출한 국가는 전체의 38%인 79개국에 불과하여 IOC 위원 선출은 스포츠 외교력의 시험장이 되고 있다. 유럽이 26개국에서 전체의 40%인 45명을 차지하고 아시아는 18개국에서 23명,

아프리카는 17명, 아메리카는 18명, 오세아니아주가 7명을 차지한다. 2022년에는 난민기구인 UNHCR에서 한 명을 선출하였다. 프랑스·영국·독일·스페인 등 유럽국가가 2~4명씩 배출한다. 우리나라는 1947년, 북한은 1957년 IOC 회원국이 되었다.

IOC 위원장은 최고 의결기구인 총회와 집행위원회 의장을 맡는다. IOC 위원장은 세계 스포츠계의 대통령으로 스포츠뿐만 아니라 정치·경제·외교 등에서 막강한 영향력을 행사하며, 모든 나라에서 국가원수에 준하는 예우를 받는다. 위원장이 묵는 숙소에는 IOC기와 함께 위원장 국적의 국기가 게양된다.

〈표 10-1〉 대륙별 및 국가별 IOC 위원 분포

(괄호 안은 위원 수, 2024. 8. 31. 기준)

구 분	국 가
유 럽 (26개국 45명)	프랑스(4), 영국(4), 스페인(3), 이태리(3), 독일(3), 스웨덴(3), 스위스(2), 노르웨이(2), 핀란드(2), 벨기에(2), 우크라이나(2), 러시아, 헝가리, 오스트리아, 그리스, 룩셈부르크, 체코, 슬로바키아, 루마니아, 폴란드, 리히텐스타인, 리투아니아, 크로아티아, 세르비아, 터키, 모나코
아프리카 (16개국 17명)	케냐(2), 이집트, 튀니지아, 남아공, 모로코, 부룬디, 지부티, 짐바브웨, 에티오피아, 르완다, 우간다, 알제리, 카메룬, 케이프 베르데, 레소토, 코트디부아르
아시아 (18개국 23명)	중국(3), 일본(3), 한국(2), 인도, 인도네시아, 말레이시아, 태국, 필리핀, 싱가포르, 파키스탄, 몽골, 사우디아라비아, 쿠웨이트, 카타르, 요르단, 이스라엘, 아프가니스탄, 부탄
아메리카 (14개국 19명)	미국(4), 브라질(2), 아르헨티나(2), 카나다, 푸에르토리코, 도미니카공화국, 쿠바, 아루바, 코스타리카, 칠레, 페루, 파라과이, 콜롬비아, 파나마
오세아니아 등 (6개국 8명)	호주(2), 뉴질랜드(2), 파푸아뉴기니, 피지, 팔라우, UNHCR(난민)

IOC 위원장은 총회에서 위원들이 무기명 비밀투표로 선출한다. 초대 위원장으로 비켈라스Demetrius Bikelas 왕자가 취임하였으며, 쿠베르

탱은 29년간, 사마란치 위원장은 21년간 재임하였다. 장기 집권에 따른 폐해를 방지하기 위해 1999년 임기 8년에 한 차례에만, 4년 연임할 수 있도록 제한하였다. 1976년 몬트리올 올림픽 펜싱 금메달리스트인 토마스 바흐 위원장은 2013년 10월부터 8년의 임기를 거친 후 4년 연장하여 2025년 6월까지 재임한다.

IOC에는 206개 국가올림픽위원회NOC가 회원으로 가입하고 있다. NOC는 올림픽 경기에 참가할 선수단을 조직하고, 자국에서 올림픽 정신을 수호하는 역할을 담당한다. NOC는 비영리 조직으로서 정치적, 상업적, 종교적 압력을 받지 않는 독립된 단체이다. 1979년 6월 NOC의 모임인 국가올림픽연합회ANOC를 구성하였으며, 본부는 스위스 로잔에 소재한다. 대륙별로 NOC 위원회(ANOCA, OCA, ODEPA, ONOC, EOC)를 두고 있다.

〈표 10-2〉 역대 IOC 위원장

대	성 명	재임기간	국 적	비 고
1	Demetrius Vikelas	1894~1896	그리스	첫 올림픽 창시자
2	Pierre, Baron de Coubertin	1896~1925	프랑스	근대 올림픽 창시자
3	Henri, Comte de Bailet-Latour	1925~1942	벨기에	정치·상업적 중립 확보
4	Sigfrid Edstrom	1946~1952	스웨덴	전후 올림픽질서 확립
5	Avery Brundage	1952~1972	미국	뮌헨올림픽 당시 위원장
6	Lord Michael Morris Killanin	1972~1980	아일랜드	모스크바 올림픽 지휘
7	The Marquess of Samaranch	1980~2001	스페인	'88 서울올림픽 개최
8	Jacques Rogge	2001~2013	벨기에	청소년 올림픽 창설
9	Thomas Bach	2013~2025	독일	아젠다 2020 주창

다양한 국제 스포츠협회들의 협력과 소통을 위해 국제경기연맹총연합회GAISF를 결성하였는데, 2009년 스포츠어코드Sportaccord로 개편

하였다. 스포츠어코드에는 32개의 하계올림픽종목협의회ASOIF, 7개의 동계올림픽종목협의회AIOWF와 올림픽 경기로 채택되지는 않았지만 IOC가 승인한 39개의 올림픽공인종목협의회ARISF과 20개의 독자인정 국제스포츠종목연맹AIMS 등 100여 개의 경기연맹이 참여하고 있다. 올림픽대회의 총괄은 IOC가 하지만 경기의 기술적 사항에 대해서는 해당 경기연맹이 관여한다.

그밖에도 국제스포츠중재재판소, 세계올림피언협회, 국제페어플레이위원회, 도핑방지기구 등이 있다. 국제스포츠중재재판소Court of Arbitration for Sport: CAS는 국제 스포츠 경기에서 일어날 수 있는 판정 시비, 약물도핑 시비, 선수자격 시비 등 분쟁을 신속, 공정하게 판단하기 위해 사마란치 전 위원장의 제의로 1984년 6월 설립되었는데, 1994년 IOC로부터 독립하였다. 60명의 중재위원으로 구성되어 있으며, 본부는 스위스 로잔에 소재한다.

세계올림피언협회World Olympians Association: WOA는 올림픽 출전 선수들의 모임으로 1995년 11월 사마란치 위원장의 제의로 설치되었는데, 현재 108개국에 10만 여명의 회원을 두고 있다. 국제페어플레이위원회Internatinal Fair Play Committee: IFPC는 폭력을 추방하고 페어플레이 정신을 계승하기 위해 1973년 5월 설치되었다. 매년 페어플레이에 기여한 선수에게 'Pierre de Coubertin 트로피', 일생동안 페어플레이 정신을 함양한 선수에게 'Jean Borotra 트로피', 페어플레이 정신을 증진시킨 개인 또는 단체에게 'Willi Daume 트로피'를 수여하고 있다.

올림픽개최지선별위원회Future Host Commission: FHC는 ▶올림픽 개최에 관심 있는 도시 및 NOC들과 언질을 주지 않는non-committal 상태의 대화를 하며, ▶IOC 집행위원회의 지휘를 받아 우선협상 대상이 된 당사자와 집중협의Targeted Dialogue하여 총회에 보고한다. FHC는 후보 도시 평가위원회를 대체하며 후보 도시와 더욱 긴밀하게 협업하면서 소통하기 위해 설치되었다.

올림픽과 반도핑

운동선수들이 4년마다 한 번씩 오는 올림픽에서 메달을 획득하는 것은 최고의 영예이다. 일부 선수들은 경기 능력의 일시적인 향상을 위해 호르몬제나 신경안정제, 흥분제와 같은 약물을 복용하게 된다. 페루와 볼리비아 등 남미국가에서는 기원전 3000년 경부터 코카식물에서 추출된 코카인을 복용하였다. 기원 전 3세기 고대올림픽에서도 우승하기 위해 가능한 모든 수단과 방법을 사용했다는 기록이 있다.

1865년 암스테르담 운하에서 열린 수영대회에 참가한 선수 중 일부는 카페인이 함유된 약물을 복용하였다. 1950년대에 들어와 많은 시약이 개발되면서 도핑doping 사례는 증가하였다. 1960년 로마 올림픽에서는 사이클 선수가 암페타민과 니코틴을 복용하였고, 400미터 허들선수는 헤로인 과다복용으로 사망하는 사고가 발생하였다.

1967년 IOC는 의약협의회를 구성하였고, 1968년 그레노블 동계올림픽과 멕시코시티 하계올림픽에서 처음으로 도핑테스트를 실시하였다. 1999년 11월 스위스 로잔에 세계반도핑기구World Anti-Doping Agency: WADA를 설치하였고, 2004년 세계도핑규약이 채택되었다. 세계도핑방지기구는 독립기구로서 올림픽 무브먼트에서 50%, 전 세계 정부 및 비정부 분담금 50%로 운영된다. 2002년 본부는 몬트리올로 옮겼다.

도핑은 운동선수가 경기력 향상을 위해 금지된 약물을 사용하는 것을 의미한다. 도핑은 네덜란드로 이주온 아프리카 원주민들이 마시던

술인 도프dop에서 유래하였다. 처음에는 경주마의 경주력을 향상시키기 위해 사용하였는데, 선수들이 복용하면서 이슈가 되었다.[4] 세계도핑방지기구WADA는 금지약물 목록과 기술기준을 마련하여 매년 공포한다. 도핑방지기구는 올림픽을 비롯한 주요 국제대회에 참가하는 선수들을 대상으로 테스트와 교육을 시행한다. 금지약물을 복용한 선수는 2년간 출전이 금지되며, 두 번째 발각되면 영구 제명된다.

도핑방지규약은 모든 국가 및 스포츠 분야에서 도핑방지 프로그램의 기초를 이루며, 기본적이고 보편적인 도핑방지 활동의 근거가 된다. 도핑방지규약은 선수가 도핑이 없는 스포츠에 참가할 수 있도록 함으로써 선수들의 건강과 공정성 및 평등성을 진작하고, 도핑의 색출, 예방 및 저지에 관하여 효과적으로 조정된 도핑방지 프로그램을 보장하는데 목적이 있다.

서울올림픽 100m 경기에서 9.79초 세계신기록으로 올림픽 영웅이 된 벤 존슨Ben Johnson(27)은 금지약물을 복용한 것으로 밝혀져 금메달을 박탈당하였다. 랜스 암스트롱Lance Armstrong은 뚜르드 프랑스에서 7연승을 하면서 싸이클 황제로 등극하였으나, 적혈구 생산량을 늘리는 EPO를 복용하여 우승 기록 삭제와 함께 영구 자격 정지되었다. 육상 단거리 메리언 존스Marion Lois Jones도 근육강화제를 복용하여 금메달을 박탈당했고, 크로아티아 출신 격투기의 터미네이터 미르코 필로포비치Mirko Filipovic도 어깨치료 목적으로 성장호르몬을 투여했다가 자격 정지 처분을 받았다.

---

[4] 이원재 외, '글로벌스포츠 시스템: 인간의 확장,' (서울대학교 Global Sport Management, 북마크)

올림픽 4형제

패럴림픽paralympics은 신체적 장애가 있는 선수들이 참가한다. 장애인 올림픽이라고 불렸으나, 편견을 없애기 위해 패럴림픽으로 통일하였다. 신체적 장애는 외부 기능 장애와 내부 기관의 장애를 말한다. 외부 기능에는 지체장애, 뇌병변장애, 시각장애, 청각장애, 언어장애, 안면장애 등을 포함하고 내부 장애는 신장, 심장, 호흡기, 간장애, 장루·요루장애, 간질장애를 포함한다.

패럴림픽은 1948년 런던 올림픽이 열리던 날 영국의 외과 의사인 구트만Ludwick Gutmann 박사가 2차 대전에 참여했던 상이군인들을 위한 휠체어 경기Wheelchair Games를 열면서 시작되었다. 휠체어 스포츠를 도입한 영국의 장애인 의료센터가 위치한 Stoke Manderville을 붙여 'International Stoke Manderville Games for the Paralysed'라고 호칭하기도 하였다.

1952년 같은 장소에서 열린 2회 대회는 영국뿐만 아니라 네덜란드 참전 군인들이 참가하면서 국제대회로 발전하였다. 1960년 로마에서 참전용사뿐만 아니라 23개국 400여 명의 장애인들이 참가하는 제1회 대회가 개최되었으며, 1976년 몬트리올 대회에서 모든 장애인에게 개방되어 40개국 1,600명의 선수가 참가하였다. 1988년 서울올림픽에서 올림픽과 같은 경기장에서 패럴림픽이 열렸다. 1976년 스웨덴 오르스콜드빅에서 동계 패럴림픽대회가 열렸다.

패럴림픽은 Paraplegic(하반신 마비의) + Olympics = Paralympics의 융합어에서 출발한다. 현재는 올림픽과 나란히para 개최된다는 뜻으로 사용된다. 장애인 선수는 'handicapped athletes' 또는 'disabled athletes'라고 했으나, 현재는 'athletes with impairment'

또는 'athletes with a disability'로 쓴다. 장애인올림픽의 가치는 용기courage, 결단determination, 영감inspiration 그리고 평등equality이다.

1962년 국제장애인경기연맹International Sports Organization for the Disabled: ISOD이 설치되었고, 1989년 9월 국제패럴림픽위원회International Paralympic Committee: IPC로 통합되었다. IPC는 183개 회원국이 가입하고 있으며, 본부는 독일 본에 소재한다. IPC는 15명의 집행위원, 70여 명의 상임위원 및 사무국으로 구성되며, 위원의 임기는 4년이다. 우리나라는 1989년 IPC 창립 시 가입하였다. 북한도 2013년 정회원이 되었다.

스페셜올림픽Special Olympics World Games 또는 Special Olympiad로 불리는데, 지적장애인intellectual disabilities을 위한 올림픽이다. 정신적 장애는 지적장애와 발달장애(자폐)를 포함한다. 스페셜올림픽은 1962년 6월 케네디 대통령의 동생인 슈라이버Eunice Kennedy Shriver가 지적장애인을 위한 캠프를 설치하면서 시작되었다. 1968년 시카고에서 지적장애인 체육대회가 개최되었으며, 1977년에는 미국 콜로라도 스팀보트 스프링스에서 동계대회가 개최되었다.

스페셜올림픽은 승패보다 선수들의 도전과 노력을 중시하며, 참가자 전원에게 리본을 수여한다. 스페셜올림픽은 Special Olympics라는 기구가 주관하는데, 현재 172개국이 가입하고 있고, 본부는 미국 워싱턴DC에 소재한다. 스페셜올림픽은 4년마다 하계와 동계로 나누어 개최되며, 2013년 1월 평창에서 111개국 3,300여 명의 선수와 임원이 참가한 동계 스페셜올림픽이 열렸다. 1988년 IOC는 올림픽과 패럴림픽, 스페셜올림픽을 3대 올림픽으로 규정하였다.

국제농아올림픽Deaflympics은 청각장애인들을 위한 올림픽Deaflympiad

또는 World Games for the Deaf이다. 1924년 파리에서 첫 대회를 개최했는데 1949년에는 동계대회를 개최하였다. 참가 자격은 두 귀의 청력이 55 dB 이하로서 경기 운영 방식도 화약총이나 호루라기를 불 수 없고, 마이크를 사용하는 대신 빛 또는 깃발을 사용한다. 응원도 함성 대신 파도타기를 한다. 2001년부터 4년마다 열리는데 국제청각장애스포츠위원회 International Committee of Sports for the Deaf: ICSD가 주관한다.

청소년 올림픽

청소년올림픽Youth Olympic Games은 청소년들을 체육활동의 길로 이끌어 건강한 신체와 도전정신을 키우도록 하겠다는 취지로 자크 로게 IOC 위원장의 제의에 따라 2007년 7월 과테말라시 IOC 총회에서 승인되었다. 청소년올림픽도 하계와 동계로 나누어 4년마다 개최하는데, 14살부터 18살 사이 청소년들이 참가한다.

청소년올림픽은 성장기에 있는 청소년들에게 경쟁보다는 친선과 우의를 강조하며, 서로 다른 문화와 언어, 종교를 가진 청소년들이 스포츠를 즐기고 올림픽의 가치를 체험하는 무대로서 상대방에 대한 존중을 배우는 게 더 중요한 대회이다. 교육·문화적 측면을 강조하며 전 세계를 하나로 본다는 취지에 따라 올림픽과 달리 국가별 메달 순위를 집계하지 않는다.

선수들은 경기 출전 외에도 문화 및 교육 프로그램에 참여하여 올림픽의 가치인 '우수Excellence, 우정Friendship, 존중Respect'에 대해 배우고 다른 문화도 체험한다. 경기 방식도 양궁 단체전, 육상 메들리 릴레이, 사이클 혼합 등 10개 종목에서는 남녀 혼성팀이나 국가간 연합팀을 만들어 겨룬다. IOC는 올림픽의 3분의 1 이하로 규모를 줄여 그동안 올림픽 개최가 어려웠던 중·소국이 대회를 유치할 수 있도록 했다.

자크 로게 위원장이 'IOC는 하계 청소년 올림픽에 약 3,000만 달러, 동계 청소년 올림픽에 약 1,500~2,000만 달러의 비용을 부담할 수 있다'라고 밝히자 유치경쟁이 치열했다. IOC는 2007년 11월 제1회 대회 개최지 후보로 싱가포르, 아테네, 방콕, 모스크바, 토리노를 선정하였다. 2008년 2월 스위스 로잔에서 열린 IOC 총회에서 싱가포르가 53:44로 모스크바를 꺾고 개최권을 획득하였다. 2010년 8월 싱가포르에서 204개국 청소년 3,500여 명이 참가하였다.

IOC가 청소년올림픽을 만든 이유는 청소년을 우량한 성인 선수로 육성하려는 목적과 함께 기존에 올림픽을 개최하지 않았던 국가에서 간이 올림픽을 개최함으로써 올림픽을 개최할 가능성을 보여주거나 아예 올림픽을 개최할 수 없는 국가가 자부심을 품게 하는 데 있었다. IOC로서는 올림픽의 세계화를 추구하는 목적도 있다.

제2회 하계대회는 2014년 중국 난징, 3회는 2018년 아르헨티나 부에노스아이레스에서 개최되었다. 4회는 코로나로 연기되어 2026년 세네갈의 수도 다카르에서 개최된다. 다카르는 아프리카 최초로 올림픽 개최지가 되었다. 동계는 오스트리아 인스브루크(2012), 릴리 함메르(2016), 로잔(2020), 강원(2024)으로 이어졌다. 2024년 동계 유스올림픽은 루마니아 브라쇼브, 불가리아 소피아, 스페인 그라나다, 중국 하얼빈 등이 중도에 포기함으로써 강원도는 단독후보가 되었는데 78개국에서 1,802여 명의 선수단이 참가하였다.

올림픽의 경제적 효과

올림픽과 월드컵은 메가 이벤트mega event로서 정치, 경제, 문화, 과학

기술 분야에서 엄청난 파급효과를 가져온다. 올림픽은 하드 파워뿐만 아니라 문화와 삶의 질을 높이는 소프트 파워 경쟁력도 높여준다. 올림픽은 국가 이미지와 국가 신용도 상승에도 공헌한다.

노르웨이 릴리 함메르가 1994년 동계올림픽 개최 전에는 잘 알려지지 않았듯이 평창도 세계인들에게 낯선 곳이었다. 2014년 9월 케냐의 다니엘 사핏Daniel Olomae Ole Sapit은 평창에서 열리는 UN 생물다양성 협약국 총회에 참석하기 위해 베이징에서 비행기를 탔으나, 평양 순안공항에 도착하였다. 평창과 평양을 혼동한 대가로 500달러의 벌금을 물고 쫓겨났다. 뉴욕타임즈New York Times는 평창과 평양을 혼동한 외국인들이 올림픽 방문을 꺼릴 수 있다고 경고하였다.

평창은 올림픽이 개최되자 인터넷 웹사이트에서 인기를 독차지하였다. 2018년 2월 한달 간 위키피디아 영문 방문수page view에서 평창은 63만 7,744회를 기록하여 뉴욕(44만 4,175회), 런던(32만 3,361회), 파리(20만 2,348회)를 월등하게 앞섰다. 2020 하계올림픽의 도쿄(16만 2,510회), 2022 동계올림픽의 베이징(13만 1,257회)보다는 4.5배 높은 검색 빈도를 나타냈다.

올림픽은 경기장과 인프라 투자를 통한 생산 유발, 소비와 관광 증대를 통해 소득과 고용증대를 가져온다. 정부는 평창 올림픽이 소비 2조 3천억 원, 인프라 투자 11조 4천억 원 등 총 13조 7천억 원의 투자로 6조 5천억 원의 GDP가 늘어나고 14만 명의 고용이 증가하는 것으로 추정하였다. 또한, 내외국인 경기장 방문 및 관광에 5,000억 원, 대회경비 지출에 9,000억 원 등 1조 4천억 원의 소비지출로 2018년 GDP 성장률을 0.05%P 증가시키는 것으로 추정하였다.

올림픽 개최로 국가 이미지 및 올림픽 후원기업의 상표brand 인지도도 상승하게 된다. 대한무역투자진흥공사 Korea Trade-Investment Promotion Agency: KOTRA는 2002년 월드컵으로 국가 이미지가 1.2%p 상승하였다고 분석했으며, 현대경제연구원은 올림픽으로 100대 기업 브랜드 인지도 1%p 상승 시 11.6조 원의 효과가 있다고 분석하였다.

현대경제연구원은 2011년 평창 올림픽에 따른 직·간접 경제효과는 64조 9천억 원에 이를 것으로 예상하였다. 경기장 등 대회 개최를 위한 투자액은 7조 2,555억 원이며, 이를 통해 16조 4천억 원의 경제효과를 기대하고 있다. 또한, 소비지출 효과 4조 7천억 원을 더해 직접 효과는 21조 1,000억 원, 향후 10년간 관광객 증가 등 간접효과는 43조 8천억 원으로 추정하였다. 산업연구원도 평창 올림픽에 따른 생산 유발 효과는 20조 4,973억 원, 고용증대 23만 명, 부가가치 증가는 8조 7,546억 원에 이를 것으로 전망하였다.

평창 동계올림픽은 지역 균형발전에도 이바지하였다. 대표적으로 인천공항에서 서울, 원주, 강릉을 연결하는 경강선 고속철도가 건설되어 강원도는 1시간 생활권이 되었다. 제2영동고속도로와 남춘천(동홍천)에서 양양을 연결하는 고속도로로 동해안 개발에 박차를 가하게 되었다. 인천공항에는 제2터미널이 개통되었고, 양양공항은 대형 여객기가 뜰 수 있도록 확장되었다.

올림픽은 과학기술 발달에도 이바지한다. 20세기 중후반 미·소간 냉전이 우주 경쟁으로 이어져 과학기술의 급격한 발전을 가져왔듯이 21세기 이후 올림픽도 방송·통신·교통 등 기술 발달에 크게 공헌하였다. 1964년 도쿄 올림픽에서는 세계 최초로 시속 200㎞를 넘긴 신칸센이 건설되었고, 올림픽에서 필수인 시간은 1/100초까지 측정할 수 있게 되었다.

1984년 로스앤젤레스 올림픽에서 인터넷 기술이 사용되었다. '88 서울올림픽을 기점으로 개인 이동전화 서비스가 시작되었고, 우리 기술진에 의해 개발된 종합정보망 Wide Information Network Service: WINS이 사용되었다. WINS는 종합정보통신망ISDN의 기반이 되었다. 2008년 베이징 올림픽에서는 인터넷을 통한 생중계 서비스가 최초로 시도되었다.

2010년 밴쿠버 올림픽에서 3G 기술이 도입되어 올림픽 경기를 실시간으로 감상할 수 있게 되었으며, '트위터 올림픽'이라고 불릴 정도로 이용자 간 공유와 참여가 활성화되었다. 2012년 런던 올림픽에서는 SNS 쌍방향 소셜 올림픽을 기치로 삼았으며, 2014년 소치 올림픽은 4G LTE 기반의 이동통신 서비스가 적용되었고, 2016년 리우 올림픽에서는 클라우드 서비스가 활용되었다.

평창에서는 5G 기술이 처음으로 선보였고, 로봇과 사물인터넷IoT, 가상현실VR과 증강현실AR, 스마트폰용 모바일 앱이 활용되었다. 또한, 언어장벽을 해소하기 위해 영어, 일어, 중국어 등 8개 언어로 자동 번역되는 GINI톡이 활용되었다. 올림픽 폐막식에는 인텔이 개발한 1,300대의 드론이 오륜기와 수호랑, 반다비 등 마스코트 모형을 시연하여 기네스북에 올랐다.

1964년 도쿄 올림픽 이후 일본은 패전의 상처를 딛고 경제도약의 계기를 마련하여 OECD 회원국이 되면서 G2로 올라섰다. 중국은 2008년 베이징 올림픽에서 300억~700억 달러의 경제효과를 거두면서 일본을 제치고 G2의 대열에 올라섰다. 우리나라는 서울올림픽을 계기로 동구권 및 공산권 국가와 수교하는 계기가 되었으며, 1997년 OECD 회원국이 되었다.

상업적 측면에서 로스앤젤레스 올림픽은 첫 번째 흑자올림픽이 되었다. 올림픽의 경제적 수익을 조사한 보고서는 1984년 로스앤젤레스 올림픽은 32.9억 달러, 1988년 서울올림픽은 40억 달러, 1992년 바르셀로나 올림픽은 260.48억 달러, 1996년 애틀랜타 올림픽은 51억 달러, 2000년 시드니 올림픽은 63억 달러의 이익이 있었다고 평가하였다.

올림픽 메달의 경제학

올림픽 금메달은 대부분 순은으로 제조된다. 1912년 스톡홀름 올림픽까지는 순금 메달을 수여했으나 그 뒤 비용 문제로 제작방식을 바꾸었다. IOC에 따르면 금메달과 은메달은 순은(순도 99.9%)으로 제작하고, 금메달은 여기에 순금 6g 이상을 도금한다. 동메달은 구리와 아연으로 만든다. 고대 올림픽에서 승자에게는 올리브나무 가지로 만든 관이 전부였다. 1904년 미국 세인트루이스 하계 올림픽에서 금·은·동 메달이 수여되었다.

평창에서 금메달은 총 586g으로 순은 580g에다가 순금 6g을 도금한 것이다. 은메달은 100% 은 580g이며, 동메달은 구리 90%, 아연 10%로서 493g이다. 화려한 디자인을 포함한 제조가격은 금메달이 136만 원, 은메달이 100만 원, 동메달이 35만 원에 불과하다. 선수들의 땀과 열정을 돈으로 비교하는 것은 무리이지만, 포상금과 광고, 스폰서 등 메달의 경제적 효과는 어마어마하다.

평창 올림픽 메달은 표면이 빗살 무늬로 되어 있고, 측면에는 평창의 '자음(ㅍ/ㅊ)'만 모아서 양각으로 새겼다. 패럴림픽 메달도 올림픽과 같으나, 빗살 무늬 대신 수평으로 디자인하였다. 조직위원회는 입상자들에게 수여할 금·은·동 각각 222세트와 국내외 전시용으로 32세트를 제작하였다.

포상금 규모는 국력에 비례하는 것이 아니라 메달의 희소성이나 스포츠 정책과 연관되어 있다. 홍콩은 파리올림픽 금메달 수상자에게 600만 홍콩달러(약 10억 6천만원)를, 싱가포르도 74만 5천 달러(약 10억 3천만원)을 약속하였다. 스포츠에 엄청난 투자를 하고 있는 사우디아라비아는 2020 도쿄 올림픽 은메달 수상자에게 500만 리얄(약 18.9억 원)을 지급하였다. 카자흐스탄은 아파트 한 채를, 역대 올림픽에서 은메달에 그친 필리핀은 금메달에 20만 달러(약 2.4억 원)를 약속하였다. 홍콩과 필리핀은 2024 파리 올림픽에서 각각 금메달 2개씩 획득하였다.

반면, 메달이 넘치는 미국은 금메달 포상금이 37,500달러(약 5,200만 원)에 불과하며, 중국은 2016년 리우 올림픽 금메달 수상자에게 100만 위안(약 1.8억 원)을 지급하였다. 영국은 '금전적 보상이 선수들을 시상대 위로 이끌지 않는다. 스포츠에 대한 애정과 열정이 메달을 좌우한다.'고 주장하면서 포상금을 지급하지 않는다. 동계올림픽에서 금메달을 가장 많이 획득한 노르웨이와 스웨덴도 포상금을 거의 주지 않는다.

우리나라는 금메달 수상자에게 6,300만 원, 은메달은 3,500만 원, 동메달은 2,500만 원의 포상금을 지급한다. 국민체육진흥공단은 경기력 향상 연금으로 금메달은 매월 100만 원(일시금은 6,720만 원), 은메달은 75만 원(일시금은 5,600만 원), 동메달은 52만 5천 원(일시금은 3,920만 원)씩 지급한다. 2개 이상의 메달을 수상한 경우 연금은 중복 수상이 불가능하나 포상금은 중복 수상이 가능하다. 올림픽 메달 수상자에게는 군 입대가 면제된다. 메달을 획득하지 않은 선수와 지도자에게도 300만 원씩 지원한다.

소속 협회와 후원사도 포상금을 지급한다. 2024년 파리 올림픽에서 대한골프협회는 금메달 수상자에게 3억 원, 은메달 수상자에게 1.5

억 원, 동메달 수상자에게 1억 원의 포상금을 내걸었다. 2022년 베이징 올림픽에서 대한빙상경기연맹은 금메달 1억 원, 은메달 5000만 원, 동메달 3,000만 원을 지급하였다. 평창에서 신화를 창조한 여자컬링팀은 신세계로부터 상금을 받고, LG전자의 광고모델이 되었다.

패럴림픽 크로스컨트리 7.5㎞ 좌식과 15㎞에서 금메달과 동메달을 목에 건 신의현 선수는 8천 8백만 원의 포상금과 협회에서 주는 포상금(1억 3천만 원), 충청남도에서 주는 포상금(9천만 원)과 국민체육진흥공단에서 주는 경기력 향상 연구기금을 받았다. 금고 이상의 형을 받거나 성폭력 또는 폭력행사, 경기단체나 체육회로부터 자격정지 이상의 징계를 받으면, 연금 수령이 박탈된다.

2022년 11월 카타르 월드컵에서 국제축구연맹FIFA은 총상금 4억 4,000만 달러(약 5,735억 원)를 내걸었다. 우승은 4,200만 달러(547억 원), 준우승 3,000만 달러(391억 원), 3위 2,700만 달러(352억 원), 4위 2,500만 달러(326억 원)를 받는다. 8강에 진출하면 1,700만 달러(221억 원), 16강은 1,300만 달러(169억 원)를 받는다. 대한축구협회는 최종명단에 포함된 26명에게 기본포상금 2,000만 원에 16강 진출 시 1억 원, 8강 진출 시 2억 원을 약속했다. 카타르 월드컵에 출전한 선수들은 최소 2억 8,100만 원에서 최대 3억 4,100만 원을 받는 셈이다.[5]

기업들이 얻는 간접효과도 매우 크다. 대회와 선수를 위해 투자하는 기업들은 올림픽 기간 내내 TV와 뉴스 등을 통해 광고효과를 얻는다. 현대경제연구원은 메달 결정 경기당 투입되는 광고비가 100억 원일 경우 메달 1개당 기업의 이미지 제고 효과는 적게는 120억 원에서, 많게

---

5 정세영·오해원·허종호 기자, '기본포상+1승+1무+16강 … 월드컵 대표 1인 최대 3억 4,100만 원' (문화일보, 2022. 12. 21.)

는 200억 원이 될 것으로 내다봤다. 김연아, 박인비 같은 선수들은 메달 획득으로 유명세가 붙게 된다.

현대경제연구원은 2018년 2월 '평창 올림픽 금·은·동 메달의 의미'라는 보고서에서 올림픽에서 획득하는 메달 1개의 경제적 가치는 최소 약 1,760억 원에서 최대 약 2,630억 원에 달하는 것으로 추정하였다. 구체적으로 메달 획득으로 인한 국민통합 및 사기진작으로 인한 소비 증가 효과는 160억~710억 원, 선수가 메달을 획득함으로 노출되는 기업 이미지 제고 효과가 120억~200억 원, 국가브랜드 및 국격 상승효과는 1,480억~1,720억 원으로 추정하였다.[6]

올림픽과 방송

방송과 스포츠는 불가분의 관계를 형성해 왔다. 1936년 베를린 올림픽에서 TV 중계가 시작되었다. 당시는 VTR이 개발되지 않았기 때문에 오로지 생중계라는 한계를 가지고 있었다. 1960년 로마 올림픽부터 미국 CBS가 60만불의 중계료를 지급하면서 TV 중계가 본격화되었다. 1964년 도쿄 올림픽에서 위성중계가 시작되면서 중계료도 천정부지로 뛰어올랐다.

미국에서 TV중계료는 1960년 로마 올림픽에서 39만 4천 달러였으나, 1964년 도쿄 올림픽은 150만 달러, 1984 로스앤젤레스 2억 2천 5백만 달러, 2008 베이징 8억 9천 4백만 달러, 2020 도쿄의 경우 14억 1천 8백만 달러로 급증하였다. 동계올림픽도 1960년 미국 스퀘어 밸리에서 5만 달러였으나 2002 솔트레이크 5억 4천 5백만 달러, 2018 평창에서 9억 6천 3백만 달러로 올라갔다. 월드컵 중계료도 1998년 프랑스 대회에

---

[6] 강병철 기자, '올림픽 메달 한 개의 경제적 가치는 … 최대 2,630억 원' (중앙일보, 2018. 2. 8.)

서 1,047억 원에서 2002년 한·일 월드컵은 1조 원으로 폭등하였다.

1984년 로스앤젤레스 올림픽 유베로스Peter Victor Ueberroth 위원장은 ABC, NBC, CBS, ESPN 등과 입찰을 통해 ABC가 2억 2천 5백만 달러 중계료와 7천 5백만 달러의 방송설비도 부담토록 하였다. IOC에는 중계료의 1/3만 지급하였다. IOC는 1980년 사마란치 위원장이 취임하기 전까지 방송권 협상에서 제외되었으나, 서울올림픽에서 방영권 계약을 주도하였고, 1992년 이후에는 IOC가 유일한 협상권자가 되었다.

2011년 미국 NBC는 2014년 소치 올림픽부터 2020년 도쿄 올림픽까지 4번의 올림픽 방송중계권을 43억 8,200만 달러(약 4조 7천억 원)에 사들였다. 2014년에는 2022년 베이징 동계올림픽부터 2032년까지 6개 대회 분의 방송권을 사는데 76억 5천만 달러(약 8조 5,680억 원)를 지급하였다. 미국 NBC가 IOC에 지급한 중계료는 소치('14) 7억 7,500만 달러, 리우('16) 12억 3천만 달러, 평창('18) 9억 6,300만 달러, 도쿄('20) 14억 1,800만 달러 수준이었다.

미국에서는 ABC, CBS, NBC 등이 중계권을 놓고 경쟁하였으나 2000년 시드니 올림픽 이후 NBC가 사실상 독점하고 있다. 경쟁사들은 18~49세의 시청률이 감소하고 미국 선수들의 부진, 특히 2018 평창에서는 NHL의 불참으로 미국이 아이스하키 8강에 탈락한 점을 강조하면서 NBC의 독주를 회의적으로 보았다. 그러나, NBC는 평창 올림픽 광고 판매량이 소치의 8억 달러보다 늘어 난 9억 2천만 달러를 기록했다며 세간의 우려를 일축하였다. NBC의 중계료는 TV뿐만 아니라 스마트폰, 태블릿PC, 인터넷 미디어를 포함한다.

방송중계권료는 IOC뿐만 아니라 국제축구연맹FIFA과 국제육상연맹IAAF의 주요 수입원이 되고 있다. 2022년 12월 카타르 월드컵에 맞추어 개최된 FIFA 이사회는 2019~2022, 4년간 예산 75억 달러(약 10.5조 원)에서 2023~2026에는 110억 달러(약 15조 원)로 늘어난다고 보고하였다. 이는 IOC의 2017~2020년간 수입금 76억 달러(약 10.6조 원)를 넘어서는 액수이다(부록, 역대 올림픽 미국지역 방영권료 참조).

2001년 IOC는 중계권이 없는 방송사를 지원하기 위해 자체 방송국인 올림픽방송국Olympic Broadcasting Services: OBS을 설치하였다. OBS는 2008년 베이징 올림픽에서 첫 방송을 하였는데, 스페인 마드리드에 본부를 두고 있다. IOC는 방송중계료 수입 중 49%를 개최국 조직위원회에 할당하고, 나머지 51%는 IOC와 국제경기연맹, 회원국 체육회 등에 배분하고 있다.

스포츠와 정치

스포츠가 비정치적이라고 하나 올림픽은 정치적 이해와 갈등으로 얼룩졌다. 히틀러는 1936년 베를린 올림픽을 체제홍보와 선전장으로 이용했다. 1916년 베를린, 1940년 도쿄, 1944년 런던 올림픽은 전쟁으로 취소되었고 1940년 삿포로와 1944년 코르티나 담페초 동계올림픽도 전쟁으로 취소되었다. 도쿄 올림픽은 만국박람회와 동시에 개최할 계획이었으나 1938년 중·일전쟁으로 헬싱키로 옮겼다가 1940년 소련의 핀란드 침공으로 취소되었다.

타이완은 중국 초청에 대한 항의로 1952년 헬싱키 올림픽 참가를 거부했다. 중국은 타이완을 IOC에서 축출하도록 요구하였으나 관철되지 않자 1958년 IOC에서 탈퇴한 후 20년간 국제경기에 불참하였다. 1976

---

7 윤강로, 'FIFA 4년 수입금 IOC 4년 치와 동격, 향후 추월 가능성으로 일취월장하는 축구의 영향력,' (국제스포츠외교연구원, 2022. 12.)

년 몬트리올 올림픽에서 에티오피아, 나이지리아, 가나 등 아프리카 28개국은 남아프리카공화국의 인종차별Apartheid에 대한 항의로 불참하였다. 남아프리카공화국은 인종차별 문제로 1964년부터 올림픽 참가가 금지되었다가 1992년 바르셀로나 올림픽에서 다시 복귀하였다.

1980년 모스크바 올림픽에서 미국, 호주, 일본 등 60여 개국은 소련의 아프가니스탄 침공에 대한 항의로 불참하였다. 1984년 로스앤젤레스 올림픽에서는 소련과 연방 13개국이 선수들의 안전을 이유로 불참하였다. 2021년 12월 미국 바이든 대통령은 중국의 인권탄압을 이유로 베이징 올림픽에 정부 대표단이나 외교사절을 보내지 않는 '외교적 보이콧'을 선언하였다. 프랑스와 오스트리아 등 유럽 국가들은 올림픽은 정치와 분리되어야 한다고 주장했으나, 호주와 영국, 캐나다, 일본 등도 미국에 동참하였다.

UN 총회는 올림픽 전후 휴전결의안을 채택한다. 휴전결의안은 안전보장이사회 결의와 같이 구속력은 없지만, 모든 회원국이 동참하는 정치선언이다. UN 총회 결의에도 불구하고 러시아는 2008년 베이징 올림픽 개막식 날 조지아를 무력 침공하였고, 2014년 소치 올림픽(2. 7.~23.) 기간 중인 2월 20일, 우크라이나 크리미아반도에 병력을 투입하여 3주 만에 합병하였다. 또한, 러시아는 2022년 2월 24일 베이징 동계올림픽 폐막식(2월 20일) 직후 우크라이나를 침공하였다. 파리 올림픽이 진행중인 2024년 7월 30일 팔레스타인 무장정파 하마스의 최고 지도자인 이스마일 하니예가 테헤란에서 이란 대통령 취임식 참석중에 암살되면서 중동의 긴장이 고조되었다.

IOC는 러시아 및 벨라루스에 대해 국제스포츠 행사 개최와 선수, 임원, 심판의 국제대회 참가를 금지하였다. 푸틴 대통령에게 수여한 올림픽 훈장도 박탈하였다. 2022년 3월 한국을 포함한 37개국 스포츠장관은 성명을 통해 두 나라를 국제스포츠 무대에서 퇴출하였다. 세계태권도연맹은 푸틴에게 수여한 명예 9단증을 박탈하였고, 국제유도연맹은 푸틴의 명예회장 및 유도대사 자격을 정지하였다. 세계육상연맹, 국제축구연맹, 국제스키연맹, 국제빙상연맹, 국제농구연맹, 국제배구연맹, 국제복싱연맹, 국제수영연맹 등 모든 스포츠 단체도 러시아의 출전금지와 자격정지 대열에 동참하였다.

우리나라 올림픽의 역사

한국인이 올림픽에 처음 참가한 것은 1936년 제11회 베를린 올림픽이다. 손기정 선수가 마라톤 세계신기록을 경신하며 금메달, 남승룡 선수가 동메달을 목에 걸었지만, 일장기를 달고 출전하는 아픈 역사가 있다. 1946년 조선올림픽위원회(현 대한체육회)를 설립하였고, 1947년 IOC에 가입하였다.

대한민국 정부수립 직전인 1948년 7월 제14회 런던 올림픽에 육상과 농구 등 7개 종목 68명으로 구성된 대한민국 선수단은 태극기를 앞세우고 참가하였다. 복싱에서 한수안 선수, 역도에서 김성집 선수가 각각 동메달을 획득하여 24위를 차지하였다. 1976년 몬트리올 올림픽에서 레슬링의 양정모 선수가 첫 금메달을 선사하였다. 북한은 1964년 인스브루크 동계올림픽에 참가하였다.

1984년 로스앤젤레스 올림픽은 명실상부한 스포츠 강국으로 발돋움한 대회였다. 유도와 복싱, 레슬링, 양궁에서 모두 6개의 금메달을 획득하여 140개 참가국 중 10위에 오르는 기염을 토했다. '88 서울올림픽에서는 금메달 12개, 은메달 10개, 동메달 11개를 획득하여 160개 참가국 중 종합순위 4위를 차지하였다.

우리나라가 올림픽 유치에 나선 것은 1978년 세계사격대회를 성공적으로 치른 직후였다. 박종규 대한체육회장은 박정희 대통령을 설득한 후 푸에르토리코 국가올림픽연합회ANOC 총회에 참석해 올림픽 유치 가능성을 타진하였다. 1979년 9월 정상천 서울시장은 올림픽 유치를 천명하였으나, 10·26 사건과 정치적 혼란 속에 1980년 1월 최규하 정부는 '올림픽 유치를 포기한다'라고 발표하였다.

그러나 반전이 일어났다. 1980년 11월 전두환 대통령의 지시에 따라 올림픽 유치신청서를 다시 제출하면서 본격화되었다. 2조 원의 예산 부담을 꺼리는 서울특별시와 '올림픽 망국론'을 들고나오는 인사들의 반대는 만만치 않았다. 북한은 김포공항 폭탄테러와 '대한항공 858편 폭파 사건' 등 방해 공작을 벌였다. 일본 나고야는 1977년부터 올림픽 유치를 준비해왔기 때문에 승산이 없다는 예측이 지배적이었다.

정주영 현대그룹 회장은 많은 일화를 남기며 올림픽 유치의 주역이 되었다. 유치위원들이 바덴바덴에 도착한 날 런던으로 날아가 IOC 위원들과 식사하면서 "체육계에 얼마나 일했는가?"라고 묻자 "올림픽 유치를 위해 처음 일한다"라고 대답하여 위원들을 놀라게 했다. "그러나 일본은 이미 올림픽과 같은 세계적인 행사를 개최하여 경제 대국으로 발돋움하고 있는데, 이번에도 일본이라면 일본의 경제발전을 가속화하는 계기가 될 것이다"라고 하여 일본을 견제하려는 서방세계의 공감을 샀다.

1981년 9월 서독 바덴바덴에서 열린 IOC 총회에서 서울은 나고야를 52:27로 꺾고 개최지로 확정되었다. 사마란치Juan Antonio Samaranch 위원장은 "IOC가 서울을 선택한 것은 올림픽 정신의 승리"라고 선언하며, '바덴바덴의 기적'을 축하해 주었다. 1988년 9월 17일부터 10월 2일까지 개최된 서울올림픽은 미수교국인 동구권을 포함하여 160개국에서 13,304여 명의 선수단이 참석하여 역대 최대를 기록하였다. 서울올림픽은 동서로 양분된 세계를 하나로 묶는 계기가 되었다.

동계올림픽은 1947년 제5회 생모리츠 대회에 처음으로 참가하였으나, 국민의 관심은 상대적으로 적은 편이었다. 1992년 제16회 알베르빌 동계올림픽에서 쇼트트랙 김기훈 선수의 금메달 등 4개의 메달을 품으며 세계 10위에 오르자 주목받기 시작했다.

2010년 밴쿠버에서는 피겨스케이팅의 김연아 선수를 필두로 금메달 6개, 은메달 6개, 동메달 2개를 획득하여 동계스포츠 강국으로 떠올랐다. 2014년 소치에서는 금메달 3개, 은메달 3개, 동메달 2개 등 모두 8개의 메달을 획득하였다. 2018 평창 동계올림픽에서는 15개 전 종목에 146명의 선수가 출전하여 금메달 5개, 은메달 8개, 동메달 4개로 7위를 기록했다. 2022 베이징에서는 아이스하키와 스키점프를 제외한 13개 종목 65명의 선수가 참가하여 금메달 2개, 은메달 5개, 동메달 2개로 종합 14위에 그쳤다.

스칸디나비아반도에서 시작된 동계스포츠

스키는 인간의 역사와 함께 시작되었다. 러시아 백해 해변 칠리 브루즈에서 발견된 스키를 탄 남자들이 장대에 의지하여 이동하는 모습을 담은 벽화는 기원전 1만 년 무렵에 그려진 것으로 추정된다. 기원전 2500년경 노르웨이에서 스키가 사용되었고, 스웨덴 발링스타 암반에 새겨진 스키와 화살을 갖춘 사냥꾼의 모습은 기원전 1050년에 그려진 것이다.

서기 552년 동로마제국의 역사가 프로코피우스Procopius는 스칸디나비아 여행을 한 후 스키를 타고 이동하는 사람들을 '스크리드핀내

skridfinnae', 즉 '스키를 타는 핀란드 사람'이라고 불렀다. 9세기부터는 스키를 타면서 몸의 균형을 유지하기 위해 커다란 막대를 함께 사용하였다. 스키는 스칸디나비아어로 '얇은 판자'를 의미한다.

스키는 단순히 이동 수단을 넘어, 사냥하고 전쟁을 수행하였으므로 설원의 나라에서는 제2의 발이었다. 12세기부터 스칸디나비아와 러시아 군대는 스키를 갖추었다. 1721년 노르웨이 군대에서 스키 제조공장이 설립되고, 1742년 스키부대를 편성하면서 경기로 발전하였다. 1893년 프리츠 푸트벨트 바인딩Fritz Footbelt Binding이 고안됨으로써 겨울철 교통 용구에서 근대 스포츠로 발전하였다.

19세기 후반 오스트리아의 짜르스키M. Zdarsky는 스키를 타고 그린랜드를 횡단하면서 알파인스키의 새로운 분야를 개척하였다. 1911년 짜르스키의 제자인 레루T. Lerch 장군은 일본에 스키를 전파하였다. 1924년 국제스키연맹Federation International Ski: FIS이 설립되고, 같은 해, 프랑스 샤모니에서 동계올림픽이 열렸다. 오스트리아의 슈나이더H. Schneoder는 알파인 기술을 체계화하였으며, 오늘날 알파인스키 기술의 아버지라고 불린다.

빙상은 이보다 늦게 스포츠 종목으로 채택되었다. 컬링은 16세기경 스코틀랜드에서 얼음으로 덮인 호수나 강에서 돌을 굴려서 시합하는 데서 시작되었다. 이후 스코틀랜드인들이 캐나다로 이주하면서 아이스하키와 더불어 캐나다의 국민적 스포츠가 되었다. 1807년에는 로얄 몬트리올 컬링클럽이 설립되었으며, 1998년 나가노 동계올림픽에서 정식 종목으로 채택되었다.

우리나라는 1994년 대한컬링연맹이 창설되었으며, 2001년 아시아태평양컬링선수권대회에서 여자팀이 우승한 데 이어, 이듬해 남자팀이 우승하였다. 2007년 동계아시안게임에서 남녀팀이 각각 금메달을 획득하였으며, 평창에서 여자팀은 캐나다를 꺾어 신드롬을 일으켰다. 컬링에서 쓰는 돌은 지구에서 가장 단단한 스코틀랜드의 에일 크레이그 산에서 채취한 화강암을 사용한다.

1652년 스코틀랜드 에든버러에서 최초로 피겨스케이팅 클럽이 만들어졌다. 1763년에는 영국에서 빙속 경기가 열렸다. 1840년대에 스칸디나비아에서 '나는 사람들'이란 스키점프가 도입되었다. 1892년에는 피겨스케이팅과 빙속이 소속된 국제빙상연맹International Skating Union: ISU이 창립되었다. 1904년 스위스에서 스키연맹이 생겨나고, 1908년 노르웨이와 스웨덴 스키연맹과 국제아이스하키연맹이 생겼다.

동양에서는 중국 진나라의 위지동이전魏志東夷傳과 산해경山海經에 스키에 대한 기록이 있다. 우리나라에서도 17세기 이익의 성호사설에 '설마'에 대한 기록이 있다. 1930년 2월 최초로 스키선수권대회가 열렸으며, 1946년 4월 대한스키협회가 창설되었다. 1953년 대관령에 스키장이 건설되었고 1970년대 이후 스키 인구가 급증하면서 겨울스포츠로 자리 잡기 시작했다.

1995년 무주에서 동계유니버시아드대회가 개최되고, 1999년 용평스키장에서 동계아시안게임을 개최하면서 동계스포츠 인구가 급증하였다. 그러나 동계스포츠는 기본적으로 유럽, 특히 북유럽의 경기였다. 평창 올림픽 이전까지 22번의 동계올림픽이 개최되었으나, 올림픽을 개최한 나라는 11개국에 불과했고, 미국과 캐나다 및 유럽 이외의 국가에서 개최한 것은 일본뿐이었다.

에필로그

공직자, 경제인, 체육인, 문화인
그리고 기업인

제7대 서울산업대학교 총장 취임식 (2003. 4. 서울)

이희범 한국무역협회 회장, 헬무스 마코브 유럽연합 의회 국제무역위원장 면담 (2007. 9. 브뤼셀)

이희범 한국무역협회 회장, 조지 H. W. 부시 전 미국 대통령 부부 초청 만찬 (2008. 3. 서울)

APEC 에너지·광물장관 회의 (2005. 10. 경주)

359쪽 – 조지 W. 부시 전 미국 대통령과 조석래 회장, 김승연 회장, 조양호 회장 등과 만찬 (2009. 7. 제주)

2009년 12월 조선일보의 '끓는 피'라는 칼럼에서 "나에게 고향이 어디냐고 물으면 좀 복잡하게 설명한다. 청량리역에서 중앙선을 타고 네 시간쯤 달린 후, 다시 배를 타고 한 시간가량 가서 물밑으로 50m 잠수하면 그곳이 고향이라고…." "내 고향은 안동댐으로 수몰되었다. 달빛을 쳐다보며 미래를 꿈꾸던 대청마루는 물론 앞뜰 논과 밭이 물속에 잠긴 지 40년이 돼간다"라고 하였다.[1] 많은 6·25 세대들이 겪은 일이지만 아버지를 전쟁에서 잃고, 홀어머니 밑에서 자라면서 살아남은 게 용할 정도로 무수히 많은 시련을 겪었다.

대학교에서는 전자공학을 전공하였다. 대학을 졸업할 무렵 우연한 기회에 서울대학교 행정대학원에 다니는 선배를 만나 마감날 원서를 제출하였다. 행정법과 헌법 등은 용어조차 생소했으나, 며칠 후 수석합격이란 통보를 받았다. 동창회장이 주는 20만 원의 장학금은 2년 치 등록금을 내고도 남는 돈이었다.

행정고시 정원을 대폭 늘린다는 정부의 발표에 휩쓸려 고시생이 되었다. 제12회 행정고시에서는 수석으로 합격하였다. 대학을 졸업할 무렵, 정부는 전자공업육성정책을 발표하였다. 삼성전자는 본격적으로 인력을 채용하고 있었으나, 나는 고속도로를 벗어나 험난한 자갈길로 달리고 있었다.

성적순대로 부처를 배정한다고 하여, 제1지망 경제기획원, 제2지망 재무부, 제3지망 상공부로 신청하였으나, 나는 신설된 공업진흥청으로 배정되었다. 총무처 인사국장을 찾아갔다. 하룻강아지 범 무서운 줄 모르고 덤비는 신출내기 사무관이 딱해서인지 "성적뿐만 아니라 전공을 고려하여 배치했다"라고 얼버무렸다.

---

[1] 이철원 기자 입력, [Essay] 끓는 피. (조선일보, 2009. 12. 24.)

아침잠이 많은 형인데도 불구하고, 출근길엔 면목동 집에서 영등포까지 버스를 세 번씩 갈아타야 했다. 하루는 당직근무를 하고 있는데 당직 사령관인 조성대 과장은 "상공부로 옮길 생각이 없느냐?"고 물었다. 그는 공업진흥청에서 상공부 상무과장으로 옮겼으나, 발령 전에 당직 명령이 나 있어서 마지막 당직을 함께 하고 있었다. 얼마 후 나는 상공부에서 유통근대화 업무를 맡았다.

일주일에도 서너 번씩 물가안정을 위한 차관회의(위원장: 장덕진 경제기획원 차관)를 개최하여 회의 전날에는 밤을 새운 적도 많았다. 얼마 후 수입과로 옮겼다. 장예준 장관이 이끄는 대미구매사절단에 말단 졸병으로 수행하였다. 당시 카터Jimmy Carter 미국 대통령은 박정희 대통령의 인권 정책을 문제 삼아 주한미군 철수 카드를 만지작거리고 있었다. 귀로인 도쿄에서 장관 주재 저녁자리에 참석하였다. 장관은 "왜 공대를 나와 행정고시를 했느냐?"고 묻고 또 물으면서 술잔을 나누었다.

귀국 후 장관은 "전자과 나온 그 친구 있잖느냐"고 하여 전자공업과로 옮겼다. 장관이 사무관 인사에 관여하는 것도 전무후무한 일이었다. 전자부품 국산화, 전자제품 수출입링크제 등 수많은 정책을 쏟아냈다. 반도체산업 국산화의 이정표가 된 한국전자통신(후에 삼성전자로 합병됨)을 설립하고 과로로 눈이 충혈되어 안대를 한 채, 벨기에 BTM에 우리 반도체 기술자를 파견하는 안건을 경제장관회에 상정하였다.

수출진흥과로 발령이 났다. 박정희 대통령 주재로 매월 중앙청 중앙홀에서 관계 장관과 이병철, 정주영 회장 등 재계인사 100여 명이 참석하여 수출정책을 논의하는 당시로서는 가장 큰 행사에 안건을 보고하는 책임을 맡았다. 초기에는 대형 차트 2장을 연결해서 보고하다가 슬라이드 기계가 도입되었는데 수많은 에피소드를 양산하였다. 보고가 끝나면, 바로 다음 달 보고를 위해 자료를 수집하고 안건을 만드는 눈코 뜰 새 없이 바쁜 자리였다.

전자공업과에서 수출진흥과로 옮기게 되자 최각규 장관 비서실에 근무하는 김종갑 사무관(후에 한전 사장)은 "형님 때문에 전자국장과 상역국장이 장관실에서 한판 싸웠다"라고 했다. 전자국장은 상역국장에게 "왜 이희범을 빼갔느냐?"라고 거세게 항의하였다는 것이다. 이후 무역진흥확대회의로 이름을 바꾸어 최규하 대통령을 거쳐 전두환 대통령 때에도 계속되었다.

10·26 이후, 전두환 대통령 취임까지 수많은 공직자가 사회정화란 이름으로 퇴진하였다. 1981년 4월, 청와대 사정비서실에서 전화가 왔다. "오후 2시까지 청와대 동별관 205호로 와라." 공무원으로서 청와대, 그것도 사정비서실에 불려 가는 것은 좋은 일이 아닌 경우가 대부분이다. 콩콩 뛰는 가슴을 짓누르며 과장께 보고했으나, 대책이 없었다.

몇 개의 문을 넘어 205호실에 도착하자 책상 위엔 내 공무원 기록카드만 놓여 있었다. 온 머리에 경련이 일어났다. 내가 지은 죄가 무엇일까? 아무리 생각해도 상상이 되지 않았다. 마주 앉은 김형진 감사관(후에 경찰청 차장)은 "청와대로 발령이 난다. 신원조회도 완료되었다"라고 하였다. 갑자기 맥이 쭉 빠졌다.

상공부에 돌아오니 서석준 장관이 호출하였다. 장관이 사무관을 찾는 일도 아주 드문 경우이다. 장관은 "방금 청와대 (한태열) 사정비서관이 다녀갔다. 청와대로 차출해 간다고 하는데 꼭 가지 않으려면, 수석에게 얘기해 보겠다." 그러나 이미 물은 엎질러졌다. 그 유명한 허삼수 사정수석실에서 국가사정5개년계획을 만들고 대통령 주재 사정장관회의를 담당하였다.

2년을 근무한 후, 상공부 정보기기 과장으로 돌아왔다. 사무관으로 임용된 지 11년, 47명의 고시 동기생 중 거의 꼴찌로 서기관이 되었다. 그동안 상공부에서는 몇 차례 과장으로 오라고 했으나, 아직 승진하지 않은 동기들 때문에 거절하였다. 행정사무관으로 11년간 토요일도 일요일도 원 없이 일했다. 과장 승진에 필요한 근무 성적 평가에서 '수' 한번 받지 못했고, 우수공무원 표창도 받지 못했지만….

다시 2년 후 정부 장학생으로 미국 유학길에 올랐다. 금진호 장관은 "일 시키려고 (청와대에서) 데려왔지, 유학 보내려고 데려왔느냐"고 했으나, 처음이자 마지막으로 유학을 보내달라고 애원했다. 40세가 상한으로 이번 기회를 놓치면, 영원히 유학도 못 가게 될 판이었다.

미국행 비행기를 타면서 'all-A'를 맡겠다고 작심하였다. 매일 도시락 2개에 반찬은 멸치와 고추장이 전부였다. 식당 구석에서 혼자 밥을 먹고 있으면, "라이스에 케첩 타 먹는다"라고 키득거리는 학생들도 있었다. 도서관에서는 매일 지정석에 앉아 자정 무렵 청소하는 아줌마가 빗자루로 의자를 툭툭 치면 일어섰다. 졸업식에서는 최우수상summa-cum-laude을 받았으나, 생활비가 적어 빈민가에 살았는데 세 아이에겐 돌이킬 수 없는 회한이 되었다.

국제재정학 분야 세계적인 석학인 박윤식 교수의 추천으로 박사과정에 합격하였다. 침대와 가구 등은 맡겨두고 서울에 도착했다. 총무과장에게 곧 미국으로 다시 가야 한다고 사정을 설명했으나, 다음날 수출과장으로 발령이 났다. 수출정책을 총괄하고 섬유 수출 할당량quota을 배정하는 요직이었으나, 기업들의 과잉 경쟁으로 자칫 공직을 망칠 수도 있는 위험도 있었다. 미국 유학에서 막 돌아온 홍석우 사무관(후일 지식경제부 장관)에게 쿼터 업무를 맡겼다.

김철수 차관보가 호출하였다. "아직도 미국에 갈 생각이 있느냐?" "예, 아직 박사과정 입학이 취소되지 않았고, 짐도 미국에 두고 왔습니다." 다음날 주미대사관 상무관보로 발령이 났다. 나중에 알게 되었지만, 차관보는 몇 명에게 미국 상무관을 타진했으나, 이구동성으로 "이희범이 미국에 짐을 두고 왔다"라고 하여 내가 선정되었다는 것이다.

미국 의회는 '88 통상법을 개정하여 소위 '슈퍼 301조'란 칼을 만들고 있었다. 미국 상하원 의원들에게 법안의 부당성을 호소하는 편지를 쓰고 USTR, 상무부, 미국 상공회의소와 전미제조자협회NAM와 정보교류 등으로 박사는커녕 밥 먹을 시간도 없었다. 1987년 말부터 숨 가쁜 협상이 시작되었다.

'슈퍼 301조' 협상은 통상 분야 최대의 협상이었다. 우리 측은 김철수 차관보(상공자원부 장관 역임)를 단장으로 경제기획원, 외교부, 재무부, 농림부, 보건사회부 등 15명이 대표단으로 참석했고, 미국 측도 피터 알가이어Peter Algeier USTR 대표보를 단장으로 USTR, 국무부, 상무부, 재무부, 농무부 등 거의 전 부처가 참여했다. 협상 범위도 농산물과 외국인투자, 국산화 정책, 지적소유권 보호 등을 포괄하였다. 나는 실무 책임자로서 대표단을 수송하고 매끼 식사도 챙겨야 했다.

2년간의 유학과 3년 반의 상무관보를 끝내고 하와이와 도쿄를 거쳐 귀국할 계획을 짜고 있는데 유득환 차관보가 전화를 했다. "이틀 후 귀국하라. 혼자 귀국하면 다시 워싱턴에서 이삿짐을 쌀 기회를 주겠다." 이틀 후 환송회도 없이 가족들과 함께 귀국했다. 다음날 오후에는 제네바행 비행기를 탔다. 다자간철강협상Multilateral Steel Arrangement: MSA 실무 수석대표를 맡았다. 10월 하순 APEC 각료회의시에는 공항에 도착하는 외국 장관을 영접하다가 회의 중에는 대변인을 맡았다.

총무과장으로 발령이 났다. 미국에서 허겁지겁 귀국한 후 일정한 보직도 없이 국내외를 떠도는 낭인이 불쌍히 보이기도 했지만, 전임 총무과장이 국장으로 승진하고 하나 남은 자리였다. 나로서는 승진서열 1순위, 행운인 자리를 맡은 셈이다. 총무과장 1년 만에 국장으로 승진하였다. 미국 상무관으로 내정되어 준비기간 동안 산업연구원에 파견되어 있었는데, 박용도 차관이 전화하여 미국 대신 브뤼셀 상무관으로 가라고 했다.

프랑스어학원에 등록을 마치자 총무과장이 전화를 했다. 간부회의에 참석하라고 했다. '상무관이 웬 간부회의냐'고 했으나, 곧 전자공업국장으로 발령이 난 것을 알게 되었다. 김영삼 정부 초기 혁신인사의 상징으로 신참인 나를 요직인 전자국장에 보한 것이다. 체신부를 정보통신부로 개편한다는 김영삼 대통령 공약에 대응하는 것도 임무였다. 그러나 동료들의 시선은 곱지 않았다.

1994년 2월, 정보통신부로 개편안이 물밑으로 잠복하자 브뤼셀 상무관으로 다시 발령되었다. 호텔에서 하루를 묵은 후 워터루에 있는 전임자의 집으로 입주하였다. 늦은 밤, 손님들이 돌아가자 책상도 없는 텅 빈 방에서 나는 《유럽통합론》이란 책을 쓰기 시작했다. 주로 주말을 이용하여 수기로 써 내려갔다. 1997년 12월 법문사가 발간한 《유럽통합론》은 유럽에 관한 첫 전문 서적으로 대학교재로도 사용되었다.

1997년 8월 하순 귀국하여 산업정책국장을 맡게 되었다. 고시 동기인 오영교 국장(행정자치부 장관 역임)이 승진하면서 나를 추천했다. 우리나라는 1996년 10월 부자클럽인 OECD에 가입하였으나, 경제는 외환위기로 향하고 있었다. 12월 초, IMF에 구제금융을 신청하고 '재벌개혁 5대 지침'이 시달되는 등 쉴 틈 없는 회의와 대책을 쏟아내고 있었다.

1997년 12월 19일 김대중 대통령이 당선되면서, 나는 '대통령직인수위원회'에 차출되었다. 250명이 근무하는 인수위원회에는 250명을 넘는 기자들이 취재 경쟁을 벌이고 있었다. 업무보고와 100대 국정과제를 만들고, 5년간 정책 방향을 정립하는 등 밤낮없는 생활이 계속되었다. 산업부는 나를 대통령실 산업비서관으로 추천하였으나, 대한무역투자진흥공사KOTRA 베를린 무역관장이 차지하였다.

인수위원회 동료들은 모두 축제 분위기인데 나는 보직도 없었다. 자고 또 잤다. 얼마 후 산업정책국장으로 재발령되었다. 인수위원으로 모시던 박태영 장관이 부임하였다. 비가 쏟아지는 일요일, 여느 때와 같이 사무실에서 일하고 있는데 장관이 호출하였다. "국장이 된 지 얼마 됐어요?" "예, 6년 됐습니다." "1급으로 승진하세요." 장관의 말씀이 떨어지기 무섭게 나는 "장관님, 저는 아직 이릅니다. 선배가 세 분이나 있습니다. 그분들이 승진한 후에 제가 하는 것이 순리입니다."

며칠 후 장관은 다시 호출하였다. "이번에 1급으로 승진하세요. 그리고 내가 시킬 일이 있으니 본부에 남으세요." 나는 "장관님, 지난번에도 말씀드렸듯이 저보다 선배가 세 명 있습니다. 그분들이 먼저 승진하는 것이 순서입니다." 장관은 "이 국장, 내하고 일하기 싫단 말입니까?" 버럭 소리를 질렀다. 훗날 장관은 "이희범은 바보다. 1급 승진시켜 준다 해도 안 한다고 발버둥 치더라." 술자리마다 안줏거리가 되었다.

1급인 무역위원회 상임위원으로 승진한 지 1년 정도 지날 무렵 정덕구 장관이 부임하였다. 고향 후배인 조선일보 김광현 경제부장은 밤늦게 집으로 전화하여 "형님, 축하합니다. 차관으로 내정됐습니다." 나는 '이제 공직 생활도 멀지 않았네.' 슬퍼지기 시작했다. 다음 날 아침, 조선일보 머리기사는 '국방차관에 박용옥, 산업자원부 차관에 이희범 씨 …

오늘 차관급 인사였다. 많은 사람이 축하 인사를 왔으나, 마음은 불편했다. 그날 오후 오영교 차관이 발령되었다.

나는 차관보로 전보되었다. 새로 부임한 신국환 장관이 호출하였다. 대개 신임 장관이 호출하면 사표를 쓰라는 것이다. 총무과장으로서 터득한 지식이다. 사표를 가슴에 품고 장관실을 찾았다. 정보기기과장 때 전자국장으로, 수출과장 때 상역국장으로 모셨으며, 함께 마신 술만 해도 몇 말은 될 것이다. 장관 부임을 축하하면서 사표를 내밀었다.

장관은 상기된 표정으로 "(김대중) 대통령이 임명장을 주면서 (장관)직을 걸고 한전 구조 개편을 하라고 지시하셨다"라고 하면서 "아무리 생각해도 (당신이) 자원실장을 맡아 주어야겠다"라고 했다. 차관보와 자원정책실장은 같은 1급이라도 좌천하는 것으로, 장관도 미안함을 숨기지 않았다. IMF 개혁과제인 한전의 발전 부문을 6개 사로 분할하는 안은 노조의 반대로 표류하고 있었다. 전력노조와 노사정회의를 하면서 수많은 소주를 통음하였다. 전력구조개편 3법은 노사 합의, 여야 합의로 2000년 12월 국회를 통과하였다.

장재식 장관이 부임하였으나, 평소 일면식도 없었다. 주변에서는 장관께 로비를 하라고 했으나, 나는 있던 약속도 취소하고 점심과 저녁도 구내식당에서 직원들과 하였다. 이틀 후 장관은 여의도 맨하탄호텔로 오라고 했다. 역시 사표를 들고 호텔로 갔다. 장관은 "여러 사람과 상의했으나, 차관 후보로 나를 추천했다"라고 하였다. 청와대에서는 복수로 추천하라고 했으나, 단독으로 추천했다고 하였다.

토요일 저녁 10시경 청와대 한광옥 비서실장이 집으로 전화를 했다. "귀하를 산업자원부 차관으로 내정하였다. 내일 발표 시까지 보안을 유지하라"고 하였다. 나는 집사람에게도 내비치지 않았다. 다음날, 일요일

장관에게 업무보고를 위해 출근하였다. 보고 후 장관과 함께 점심을 먹고 있는데 총무과장이 왔다. 차관이 되었다. 장관은 왜 사전에 보고하지 않았느냐고 질책했으나, 나는 "비서실장이 함구하라고 했다"라고 하자 장관도 파안대소했다.

차관이 되니 달라지는 것이 한둘이 아니었다. 국무회의는 물론 청와대 행사도 참석하였다. 그러나 차관은 언제나 그만둘 수 있는 비정규직이었다. 신국환 장관이 다시 부임하자 같은 고향이라는 이유(상피제)로 10개월 만에 그만두었다. "다시는 과천 땅에 오지 않을 것"이라고 간밤에 쓴 이임사를 읽은 후, 집사람이 운전하는 아반떼에 몸을 싣고 청사를 떠났다. 과천성당을 지나자 눈물이 고이기 시작하더니 남태령 고개를 넘을 때는 엉엉 울음소리가 커졌다.

드디어 공직에서 벗어나 본연의 길인 민간기업에 갈 생각이었다. 삼천리 이만득 회장은 부회장을 제의하면서 자동차도 주문하고 사무실 집기도 마련하고 있었다. 그러나 공직자윤리법상 산업자원부 차관은 일정 규모 이상의 민간기업에는 가지 못하게 되어 있었다. 장관은 대통령의 뜻이라고 하면서 한국생산성본부 회장으로 가라고 했다.

한국생산성본부에서 1년이 지날 무렵, 서울산업대학교 교수들이 찾아왔다. 총장으로 모시겠다고 했다. 1주일 후 교수는 10명으로 늘었다. 며칠 후에는 근처 식당으로 오라고 했다. 15명의 교수는 내가 승낙할 때까지 일어서지 않겠다고 했다. 그런 가운데 노무현 대통령 당선자의 비서실장인 신계륜 의원이 전화하여 장관으로 추천되었다고 했다.

총장 선거는 3명이 나왔는데 두 명은 현직 교수였다. 2월 11일 1차 투표에서 나는 압도적 표차로 당선되었다. 신계륜 의원에게 장관으로 갈 수 없다고 통보하였으나, 노무현 당선자에게도 보고된 사안이라고 난감해했다. 2월 27일 아침 출근길에 청와대에서 전화가 왔다. 산업자원부 장관 후보로 나와 또 한 명이 복수로 제청되었으니, 대비하라고 했다. 그날 오후 행정고시 동기인 윤진식 장관으로 발표되었다.

대학총장 생활에 익숙해질 무렵인 12월 초 청와대 정찬용 인사수석이 전화를 했다. 부안사태로 윤진식 장관이 사임함에 따라 내가 추천되었다고 했다. 나는 총장이 된 지 얼마 되지 않아 갈 수 없다고 사정했다. 토요일 오후, 중학교 동기인 김순일 사장과 모처럼 바둑을 두고 있는데 인사수석은 또 전화했다. "죄송합니다. 저는 지금 갈 수가 없습니다." "2년만 말미를 주십시오." 나의 전화를 엿들은 김순일은 "이 바보야! 장관한다고 하고, 빨리 와서 바둑이나 둬라." "세상에 장관 안 한다고 사정하는 놈이 다 있네…"

월요일, 시내에서 전국 산업대학교 총장회의를 마치고 학교로 가고 있는데 청와대에 출입하는 박동석 서울경제 기자가 전화했다. "형님, 축하합니다. 산업자원부 장관이 되셨네요." 그의 전화선을 타고 대변인의 발표가 들렸다. "이희범 장관 내정자로 말하면…" 나는 본의 아니게 장관이 되었다. 그날 저녁, 나와 윤진식 장관 부부는 대통령 관저에서 저녁을 하고 있었다.

저녁식사를 하는 동안 노무현 대통령은 윤진식 장관에게 고향 충주에서 정치를 하라고 권했다. 대통령은 식사 후 "두 분은 고시동기지요? 2차 가세요." 대통령의 명령(?)에 따라 우리 집 앞에서 와인을 한잔했다. 윤 장관은 '정치를 피하려면 빨리 직장을 잡아야 한다'라고 하여 내 후임 총장으로 추천하였다. 그는 이명박 정부에서 정책실장으로 발탁되었다가 고향에서 국회의원이 되었다. 돌고 돌아 그는 내 후임 무역협회 회장으로 선출되었다.

장관 취임 후 최우선 과제는 원전폐기물 처분장을 건설하는 것이었다. 강남에 있는 산업기술센터에 둥지를 마련하였다. 그리고 매주 토요일 오후 전문가들을 교대로 소집하여, 지난 20여 년간 실패를 거듭해 온 방사성폐기물 부지선정의 문제점을 분석하고 대안을 토의하였다. 주민들의 신뢰를 얻기 위해 정부의 약속을 법으로 만들었다. 주민투표를 거쳐 2005년 11월 2일 경주가 최종 부지로 선정되었다.

11월 3일 사무실에 출근했으나 허탈했다. 방사성폐기물 부지선정을 위해 20여 년간 허송세월한 것 자체가 이해되지 않았다. 지금부터 무엇을 할 것인가? … 사표를 쓰자. 사직서를 품고 청와대 김우식 비서실장에게 찾아갔다. "왜 이러세요. 대통령은 당신을 제일 좋아한단 말이예요." 비서실장의 만류에도 다음 해 2월 장관직에서 물러났다.

노무현 대통령은 국무회의 후, "이 장관! 장관 얼마나 되었소?" "예, 2년 3개월 했습니다." "그러면 총장 임기가 남아 있겠네요." "예, 총장 임기가 4년이니 아직 1년은 더 남아 있습니다." "한국무역협회 회장을 맡으세요. 요즘 투서가 많이 들어오는데 거기 가서 개혁하세요." 건국대학교 김경희 이사장은 총장을 맡아달라고 하면서 아파트도 제공해 준다고 했으나, 이번에도 타의로 무역인이 되었다.

한국무역협회장으로 취임할 때는 서너 명이 '낙하산 반대'라고 외치기도 했으나 3년 임기를 마치자, 반대하던 인사들도 연임하라고 연판장을 돌리고 있었다. 인하대학교 등 몇 곳에서 총장 제의를 해왔다. 그런 가운데 강덕수 회장은 STX에너지 회장을 제의해 왔다. 연봉도 꽤 높았다. STX중공업 회장과 STX건설 이사직도 맡았다.

이수영 한국경영자총협회(약칭 경총) 회장이 오찬을 제의하였다. 경총 회장을 맡아달라고 했다. 나는 단숨에 거절했다. 이번엔 경총회장단 명의로 '이희범, 차기 경총회장에 추대'라고 보도자료를 배포하였다. 나는 즉각 '수락할 의사가 없다'라고 언론대응 자료를 냈다. 며칠 후 김창성 회장 등 경총회장단은 나의 사무실을 방문하여 기정사실화했다. 언론은 '이희범은 경제 5단체 중 2개 단체의 회장이 되었다'라고 보도하였다.

2013년 초 LG 구본무 회장실에서 전화가 왔다. 여의도 LG 트윈빌딩에서 만난 구 회장은 "STX 강덕수 회장과 통화했다. 월급은 LG에서 줄 테니 일은 LG와 STX에서 같이하도록 하자는 제의에 강 회장도 동의했다"라고 하면서 파안대소했다. 2013년 6월부터 LG로 출근하였다. 12월에는 LG상사 대표이사 부회장이 되었다. 그렇게 꿈꾸던 상사맨이 되어 전 세계 지사에서 들어오는 보고서를 읽고 수주를 위해 투르크메니스탄 대통령을 만나고…… 눈코 뜰새없이 바쁜 일상이 되었다.

올림픽이 끝나자 얼마 후 구본무 회장이 서거하셨다. 하늘도 울고 땅도 울고 싶은 비도최열悲悼催裂의 심정으로 추도사를 써 내려갔다. 평창올림픽을 끝으로 나는 고향으로 돌아갈 생각을 했다. 자연인이 되어 후학을 가르치고, 서울의 친구들이 오면 초가집 마당에서 불고기에 소주 파티를 하는 꿈을 꿨다. 퇴계 선생도 69세에 모든 관직을 버리고 낙향하여 도산서원에서 후학을 길렀으니….

이철우 경상북도도지사가 전화를 했다. 경상북도는 문화재단을 만들었는데 내가 초대 대표가 되었다. 이제 문화인이 된 것이다. 3년의 임기를 마치자, 이중근 부영그룹 회장의 제의로 부영의 회장이 되었다. 돌고 돌았으나 대학 졸업 후, 처음 마음먹은 대로 기업인이 되었다. 다른 모든 직책은 버렸으나, 경상북도와 안동시의 투자유치위원장을 맡았다. 망팔望八이 지난 나이에 귀향길은 좀 더 미뤄졌다.

참고문헌

강원도문화도민운동협의회 (2018). (문화도민운동과) 함께! 다시!: 문화도민운동 백서, 2012-2018. 춘천: 강원도문화도민운동협의회.

강원일보사 출판기획국 (2018). 2018 평창 동계올림픽 개최 기록집 (1-2). 춘천: 강원일보사.

김기홍 (2019). 평창 2018 공식보고서 (제1~3권). 평창동계올림픽 및 동계패럴림픽대회 조직위원회.

김운용 (1990). 위대한 올림픽. 서울: 동아출판사.

김진선 (2019). 평창실록, 동계올림픽 20년 스토리. 서울: 이새.

박건만 (2018) 평창 동계올림픽: 한겨울에 핀 꽃. 서울: 호영.

대한스키협회 (2021). 한국스키 100년사. 서울: 대한스키협회.

염동열 (2011). 염동열의 2018 평창 동계올림픽 이야기. 서울: 길컴.

윤강로 (2020). 스포츠 외교론. 서울: 글누림출판사

2018 평창동계올림픽 및 동계패럴림픽대회 조직위원장 (2013~2017). 2018 평창 동계올림픽 성공개최를 위한 대회업무 준비기록집 (2012, 2013, 2014, 2015, 2016, 각 연도). 2018 평창동계올림픽대회 및 동계패럴림픽대회 조직위원회.

이만희 (2000). 평창 동계올림픽 900일의 현장기록: 동계올림픽 일기. 춘천: 강원일보사

이원재 외 (2017). 글로벌 스포츠 시스템(Global sports system): 인간의 확장. 서울: 북마크.

이임광 (2024) 조양호 평전: 지구가 너무 작았던 코즈모폴리턴. 서울: 공감의 기쁨.

이재형 외 (2018). 2018 평창 동계올림픽 개최효과 심층분석. 세종: 경제·인문사회연구회.

조재기 (2018). 꺼지지 않는 불꽃, 서울올림픽 30주년 기념: 취재비화. 국민체육진흥공단.

평창군올림픽추진단 (2016). 눈물겨운 도전, 아름다운 성공: 12년의 동계올림픽 유치 도전사. 평창: 평창군올림픽추진단.

최문순 (2020). 2018 평창! 열정을 담다: 2018 평창 동계올림픽 및 동계패럴림픽대회 백서. 춘천: 강원도.

Ferrand, A., Chappelet, J.-L., & Séguin, B. (2012). *Olympic marketing.* Milton Park, England: Routledge; 오지윤 (옮김)(2014). 올림픽 마케팅. 서울: 동연.

Monnin, E. (2017). *De Chamonix à PyeongChang, un siècle d'olympisme en hiver of.* France: Editions DÉSIRIS; 김용채 (옮김)(2017). 샤모니에서 평창까지 동계올림픽의 모든 것. 대전: 리에종.

❶ Executive Summary

The Olympic Spirit Should be Continued even after the Olympic Flame was Extinguished:

Success Story of the 2018 PyeongChang Olympic and Paralympic Winter Games

Six years have passed since the flame of the 2018 PyeongChang Olympic and Paralympic Winter Games was extinguished. The Olympic Games, the world's largest sports festival, will continue through Tokyo 2020 Beijing 2022, Paris 2024 to Milano-Cortina 2026 and LA 2028. Nothing heated up the Koreans and united the people like the Olympic Games Seoul 1988 and the 2002 FIFA World Cup Korea-Japan. Accordingly, looking back at the Olympic Winter Games PyeongChang 2018 and re-evaluating why we hosted the Olympic Games and why we are so passionate about sports will likely be helpful for future development and national unity.

    I took over as President of the organizing committee in May 2016, 634 days to go for the opening of the Olympic Winter Games PyeongChang 2018. Even though I declined to accept the position, the government unilaterally announced it through local media. The positions, such as President of Seoul National University of Science & Technology, the Minister of Commerce, Industry and Energy, and the President of the Korea International Trade Association were also appointed regardless of my original intention, this was no exception.

    When I was appointed as the President of the Organizing Committee, Korea appeared to be racing towards a huge reef like the 'Titanic.' The reef was the epicenter of sports and the Olympic Games. The heads of leading local conglomerates were all under investigation by the prosecutors office for contributing funds to a specific Sports Foundation, and the aftermath led to the impeachment of then- President of the

Republic of Korea, the first-ever in our constitutional history. As overall facilities for the Winter Games were reported as if they were the target of lobbying, the organizing committee was seen as a hotbed of corruption.

Even if the organizing committee's finances were squeezed dry, a deficit of 300 billion won was found to be inevitable. Because the money was not circulated, construction was halted, and people who had not received subcontract payments and salaries were vehemently protesting in front of the organizing committee building. To make matters worse, Democratic People's Republic of Korea(North Korea) completed the development of nuclear weapons and launched missiles one after another. Media outlets around the world were competing to amplify the crisis on the Korean Peninsula, and the movement to boycott PyeongChang Games was spreading in a domino effect.

However, the PyeongChang Olympic and Paralympic Winter Games were recorded as the most successful Games in the history of winter sports. First, 2,891 athletes from 92 National Olympic Committees participated, far exceeding the Sochi 2014 and Vancouver 2010 Olympic Winter Games, making it the largest Olympic Winter Games ever. 25 new Olympic records and 3 new world records were broken, and 31 top-ranking figures from 26 countries were also in attendance.

Second, the surplus Olympic Games were realized. I and the executives and staff of the organizing committee defined that 'deficit Olympic Games are the same as the failed Games and worked hard, shedding tears of blood. Although I was given the nickname 'Crying President', I managed to hand over 119.6 billion won to the liquidation team. The high-speed railway passes through PyeongChang and GangNeung, making Gangwon-do a one-hour living area from the metropolitan area.

Third, high-quality Cultural Olympic Games and ICT Olympic Games were also achieved. We mobilized all of the cutting-edge technologies that our country is proud of, such as 5G, IoT, AI, AR, VR, robots, and drones, and hosted 1,200 cultural events during the Games time, under the slogan of 'Everyday Culture and Festival', operated 800 cultural events during the Paralympic Games. People around the world enjoyed winter fantasy by shouting "Wonderful!" every day.

Fourth, the South and North Korean athletes realized the joint marching under the Korean Peninsula flag at the opening ceremonies, and the women's ice hockey team formed a unified single team and shouted the slogan,"We are the one!" DPRK(North Korea) participated with 46 athletes and officials together with 229 cheering squads, 27 high-level support groups, a Taekwondo demonstration team, and 140 orchestra members, the largest number in the history of the Olympic Winter Games. With the inter-Korean summit and the U.S.-North Korea summit held after the PyeongChang Winter Games, it seemed like a 'spring of peace' was coming to the Korean Peninsula.

Fifth, despite the huge success, it became the safest Olympic Winter Games. During the 40-day Olympic and Paralympic Winter Games period, there was not a single accident involving foreigners, setting a record as the safest Olympic Games ever. As most of the stadiums were filled to capacity, there was an uproar over 'getting tickets' and 'getting long winter padding.'

Sixth, the Olympic and Paralympic Winter Games were proceeded with God's help. February in PyeongChang used to be cold with temperatures exceeding -20℃, and 50cm of snow was common, but during the 17-day's of Winter Games period, not even a single drop of snow or rain fell. When the Games ended, heavy snow fell one after another as if they had endured it for a long time, and when the Paralympic Games ended, it rained all day long.

Canada's *Toronto Star* praised the event, saying, "If you were to pick a problem with the PyeongChang Olympic Winter Games, the problem is that there are no flaws." IOC President Thomas Bach, who is known for his strictness, said, "I could talk about impressive memories from PyeongChang for a whole day," and Pope Francis praised, "The fact that the South and North Korean delegations formed a unified team under the Korean Peninsula flag gives hope for world peace."

This kind of miracle did not just happen on its own. 1,205 employees dispatched from over 130 organizations, 20,000 volunteers, soldiers, police, firefighters, ceative directors, Song Seung-hwan and Lee Moon-tae, and other participants in the opening and closing ceremonies of the Olympic and Paralympic Winter Games fought against the cold and burned with patriotism. Residents of the Gangwon province, PyeongChang, GangNeung and Jeongseon, as well as officials from the host cities, have been united for over 20 years to make the Olympic Games a success. From Olympic bid success to sponsorship, the role of businessmen was tearful.

Several books have been published since the PyeongChang Olympic Winter Games, but as the organizing committee President believe that the records of evaluation and reflection on the PyeongChang Olympic and Paralympic Winter Games will serve as a cornerstone for further development. However, as time has passed, there will be some errors, and I believe that some people will be disappointed that their real names are written as much as possible. Also, since I only record the parts I know, there will be parts that are described as touching an elephant's leg or are omitted. I hope everyone will be wise in the larger framework of being a key player in the successful Olympics.

This book consists of ten chapters covering the main contents related to the PyeongChang Olympic Winter Games, and a prologue and an epilogue have been added. Chapter 1 / Hosting rights of Olympic Games Granted after third attempt, Chapter 2 / Government corruption incident and drifting organizing committee, Chapter 3 / Bloody and tearful efforts to achieve fiscal surplus, Chapter 4 / Debut on the international stage and Non-Participation Domino Effect of the PyeongChang Olympic Winter Games, Chapter 5 / Efforts for a Peaceful Olympic Games, Chapter 6 / Low-cost, High-Impression of Pyeongchang Winter Olympic and Paralympic Games, Chapter 7 / Only Flaw of Pyeongchang Winter Olympics is Flawless, Chapter 8 / An Honor with a devastating cost, Chapter 9 / The legacy left behind the PyeongChang Olympic Winter Games, and Chapter 10 / Why the Olympics? It was composed of the following contents. The opening chapter, 'Prologue / The Olympic spirit must continue even when the torch is extinguished', briefly introduces the main contents of the PyeongChang Olympic Winter Games, and the concluding chapter, 'Epilogue / Public official, economist, sportsman, cultural figure and businessman', contains the author's life journey.

❷ 역대 하계올림픽 개최지 비교

회 수	연 도	개최 도시	참가국(우승)	참가선수	한국순위
1	1896	그리스 아테네	14 (미국)	421	–
2	1900	프랑스 파리	24 (프랑스)	997	–
3	1904	미국 세인트루이스	12 (미국)	651	–
4	1908	영국 런던	22 (영국)	2,008	–
5	1912	스웨덴 스톡홀름	28 (미국)	2,407	–
6	1916	독일 베를린	제1차 세계대전으로 미개최		
7	1920	벨기에 안트워프	29 (미국)	2,626	–
8	1924	프랑스 파리	44 (미국)	3,089	–
9	1928	네덜란드 암스테르담	46 (미국)	2,883	–
10	1932	미국 LA	37 (미국)	1,332	–
11	1936	독일 베를린	49 (독일)	3,963	–
12	1940	일본 도쿄	제2차 세계대전으로 미개최		
13	1944	영국 런던			
14	1948	영국 런던	59 (미국)	4,104	32위
15	1952	핀란드 헬싱키	69 (미국)	4,955	37위
16	1956	오스트레일리아 멜버른	72 (소련)	3,314	29위
17	1960	이탈리아 로마	83 (소련)	5,338	–
18	1964	일본 도쿄	93 (미국)	5,151	26위
19	1968	멕시코 멕시코시티	112 (미국)	5,530	36위
20	1972	독일 뮌헨	121 (소련)	7,170	33위
21	1976	캐나다 몬트리올	92 (소련)	6,028	19위
22	1980	소련 모스크바	80 (소련)	5,179	–
23	1984	미국 LA	140 (미국)	6,829	10위
24	1988	대한민국 서울	159 (소련)	8,391	4위
25	1992	스페인 바르셀로나	169 (CIS)	9,356	7위
26	1996	미국 애트란타	197 (미국)	10,320	10위
27	2000	오스트레일리아 시드니	199 (미국)	10,651	12위
28	2004	그리스 아테네	201 (미국)	10,625	9위
29	2008	중국 베이징	204 (중국)	11,028	7위
30	2012	영국 런던	204 (미국)	10,500	5위
31	2016	브라질 리우데자네이로	207 (미국)	11,239	8위
32	2020	일본 도쿄	205 (미국)	11,000	16위
33	2024	프랑스 파리	206 (미국)	10,714	8위
34	2028	미국 LA			
35	2032	오스트레일리아 브리스번			

❸ 역대 동계올림픽 개최지 비교

회수	연도	개최 도시	참가국 (우승)	참가선수	한국 순위
1	1924	프랑스 샤모니	16 (노르웨이)	258	-
2	1928	스위스 생모리츠	25 (노르웨이)	464	-
3	1932	미국 레이크플래시드	17 (미국)	252	-
4	1936	독일 가르미쉬파르텐키르헨	28 (노르웨이)	648	-
5	1940	일본 삿포로	2차 세계대전으로 미개최		
6	1944	일본 삿포로			
5	1948	스위스 생모리츠	28 (노르웨이)	669	-
6	1952	노르웨이 오슬로	30 (노르웨이)	694	-
7	1956	이탈리아 코르티나담페초	32 (소련)	821	-
8	1960	미국 스퀘밸리	30 (소련)	665	-
9	1964	오스트리아 인스부르크	36 (소련)	1,091	-
10	1968	프랑스 그레노블	37 (노르웨이)	1,158	-
11	1972	일본 삿포로	35 (소련)	1,006	-
12	1976	오스트리아 인스부르크	37 (소련)	1,123	-
13	1980	미국 레이크플래시드	37 (소련)	1,072	-
14	1984	유고 사라예보	49 (동독)	1,272	-
15	1988	캐나다 캘거리	57 (소련)	1,423	-
16	1992	프랑스 알베르빌	64 (독일)	1,801	10위
17	1994	노르웨이 릴리함메르	67 (러시아)	1,737	6위
18	1998	일본 나가노	72 (독일)	2,176	9위
19	2002	미국 솔트레이크시티	77 (노르웨이)	2,399	14위
20	2006	이탈리아 토리노	80 (독일)	2,508	7위
21	2010	캐나다 밴쿠버	82 (캐나다)	2,566	5위
22	2014	러시아 소치	88 (러시아)	2,873	13위
23	2018	대한민국 평창	92 (노르웨이)	2,920	7위
24	2022	중국 베이징	91 (노르웨이)	2,871	14위
25	2026	이탈리아 밀라노-코르티나			
26	2030	프랑스 알프스			
27	2034	미국 솔트레이크 시티			
28	2038	스위스			

❹ 역대 올림픽 미국지역 방영권료

(단위: 미국 달러)

하 계				동 계			
년도	개최지	중계료	방송사	년도	개최지	중계료	방송사
1960	로마	39.4만	CBS	1960	스퀘벨리	5.0만	CBS
1964	도쿄	150만	NBC	1964	인스부르크	59.7만	ABC
1968	멕시코시	450만	ABC	1968	그레노블	250만	ABC
1972	뮌헨	750만	ABC	1972	삿포로	640만	NBC
1976	몬트리올	2,500만	ABC	1976	인스부르크	1,000만	ABC
1980	모스크바	8,700만	중계철회	1980	레이크 플레시드	1,550만	ABC
1984	LA	2.25억	ABC	1984	사라예보	9,150만	ABC
1988	서울	3억	NBC	1988	캘거리	3.9억	ABC
1992	바르셀로나	4.1억	NBC	1992	알베르빌	2.43억	CBS
1996	애틀랜타	4.56억	NBC	1994	릴리함메르	3억	CBS
2000	시드니	7.5억	NBC	1998	나가노	3.75억	CBS
2004	아테네	7.93억	NBC	2002	솔트레이크시	5.45억	NBC
2008	베이징	8.94억	NBC	2006	토리노	6.13억	NBC
2012	런던	22억	'10~'12	2010	밴쿠버	22억	NBC
2016	리우	12.26억	NBC	2014	소치	7.75억	NBC
2020	도쿄	14.18억	NBC	2018	평창	9.63억	NBC
2024	파리	76.5억 ('22~'32)	NBC	2022	베이징	76.5억 ('22~'32)	NBC
2028	LA		NBC	2026	밀라노		NBC

❺ 2018 평창동계올림픽 및 동계패럴림픽 성공의 주역들

소 속		성 명	소 속		성 명
본부	위원장	이희범	기획 사무 차장 소관	마케팅국장	엄찬왕
	부위원장겸사무총장	여형구		라이선싱사업부장	이용식
	기획홍보부위원장	김주호		스폰서십부장	장한록
	국제부위원장	김재열		파트너서비스부장	김선길
	기획사무차장	김기홍		식음료부장	곽기현
	홍보협력사무차장	최명규		문화행사국장	김대현
	운영사무차장	백성일		문화부장	이선영
	시설사무차장	김상표		의식행사부장	오장환
위원장 직속	대변인	성백유		패럴림픽국장	임찬규
	홍보전문위원	박건만, 이훈		패럴림픽통합부장	신원상
	보도지원부장	송현석		대회조정관	신용식
	외신대변인	박낸시		전문위원	송하일, 나윤수
	감사관	박석진		상황부장	김진엽
	일상감사팀	강경욱, 송현제		대회관리부장	조영
	법무관	류철호		임시시설물TF단장	최문식
	법률전문위원	이윤남, 민인기	홍보 사무 차장 소관	홍보국장	김대균
	안전관	백영준		기획홍보부장	정인규
	보안부장	위정환		참여홍보부장	손형채
부속실	위원장 보좌역	윤강로		미디어운영국장	양한열
	위원장실	김자성,정하윤		방송부장	김화진
	사무총장실	박성주,정예원		프레스운영부장	김동은
	기획부위원장실	장다예		입장권부장	김희순
	국제부위원장실	양인호,배수인		개최도시협력부장	송기동
	기획사무차장	이찬희		관광음식TF단장	최기용
	홍보협력사무차장실	이영주	운영 사무 차장 소관	장소운영국장	윤순근
	운영사무차장실	임새롬		장소운영기획부장	김종욱
	시설사무차장실	김진영		빙상장소운영부장	김구환
	서울사무소	김대욱,김다영		설상장소운영부장	어재석
기획 사무 차장 소관	기획총무국장	김현기		경기장운영부장	김강우
	기획부장	고광덕		경기국장	김재원
	총무부장	유승근		경기서비스부장	링준킷제리
	인력운영국장	문영훈		경기부장	박인규
	인재개발부장	남기송		NOC/NPC부장	황철흠
	인력부장	임병근		SPP부장	나광수
	자원봉사부장	차호준		선수촌국장	김만기
	재정국장	전형식		선수촌관리부장	윤만상
	재정전문위원	김수진		평창선수촌VGM	여서현, 이웅빈
	재정부장	진강렬		선수촌운영부장	배만길
	물자조달부장	김종열		강릉선수촌VGM	전대복

❺ 2018 평창동계올림픽 및 동계패럴림픽 성공의 주역들 (계속)

소 속		성 명	소 속		성 명
운영사무차장 소관	CMO 의무부장 오토복기술지원센터	이영희, 백구현 이한성 박남필	국제부위원장 소관	국제국장 국제부장 의전부장 등록부장	박윤준 이형우 이혁 박이상
시설사무차장 소관	시설국장 공정관리전문위원 시설국전문위원 시설기획부장 빙상시설부장 설상시설부장 에너지부장 룩사이니지부장 환경담당관 숙박국장 숙박기획부장 숙박운영부장 미디어촌부장 수송국장 수송기획부장 장소수송부장 차량운영부장 교통부장 출도착부장 정보통신국장 정보통신기획부장 정보기술부장 통신인프라부장 대회운영기술부장 경기정보관리부장	손창환 원정호, 김수호 임국재 한기표 박종열 심연섭 권병훈 황영수 유태철 이만희 박광용 전길탁 천영택 강희업 이재명 김희천 김종기 이장원 김태현 오상진 박철 전종길 이성학 김완평 한혜남	개폐회식	올림픽 총감독 개회식연출 폐회식연출 음악감독 안무감독 미술감독 영상감독 의상감독 기술감독 운영감독 음향감독 조명감독 조연출 작가 작가 불꽃총괄 미술 제작총감독 패럴림픽 총감독 패럴림픽총연출 안무 음악 영상 미술 작가	송승환 양정웅 장유정 양방언 강옥순 박동우 목진요 진태옥,금기숙 김성준 서정민 권도경 구윤영 이은규,김준규 강보람,최은이 박혜림,고영진 손무열 배일환 이도훈 이문태 고선웅 조홍동,강경모 강상구,이지수 고주원 최정화 이돈경

찾아보기

평창올림픽 관련 인명

국내

ㄱ

강현욱 24
강호철 63
강희업 174
고선웅 233
고창영 129
곽기현 211
권성동 36, 294
권종오 14, 15, 49, 67, 285
권혁준 231
김귀자 282
김기남 128
김기홍 81, 84, 91, 93, 133, 150, 151, 278, 283, 308
김대균 247
김대현 168, 247
김도균 261
김동석 60
김문철 146
김미화 264
김병만 258
김상표 50
김수진 94
김여정 160, 179, 188, 190
김연아 31, 33, 35, 149, 165, 185, 186, 200, 248, 263, 358
김영남 179, 188, 190, 191
김운용 23, 24, 26

김은정 199
김일국 142, 146, 147, 150, 151, 303
김재열 16, 96, 110, 133, 134, 190, 283, 299
김정태 81
김종덕 10, 40, 65, 135
김주호 134, 283
김진선 19, 21, 22, 29, 30, 33, 34, 49, 132, 141, 291, 292, 310, 320

ㄴ

남장현 106

ㄹ

류진 290
류철호 201

ㅁ

문대성 33, 336
문동후 133
문영훈 258

ㅂ

박경서 275
박낸시 44
박명성 135
박세직 283, 318, 320

박용성 26, 33, 291, 292
박윤준 108
박종규 283, 356
박지성 163, 248, 263
반기문 94, 103, 283
배계규 15
배동현 201
백구현 212
백영준 256

ㅅ

성기학 92, 93
성백유 63
손기정 356
송승환 134, 135, 136, 188, 268, 286, 304
신동빈 200, 208, 293
신의현 201, 221, 224, 225, 266, 351
심기준 93
심재국 18, 275

ㅇ

양정웅 136
양한열 228
엄찬왕 84, 87
여형구 16, 43, 54, 66, 70, 84, 93, 95, 133, 134, 170, 173, 277, 283
염동열 36, 88, 92, 170, 293
오상진 249
오장환 96
원경환 256

위정환 256
유동근 248
유승민 151, 283, 316, 336
유일호 16, 91, 92
유종근 19, 20
유종석 98
윤강로 300
윤동한 290
윤석금 290
윤성빈 199, 266, 312
윤세영 10, 31, 35, 128, 131, 283
이건희 26, 31, 32, 33, 35, 133, 283, 291, 292, 318, 328, 336
이광재 119
이기흥 151, 163, 286
이도훈 187
이만희 127
이명박 29, 31, 32, 33, 191, 291, 292
이문태 233, 235
이배용 244
이병만 132
이병철 364
이상호 199
이상화 194, 195, 248
이승훈 198, 248
이어령 318
이연택 25, 327
이영희 212
이완구 60, 122
이재용 67
이진성 256
인순이 168, 248, 280
임찬규 219

ㅈ

장사익 213
장웅 140, 141, 142, 143, 145, 147, 151
장유정 135
장충식 155
전병극 81
전순표 131, 282
전이경 35, 185
전인화 248
정념 54, 132
정몽준 155
정세균 87, 143, 243
정양호 95
정주영 283, 318, 328, 357, 364
정희돈 288
조수미 23, 224, 248, 280, 281
조양호 9, 10, 13, 30, 32, 33, 34, 35, 40, 43, 44, 49, 52, 65, 70, 95, 122, 132, 291, 293, 310, 318, 320
조윤선 69, 107, 135
조중훈 318
조환익 88

ㅊ

최각규 19, 365
최명희 18, 57
최문순 18, 32, 57, 120, 134, 141, 275, 283
최석영 94
최순실 61, 62, 63, 67, 88
최종구 90

ㅎ

허남식 29
허창수 86
현송월 191, 245
황교안 243
황보순 259
황연대 221, 230, 327
황영철 36, 294
황창규 249

국외

고다이라 나오小平奈緒 194, 195
장이모우張藝謀 107, 108
차이 치蔡奇 109, 299

A

세이크 아마드Ahmad, Sheikh 146
알키비아데스Alkibiades 332
랜스 암스트롱Amstrong, Lance 116, 341

B

토마스 바흐Bach, Thomas 10, 16, 17, 18, 31, 40, 44, 56, 57, 59, 75, 91, 92, 93, 94, 95, 103, 104, 106, 107, 112, 113, 117, 132, 142, 143, 144, 145, 146, 148, 149, 152, 163, 164,

168, 183, 190, 196, 216, 217, 241, 242, 257, 262, 269, 276, 278, 282, 283, 284, 286, 287, 297, 319, 328, 338
비켈라스Bikelas, Demetrius 332, 337

C

케이트 카트니스Caithness, Kate 312
쿠베르탱de Coubertin, Pierre 332, 334, 337

D

크리스토퍼 두비Dubi, Christophe 61, 298
이언 던Dunn, Ian 323

F

르네 파젤Fassel, Rene 112, 115, 141,142, 282, 283
로라 프레셀Flessel, Laura 111, 270

G

구트만Gutman, Ludwick 342

H

라나 하다드Haddad, Lana 92, 94
헤일리Haley, Nikki 112
하이버그Heiberg, Gerhard 23

J

벤 존슨Johnson, Ben 341

K

드 케퍼Kepper, de Christophe 16

L

미로슬라브 라이착Lajčák, Miroslav 149, 168, 189
카테리나 레후Lehu, Katerina 163, 164
페이샤 릴레샤Lelisa, Feyisa 333
구닐라 린드버그Lindberg, Gunilla 11, 16, 17, 18, 31, 37, 60, 70, 243, 270, 282, 298, 300, 301

M

리차드 맥라렌McLaren, Richard 117
세라 머리Murray, Sarah 152

N

리사 네이로티Neirotti, Lisa 261, 288

O

데니스 오스발트Oswald, Dannis 117

P

앤드류 파슨스Parsons, Andrew 146, 223, 227, 232, 234
마이크 펜스Pence, Mike 188, 190
애덤 팽글리Pengilly, Adam 254

R

자크 로게Rogge, Jacques 19, 24, 33, 336, 345
안젤라 루기에로Ruggiero, Angela 270

S

사마란치Samaranch, Juan Antonio 16, 153, 283, 292, 299, 319, 328, 338, 353, 357
사마란치Samaranch Jr., Juan Antonio 16, 299, 328
사무엘 슈미드Schmid, Samuel 117
슈라이버Shriver, Eunice Kennedy 343

T

데오도시우수Theodosius, Flavius 331
이방카Trump, Ivanka 188, 192
멜라니에 트럼프Trump, Melania 316

용어 및 국제기구

개최도시협약서HCC 90, 91, 97, 100, 305, 313
공동마케팅협약JMPA 84
국가올림픽위원회NOC 143, 247, 265, 335, 338
국가올림픽연합회ANOC 57, 141, 146, 287, 288, 335, 338, 357
국제경기연맹ISF 58, 69, 72, 75, 76, 146, 294, 299, 334
국제경기연맹총연합회GAISF 24, 338
국제대학스포츠연맹FISU 327
국제봅슬레이스켈레톤연맹BSF 312
국제빙상연맹ISU 57, 72, 75, 133, 140, 149, 360
국제생활체육협회TAFISA 312
국제스키연맹FIS 25, 357
국제스포츠중재재판소CAS 333, 339
국제아이스하키연맹IIHF 112, 114, 115, 142, 152, 360
국제올림픽아카데미IOA 287
국제육상연맹IAAF 353
국제장애인경기연맹ISOD 343
국제청각장애스포츠위원회ISOD 344
국제축구연맹FIFA 351, 353
국제탁구연맹ITTF 156
국제패럴림픽위원회IPC 146, 225, 339
국제페어플레이위원회IFPC 339
글로벌 스폰서 77, 82, 83, 85, 92, 94, 97, 242, 333
대한빙상경기연맹 22, 35, 196, 351
대한스키협회 25, 293
대한장애인체육회 50, 84, 219
대한체육회KOC 20, 21, 22, 24, 25, 29, 30, 32, 34, 35, 50, 67, 78, 85, 206, 315, 356
대회지원위원회 36, 65
독자인정국제스포츠종목연맹AIMS 339
동계올림픽종목협의회AIOWF 335, 339
동계유니버시아드대회 19, 360
드림프로그램 27, 30, 34
러시아반도핑기구RUSADA 116
러시아 아이스하키리그KHL 114
로컬 스폰서 82, 83, 333
마케팅플랜협약MPA 98
미르재단 10, 61, 88
북미아이스하키리그NHL 113, 114,

197, 303
새로운 표준New Norm 61
세계반도핑기구WADA 116, 340
세계올림피언협회WOA 339
세계컬링연맹WCF 70, 312
세계태권도연맹WTF 24
아젠다 2020Agenda 2020 56, 57, 58, 100, 286, 322
앰부시 마케팅Ambush Marketing 83, 281, 282

올림픽공인종목협의회ARISF 339
유치신청서Bid File 47, 97, 119, 120, 121, 126
조정위원회Coordination Commission 75
집행위원회 10, 17, 26, 35, 47, 60, 75, 118, 149, 335, 337
K스포츠재단 10, 61, 88, 293
하계올림픽종목협의회ASOIF 335, 339
한반도올림픽선언문Olympic Korean Peninsular Declaration 152

사진출처

○ x. 위 – "한중일3국협력사무국. https://tcs-asia.org"
○ 1, 7, 41, 73, 101, 137, 161, 237, 271, 303, 327, 359 위쪽 산 – "Freepik 디자인"
○ 평창 동계올림픽 관련 사진 – "대한체육회"